Jost Scholl

So nicht!

Der Arbeitnehmer-Ratgeber

- Vom Profi für die Praxis -

Mit Tipps, Beispielen & Mustern

Bibliografische Information der Deutschen Nationalbibliothek:
Die Deutsche Nationalbibliothek verzeichnet diese Publikation
in der Deutschen Nationalbibliografie; detaillierte bibliografische
Daten sind im Internet über http://dnb.dnb.de abrufbar.

4. Auflage
Copyright © 2020 Jost Scholl
Projektleitung & Redaktion: Hans-Peter Schüssler
Konzeption: Eckhard Fieberg
Umschlaggestaltung & Design: Monika H. Kreuzer
Layout: Peter Meyer-Lorenz
Herstellung und Verlag: BoD – Books on Demand, Norderstedt

ISBN: 978-3-7504-3714-2

Vorwort:

So nicht!
Der Arbeitnehmer-Ratgeber
- Vom Profi für die Praxis -

enthält wertvolle Tipps und Tricks, die in jahrelanger gerichtlicher und außergerichtlicher Arbeit mit unterschiedlichsten Arbeitgebern, Arbeitnehmern, Anwälten, Gewerkschaften, Gerichten und anderen Behörden gesammelt wurden.

Er erklärt Ihnen verständlich, schnell und praxisnah die wesentlichen Problemfelder, damit Sie über Ihre Rechte Bescheid wissen, sie in der Praxis durchsetzen können und nicht von Ihrem Arbeitgeber, ggf. Kollegen, Ihrem Betriebs-/Personalrat, Vorgesetzten, etc. übervorteilt werden.

Das Buch ist chronologisch aufgebaut, d. h. zuerst wird das Zustandekommen, die Durchführung, die Beendigung eines Arbeitsverhältnisses und zum Schluss die außergerichtliche und gerichtliche Praxis des Streitens behandelt. Die genannten Paragraphen können Sie einfach im Internet über Suchmaschinen finden. Es lohnt sich hierbei auch immer einige Paragraphen vor und hinter den hier genannten zu lesen.

Die Juristerei dient in erster Linie der Ordnung und Gerechtigkeit. Die vielen Paragraphen sind aber nur die eine Seite der Medaille; außerdem sind Jura und die betriebliche Wirklichkeit meist zweierlei Schuhe. Ganz wichtig ist deshalb die praktische und erfolgreiche Durchsetzung Ihrer Rechte:

Die Frage, wie Sie wann was vorbringen und was nicht, was Ihren Vertragspartner kennzeichnet, welche Alternativen Sie zu unterschiedlichen Zeitpunkten haben und wie Sie entsprechende Aktionen und Reaktionen der Gegenseite möglichst für sich selbst nutzen können, außerdem wann Sie ggf. wen mit ins Boot holen.

Entscheidend ist deshalb, dass Sie Ihre – durch das Gesetz gewährleisteten – Rechte durchsetzen und beweisen kön-

5

nen. Speziell deshalb sollten Sie vorbereitet sein und keine vermeidbaren Fehler begehen.

Mit diesem Ratgeber sind Sie optimal vorbereitet, so dass Sie das bestmöglichste Ergebnis für Ihren Fall selbst erzielen können. Leider wird das in der Praxis ohne Planung und Wissen viel zu oft nicht erreicht!

So nicht!
Der Arbeitnehmer-Ratgeber
- Vom Profi für die Praxis -

wurde mit viel Sorgfalt nach bestem Wissen und Gewissen verfasst und ist auf dem aktuellsten Stand.

Beachten Sie aber, dass das Arbeitsrecht und speziell die AGB-Rechtsprechung ständigen Weiterentwicklungen gerade durch die EU-Rechtsprechung unterliegt.

Ich wünsche Ihnen viel Freude beim Lesen und vor allem beim Verteidigen Ihrer Rechte im Arbeitsleben!

Ihr

Jost Scholl

Inhaltsverzeichnis:

1. Teil: Die Anbahnung des Arbeitsverhältnisses

Viele Arbeitsverhältnisse kommen durch Bewerbungen auf **Stellenanzeigen** zustande. Diese müssen immer **geschlechtsneutral** verfasst sein, ansonsten macht sich der Arbeitgeber schadensersatzpflichtig, § 15 AGG. Eine Ausnahme besteht für bestimmte Tätigkeiten, bei denen ein bestimmtes Geschlecht zwingend notwendig ist, z. B. ein weibliches Model für Frauenmode.

Sollte deshalb eine Stellenanzeige nicht geschlechtsneutral sein, können Sie bis zu drei Bruttomonatsgehälter der ausgeschriebenen Stelle als <u>Schadensersatz</u> verlangen, wenn Sie gerade wegen Ihres (falschen) Geschlechts nicht genommen wurden. In der Praxis ist das zwar schwierig nachzuweisen; für den Schadensersatz ist es aber schon ausreichend, dass die Stellenanzeige nicht geschlechtsneutral verfasst war!

 Achtung: Den Schadensersatzanspruch müssen Sie innerhalb von <u>zwei Monaten nach dem Zugang der Ablehnung</u> bzw. Ihrer Kenntniserlangung von der Benachteiligung schriftlich gegenüber dem Arbeitgeber geltend machen. Binnen drei weiterer Monate, nachdem Sie den Schadensersatzanspruch schriftlich geltend gemacht haben, müssen Sie Klage erheben, § 61 b Abs. 1 ArbGG. Ausnahmsweise kann sich anderes aus einem Tarifvertrag ergeben.

Den Abschluss des Arbeitsvertrages können Sie aber leider nicht verlangen.

I. Das Vorstellungsgespräch:
1. Die Kostentragungspflicht:

Kommt es zwischen Ihrem zukünftigen Arbeitgeber und Ihnen als Bewerber zu einem Vorstellungsgespräch, muss der Arbeitgeber Ihnen hierfür die erforderlichen **Kosten erstatten**, §§ 662ff BGB. Die Kostentragungspflicht des Arbeitgebers besteht nur dann nicht, wenn der Arbeitgeber ausdrücklich <u>vor</u> dem Vorstellungsbesuch darauf hinweist, dass er die Kosten nicht übernimmt. In der Praxis ist das aufgrund des Überangebots an Bewerbern und einem rauhen Umgang im Wirtschaftsleben mittlerweile häufig anzutreffen, auch wenn es nicht die feine englische Art ist. Aber dann wissen Sie jedenfalls wie wirtschaftlich dieser Arbeitgeber denkt und wie sein Umgang mit (zukünftigen) Arbeitnehmern ist; auch das entscheidet über das Zustandekommen eines Arbeitsverhältnisses.

 Achtung: Der schriftliche oder mündliche Hinweis des künftigen Arbeitgebers muss <u>vor</u> dem Vorstellungsbesuch und nicht vor dem -gespräch erfolgen, da Sie sich angemessen vor der Verursachung von Kosten – die Sie bei Nichterstattung des zukünftigen Arbeitgebers selbst tragen müssen – hierauf einstellen und von dem Vorstellungsbesuch bereits deshalb Abstand nehmen können.

Beachten Sie zusätzlich, dass Ihnen im Rahmen des Bewerbungsgesprächs und der -phase <u>keine sonstigen Kosten</u> aufgebürdet werden dürfen, z. B. für Getränke, Essen, zeitliche Inanspruchnahme oder Teilnahme an Assessment Centern. Letztere sind bei sehr großen Unternehmen verbreitet gewesen, mittlerweile aber wieder aus der Mode gekommen, da sie sehr zeitintensiv und teuer sind. Außerdem haben auch Arbeitgeber erkannt, dass der Nutzen von Assessment Centern fast Null ist und sich Bewerber durch gezielte Vorbereitung mit speziellen Assessment-Bewerbungsbüchern gut rüsten können.

In der Praxis ist die Nichtübernahme von Vorstellungskosten bei einfacheren, d. h. weniger qualifizierten, Berufen ohne Ausbildung die Regel – bei Ausbildungsberufen oder Arbeitsplätzen, die ein abgeschlossenes Studium voraussetzen, werden die Kosten üblicherweise durch Ihren zukünftigen Arbeitgeber übernommen, <u>außer</u> Sie haben es mit einem äußerst wirtschaftlich denkenden Arbeitgeber zu tun.

Achtung: Die Kostentragungspflicht Ihres zukünftigen Arbeitgebers betrifft nur **Kosten**, die **tatsächlich angefallen** sind. Z. T. verlangt Ihr zukünftiger Arbeitgeber deshalb einen konkreten Nachweis der Kosten, d. h. Ihre Bahnfahrkarte, Hotelquittung, etc. Bei großen und guten Arbeitgebern ist das nicht notwendig, da der Arbeitgeber die Buchungen selbst organisiert und die Kosten trägt.

Generell betrifft die Kostentragung Ihre Fahrt-, Parkplatz- oder sonstige Reise- und Übernachtungskosten, soweit diese angefallen sind. Entscheidend ist zusätzlich, dass **nur übliche Kosten** getragen werden, also nur die tatsächlich angefallenen Reisekosten Bahnfahrt 2. Klasse oder beim Pkw 0,3 € für jeden gefahrenen Hin- und Rückwegkilometer sowie ein Durchschnittshotel.

Der Kauf eines passenden Bewerbungsoutfits, eines Anzugs, etc. oder die Kosten für die Bewerbungsmappe, die Postübersendung, der Zeitaufwand hierfür oder auch ein möglicher Verdienstausfall bei Ihrem aktuellen Arbeitgeber, bei dem Sie (noch) beschäftigt sind, können Sie nicht verlangen. I. Ü. haben Sie auch keinen Verdienstausfall erlitten, da Sie – bei vorheriger Arbeitslosigkeit – keinen Verdienst, sondern ganz normal Arbeitslosengeld I bzw. II (Sozialhilfe) erhalten oder – bei vorhergehendem und noch bestehendem Arbeitsverhältnis bei einem anderen Arbeitgeber – von ihm gemäß § 629 BGB und häufig Tarifverträgen bis zu sieben Tage (bezahlte) Freizeit zur Stellensuche erhalten. Hierauf sollten Sie in der Praxis aber nicht ohne Not bestehen, um nicht zu erkennen zu geben, dass Sie die Stelle wechseln wollen. Deshalb empfiehlt es sich für Bewerbungen Urlaub zu nehmen, definitiv aber keine vermeintliche Krankheit vorzuschieben – auch nicht nachgewiesen mit einer Arbeitsunfähigkeitsbescheinigung –, weil das zu Problemen mit der Krankenversicherung führt, wenn Sie krank herumfahren, sich bewerben und Ihr aktueller Arbeitgeber das ggf. erfährt, was zu einer Abmahnung oder sogar Kündigung führen kann.

Die Kostentragungspflicht Ihres zukünftigen Arbeitgebers hängt übrigens nicht damit zusammen, ob später ein Beschäftigungsverhältnis zustande kommt oder nicht. Der Arbeitgeber bei dem Sie sich bewerben muss also **immer** die **Kosten übernehmen, auch wenn kein Arbeitsverhältnis zustande kommt**. Die Kostenerstattung kann aber durch den Arbeitgeber vor dem Vorstellungsgespräch ausgeschlossen werden, s. o.
Wurde deshalb vor dem Vorstellungsbesuch weder schriftlich noch mündlich darauf hingewiesen, dass die Kosten nicht übernommen werden, müssen die Kosten vom Arbeitgeber getragen werden. Sollten Sie die **Erstattung** nicht **binnen angemessener Frist**, d. h. zwischen zwei und sechs Wochen nach dem Vorstellungstermin erhalten haben, weisen Sie die Personalverantwortlichen schriftlich auf die Situation hin und bitten um Erstattung innerhalb von einer Woche. Erfolgt hierauf immer noch keine Erstattung, ist es sicher, dass die Gegenseite nicht zahlen will. Bei für Sie subjektiv wirklich hohen Kosten sollten Sie sich direkt an einen Anwalt wenden und vor dem Arbeitsgericht **Klage** auf Erstattung der genau in Euro mit Originalbelegen (Bahnfahrkarte, Hotelquittung, etc.) nachgewiesenen Bewerbungskosten **erheben**, so dass Sie das Geld auch erhalten! Denken Sie aber daran, dass bis zu einem Gerichtstermin mindestens drei Monate vergehen; außerdem sollten Sie nicht allzu oft klagen, was sich bei anderen Unternehmen in demselben

Gebiet, in dem Sie sich ggf. zukünftig bewerben, vielleicht herumspricht.

2. (Un-)zulässige Fragen – Das Recht zur Lüge –:

Während des Vorstellungsgesprächs versucht Ihr zukünftiger Arbeitgeber Sie persönlich kennenzulernen. Das betrifft die fachliche und persönliche Seite, d. h. Qualifikationen, die durch Abschlüsse und Zeugnisse schriftlich nachgewiesen werden können, aber auch Ihre Eigenarten, die weichen Fähigkeiten (soft-skills) und Charaktereigenschaften. Hierbei gehen Arbeitgeber unterschiedlich vor, teilweise sind Tests gerechtfertigt und teilweise nicht, manchmal sogar beleidigend und verletzend. Deshalb muss zwischen zulässigen und unzulässigen Fragen unterschieden werden:

- **Zulässige** dürfen immer gestellt werden und müssen durch Sie als Bewerber immer <u>vollständig und richtig</u> beantwortet werden, jedenfalls sind Sie hierzu verpflichtet.

- Bei **unzulässigen Fragen** können Sie sich wie bei zulässigen Fragen verhalten; ganz entscheidend ist aber, dass Sie auch aktiv bewußt <u>lügen</u> dürfen (**Recht zur Lüge**), weil die Frage nach dem Gesetz unzulässig ist!
  Das ist zwar in keinem Paragraphen geregelt, aber jedem Richter und jedem Gericht bekannt. Es wird Ihnen ein Notwehrrecht bei unzulässigen Fragen zugebilligt, weil Sie bei der vollständigen und wahrheitsgemäßen Beantwortung ohne Grund in Ihrem Persönlichkeitsrecht und Ihrer Individualsphäre verletzt wären.

Nachfolgende Aufzählung listet die wichtigsten zulässigen und unzulässigen Fragen auf. Sie gilt für die freie Wirtschaft, in der **öffentlichen Verwaltung** bestehen aufgrund des besonderen Vertrauensverhältnisses **strengere Regeln:**

19

- Die Frage nach Ihrer **Schwangerschaft** oder einem **Ermittlungsverfahren** ist immer unzulässig.

- Fragen nach Ihrer **Schwerbehinderung/Gleichstellung** oder **chronische Krankheiten** sind nur zulässig, wenn das ein <u>Hinderungsgrund</u> für die konkret von Ihnen auszuübende Arbeit wäre, z. B. Sie sitzen im Rollstuhl und sollen im Lager schwere Kartons per Hand verladen oder Sie haben eine ansteckende, chronische Hauterkrankung, die gegen Hygienevorschriften verstößt und sollen im Schlachthof Fleisch schneiden. Ansonsten ist die Frage immer unzulässig. <u>Nach</u> Ablauf von <u>sechs</u> <u>Monaten</u> darf ein Arbeitgeber aber nach Ihrer Schwerbehinderung/Gleichstellung fragen, was meist dem Ablauf der Probezeit entspricht. Z. T. kommt es bei sehr ergebnisorientiert arbeitenden Arbeitgebern vor, dass die Einstellung davon abhängig gemacht wird, dass Sie sich als potentieller Mitarbeiter einverstanden erklären über Ihre **Krankheitszeiten innerhalb der letzten zwei Jahre** Auskunft zu geben. Rein rechtlich kann ein Arbeitgeber das nur in besonderen Ausnahmefällen verlangen, wenn bestimmte Krankheiten dazu führen, dass Sie als Bewerber ausschließlich wegen dieser Erkrankung(en) <u>dauerhaft oder immer wieder</u> nicht in der Lage sind den Beruf auszuüben bzw. Vorgesetzte, Kollegen, Kunden oder Arbeitsmaterial durch Ihre Krankheit Schaden nehmen könnten. Hierbei liegen die rechtlichen Anforderungen aber extrem hoch, so dass die Frage in der Praxis grundsätzlich unzulässig ist.

- Nach **Vorstrafen** darf zulässigerweise nur gefragt werden, wenn sie <u>für</u> die <u>konkret auszuübende Arbeit</u> bei Ihrem neuen Arbeitgeber <u>entscheidend</u> sind, z. B. ein Dieb bewirbt sich als Mitarbeiter in der Materialausgabe oder als Mitarbeiter einer Bank, der mit Geld zu tun hat. Ansonsten ist die

Frage bei neutralen Tätigkeiten unzulässig, z. B. bei einem Friseur.

Außerdem steht Ihnen das Recht zur Lüge zu, wenn die Tat nicht mehr im Zentralregister bzw. Führungszeugnis <u>eingetragen oder</u> wieder <u>getilgt</u> ist. Das ist bei Freiheitsstrafen von weniger als zwei Jahren oder Geldstrafen von weniger als 90 Tagessätzen der Fall, § 32 BZRG; getilgt wird bei geringeren Freiheitsstrafen als einem Jahr oder 90 Tagessätzen Geldstrafe nach fünf Jahren, bei höheren Strafen nach 15 Jahren, § 46 BZRG.

- Die Frage nach **Pfändungen** ist nur zulässig, wenn die zu besetzende Position eine besondere <u>Zuverlässigkeit</u> in Bezug auf Geld erfordert, ansonsten nicht, s. o. Vorstrafen.

- Dagegen ist die Frage nach Ihrer **Gewerkschaftszugehörigkeit** zulässig, wenn Ihr Arbeitgeber einen Tendenzbetrieb betreibt, in dem ein hohes persönliches Vertrauen erwartet wird, weil die Interessen dieses Betriebes gerade <u>einseitig und besonders vertrauensvoll</u> durch Arbeitnehmer übernommen werden sollen, z. B. Gewerkschaft, Kirche. Bei allen anderen Arbeitgebern ist die Frage unzulässig.

- Auch die Frage nach dem von Ihnen ggf. geleisteten **Wehr- oder Zivildienst** ist unzulässig.

 Achtung: Bei unzulässigen Fragen dürfen Sie nicht nur den zukünftigen Arbeitgeber, sondern **auch sonstige fragende Personen**, z. B. Personaldienstleister, Headhunter und sonstige Beauftragte aktiv und bewußt **belügen**. Das gilt nicht nur für das Bewerbungs-/Vorstellungsgespräch, sondern **auch für vorher und nachher liegende Kontakte**, z. B. Angaben bei Assessment Centern, in Einstellungsfragebögen, etc.

Bei sonstigen Fragen, die zwar zulässig sind, Sie als Bewerber aber auf dem falschen Fuß erwischen, weil sie Mängel aufdecken, müssen Sie vorsichtig sein:

- Speziell die Frage nach dem aktuellen Status, d. h.
  - **berufstätig/arbeitslos,**
  - **angestellt/selbstständig,**
  - nach einem **Kinderwunsch**, der **Familienplanung,**
  - dem **bisherigen Verdienst,**
  - dem beruflichen **Werdegang,**
  - besonderen fachlichen **Kenntnisse**n,
  - einem nachvertraglichen **Wettbewerbsverbot,**
  - **krankheitsbedingte**n **Ausfallzeiten** sowie
  - **vorhergehende**n **Arbeitgeber**n,

müssen Sie wahrheitsgemäß beantworten.

Hierzu gelten aber die in Bewerbungsratgebern beschriebenen Empfehlungen: Sie befinden sich in einer Auswahlphase, deshalb präsentieren Sie sich nach bestem Wissen und Gewissen richtig, natürlich aber so, dass der zukünftige Arbeitgeber nicht das Interesse an Ihnen verliert.

In der Praxis fragen nur wirklich dreiste oder unbedarfte Unternehmen nach Ihrem Kinderwunsch oder der Familienplanung, weil hierin sofort eine potentielle Benachteiligung aufgrund des Geschlechts im Sinne des Allg. Gleichbehandlungsgesetzes vorliegt, was Ihnen einen <u>Schadensersatzanspruch</u> gewährt!

- Bei Ihrem **bisherigen Verdienst** sollten Sie wissen, dass Ihr zukünftiger Arbeitgeber zwar zunächst nicht den richtigen Verdienst erfahren wird; spätestens mit Einsicht in die Lohnsteuerkarte bzw. dem elektronischen Ersatz ist das aber der Fall. Bei kleinen Arbeitgebern hat der Personalverantwortliche bzw. Chef konkreten Einblick in Ihre Unterlagen, bei größeren Unternehmen – wenn überhaupt – nur durch Mitarbeiter der Personalabteilung.

War Ihre Angabe falsch, täuschten Sie, so dass Ihr Arbeitgeber den Arbeitsvertrag nach § 123 BGB binnen eines Jahres nach Entdeckung der Täuschung, maximal aber 10 Jahre nach Ihrer falschen Erklärung, anfechten kann. In dem Fall ist der Vertrag mit der arbeitgeberseitigen Anfechtungserklärung unwirksam, d. h. er gilt ab dann als nicht mehr bestehend, so dass ab da keine Verpflichtung des Arbeitgebers mehr zur Zahlung und keine Verpflichtung zur Arbeitsleistung durch Sie besteht. Ihr bis dahin erarbeitetes Einkommen, Ihre genommenen Urlaubstage, etc. werden aber nicht abgezogen, verrechnet o. ä. Auch Schadensersatz kann Ihr Arbeitgeber nicht fordern.

- Immer öfter kommt es in der Praxis vor, dass schriftliche Einwilligungen in ärztliche Untersuchungen, speziell auf Drogen (**Drogenscreening**), die **Entbindung von der ärztlichen Schweigepflicht** verlangt und die Frage nach **Fahrerlaubnis**sen gestellt werden. Das ist **zulässig**, wenn nicht bzgl. Ihres Alters, Geschlechts oder Behinderung bzw. Gleichstellung ein konkretes Defizit aufgedeckt, sondern <u>nur</u> die <u>gesundheitliche Eignung</u> für die konkret auszuübende Arbeit festgestellt werden soll. Das ist üblicherweise der Fall, so dass Sie den Maßnahmen zustimmen sollten, da – bei Ihrer Nichtzustimmung – ohnehin eine Ablehnung droht. Entscheidend ist aber, dass die Gesundheitstests immer durch einen (Werks-/Betriebs-)<u>Arzt</u> durchgeführt werden und <u>verhältnismäßig</u> sein müssen. D. h. es dürfen z. B. Seh-, Bewegungs- und Belastungstests durchgeführt werden, aber keine schwerwiegenden Eingriffe in Ihre Gesundheit.

Ist nach dem Vorstellungsgespräch der Vertrag zwischen Ihnen und dem Arbeitgeber geschlossen worden und erfährt Ihr Arbeitgeber später von Ihrer **Lüge auf** eine **unzulässige Frage**, kann er hieraus **keine rechtlichen Folgen** ziehen. Er kann Ihnen insbesondere nicht kündigen, das Arbeitsverhältnis durch Anfechtung lösen oder Schadensersatz verlangen!

In der Praxis haben Arbeitgeber aber wenig Verständnis, von daher besteht das Risiko, dass Ihnen außerjuristisch geringere Anerkennung, schlechteres Arbeitsklima, Mobbing, etc. drohen. Deshalb sollten Sie sich von Anfang an überlegen, wie – und wie detailliert – Sie zulässige und unzulässige Fragen beantworten und ob Sie überhaupt bei einem Arbeitgeber dauerhaft arbeiten möchten bzw. müssen, der unzulässige Fragen stellt. Offensichtlich unzulässige Fragen werden in der Praxis aber von wenigen, eher unerfahrenen oder wirklich dreisten Unternehmen gestellt.

Sollten Sie **kein Recht zur Lüge** haben, da die Frage des Arbeitgebers zulässig war und haben Sie hierauf bewußt unwahr geantwortet oder unterlassen einen Irrtum Ihres Arbeitgebers aufzuklären – wozu Sie grundsätzlich verpflichtet sind – kann Ihr Arbeitgeber den geschlossenen **Arbeitsvertrag** wegen Täuschung – selten Irrtum und Drohung – binnen eines Jahres nach Entdeckung der Täuschung, maximal aber 10 Jahre nach Ihrer falschen Erklärung, **anfechten**, §§ 123 Abs. 1 bzw. 119 Abs. 1 BGB.

In dem Fall endet Ihr Arbeitsverhältnis mit dem Zugang der Anfechtungserklärung bei Ihnen. Der Vertrag ist mit der arbeitgeberseitigen Anfechtungserklärung unwirksam, d. h. er gilt ab dann als nicht mehr bestehend. Für Ihre bis dahin geleistete Arbeit können Sie Bezahlung verlangen und müssen nichts – auch nicht die Sozialversicherungsbeiträge o. ä. – zurückerstatten. Ab Zugang der Anfechtung besteht keine Verpflichtung des Arbeitgebers zur Zahlung und keine Pflicht zur Arbeitsleistung durch Sie. Ihr bis dahin erarbeitetes Einkommen, Ihre genommenen Urlaubstage, etc. werden aber nicht abgezogen, verrechnet o. ä. Auch Schadensersatz kann Ihr Arbeitgeber nicht fordern.

In diesem Fall ist das Vertrauensverhältnis meist intensiv gestört, so dass es selten Sinn macht Entschuldigungen für Ihr Verhalten zu suchen. Das ist aber von dem Charakter Ihres Gegenübers und der Schwere des Vertrauensschadens abhängig.

 Achtung: Damit Ihr Arbeitgeber anfechten kann, ist es immer notwendig, dass Ihre **Falschbeantwortung ursächlich** – juristisch = kausal – für den Abschluss des Arbeitsvertrages wurde. Hätte Ihr Arbeitgeber den Arbeitsvertrag mit Ihnen deshalb auch dann abgeschlossen, wenn er die Unwahrheit gekannt hätte, war Ihre Lüge nicht ursächlich für den Abschluss des Arbeitsvertrages.

Pur juristisch können Sie das in der Praxis aber selten **beweisen**, so dass eine Anfechtung letztlich immer bejaht werden muss, weil die Voraussetzungen hierfür nicht hoch sind. Außerdem stellt sich die Frage was Sie beim Entdecken Ihrer Lüge erreichen können und wollen: Ist das Vertrauen einmal beschädigt, macht ein Arbeitsverhältnis mindestens akut keine Freude, auch wenn gerichtlich festgestellt werden sollte, dass Ihre Lüge nicht kausal war und das Arbeitsverhältnis deshalb offiziell weiterbesteht. Versuchen Sie deshalb noch das Beste herauszuholen:

- Schnell weiterbewerben,
- möglichst keine knackige und unübliche Beendigung des Arbeitsverhältnisses durch Anfechtung, sondern eine Beendigung nach Ablauf der ordentlichen Kündigungsfrist durch eine Eigenkündigung, einvernehmlichen Aufhebungsvertrag oder notfalls eine Arbeitgeberkündigung (Vorsicht: Sperre beim Bezug beim Arbeitslosengeld droht!) zu erzielen und

- ein sauberes Zeugnis vom bisherigen Arbeitgeber zu erhalten.

In der Praxis ist die arbeitgeberseitige Anfechtung eines abgeschlossenen Arbeitsvertrages sehr selten. Häufig kommt das Arbeitsverhältnis aus anderen Gründen nicht zustande, Ihr Arbeitgeber entdeckte Ihre Lüge nicht oder sie ist ihm einfach egal.

Erfolgt trotzdem die Anfechtung, sollten Sie wissen, dass Ihr Arbeitgeber Ihnen die **Anfechtung nicht schriftlich** erklären muss. Im Geschäftsleben und als Beweis ist das aber üblich. Eine Anfechtung wegen eines Irrtums muss grundsätzlich unverzüglich, binnen zwei Wochen ab Kenntnis der notwendigen Tatsachen über die zur Anfechtung berechtigenden Umstände des kündigenden Arbeitgebers, erfolgen, § 121 BGB – im Fall der Täuschung oder Drohung beträgt die **Frist** ein Jahr ab Kenntnis, § 124 BGB.

Da die Anfechtung keine Kündigung ist, sind die intensiveren **Voraussetzungen einer Kündigung**, speziell das Kündigungsschutzgesetz, Sonderkündigungsschutz und die Betriebs-/Personalratsanhörung, **irrelevant**. Eine Kündigung ist im Fall einer berechtigten Anfechtungssituation nicht möglich, da diese einen Kündigungsgrund während des bestehenden Arbeitsverhältnisses voraussetzt – zum Zeitpunkt Ihrer unzulässigen Lüge befanden Sie sich aber noch im Bewerbungsverfahren und ein Arbeitsvertrag wurde erst später abgeschlossen.

Da Sie sich zum Zeitpunkt der Entdeckung Ihrer Lüge häufig noch in den ersten sechs Monaten Ihres Arbeitsverhältnisses befinden werden und deshalb eine (Probezeit-)Kündigung für beide Seiten ohne Probleme zulässig ist, kann Ihr Arbeitgeber **alternativ** eine **Probezeitkündigung** auch aus einem Phantasie-Grund außerordentlich fristlos und/oder ordentlich aussprechen.

Eine Schadensersatzklage gegenüber Ihnen ist dagegen unrealistisch, da Ihr Arbeitgeber eine Gegenleistung – nämlich Ihre Arbeitskraft – erhalten und somit keinen Schaden erlitten hat.

Achtung: Beachten Sie, dass gerade kleinere **Arbeitgeber** und bei besonders exponierten Führungspositionen größere Unternehmen z. T. Ihren **vorherigen oder aktuellen Arbeitgeber kontaktieren**, um vermeintlichen Schwächen nachzugehen und die angebliche Wahrheit zu erfahren. Das ist zulässig. Sie erfahren das in der Praxis natürlich nicht oder nur mit großem zeitlichen Abstand, wenn es zu spät ist.

- Sollten Sie deshalb bewusst dafür sorgen, dass **durch Ihren bisherigen, einen vermeintlichen Arbeitgeber oder Dritte über Sie,** Ihre Leistungen, fehlende Defizite, etc. **falsche, positive Aussagen erfolgen**, droht Ihnen bei Abschluss des Arbeitsvertrages eine außerordentlich <u>fristlose Kündigung</u> nebst gravierenden <u>Problemen</u> <u>bei</u> der <u>Zeugnis</u>erteilung! Kann Ihr neuer Arbeitgeber zusätzlich detailliert **beweisen**, dass Ihm durch Ihre Anstellung aufgrund bewußt falscher Angaben ein Schaden entstanden ist, kann er zusätzlich <u>Schadensersatz</u> von Ihnen und Ihrem bisherigen Arbeitgeber, Dritten, etc. verlangen! Hierzu gehören aber nicht Sowieso-Kosten, d. h. Ausgaben, die auch ohne das Fehlverhalten eingetreten wären, z. B. Kosten für Stellenanzeigen, einen Headhunter, für aufgewendete Zeit des Bewerbungsverfahrens, etc. Aufgrund dessen können Sie diesen Punkt vernachlässigen. Auch Ihre Arbeitsleistung muss bis zum Ausspruch der Kündigung bzw. Auslaufen der Kündigungsfrist gemäß der Arbeitsvertragsinhalte abgerechnet und bezahlt werden, <u>außer</u> sie hatte aufgrund der Kürze oder der Nichtbeendigung keinen Wert, § 628 Abs. 1 BGB. Das ist aber extrem selten und in der Praxis durch Ihren Arbeitgeber kaum nachzuweisen.

- Selten tritt der Fall ein, dass **Ihr bisheriger Arbeitgeber über Sie**, Ihre Leistungen, etc. **bewusst falsche, nachteilige Aussagen trifft**, um Ihnen Schaden zuzufügen. Erstaunlicherweise erfahren Arbeitnehmer das sogar, speziell durch Andeutungen des potentiell neuen Arbeitgebers, dreiste/unvorsichtige Äußerungen Ihres bisherigen Arbeitgebers oder Mitteilungen von Kollegen Ihres bisherigen Arbeitgebers. Zwar schadet sich Ihr bisheriger Arbeitgeber selbst, indem er Sie als wechselwilligen Arbeitnehmer nicht ziehen lässt und Schwierigkeiten mit Ihnen provoziert – solche Situationen kommen aber durchaus vor, weil sie gewollt sind. Erfahren Sie das, wissen Sie zunächst um die unfairen und konsequenten Mittel Ihres Arbeitgebers. Ein solches Arbeitsverhältnis ist unangenehm, so dass Sie rechtzeitig – aber ohne erkennbare Hektik, bei der sich Ihr bisheriger Arbeitgeber bewußt Spiele ausdenken könnte (z. B. Verweigerung, Verzögerung, textliche, optische Mängel des zustehenden Zwischen-/Endzeugnisses, verweigerte Urlaubsnahme, provozierter Stress, Überstundenanordnung, etc.), – den Arbeitgeber wechseln sollten. Zwar können Sie auch eine Schadensersatzklage wegen der bewusst falschen und nachteiligen Äußerungen gegen Ihren bisherigen Arbeitgeber erheben; pur juristisch müssen aber Sie **beweisen**, dass Sie definitiv bei der neuen Stelle ohne die falschen Aussagen Ihres aktuellen Arbeitgebers genommen worden wären – das ist kaum möglich. Außerdem: Worin liegt Ihr konkreter Schaden, weil Sie die Stelle nicht bekamen? Die Vorstellungskosten (Fahrt, etc.)

28

sind ggf. erstattet worden und wären auch bei einem positiven Vorstellungsgespräch angefallen, d. h. es sind nicht ersatzfähige Sowieso-Kosten, und parallel hatten Sie keine Einkommenseinbuße, weil Sie bei Ihrem bisherigen Arbeitgeber verdient haben. Eine Beschwerde beim Betriebs-/Personalrat, eine rechtlich unwirksame Arbeitgeberabmahnung? Juristisch ist es kaum möglich bzw. nicht sinnvoll hiergegen vorzugehen – vor allem, was erreichen Sie damit? Wahrscheinlich ein sich zuspitzendes Arbeitsverhältnis, bei dem Sie jederzeit auf der Hut sein müssen, dass Sie terrorisiert werden und Ihr Arbeitsverhältnis gefährdet ist, zumal Sie mit der Wahrheit, guten Worten oder Drohungen in den seltensten Fällen etwas ausrichten können, wenn Sie zum Abschuss frei sind oder intensiv unter Beschuss stehen.

Deshalb <u>Absprung vorbereiten unter verschärften Bedingungen</u>:

- Leistungen, Fortbildungen, etc. dokumentieren, damit Sie diese für das Zeugnis nachweisen können,
- Urlaub- und Überstundenhöhe kontrollieren und im Fall von intensiven Belastungen ohne Krankheit überlegen, wie lange Sie Schwächephasen überbrücken können bzw. Ihre Bewerbungsaktivitäten takten und unter Anrechnung von Urlaub und Überstunden vorzeitig ausscheiden,
- keine Schwäche zeigen,
- Fehler soweit wie möglich vermeiden,

- konsequent sein und eigene Rechte sachlich fordern, z. B. Urlaub und Überstundenabbau,
- bei Kollegen sensibilisiert sein, dass sich diese auf die Seite des Chefs stellen und Sie ggf. beobachten (sollen),
- nichts Negatives und keine Emotionen über Ihren Arbeitgeber außerhalb der Familie äußern sowie
- den Arbeitgeber Farbe bekennen lassen, wenn er Sie nach Ihrer Wechselwilligkeit fragt oder provoziert: Soll er ins Messer laufen – nicht Sie. Bei derartigen Gesprächen kommt er Ihnen vielleicht zufällig mit einer Versetzung, einer Freistellung, einem Aufhebungsvertrag, einer Abfindung o. ä. entgegen.

Zusätzlich sollten Sie kurzfristig den Anwalt Ihres Vertrauens aufsuchen, um die Situation gemeinsam zu optimieren, zu intervenieren bzw. einen Aufhebungsvertrag mit Ihnen und Ihrem Arbeitgeber zu erarbeiten.

Teilweise täuschen aber auch Arbeitgeber, bei denen Sie sich bewerben. Sollten Sie sich aus einem ungekündigten Arbeitsverhältnis bewerben und **täuscht Ihr zukünftiger Arbeitgeber** im Bewerbungsverfahren **bewußt über** vertragswesentliche Punkte des Arbeitsverhältnisses, wie die **Vergütungs-** oder **Urlaubshöhe**, die **Zahlungsfähigkeit** und damit Überlebensfähigkeit **des Unternehmens**, und wird der Arbeitsvertrag geschlossen, haben Sie einen Schadensersatzanspruch gemäß §§ 611, 280 BGB, wenn sich das Gegenteil herausstellt.

Als Schaden können Sie aber nur die <u>Vergütung bis zur ersten ordentlichen Kündigungsmöglichkeit</u> während der Probezeit verlangen, die mit ihm vereinbart wurde. <u>Alternativ</u> kann die Vergütung als Schadensersatz geltend gemacht werden, die Sie bei einem anderen Arbeitgeber bis zur ersten ordentlichen Kündigung während der Probezeit erhalten hätten, bei dem Sie das Arbeitsverhältnis eingegangen wären, wenn Sie nicht durch den täuschenden Arbeitgeber eingestellt worden wären. Entscheidend ist aber immer, dass Sie Ihren Schaden konkret in Euro beziffern und beweisen müssen!

Unabhängig davon können Sie sich wegen arglistiger Täuschung mit sofortiger Wirkung zum Zeitpunkt der <u>Anfechtung</u>serklärung von dem Arbeitsverhältnis trennen. Beachten Sie, dass die Anfechtungserklärung binnen eines Jahres nachdem Sie die Täuschung erkannt haben gegenüber Ihrem Arbeitgeber möglichst schriftlich nachweisbar erklären; 10 Jahre nach der Täuschung ist die Anfechtung nicht mehr zulässig. Das sollten Sie aber nur in Extremfällen praktizieren, da eine Anfechtung ein ähnliches Gewicht in rechtlicher Hinsicht und von der Öffentlichkeitswirkung hat, wie eine außerordentlich fristlose Kündigung, d. h. eine extrem schnelle Beendigung des Arbeitsverhältnisses, meist eine Sperre beim Bezug von Arbeitslosengeld sowie ein unübliches Zeugnis mit hohem Erklärungsbedarf Ihrerseits bei Bewerbungen.

Selbstverständlich können Sie auch außerordentlich oder ordentlich <u>kündigen</u> oder gar nichts unternehmen.

Unabhängig davon sollten Sie o. g. Punkte zur Vorbereitung Ihres <u>Ausscheidens unter verschärften Bedingungen</u> beachten.

Beispiel: Anfechtung des Arbeitsvertrages
An den Arbeitgeber

Sehr geehrte Damen und Herren,

hiermit fechte ich den Abschluss des zwischen Ihnen und mir geschlossenen Arbeitsvertrages vom ... aus allen in Betracht kommenden Gründen, speziell ..., an.
Ihrer schriftlichen Bestätigung der Anfechtung und Unwirksamkeit des Arbeitsvertrages, Herr/Frau ..., sehe ich bis zum ... an meine Hausadresse entgegen.
Für Angebote Ihrerseits stehe ich zur Verfügung, um nicht gegenüber dem Unternehmen und Ihnen persönlich vorzugehen.

Mit freundlichen Grüßen

Ort, Datum   Unterschrift Arbeitnehmer

II. Das Allgemeine Gleichbehandlungsgesetz:

Unabhängig vom Recht zur Lüge, s. o., schreibt das Allgemeine Gleichbehandlungsgesetz (AGG) vor, dass über o. g. unzulässige Fragen keine Fragen gestellt oder sonstige Maßnahmen ergriffen werden dürfen, die Sie als Bewerber im Bewerbungsverfahren oder Arbeitnehmer im laufenden Arbeitsverhältnis unzulässig benachteiligen.
Da Unterschiede zwischen Arbeitnehmern häufig vorliegen und nur teilweise aufgrund nachvollziehbarer Unterschiede der Menschen oder aus sachlichen Gründen gerechtfertigt sind, ist das AGG von großer Bedeutung.
Speziell die **Nichteinstellung wegen:**
- der Rasse,
- der ethnischen Herkunft,
- des Geschlechts,
- der Religion oder Weltanschauung,

- der Behinderung,
- des Alters oder
- der sexuellen Identität

ist **unzulässig**, wenn sie nicht klar wegen beruflicher oder religiöser Anforderungen bzw. bestimmten Altersgegebenheiten gerechtfertigt sind.

Das ist z. B. der Fall bei der unterschiedlichen Vergütung von Vorgesetzten und einer Sekretärin, gleicher religiöser Identität in einem konfessionellen Krankenhaus oder bestimmten Altersgrenzen aufgrund der gesundheitlichen Eignung. Alles was darüber hinaus geht, ist unzulässig, wobei der jeweilige Einzelfall genau betrachtet werden muss und zulässig sein kann, §§ 8, 9, 10 AGG. Speziell **Stellenausschreibungen und -annoncen** dürfen zu keiner Benachteiligung führen, §§ 11, 7 AGG. Auch Vereinbarungen, die Ausnahmen vom AGG zulassen, sind unwirksam, §§ 7 Abs. 2, 31 AGG.

Liegt deshalb ein o. g. Verstoß vor, sind **alle hierauf fußenden Maßnahmen**, wie Nichteinstellung, unterbliebene Beförderung, unterschiedliche Beschäftigungs-/Arbeits- oder Entlassungsbedingungen, Einfluss wegen Mitgliedschaft im Betriebs-/Personalrat bzw. Nutzung von dessen Leistungen, etc. **unzulässig** und Sie als Betroffener haben Anspruch auf Schadensersatz, §§ 7, 15 AGG.

Ihr Arbeitgeber muss ferner **alles ihm Zumutbare gegen die Benachteiligung** unternehmen, z. B. eine Um- oder Versetzung vornehmen, ansonsten eine Abmahnung oder Kündigung aussprechen. Das gilt auch bei Benachteiligungen durch Betriebsfremde und vorbeugende Maßnahmen, § 12 AGG.

Bei einer Nichteinstellung aufgrund des Verstoßes gegen das AGG können Sie als Bewerber zwar keine zwangsweise Einstellung verlangen; Ihnen steht aber ein Schadensersatzanspruch bis zu maximal drei Bruttomonatsgehältern zu, wenn Sie auch ohne den AGG-Verstoß nicht eingestellt worden wären. Dem besten Bewerber kann theoretisch ein höherer Anspruch bis zu einem Bruttojahresbetrag zustehen;

das ist aber unrealistisch, da es Ihnen als Bewerber in der Praxis sehr schwer fallen wird nachzuweisen, dass Sie nicht nur objektiv durch Ihre Zeugnisse, sondern auch durch Ihre – schwer messbaren und der subjektiven Beurteilung unterliegenden – persönlichen Fähigkeiten der Beste waren.

Achtung: Den Schadensersatz müssen Sie binnen zwei Monaten seit dem Zugang der Ablehnung bzw. Benachteiligung schriftlich gegenüber dem Arbeitgeber geltend machen, außer ein anwendbarer Tarifvertrag sieht eine andere Frist vor. Deshalb senden manche Arbeitgeber Bewerbern die Bewerbungsunterlagen erst nach Ablauf dieser Frist zurück. Bei einer Benachteiligung können Sie nach der Absage den Schadensersatzanspruch direkt schriftlich geltend machen. Ab Ihrer Geltendmachung müssen Sie Ihre Ansprüche aber binnen drei Monaten vor **Gericht einklagen**, § 61 b ArbGG. Hierbei kommt Ihnen immer die **Beweiserleichterung** des § 22 AGG zugute. Dort ist geregelt, dass Sie nur Indizien nachweisen müssen, die die Benachteiligung vermuten lassen. Dann muss Ihr Arbeitgeber konkret im Detail **beweisen**, dass trotz der Indizien die Nichteinstellung nicht gegen das AGG verstößt, also benachteiligungsneutral war. Das wird ihm schwerfallen.

Nur bei existierendem Betriebs-/Personalrat beachten:

III. Die Zustimmung des Betriebs-/Personalrats:

Nur wenn bei Ihrem Arbeitgeber ein **Betriebs-** bzw. in der öffentlichen Verwaltung ein **Personalrat** besteht, muss dieser – unabhängig von dem Vertragsschluss zwischen dem Arbeitgeber und Ihnen – vor der **tatsächlichen Arbeitsaufnahme** durch den Arbeitgeber **angehört** werden **und zustimmen**, § 99 BetrVG. Sind Sie leitender Angestellter gemäß § 5 Abs. 3 BetrVG, muss Ihre Einstellung dem Betriebs-/Personalrat nur mitgeteilt werden; eine Zustimmung durch diesen ist nicht notwendig, § 105 BetrVG.

Stimmt der Betriebs-/Personalrat zu, ist alles in Ordnung – stimmt er nicht zu, muss Ihr Arbeitgeber die Zustimmung gerichtlich ersetzen lassen. In berechtigten Eilfällen kann er Sie arbeiten und das parallel gerichtlich klären lassen, § 100 BetrVG. Ansonsten darf Ihr Arbeitgeber Sie nicht beschäftigen, obwohl er Ihnen die **Vergütung zahlen** muss!

Unabhängig davon können Sie Ihren Arbeitgeber bei fehlender Zustimmung des Betriebs-/Personalrats auf Schadensersatz verklagen. Sie müssen aber den Schaden in Euro konkret **beweisen**. Dieser wird meist in einem nicht zustande gekommenen anderen Arbeitsverhältnis liegen, das Sie abgelehnt haben, weil Sie bei dem jetzigen Arbeitgeber zusagten. Der Schaden kann maximal in Höhe der Vergütung bis zum erstmöglichen Kündigungstermin liegen. Ist also die frühestmögliche Kündigung erst nach drei Monaten zulässig, können Sie drei Bruttomonatsvergütungen als Schadensersatz verlangen. Der Schadensersatz ist jedoch ausgeschlossen, wenn im Arbeitsvertrag vereinbart wurde, dass „die Einstellung vorbehaltlich der Zustimmung durch den Betriebs-/Personalrat erfolgt."

Bei Einstellungen kommt es in der Praxis oft zu Differenzen zwischen Arbeitgebern und dem Betriebs-/Personalrat. Das kann auf Spannungen zwischen den beiden per se beruhen oder, weil der Arbeitgeber ganz bewußt einen bestimmten Bewerber gegenüber einem anderen favorisiert, berechtigterweise oder auch nicht.

2. Teil: Der Arbeitsvertrag
I. Die Voraussetzungen:
Um wirksam zu gelten, muss der Arbeitsvertrag zwischen Geschäftsfähigen geschlossen worden sein. Sie und Ihr Arbeitgeber dürfen also nicht unter rechtlicher Betreuung stehen, § 104 BGB. Außerdem müssen Sie beide **volljährig**, d.

h. 18 Jahre alt sein. Stimmen die gesetzlichen Vertreter, meist Eltern, des nicht Volljährigen dem Arbeitsvertrag zu, ist der Vertrag wirksam. Bei einem minderjährigen Arbeitgeber muss aber zusätzlich das Vormundschaftsgericht zustimmen.

Sind Sie **Ausländer**, müssen Sie eine Aufenthalts- bzw. Arbeitsgenehmigung haben, ansonsten dürfen Sie keiner Arbeitstätigkeit nachgehen. Sollten Sie dennoch gearbeitet haben, können Sie für Ihre geleistete Arbeit die vereinbarte Vergütung verlangen, weil Sie Ihre Arbeitsleistung für den Arbeitgeber erbracht haben. Ihr Arbeitgeber kann auch für sonstige Ihnen gewährte Leistungen keine Rückforderung oder Schadensersatz von Ihnen verlangen, da das Arbeitsverhältnis als wirksam behandelt wird (**faktisches Arbeitsverhältnis**).

II. Das Nachweisgesetz:
Um Ihnen und Ihrem Arbeitgeber den genauen Inhalt mit sämtlichen Rechten und Pflichten aus dem Arbeitsverhältnis aufzuzeigen und Streitigkeiten mit Beweisproblemen vorzubeugen, regelt das Nachweisgesetz (NachweisG), dass Ihr Arbeitgeber spätestens **einen Monat nach** dem vereinbarten **Beginn** des Arbeitsverhältnisses folgende Inhalte und deren Änderungen schriftlich zur Verfügung stellen, d. h. aushändigen, muss, § 2 NachweisG. Das gilt für alle Arbeitsverhältnisse, außer Sie werden nur als vorübergehende Aushilfe von maximal einem Monat eingestellt, § 1 NachweisG.
Ihr Arbeitgeber muss **mindestens schriftlich im Vertrag** nennen:
- die Namen und Anschrift beider Vertragspartner,
- den zeitlichen Beginn des Arbeitsverhältnisses,
- bei befristeten Arbeitsverhältnissen die Dauer,
- den Arbeitsort, bei wechselnden Orten den Wechsel,

- die Tätigkeitsbezeichnung und Beschreibung der Arbeit,

- die einzelnen Einkommensbestandteile inklusive Zuschläge, Zulagen, Prämien, Sonderzahlungen, (Weihnachts- und Urlaubsgeld) sowie deren Fälligkeit,

- die vereinbarte Arbeitszeit in Wochen bzw. Monatsstunden,

- die Länge des jährlichen Urlaubs,

- die Kündigungsfristen und

- einen Hinweis auf geltende Tarifverträge, Betriebsvereinbarungen (in der Privatwirtschaft)/Dienstvereinbarungen (im öffentlichen Dienst).

- Bei 450 €-Verträgen, d. h. geringfügiger Beschäftigung, muss zusätzlich der Hinweis enthalten sein, dass Sie in der gesetzlichen Rentenversicherung die Stellung eines versicherungspflichtigen Arbeitnehmers erwerben können, wenn Sie gegenüber Ihrem Arbeitgeber auf die Versicherungsfreiheit verzichten.

Bei **Auslandseinsätzen** sind bestimmte zusätzliche Angaben schriftlich verpflichtend, § 2 Abs. 2 NachweisG.
Gelten Tarifverträge oder Betriebs-/Dienstvereinbarungen, kann im schriftlichen Arbeitsvertrag auf bestimmte Regelungen hierin verwiesen werden, ohne dass diese zusätzlich im Arbeitsvertrag schriftlich aufgenommen werden müssen, § 2 Abs. 3 NachweisG.
Besteht in Ihrem Betrieb ein Betriebsrat bzw. im öffentlichen Dienst ein Personalrat, kann auch der aufgrund seiner allgemeinen Überwachungspflicht nach § 80 BetrVG die Ausfertigung und Herausgabe des schriftlichen Vertrages einen Monat nach der Arbeitsaufnahme an Sie – an sich selbst nur zu Kontrollzwecken – verlangen.

Achtung: Diese **Vorschriften gelten immer** und können nicht durch einen Vertrag außer Kraft gesetzt werden.

Ob der Arbeitsvertrag schriftlich abgeschlossen wurde oder nicht ist egal, da auch ein mündlicher Vertrag wirksam ist. Deshalb kann der Arbeitgeber von Ihnen auch die Arbeitsleistung verlangen und Sie umgekehrt die Vergütung, Urlaub, Entgeltfortzahlung im Krankheitsfall, etc. Die Schriftform des Vertrages dient aber als **Beweis**, weil derjenige, der etwas von einem anderen fordert, z. B. Vergütung, das beweisen muss (**Beweislastverteilung**). Durch einen schriftlichen Vertrag ist das deutlich einfacher als mit einem mündlichen der nicht vorgelegt werden kann und dann Aussage gegen Aussage steht. In diesem Fall können Sie sich üblicherweise nur auf Aussagen von Zeugen oder Unterlagen des Arbeitgebers verlassen, die im Streitfall nicht zu Ihnen stehen bzw. vorgelegt werden, so dass Sie mit Ihrer Forderung mangels Beweis leer ausgehen. In Ihrem eigenen Interesse sollten Sie deshalb **immer** einen **schriftlichen Vertrag verlangen**, um im Fall einer sich schnell ergebenden Meinungsverschiedenheit Ihre Rechte beweisen und Ihrem Anwalt und dem Gericht die Möglichkeit zu geben Ihre Rechte überprüfen zu können. Verlangen Sie erst recht einen schriftlichen Vertrag, wenn Sie **schon lange ohne schriftlichen Vertrag** dort **beschäftigt** sind und achten Sie darauf, dass als Eintrittsdatum das richtige Datum eingetragen wird, um die längere Kündigungsfrist, erst ab der vierten Woche entstehende Ansprüche auf Entgeltfortzahlung im Krankheitsfall, etc. zu erwerben; eine Rückdatierung des Vertrages ist hierfür nicht notwendig. Sichern Sie möglichst Beweise, um für Streitigkeiten gerüstet zu sein, z. B. durch schriftliche Dokumente, die Ihre Arbeitsleistung an <u>konkreten</u> Tagen zu <u>konkreten</u> Zeiten beweisen, wie Fahrtenbücher, Quittungen, Stundenzettel, Abrechnungen und schriftliche Zeugenaussagen von Kollegen, Lieferanten, etc., die hierzu konkrete Auskünfte erteilen können. Sie sehen was für eine mühsame Kleinarbeit auf Sie zukommt, wenn Sie unbürokratisch-freundschaftlich keinen schriftlichen Vertrag haben! **Sollte Ihr Arbeitgeber Ihnen den Vertrag nicht schriftlich geben,** können Sie diesen hierzu theoretisch vor dem Arbeitsgericht verklagen. Bei einem Arbeitgeber der sich weigert einen schriftlichen Vertrag schriftlich abzufassen, sollten Sie nicht arbeiten, weil derartiges unseriös ist und sich definitiv schnell weitere Streitigkeiten ergeben. Verweisen Sie Ihren Arbeitgeber deshalb direkt vor Ihrer Arbeitsaufnahme auf das Nachweisgesetz, falls Ihnen vorher kein Vertrag übergeben wird, was selten vorkommt. Liegt der schriftliche Vertrag nach drei Tagen Arbeit noch nicht vor, können Sie noch zwei Tage abwarten. Spätestens dann sollten Sie speziell in den Branchen *Gastronomie, Bau, Handwerk, Landwirtschaft, Pflege, Zeitarbeit und Arbeit mit Auslandsberührung* hellhörig werden, weil jeder Tag Arbeit ohne Geld verschenkt sein kann: Zwar können Sie erst nach 1 ½ Monaten ohne Vergütung Ihre Arbeit bis zur Zahlung einstellen **(Zurückbehaltungsrecht)**, Ihnen steht aber grundsätzlich ein Vorschuss zu, der ohne stichhaltige Gründe nicht beim ersten Mal durch Ihren Arbeitgeber zurückgewiesen werden kann. Werden Sie ausgenutzt und erhalten nach mehr als 1 ½ Monaten weder den schriftlichen Vertrag noch Geld, hören Sie sofort auf zu arbeiten und lassen Sie sich nicht vertrösten; Sie können dann eine Strafanzeige wegen Betruges erstatten und den Zoll sowie Sozialversicherungsträger/die Krankenkasse kontaktieren, falls das Geld nicht sofort komplett gegen Quittung übergeben wird. Auch eine solche Drohung wirkt teilweise. Pur juristisch darf Ihr Arbeitgeber Ihnen deshalb nicht kündigen, weil ein Verstoß gegen das Maßregelungsverbot vorläge, § 612 a BGB.

In der Praxis heißt es dagegen: Runter vom Hof, wir haben und hatten noch nie einen Vertrag miteinander und sind Sie mit Ihren Beweisen gefragt! Ein solches Arbeitsverhältnis ist früher oder später immer dem Untergang geweiht. Wichtig ist auch, dass Sie bei einem nichtmals mündlich nachweisbaren Vertrag weitestgehend **nur über Ihre eigene Kranken-, Unfall- und Haftpflichtversicherung** im Fall eines Schadens **versichert** sind.

III. Die Formen von Arbeitsverhältnissen:

Kennzeichnend für einen Arbeitsvertrag ist, dass ein Vertrag zwischen einem Arbeitgeber und einem Arbeitnehmer über die Erbringung unselbstständiger (Arbeits-)Dienste gegen eine Geldzahlung abgeschlossen wird. Hierbei sind Sie als Arbeitnehmer an die Weisungen des Arbeitgebers gebunden.

Verträge im öffentlichen Dienst werden grundsätzlich wie Arbeitsverträge behandelt, hierfür gelten aber teilweise Sonderregeln wegen der besonderen Treuepflicht im öffentlichen Dienst.

Das ist auch der Fall bei Sonderrechtsverhältnissen, z. B. Beamten. Wegen der besonderen Pflicht zu Loyalität und Integrität des Dienstverpflichteten hat dieser Vorteile, z. B. bei der Pensionierung. Diesen Vorteil nutzt der Staat aus und gewährt den Beschäftigten etwas weniger Rechte als Arbeitnehmern in der freien Wirtschaft.

1. Der unbefristete Vertrag:

Üblicherweise werden Arbeitsverträge unbefristet abgeschlossen, d. h. ein Ende ist nicht beabsichtigt und deshalb nicht vereinbart.

Die reguläre Verrentung mit 65 + x Lebensjahren ist zwar eine Befristung in tatsächlicher Hinsicht, juristisch wird dieser Fall aber nicht als befristeter Arbeitsvertrag verstanden.

Beispiel: Unbefristeter Vertrag
Der Arbeitnehmer wird ab dem 01.01.2017 als
Schreiner beschäftigt.

2. Der befristete Vertrag:

Befristete Verträge werden in erster Linie durch das Teilzeit-
und Befristungsgesetz (TzBfG) geregelt. Das TzBfG findet
jedoch keine Anwendung bei einer nur zeitlich begrenzten
Geltung einzelner Vertragsbedingungen, z. B. „... bis zum
31.12. wird Ihnen ein Dienstwagen der Marke ..., zu den
Bedingungen ... gestattet." Derartiges bedarf einer konkreten Vertragsvereinbarung und bemißt sich nicht anhand
TzBfG.

Bei befristeten Verträgen wird immer ein **Ende der Beschäftigung schriftlich vereinbart,**

- z. B. endet das befristete Arbeitsverhältnis zu einem im vorhinein vereinbarten Endzeitpunkt, also
  31.12. (**kalendarische Befristung**), oder
- wenn die Elternzeit von Frau Meier abgelaufen ist
  und sie wieder in den Betrieb zurückkehrt (**Zweckbefristung**).

Beides kann auch kombiniert werden, was nicht verbreitet
ist, weil es komplizierter und unklarer ist.

 Achtung: Um wirksam zu sein muss das Ende der
Befristung immer konkret bestimmt oder zumindest
bestimmbar, d. h. einfach zu berechnen, sein.
Bei der **kalendarischen Befristung** muss zur Wirksamkeit nur die <u>Dauer</u> schriftlich vereinbart sein – bei
der **Zweckbefristung** muss der <u>Zweck</u> der Befristung <u>konkret schriftlich</u> angegeben werden, ansonsten ist jeweils ein unbefristeter Vertrag gegeben.
Ein kalendarisch befristeter Vertrag endet automatisch mit Erreichen des Endtermins – ein zweckbe-
fristeter Vertrag dagegen gerade nicht. Ihr Arbeitge-

ber muss Ihnen deshalb bei einem **zweckbefriste-ten Vertrag** schriftlich mitteilen, dass der Zweck weggefallen bzw. erfüllt ist, § 15 TzBfG. Nur in dem Fall endet das zweckbefristete Arbeitsverhältnis frühestens zwei Wochen nach Zugang des Schreibens bei Ihnen. Ihr Arbeitgeber kann Ihnen das Schreiben auch schon vor dem Wegfall des Zwecks zustellen, spätestens muss das aber direkt (maximal zwei – drei Tage) nach dem Zweckfortfall erfolgen, ansonsten gilt der Vertrag als unbefristet fortgesetzt, § 16 TzBfG, es sei denn er hat im Vorfeld schon Ihrer Weiterarbeit widersprochen. Das ist ganz wichtig, denn wird ein kalendarisches Arbeitsverhältnis über die vereinbarte Befristung fortgesetzt, gilt der Vertrag als unbefristeter Vertrag, §§ 15, 16 TzBfG.

Während der noch laufenden Befristung kann der befristete Vertrag immer nur **außerordentlich**, also bei schwerwiegenden Vertragsverstößen gekündigt werden. Eine **ordentliche Kündigung** ist während der Befristung nie möglich, außer das ist vertraglich oder aufgrund eines anwendbaren Tarifvertrages vereinbart.

Dagegen können Sie bei einer Befristung von **mehr als fünf Jahre**n auch ohne Vereinbarung der ordentlichen Kündigung im Vertrag ordentlich mit einer Kündigungsfrist von sechs Monaten kündigen, §§ 15 TzBfG, 624 BGB.

Die Befristung muss **zum Zeitpunkt des** (schriftlichen) **Arbeitsvertragsabschlusses vereinbart** werden, ansonsten ist der Vertrag unbefristet geschlossen. Sollte der befristete Vertrag schon bestehen, muss auch eine befristete Verlängerung **vor Ablauf der** ursprünglichen **Befristung** vereinbart werden, ansonsten ist die Befristung unwirksam, so dass der Vertrag juristisch als unbefristeter gilt. Ihr Arbeitgeber kann dann aber frühestens zum ursprünglich vereinbarten Ende ordentlich kündigen. Er benötigt hierfür jedoch einen Kündigungsgrund, § 16 TzBfG, s. Kündigung. Sollte ein ursprünglich unbefristeter Vertrag **nachträglich befristet** werden, ist das nur mit Zustimmung beider Vertragspartner wirksam möglich.

Ist die Befristung unwirksam, liegt immer ein unbefristetes Arbeitsverhältnis vor, § 16 TzBfG.

Achten Sie darauf, dass Sie als Arbeitnehmer im Fall der unwirksamen Befristung **spätestens drei Wochen nach Ablauf der** ursprünglich vereinbarten (unwirksamen) **Befristung Klage beim Gericht** erheben müssen! Bei mehreren Befristungen wird auch immer nur die letzte gerichtlich auf ihre Wirksamkeit überprüft, d. h. alle vorhergegangenen können 100 %ig unwirksam sein, nur die letzte ist entscheidend.

Ein befristetes Arbeitsverhältnis kann unabhängig von einer kalendarischen oder zweckgebundenen Befristung ebenfalls mit und ohne Sachgrund vereinbart werden. Darüber hinaus kann bei **Ärzten in der Weiterbildung** durch das Gesetz über befristete Arbeitsverträge bis zu acht Jahre und bei **wissenschaftlichen und künstlerischen Mitarbeitern von Hochschulen**, die nicht promoviert sind, durch das Wissenschaftszeitvertragsgesetz bis zu sechs Jahre, im Bereich der Medizin bis zu neun Jahre, befristet werden.

Befristungen im Rechtssinne sind dagegen **keine Zeitarbeitnehmereinsätze**, da der Einsatz eines Zeit-/Leiharbeitnehmers immer vorübergehend ist, auch wenn das in der Praxis z. T. äußerst großzügig gehandhabt wird.

Wichtig ist, dass Sie als befristet beschäftigter Arbeitnehmer genauso wie unbefristet Beschäftigte Anspruch auf **Aus- und Weiterbildungen** haben, außer es liegen dringende betriebliche Gründe oder Aus- und Weiterbildungswünsche anderer Arbeitnehmer vor. Die müssen aber dringend und schwerwiegend sein, was in der Praxis kaum der Fall ist, schon gar nicht dauerhaft; auch Wünsche anderer Arbeitnehmer liegen nicht permanent vor, so dass Ihrem Aus- und Weiterbildungswunsch zeitnah nachgekommen werden muss. Notfalls wenden Sie sich an Ihren Betriebs-/Personalrat oder einen Rechtsanwalt Ihres Vertrauens.

Beispiel: Kalendarische Befristung
Der Arbeitnehmer wird als Schreiner ab dem 01.01.2017 – zum 31.12.2017 beschäftigt.
Ggf. zusätzlich klarstellend: Das Arbeitsverhältnis endet ohne eine Kündigung mit Ablauf vorgenannter Frist.

Beispiel: Zweckbefristung
Der Arbeitnehmer wird als Schreiner für die Dauer der Elternzeit von Frau Meier beschäftigt.
Ggf. zusätzlich klarstellend: Das Arbeitsverhältnis endet ohne eine Kündigung mit dem Zweckeintritt.

Beispiel: Kalendarisch-zweckbefristete Kombination
Der Arbeitnehmer wird als Schreiner ab dem 01.01.2017 – zum 31.12.2017 beschäftigt.
Die Befristung wird für die Dauer der Elternzeit von Frau Meier vereinbart.
Ggf. zusätzlich klarstellend: Das Arbeitsverhältnis endet ohne eine Kündigung mit Ablauf vorgenannter Frist.

Beispiel: Mitteilung des Arbeitgebers über Zweckerreichung bei Zweckbefristung
Sehr geehrte(r) Herr/Frau ...,

gemäß des zwischen uns geschlossenen befristeten Vertrages vom 01.01.2017 ist Ihr Arbeitsverhältnis für die Elternzeit von Frau Meier zweckbefristet worden.

Da die Elternzeit von Frau Meier am 31.12.2017 endet und sie deswegen wiederkehrt, ist der Zweck eingetreten/erfüllt.

Ihr Arbeitsverhältnis endet deshalb mit der Wiederkehr von Frau Meier zum 31.12.2017.

Der Fortsetzung des Arbeitsverhältnisses widersprechen wir für das Unternehmen vorsorglich.

Mit freundlichen Grüßen

Ort, Datum   Unterschrift Arbeitgeber

a) Der befristete Vertrag ohne Sachgrund:

Befristete Arbeitsverhältnisse können mit und ohne Sachgrund abgeschlossen werden.

Der Unterschied liegt darin, ob ein **Grund/Zweck für die Befristung** im Vertrag (schriftlich) **genannt** ist. Ist kein Grund vereinbart, ist die Befristung entweder ohne Sachgrund/sachgrundlos erfolgt oder unwirksam, mit der Folge, dass ein unbefristeter Vertrag vorliegt.

In der Praxis werden Befristungen ohne Sachgrund von professionellen Arbeitgebern vereinbart, wenn Sie als Arbeitnehmer noch nie zuvor im einem Arbeitsverhältnis mit demselben Arbeitgeber oder im Fall eines Betriebsübergangs zu dessen Rechtsvorgänger standen. In diesem Fall kann Ihr Arbeitgeber nämlich bis zu zwei Jahre ohne Sachgrund befristen und – bei Vorliegen eines Sachgrundes – darüber hinaus weitere Befristungen mit Sachgrund vereinbaren, wenn Gründe dafür vorliegen. Sollte dagegen direkt eine Befristung mit Sachgrund gewählt werden, kann im Anschluss daran keine sachgrundlose Befristung mehr vereinbart werden, § 14 TzBfG!

 Achtung: Bei der **Vorbeschäftigung** muss es sich immer um ein Arbeitsverhältnis gehandelt haben. D. h. ein Praktikum, Volontariat, ehrenamtliche Tätigkeit, Ausbildung oder ein Einsatz als Zeit-/Leiharbeit-

45

nehmer bei demselben Arbeitgeber reicht dafür nicht aus, so dass mit Ihnen dann auch ein befristeter Vertrag ohne Sachgrund geschlossen werden kann.

Häufig verlangen professionelle Arbeitgeber eine **Arbeitnehmererklärung**, dass Sie als Arbeitnehmer versichern, noch **nie zuvor be- oder unbefristet bei dem Arbeitgeber oder dessen Rechtsvorgänger** gearbeitet haben. Beachten Sie, dass als derselbe Arbeitgeber auch der jetzige Arbeitgeber im rechtlichen Sinne gilt, wenn das ursprüngliche Unternehmen durch einen Betriebsübergang nach § 613a BGB auf das jetzige Unternehmen übergegangen ist. Geben Sie die Erklärung falsch ab, kann Ihr Arbeitgeber den Arbeitsvertrag anfechten. In diesem Fall gilt das Arbeitsverhältnis mit Erklärung der Anfechtung als beendet, sprich bis dahin besteht das Arbeitsverhältnis mit sämtlichen Rechten und Pflichten für beide Parteien, so dass Sie auch die Arbeitsvergütung bis dorthin beanspruchen können, s. Anfechtung. O. g. Arbeitnehmererklärung muss separat und auffällig im Arbeitsvertrag enthalten sein und – neben Ihrer Unterschrift des Arbeitsvertrages – Ihre separate Unterschrift tragen. Deshalb wird die Erklärung üblicherweise nach einem größeren Absatz am Ende des Arbeitsvertrages unter der Unterschrift beider Parteien aufgeführt und sieht erneut Ihre Unterschrift vor. Ist diese Form der Erklärung nicht gegeben, kann Ihr Arbeitgeber sein potentielles Anfechtungsrecht nicht wirksam durchsetzen.

 Beispiel: Arbeitnehmererklärung bzgl. Vorbeschäftigung
1. Befristeter Arbeitsvertrag:
…

Ort, Datum
Unterschrift Arbeitgeber   Unterschrift Arbeitnehmer

2. Arbeitnehmererklärung:

Hiermit versichere ich, ..., dass ich zuvor noch nie be- oder unbefristet bei o. g. Arbeitgeber oder dessen Rechtsvorgänger beschäftigt war.
Eine dbzgl. Falschbeantwortung berechtigt den Arbeitgeber zur Anfechtung des Arbeitsvertrages wegen arglistiger Täuschung.

Ort, Datum   Unterschrift Arbeitnehmer

Wenn Sie als Arbeitnehmer noch nie vorher be- oder unbefristet bei diesem Arbeitgeber beschäftigt waren, kann Ihr Arbeitgeber somit eine Befristung sachgrundlos vereinbaren, § 14 Abs. 2 TzBfG,

- d. h. für maximal **zwei Jahre** muss kein **(Sach-)Grund für** Ihre **Befristung** vorhanden sein,
- **zusätzlich** kann Ihr Arbeitgeber während dieser maximal zwei Jahre maximal **dreimal** – also bei gleichlanger Verteilung jedes halbe Jahr – eine **Verlängerung** mit Ihnen vereinbaren.

Längere sachgrundlose Befristungen bzw. Verlängerungstaktungen sind nur zulässig, wenn besondere Tarifverträge das zulassen, was in der Praxis sehr selten ist.

Zwei Sonderfälle sollten Sie noch kennen:

- Bei **Unternehmen, die neu gegründet wurden** kann ohne Sachgrund nicht nur bis zu zwei, sondern bis zu vier Jahre befristet und die Verlängerung unbeschränkt getaktet werden, § 14 Abs. 2a TzBfG.
- Sind Sie **52 Jahre alt** oder älter **und** waren Sie direkt vor Beginn der sachgrundlosen Befristung mindestens vier Monate arbeitslos, haben Transferkurzarbeitergeld erhalten oder an einer Beschäftigungsförderungsmaßnahme teilgenommen, kann bis zu fünf Jahre mit unbeschränkter Verlängerungstaktung sachgrundlos befristet werden, § 14

47

Abs. 3 TzBfG. Während der Verlängerungen darf das Arbeitsverhältnis aber generell nicht aufgrund der Verlängerung verändert werden, andernfalls gilt es als unbefristet.

 Beispiel: Befristeter Arbeitsvertrag ohne Sachgrund
Der Arbeitnehmer wird als Schreiner ab dem 01.01.2017 – zum 31.12.2017 beschäftigt.
Ggf. zusätzlich klarstellend: Das Arbeitsverhältnis endet ohne eine Kündigung mit Ablauf vorgenannter Frist.

Der Arbeitgeber weist den Arbeitnehmer darauf hin, dass dieser gemäß § 14 Abs. 2 TzBfG sachgrundlos eingestellt wird.
Der Arbeitnehmer versichert, dass er zu keinem Zeitpunkt be- oder unbefristet in einem Arbeitsverhältnis zu dem Arbeitgeber oder dessen Rechtsvorgänger stand. Sollte diese Angabe unzutreffend sein, ist der Arbeitgeber zu Anfechtung wegen arglistiger Täuschung berechtigt.

Sonderfall:
Das Einfühlungsverhältnis
Zum Testen, ob Sie und der Arbeitgeber zueinander passen und es Sinn macht ein Arbeitsverhältnis einzugehen, wird teilweise bei einfachen Tätigkeiten im gewerblichen Bereich ein Einfühlungsverhältnis vereinbart.
Das Einfühlungsverhältnis ist **kein Arbeitsverhältnis** mit einem (mündlichen oder schriftlichen) Vertrag. In der Praxis geht es aber schnell in ein befristetes oder unbefristetes Arbeitsverhältnis über, weil oft einfach über zwei Wochen hinaus gearbeitet (s. Befristung mit Sachgrund Erprobung) oder ein schlampiger Einfühlungsvertrag vereinbart wird, der aufgrund der Ähnlichkeit einem Arbeitsvertrag gleichgestellt ist. Das wird in der Praxis von sehr kleinen Arbeitgebern

übersehen und genauso viele der dort im Einfühlungsver-hältnis getesteten Arbeitnehmer akzeptieren die Beendigung, obwohl tatsächlich ein Arbeitsverhältnis und -vertrag vorliegt, der Ihnen mindestens die gesetzlichen Rechte auf Vergütung, Urlaub, etc. zugesteht!

 Achtung: Sie als Bewerber und auch Ihr ggf. zukünftiger Arbeitgeber sind **nicht verpflichtet** ein Einfühlungsverhältnis <u>einzugehen</u>. Teilweise werden Arbeitslose aber von der Agentur für Arbeit zum Austesten zu Arbeitgebern geschickt. Unabhängig davon sind Sie beim Austesten im Einfühlungsverhältnis nicht verpflichtet <u>zu arbeiten</u>. Der Arbeitgeber Ihres Testarbeitsbetriebes muss Ihnen auch <u>keine Vergütung oder Urlaub</u>, etc. gewähren.

Gerade deshalb sollte die **Dauer** eine Woche nicht überschreiten. Bei mehr als zwei Wochen ohne Bezahlung sollten Sie das Angebot <u>ablehnen</u>, speziell im Hinblick auf die Unsicherheit einer nur möglicherweise erfolgenden Übernahme in ein Arbeitsverhältnis, die z. T. gegebene Ausnutzung Ihrer Arbeitskraft und den oft <u>problematischen Versicherungsschutz</u> bei einem Arbeits- oder Wegeunfall und fehlendem schriftlichen Vertrag. Wird Ihnen dagegen eine Vergütung offiziell mit Abrechnung gezahlt und ist ein (Arbeits-)Vertragsbeginn möglichst mit allen Inhalten des Nachweisgesetzes schriftlich vereinbart, können Sie ohne Probleme beginnen. In diesem Fall besteht direkt ein <u>Arbeitsverhältnis</u>. Unabhängig davon, ob in diesem Arbeitsvertrag eine kalendarische oder Zweckbefristung hinsichtlich Ihrer Erprobung enthalten ist, können Sie theoretisch über diesen Zeitpunkt hinaus einfach **weiterarbeiten**. In diesem Fall gilt der Vertrag auf unbestimmte Zeit, also unbefristet weiter, was zwar Ihrem Arbeitgeber mißfallen wird, für Sie aber – zumindest kurzfristig – von Vorteil ist, § 15 TzBfG. Das ist aber nicht möglich, wenn Ihr Arbeitgeber Ihrer Weiterarbeit sofort widerspricht oder der

Einfühlungs-/Erprobungszweck erreicht wurde und Ihr Arbeitgeber Ihnen das sofort schriftlich mitteilt. Hinsichtlich der **Vergütungshöhe** ist entweder der Vertragsinhalt, die Üblichkeit oder das Mindestlohngesetz entscheidend, § 612 BGB. Beachten Sie hierbei die Mindestvergütungen der betreffenden Branche und Auskünfte von Gewerkschaften, die nicht unterschritten werden dürfen, weil die Vergütung ansonsten gegen das Mindestlohngesetz verstößt oder sittenwidrig und damit immer unwirksam ist, § 138 BGB.

Sonstige Ansprüche neben dem im Vertrag Vereinbarten können Sie nur verlangen, wenn das Arbeitsrecht das vorsieht, speziell gesetzlichen **Urlaub** von 24 Tagen, sechs Monate **Entgeltfortzahlung im Krankheitsfall** nach vierwöchiger, ununterbrochener Beschäftigung, etc., s. Laufende Durchführung des Arbeitsverhältnisses.

b) Der befristete Vertrag mit Sachgrund:
Der **Beweggrund** zum Abschluss von Arbeitsverträgen mit Sachgrund liegt darin, dass:
- o. g. Vorbeschäftigung als Arbeitnehmer vorliegt,
- die sachgrundlose Befristung vollständig ausgenutzt wurde, also maximal zwei Jahre Befristungslänge und/oder dreimalige Verlängerungstaktung bzw. die Grenze des anwendbaren Tarifvertrages erreicht wurde oder
- Ihr Arbeitgeber keine Ahnung vom Befristungsrecht hat.

Theoretisch können befristete Verträge mit Sachgrund unendlich oft vereinbart werden, wenn tatsächlich ein Sachgrund vorliegt. Da mit häufigerem Abschluss von Befristungen aber die Anforderungen an deren Wirksamkeit steigen, können in der Praxis **nicht unendlich viele Befristungen mit Sachgrund** vereinbart werden. Z. B. ist eine achtmalige

Verlängerung einer Befristung mit wirksamem Sachgrund zwar zulässig, darüber hinaus wird eine Befristung aber für Ihren Arbeitgeber rechtlich immer unsicherer.

Bei Befristungen mit Sachgrund muss der **konkrete** (Befristungs-)**Grund im Vertrag schriftlich genannt** werden, ansonsten ist die Befristung unwirksam, so dass juristisch ein <u>unbefristeter Vertrag</u> vorliegt. Die **Beweislast**, dass der Sachgrund vorliegt bzw. -lag und im Vertrag vereinbart wurde, trägt Ihr Arbeitgeber!

Da Sachgründe somit eine wichtige Funktion haben, sind sie in § 14 Abs. 1 TzBfG genannt. Die Aufzählung ist zwar nur beispielhaft, in der Praxis sind aber kaum andere juristisch möglich:

- Gemäß § 14 Abs. 1 Satz 1 Nr. 1 TzBfG ist der Sachgrund des nur **vorübergehenden Bedarfs** an der Arbeitsleistung gegeben, wenn aufgrund konkreter Anhaltspunkte aufgrund einer Prognose **zum Zeitpunkt der Befristungsvereinbarung** ein deutlicher Mehrbedarf vorliegt, der nach dessen Abbarbeitung entfällt. Hierunter fällt z. B. eine Messe oder Inventur.

  Arbeitgeber mißbrauchen diesen Grund in der Praxis sehr gerne bei einem **Projektarbeitsverhältnis**, unterschätzen aber regelmäßig die hohen Voraussetzungen an dessen Wirksamkeit. Das Projektarbeitsverhältnis wird **juristisch nur anerkannt, wenn:**

  - o. g. Voraussetzungen der Nr. 1 vorliegen,
  - Ihr Arbeitnehmereinsatz ausschließlich für dieses eine abgrenzbare Projekt erfolgt,
  - während der befristeten Zeit des Projekts kein Einsatz für andere Projekte vorgenommen wird und
  - nach Abbarbeitung des Projekts kein weiterer Einsatz für andere Projekte oder sonstiges erfolgt.

Sollten Sie deshalb z. B. im Rahmen des Projektes „Stapeln von blauen Deckeln" eingesetzt werden, was konkret vereinbart werden muss, da ansonsten die Befristung ohnehin unwirksam ist, dürfen nur blaue Deckel gestapelt werden, keine gelben, keine grünen, kein Zusammenbauen von blauen und gelben Deckeln. Ansonsten wird das abgegrenzte Projekt nicht eingehalten und das vereinbarte befristete Arbeitsverhältnis stellt juristisch ein <u>unbefristetes</u> dar. So schnell geht das!

 Beispiel: Sachgrund § 14 Abs. 1 Satz 1 Nr. 1 TzBfG
Der Arbeitnehmer wird als Schreiner für die Dauer der Messe ... im Jahr ... beschäftigt. (abstrakte, d. h. arbeitgeberfreundliche, Vereinbarung).
Oder:
Der Arbeitnehmer wird als Schreiner für die Dauer des Projekts x beschäftigt. Er ist im Rahmen des Projektes für y zuständig und wird dafür mit der Maschine z A-Teile herstellen. (sehr konkrete, d. h. arbeitnehmerfreundliche, Vereinbarung).
Ggf. zusätzlich klarstellend: Das Arbeitsverhältnis endet mit Erreichen des Zwecks, ohne dass es einer Kündigung bedarf.

- Gemäß § 14 Abs. 1 Satz 1 Nr. 2 TzBfG liegt ein Sachgrund zur Befristung vor, wenn die Befristung **im Anschluss an eine Ausbildung oder ein Studium** erfolgt, **um** dem Arbeitnehmer den **Übergang in eine Anschlussbeschäftigung** zu erleichtern.
Dieser Grund erklärt sich von selbst. Er kann natürlich nur <u>einmalig pro Arbeitnehmer und Ausbildung bzw. Studium</u> vereinbart werden. Der Grund kommt in der Praxis kaum vor, da gerade tarifge-

bundene Unternehmen oft eine einjährige Übernahmeverpflichtung für Auszubildende nach bestandener Prüfung vorsehen und auch sonst häufig Übernahmen erfolgen.

 Beispiel: Sachgrund § 14 Abs. 1 Satz 1 Nr. 2 TzBfG
Der Arbeitnehmer wird ab dem 01.01.2017 – zum 31.12.2017 als Schreiner beschäftigt.
Die Befristung erfolgt nach Abschluss der Schreinerausbildung, um dem Arbeitnehmer den Übergang in eine Anschlussbeschäftigung zu erleichtern.
Ggf. zusätzlich klarstellend: Das Arbeitsverhältnis endet mit Erreichen des Zwecks, ohne dass es einer Kündigung bedarf.

- Sehr praxisrelevant ist der **Vertretungsbedarf**, § 14 Abs. 1 Satz 1 Nr. 3 TzBfG.
Fällt Frau Meier z. B. infolge ihrer Schwangerschaft aus und soll Herr Müller genau diesen Arbeitsplatz von Frau Meier übernehmen, liegt eine **direkte/unmittelbare Vertretung** vor. Ersetzt Herr Müller Herrn Schulze, da Herr Schulze Frau Meier auf deren Arbeitsplatz vertritt, liegt eine **indirekte/mittelbare (Ketten-)Vertretung** vor. Letztere ist für Arbeitgeber sehr schwer zu organisieren, da nur solche Vertretungen juristisch zulässig sind, bei denen sämtliche Akteure von der Tätigkeit, Vergütung, dem Arbeitsvolumen in Arbeitsstunden und dem Niveau zumindest gleichwertige Arbeit leisten müssen. Außerdem muss der Arbeitgeber die Kettenvertretung klar und verständlich **beweisen**, was ebenfalls sehr aufwändig ist.
Wie immer bei Befristungen ist bei der Vertretung bzgl. des (Vertretungs-)Bedarfs die Prognose des Arbeitgebers **zum Zeitpunkt des Abschlusses**

der Befristung entscheidend. **Wirksam ist eine kürzere Vertretungszeit** als für die der Vertretene ausfällt. Soll der Vertreter dagegen länger bleiben als der Vertretene, ist der befristete Vertrag unwirksam und gilt als <u>unbefristeter</u> Vertrag.

 Beispiel: Sachgrund § 14 Abs. 1 Satz 1 Nr. 3 TzBfG (direkte/unmittelbare) Vertretung
Der Arbeitnehmer wird als Schreiner für die Dauer der Elternzeit von Frau Meier beschäftigt.
Ggf. zusätzlich klarstellend: Das Arbeitsverhältnis endet mit Erreichen des Zwecks, ohne dass es einer Kündigung bedarf.

 Beispiel: Sachgrund § 14 Abs. 1 Satz 1 Nr. 3 TzBfG (indirekte/mittelbare) Vertretung
Der Arbeitnehmer wird als Schreiner zum Ersatz des Schreiners Schulze beschäftigt, da Herr Schulze die sich in der Elternzeit befindliche Schreinerin Meier ersetzt.
Ggf. zusätzlich klarstellend: Das Arbeitsverhältnis endet mit Erreichen des Zwecks, ohne dass es einer Kündigung bedarf.

- In der Praxis kaum von Bedeutung ist § 14 Abs. 1 Satz 1 Nr. 4 TzBfG, wenn die **Eigenart der Arbeitsleistung die Befristung rechtfertigt**.
Obwohl hier viel hineingeheimnist werden könnte, ist die Nr. 4 ein exotischer Sonderfall, der nur für den Bereich des <u>Rundfunk</u>s, der <u>Künstler</u> sowie (Profi-)<u>Sportler</u> und Vergleichbare Anwendung findet. Insofern können Sie das außer Acht lassen, wenn Sie nicht zu dieser Gruppe gehören.

- Ähnlich wie die Nr. 2 gestattet § 14 Abs. 1 Satz 1 Nr. 5 TzBfG eine Befristung, wenn die **Befristung zur Erprobung** erfolgt.
Relevant wird dieser Befristungsgrund nur, wenn Ihrem Arbeitgeber die tarifliche bzw. gesetzliche Probezeit nicht lang genug ist und er deshalb durch die Nr. 5 die übliche Probezeit als Befristung nutzt. Das setzt natürlich voraus, dass die Erprobung überhaupt möglich ist, was gerade nicht der Fall ist, wenn Sie auf dieser Position <u>bereits</u> (erprobt) <u>tätig</u> waren, weil Sie zuerst eine Probezeit hatten und nach deren Ablauf die Erprobung als Sachgrund vereinbart wurde. In diesem Fall ist die Befristungsvereinbarung unwirksam und es liegt ein <u>unbefristeter Arbeitsvertrag</u> vor! Die Erprobung kann auch nicht überlang befristet sein. Zulässig ist eine Zeitspanne von maximal einem Jahr, da hiernach auch Hochqualifizierte ausreichend erprobt wurden. Speziell dann ergeben sich in der Praxis für Arbeitgeber Probleme mit dem Einfühlungsverhältnis, s. o.!

 Beispiel: Sachgrund § 14 Abs. 1 Satz 1 Nr. 5 TzBfG
Der Arbeitnehmer wird als Schreiner beschäftigt.
Das Arbeitsverhältnis wird zur achtmonatigen Erprobung bis zum 31.08.2015 begründet.
Es endet nicht, wenn die Parteien zuvor die Fortsetzung vereinbaren.
Ggf. zusätzlich klarstellend: Das Arbeitsverhältnis endet mit Erreichen des Zwecks zum 31.08.2015, ohne dass es einer Kündigung bedarf.

- In der Praxis ebenfalls extrem selten ist § 14 Abs. 1 Satz 1 Nr. 6 TzBfG, d. h. wenn **in der Person des Arbeitnehmers liegende Gründe die Befristung rechtfertigen.**
  Maßgeblich nach Nr. 6 ist, **ob Sie sich zum Zeitpunkt des Vertragsschlusses bei freier Auswahl** eher **für** den **be- oder unbefristeten Vertrag entschieden hätten.** Allein vom logischen Menschenverstand würde jeder Arbeitnehmer bis auf wenige Ausnahmefälle immer den unbefristeten dem befristeten Arbeitsvertrag vorziehen, weil beim unbefristeten Vertrag das Einkommen und die soziale Sicherheit ungleich größer ist als bei einem befristeten Vertrag. Im Zweifel ist dieser Sachgrund deshalb nicht gegeben; dann muss Ihr Arbeitgeber die Zweifel durch seine Beweise entkräften, was in der Praxis nie funktioniert!
  Hier bluffen manche Arbeitgeber, indem sie Ihnen nahelegen die Befristung zu akzeptieren, da ansonsten gar kein Arbeitsvertrag geschlossen wird. Unabhängig von der strafrechtlichen Nötigung gemäß § 240 StGB ist o. g. Abgrenzung entscheidend, so dass glasklar ein unbefristeter Vertrag vorliegt, weil der Befristungsgrund gerade nicht gegeben ist.

 Beispiel: § 14 Abs. 1 Satz 1 Nr. 6 TzBfG
Der österreichische Arbeitnehmer wird in München als Schreiner vom 01.01. – 31.12.2017 auf seinen eigenen Willen nur befristet beschäftigt, da er ab dem 01.01.2018 in Zell am See (Österreich) den Bauernhof seiner Eltern bewirtschaften wird.
Ggf. zusätzlich klarstellend: Das Arbeitsverhältnis endet mit Erreichen des Zwecks, ohne dass es einer Kündigung bedarf.

- § 14 Abs. 1 Satz 1 Nr. 7 TzBfG ist in der Praxis erneut nahezu irrelevant. Die Befristung ist nur wirksam, wenn Sie als Arbeitnehmer aus **Haushaltsmitteln** vergütet werden, die haushaltsrechtlich für eine befristete Beschäftigung bestimmt sind und Sie entsprechend beschäftigt werden.
- Auch § 14 Abs. 1 Satz 1 Nr. 8 TzBfG ist in der Praxis unbedeutend. Hiernach kann eine Befristung **durch** einen **gerichtlichen Vergleich** wirksam vereinbart werden. Voraussetzung ist deshalb ein Streit über die Wirksamkeit eines Arbeitsverhältnisses oder einer Befristung, der durch einen Vergleich vor Gericht förmlich schriftlich protokolliert wird. Das ist u. a. bei einer **Prozessbeschäftigungsvereinbarung** der Fall, s. Prozessbeschäftigungsvereinbarung.

3. Die Teilzeit & der Teilzeitanspruch:

Teilzeitarbeit wird **definitorisch** beschrieben, dass die Arbeitszeit hier geringer ist als die eines vergleichbaren Vollzeitarbeitnehmers. Arbeitet ein Vollzeitarbeitnehmer z. B. 40 Stunden pro Woche, sind Sie als Arbeitnehmer, der weniger als 40 Stunden pro Woche arbeitet, ein Teilzeitarbeitnehmer, gleichgültig ob Sie 39, 20 oder 5 Stunden pro Woche arbeiten, § 2 TzBfG.

 Beispiel: Teilzeitvertrag
Der Arbeitnehmer wird *(ggf.: als Teilzeitarbeitnehmer)* ab dem 01.01.2016 eingestellt.
Die Arbeitszeit beträgt 20 Stunden an ... Tagen/von Dienstag – Freitag pro Woche.
Die Arbeitszeit beginnt um ... und endet um ... Uhr.

In der Praxis wichtig ist das **Verbot der Diskriminierung und Benachteiligung** von Teilzeitlern **gegenüber Vollzeitbeschäftigten**, §§ 4, 5 TzBfG. Sie als Teilzeitbeschäftigter dürfen wegen Ihrer Teilzeitarbeit nicht schlechter behandelt werden, als ein Vollzeitler, **außer** es liegen sachliche, stichhaltige Gründe dafür vor, was sehr selten der Fall ist. Teilzeitarbeitnehmer haben deshalb genau dieselben Rechte und Pflichten wie Vollzeitler, der Unterschied beider liegt allein im reduzierten Umfang der Arbeitsleistung in Stunden. Eine Diskriminierung wegen der Teilzeitarbeit kommt oft vor, weil die organisatorische Planung für Arbeitgeber bei Teilzeitlern aufwändiger ist. Z. B. müssen für einen 40 Stunden Mitarbeiter zwei 20-Stundenbeschäftigte eingestellt werden, deren Beschäftigung sich aber nicht überlappen darf, weil ansonsten eine zeitliche Phase zu intensiv und eine andere Phase gar nicht personell abgedeckt ist. Dem soll das Diskriminierungsverbot Einhalt gebieten. Insbesondere muss ein Teilzeitler – im Verhältnis betrachtet – **mindestens dasselbe verdienen** wie ein Vollzeitler.

Arbeitgeber müssen Teilzeitlern auch **dieselben Aus- und Weiterbildungen** anbieten wie Vollzeitlern, **außer** es stehen dringende betriebliche Gründe oder Aus- und Weiterbildungswünsche anderer (Voll- & Teilzeit-)Arbeitnehmer entgegen, § 10 TzBfG. In diesem Fall müssen die höher zu gewichtenden Interessen und Bedürfnisse aller Parteien objektiv abgewogen werden.
Da ein Arbeitgeber nach § 6 TzBfG **Teilzeitarbeit fördern** soll, muss er eine Arbeitsstelle als Teilzeitposition **ausschreiben**, wenn sie sich als Teilzeitarbeitsplatz eignet, § 7 TzBfG. Das unterbleibt in der Praxis meist nach der Devise wo kein Kläger, da kein Richter, obwohl die Teilzeiteignung nur in seltenen Ausnahmefällen nicht gegeben ist. Ihnen muss Ihr <u>Arbeitgeber</u> deshalb mitteilen, weshalb eine <u>Teilzeittätigkeit nicht möglich</u> sein soll, nicht umgekehrt. Darüber hinaus ist Ihr Arbeitgeber verpflichtet den Betriebs-/Personalrat und Sie über bestimmte Arbeitsplätze zu **informieren**, wenn Sie Ihren Wunsch nach einer Veränderung von der Dauer und Lage der Arbeitszeit (möglichst schriftlich!) mitgeteilt haben, so dass dem Teilzeitwunsch möglichst nachgekommen werden kann.

Achtung: Nach § 8 TzBfG haben Sie einen allgemeinen **Anspruch auf Teilzeit**, d. h. Reduzierung Ihres Arbeitszeitvolumens, wenn:

- Ihr Arbeitsverhältnis schon **länger als sechs Monate** besteht und
- Ihr Arbeitgeber durchschnittlich **mindestens 15 Arbeitnehmer** außer Auszubildende beschäftigt.

Hierbei ist es gleichgültig, ob Sie normaler Arbeitnehmer, leitender Angestellter, geringfügig Beschäftigter (450 €-Leute), bereits in Teilzeit Arbeitender – der somit eine erneute Reduktion seiner Arbeitszeit erreichen kann – befristet Beschäftigter, etc. sind!

Ein Sonderanspruch auf Teilzeit ergibt sich bei besonders belasteten Arbeitnehmern, speziell **Elternzeitlern und Schwerbehinderten**, §§ 15 BEEG, 164 SGB IX. Solche Ansprüche auf Teilzeit können Sie unabhängig von dem allgemeinen Anspruch nach § 8 TzBfG geltend machen. Diese Fälle sind wichtig, wenn Ihr Arbeitgeber Ihren allgemeinen Teilzeitanspruch gemäß § 8 TzBfG berechtigterweise zurückweist. Dann können Sie dennoch Teilzeit verlangen, wenn die Voraussetzungen der §§ 15 BEEG, 164 SGB IX vorliegen, s. Der besondere Schutz, Teilzeit & Teilzeitanspruch.

Eine befristete Verringerung der vertraglich vereinbarten Arbeitszeit kann **nur einvernehmlich** durch Zustimmung beider Parteien vertraglich vorgenommen werden, da über das TzBfG hierauf kein Anspruch besteht.

Der Teilzeitanspruch wird in der Praxis – gerade in kleineren Unternehmen – gar nicht gesehen, geschweige denn praktiziert, so dass Sie offensiv vorgehen können, da das Recht auf Ihrer Seite ist. Dass eine derartige Initiative oft nicht auf Gegenliebe Ihres Arbeitgebers stößt und sich das Verhältnis deshalb nachteilig verändern kann, sollten Sie berücksichtigen. Es kommt durchaus vor, dass Arbeitgeber versuchen mit fadenscheinigen Gründen das Arbeitsverhältnis bei einem Teilzeitverlangen komplett zu beenden. Auch das sollten Sie beachten und sich ggf. hierauf vorbereiten. Dass eine solche Kündigung pur juristisch unwirksam ist, ist klar, § 11 TzBfG.

Um wirksam Teilzeit zu verlangen, müssen Sie die **Verringerung** Ihrer Arbeitszeit **und** den **Umfang der Verringerung spätestens drei Monate vor deren Beginn geltend machen**, § 8 TzBfG; die gewünschte Verteilung der Arbeitszeit sollten Sie hierbei ebenfalls mitteilen. Im Hinblick auf Ihre **Beweislast** sollten Sie das auf jeden Fall schriftlich machen!

Sie und Ihr Arbeitgeber erörtern dann Ihr Teilzeitverlangen nach dem Gesetzeswillen. Ihr **Arbeitgeber muss zustimmen, wenn** betriebliche Gründe nicht entgegenstehen. Der Teilzeit stehen dabei nur wesentliche Beeinträchtigungen der Organisation, des Arbeitsablaufs oder der Sicherheit im Betrieb bzw. unverhältnismäßige kostenverursachende Maßnahmen entgegen. Beachten Sie, dass selten zusätzliche Ablehnungsgründe in anwendbaren Tarifverträgen beschrieben werden. **Nie ausreichend** ist ein nur höherer Aufwand, Lästigkeit, ein ohnehin fehlendes oder nicht vom Arbeitgeber klar nachgewiesenes Organisationskonzept der Arbeitszeit im betroffenen Bereich oder durch die Teilzeit bedingte weitere Maßnahmen, z. B. Um- und Versetzungen. Ihr Arbeitgeber muss deshalb sein **Arbeitszeitkonzept und** das **Entgegenstehen bzw. die Unverhältnismäßigkeit** der Teilzeit **im Detail** beschreiben und **beweisen**. Auch hier kommt es in der Praxis teilweise zu Kündigungen, die unwirksam sind, § 11 TzBfG. Da die Rechtsprechung sehr hohe Anforderungen an eine Ablehnung Ihres Teilzeitwunsches stellt und der Arbeitgeber dafür **beweisbelastet** ist, haben Sie **als Arbeitnehmer immer gute Karten Ihren Teilzeitwunsch durchzusetzen**, entweder zuerst einvernehmlich im Betrieb oder ggf. später erzwungenermaßen vor dem Arbeitsgericht.

Die **Entscheidung** über die Verringerung der Arbeitszeit und ihre Verteilung muss Ihnen der Arbeitgeber **spätestens einen Monat vor dem gewünschten Beginn der Verrin-**

gerung schriftlich mitteilen, § 8 TzBfG. Ist zwischen Ihnen und Ihrem Arbeitgeber keine Einigung zustande gekommen und hat der Arbeitgeber die Verringerung und deren Verteilung nicht spätestens einen Monat vor deren gewünschtem Beginn schriftlich abgelehnt, verringert sich die Arbeitszeit <u>automatisch</u> in dem von Ihnen gewünschten Umfang. Auch die Verteilung erfolgt dann nach dem ursprünglichen Wunsch von Ihnen, § 8 TzBfG! Ihr Arbeitgeber kann die festgelegte Verteilung erst dann wieder ändern, wenn das betriebliche Interesse daran erheblich höher ist als Ihr Interesse an der Teilzeit und der Arbeitgeber die Änderung spätestens einen Monat vorher ankündigt, § 8 TzBfG. Eine **erneute Verringerung der Arbeitszeit** kann von Ihnen frühestens nach zwei Jahren, nachdem Ihr Arbeitgeber der Verringerung zustimmte oder berechtigterweise ablehnte, gestellt werden, § 8 TzBfG.

Hat Ihr Arbeitgeber das Teilzeitverlangen **abgelehnt**, können Sie hiergegen vor dem Arbeitsgericht **klagen** und in Eilfällen, bei denen die besondere Dringlichkeit vom Arbeitnehmer nachzuweisen ist, eine einstweilige Verfügung, also ein Schnellverfahren, beantragen, § 8 TzBfG.

Beispiel: Antrag auf Teilzeitarbeit
An den Arbeitgeber

Sehr geehrte Damen und Herren,

ich beantrage hiermit meine Arbeitszeit von bisher ... Stunden pro Woche ab dem ... auf ... Stunden pro Woche zu reduzieren.
Die Verteilung der reduzierten Arbeitszeit soll wie folgt gestaltet sein:
Mo von ... - ..., Di von ... - ..., etc.
Ihrer Zustimmung sehe ich entgegen.

Mit freundlichen Grüßen

Ort, Datum   Unterschrift Arbeitnehmer

Ein zeitlich begrenzter Anspruch auf Teilzeit ergibt sich aus § 9a TzBfG. Voraussetzung ist aber, dass Ihr Arbeitgeber mehr als 45 Arbeitnehmer beschäftigt. Sollte das der Fall sein und sind Sie länger als sechs Monate dort bereits beschäftigt, können Sie Ihre Teilzeit befristen, mit dem Ziel für mindestens ein und maximal fünf Jahre Teilzeit zu arbeiten und nach diesem Zeitraum wieder zu Ihrer ursprünglichen Arbeitszeit, meist Vollzeit, wieder zurückzukehren. Die Ablehnungsgründe des Arbeitgebers sowie das Verfahren der Beantragung Ihrer befristeten Teilzeit entsprechen denen des § 8 TzBfG, auf den insofern verwiesen wird.

Ihr Arbeitgeber muss Sie als Teilzeitler, der seine Arbeitszeit wieder erhöhen möchte und das dem Arbeitgeber (nachweisbar schriftlich) mitteilte, bei der Ausschreibung und gleicher Eignung gegenüber externen oder internen Bewerbern bevorzugen, § 9 TzBfG.

In der Praxis wird das **Aufstockungsverlangen** von Arbeitgebern ähnlich außer Acht gelassen, wie das Teilzeitverlangen. Die Aufstockung ist aber schwieriger durchzusetzen als das Teilzeitverlangen, weil Arbeitgeber oft ergebnisorientiert vorgehen, indem gerade **höher qualifizierte Bewerber bevorzugt** werden, was zulässig ist. Außerdem ist eine komplett gleiche Eignung gerade vor dem Hintergrund von weichen Einstellungskriterien, wie selbstständiges Arbeiten, Teamfähigkeit, Sorgfalt, Berufserfahrung, etc. in der Praxis selten anzutreffen. Im Übrigen kann Ihr Arbeitgeber angeben, dass **dringende betriebliche Gründe oder Arbeitszeitwünsche anderer Teilzeitler** dem entgegenstehen. Besondere Formvorschriften bestehen dagegen für das Aufstockungsverlangen nicht.

Kommt Ihr Arbeitgeber seiner Verpflichtung zur Information nicht nach, haben Sie theoretisch einen Schadensersatzanspruch. Dieser muss aber konkret in Euro geltend und von Ihnen **bewiesen** werden, wozu Sie nachweisen müssen, dass Sie die aufgestockte Stelle hätten bekommen müssen, weil Sie gleich geeignet sind wie der Ausgewählte, keine dringenden betrieblichen Gründe oder Arbeitszeitwünsche anderer Teilzeitler gegeben waren. Auch eine einstweilige Verfügung auf <u>Untersagung der Besetzung</u> mit einem anderen Bewerber kann beantragt werden. Hierfür ist aber eine besondere Eilbedürftigkeit und die grobe Fehlerhaftigkeit der Auswahlentscheidung zugunsten des anderen Bewerbers Voraussetzung.

Beispiel: Antrag auf Verlängerung der Arbeitszeit
An den Arbeitgeber

Sehr geehrte Damen und Herren,

seit dem ... bin ich als Teilzeitler bei Ihnen tätig.
Ich mache hiermit meinen Anspruch auf Verlängerung meiner Arbeitszeit geltend.
Sollte deshalb zukünftig eine freie Stelle vorhanden sein, bitte ich um kurzfristige Information und bevorzugte Besetzung durch Sie.
Ihre Informationen und eine positive Entscheidung entgegensehend verbleibe ich

mit freundlichen Grüßen

Ort, Datum   Unterschrift Arbeitnehmer

Zusätzlich gilt ein spezieller Kündigungsschutz, s. Sonderkündigungsschutz.

Sonderfall:
Die 450 €- & 800 €-Stelle
Auch unter Teilzeit fällt die **geringfügige** Beschäftigung – auch 450 €- oder Mini-Job genannt –, so dass hierfür alle Regelungen des Arbeitsrechts, speziell des TzBfG gelten, d. h. **Anspruch auf Urlaub, Entgeltfortzahlung im Krankheitsfall, (Sonder-)Kündigungsschutz, Kündigungsfristen, etc.**, § 8 SGB IV. Das wird in der Praxis speziell von Arbeitnehmern immer wieder vergessen!

Die **geringfügige Beschäftigung liegt vor, wenn:**
- Ihr Verdienst aus dieser Beschäftigung nie 450 € netto pro Monat übersteigt, wobei die Arbeitsstunden pro Woche gleichgültig sind oder
- Ihre Beschäftigung innerhalb eines Jahres maximal zwei Monate oder 50 Arbeitstage beträgt. Bei letzterem sind Sie auch geringfügig Beschäftigter, wenn Sie mehr als 450 € netto pro Monat verdienen, außer Sie gehen der Tätigkeit berufsmäßig nach. Dann sind Sie ganz normaler Arbeitnehmer, was die Sozialversicherungspflicht regulär auslöst. Berufsmäßig beinhaltet hierbei jeden normalen Arbeitnehmer, nicht berufsmäßig sind nur Schüler und Studenten tätig.

Als geringfügig beschäftigter Arbeitnehmer erhalten Sie 450 € brutto für netto, d. h. für Sie als Beschäftigten besteht <u>kein Unterschied</u> zwischen Brutto- und Nettozahlung. Nur für Ihren Arbeitgeber ergibt sich bei geringfügig Beschäftigten eine **Brutto-/Nettodifferenz.**
450 €-Jobs sind in der Praxis mittlerweile extrem verbreitet. Sie werden von bereits tätigen Arbeitnehmern, Studenten, Rentnern sowie sonstigen Personen ausgeübt und sind in nahezu jeder Branche anzutreffen. Das gilt auch für **haushaltsnahe Minijobs**, wenn dort Aufgaben übernommen werden, die ansonsten Haushaltsmitglieder privat übernehmen würden, z. B. Putzfrauentätigkeiten. Sollte dagegen der Vertrag mit einem Arbeitgeber geschlossen werden, der derartige Leistungen (z. B. einen Putzservice) professionell anbietet, liegt juristisch keine haushaltsnahe Minijob-Beschäftigung nach § 8a SGB IV, sondern nur ein normaler Minijob nach § 8 SGB IV vor, wenn Sie maximal 450 € netto verdienen. Bei einem Verdienst von mehr als 450 € sind Sie ohnehin normal sozialversicherungspflichtig. Die Unterscheidung von normalen 450 €-Jobs und 450 €-Jobs in Privathaushalten hat ausschließlich sozialversicherungs- und steuerrechtliche Unterschiede.

Beim Zusammentreffen von mehreren unterschiedlichen Stellen mit 450 €-Jobs muss unterschieden werden:

- Manche Arbeitnehmer leben ausschließlich von 450 €-Jobs, d. h. Sie haben keine Vollzeitstelle, dafür aber **mehr als einen 450 €-Job**. Hierbei werden diese zusammengerechnet. Bei der dann eintretenden Überschreitung der 450 €-Grenze ergibt sich die Versicherungspflicht in der Sozialversicherung für die zeitlich letzte Tätigkeit, die erste bleibt sozialversicherungsfrei.

- Haben Sie nur **einen 450 €-Job oder überschreiten** Sie **die 450 €-Grenze bei mehreren Minijobs nicht**, bleibt es bei der für 450 €-Jobs besonderen Sozialversicherungsfreiheit.

- Üben Sie eine **Hauptbeschäftigung**, die kein 450 €-Job ist, **und einen 450 €-Job** aus, bleibt die 450 €-Stelle sozialversicherungsfrei, <u>außer</u> Sie sind bei der Hauptbeschäftigung und dem 450 €-Job für denselben Arbeitgeber tätig; dann gilt die Sozialversicherungspflicht für beide.

- Arbeiten Sie **neben** Ihrer **Hauptbeschäftigung noch in zwei oder weiteren 450 €-Jobs**, werden die 450 € für die geringfügige Beschäftigung überschritten und es entsteht auch für die 450 €-Jobs Sozialversicherungspflicht. Wichtig ist, dass bei mehreren geringfügigen Beschäftigungen immer die zeitlich zuerst begonnene sozialversicherungsfrei, die weitere geringfügige Beschäftigung dagegen immer sozialversicherungspflichtig ist.

Sozialabgabenfrei bedeutet, dass Sie als 450 €-Arbeitnehmer keine Sozialabgaben zahlen, d. h. keine Beiträge:

- für die gesetzliche Kranken- und Pflegeversicherung, § 7 SGB V,
- für die gesetzliche Rentenversicherung, § 5 SGB VI und

- zur Arbeitslosenversicherung, § 27 Abs. 2 SGB III.

Dagegen ist Ihr **Arbeitgeber verpflichtet** bei 450 €-Kräften von dem Verdienst 15 % in die Rentenversicherung, 13 % in die Krankenversicherung (nicht bei privat Versicherten und im Hauptberuf Beamten oder Selbstständigen) sowie 2 % Lohnsteuer, Solidaritätszuschlag und Kirchensteuer, exklusive spezieller, sehr geringer Positionen abzuführen.

Bei der Beschäftigung von <u>weniger als zwei Monaten</u> bzw. <u>50 Arbeitstagen</u> beträgt die Pauschalsteuer 25 %. Kranken- und Rentenversicherung fallen hier auch für den Arbeitgeber nicht an, wenn Sie als Arbeitnehmer keine andere Stelle haben.

Bei 450 €-Jobs in **Privathaushalte**n werden vom Arbeitgeber 5 % für die Renten-, 5 % für die Kranken- und 2 % für die Lohnsteuer inklusive Soli und Kirchensteuer, exklusive spezieller, sehr geringer Positionen gezahlt.

 Achtung: Als 450 €-Kraft erhalten Sie grundsätzlich **keine Leistungen aus** der Sozialversicherung, die die **Kranken-, Pflege-, Renten- und Arbeitslosenversicherung** umfasst. Hierbei ist es gleichgültig wie lange Sie beschäftigt sind oder werden. Sie müssen sich deshalb privat/freiwillig versichern oder mehrere 450 €-Jobs bzw. eine Hauptbeschäftigung und eine oder mehrere 450 €-Jobs zusätzlich ausüben, um hier versichert zu sein!

Eine <u>Ausnahme</u> gilt für die gesetzliche Rentenversicherung: Durch Erklärung gegenüber Ihrem 450 €-Arbeitgeber können Sie für den 450 €-Job **auf** die **Versicherungsfreiheit in der gesetzlichen Rentenversicherung verzichten**. Das kann bei mehreren geringfügigen Beschäftigungen aber **nur einheitlich** erfolgen und wirkt **nie rückwirkend**, sondern nur für die Zukunft und nur für die Dauer der speziellen 450 €-Beschäftigung, für die Sie die Erklärung abgeben. In diesem Fall zahlt Ihr 450 €-Arbeitgeber ganz normal 15 % für die gesetzliche Rentenversicherung weiter und Sie stocken dies um 4,9%, also ca. 20 €, auf. Bei den 20 € ergibt sich erneut kein Unterschied zwischen brutto und netto. Sie verschaffen sich so nicht nur geringe Rentenansprüche, sondern vor allem erfüllen Sie durch die Zeiten, in denen die Rentenbeiträge aufgestockt werden, die wichtige Wartezeit in der gesetzlichen Rentenversicherung: Erst nach mindestens fünfjähriger Wartezeit inklusive Einzahlung haben Sie nämlich Anspruch auf eine Rente; sind die fünf Jahre aber nicht erfüllt, verfallen Ihre Einzahlungen und Sie haben gar keinen Rentenanspruch!

Bei einem Verdienst über 450 € und unter 800 € wird von einem **Midi-Job** gesprochen. Auch der Midi-Job zählt zur Teilzeit, so dass hierfür alle Regelungen des Arbeitsrechts, speziell des TzBfGs gelten. D. h. Sie haben **Anspruch auf Urlaub, Entgeltfortzahlung im Krankheitsfall, (Sonder-) Kündigungsschutz, Kündigungsfristen, etc.** Auch das wird in der Praxis speziell von Arbeitnehmern immer wieder vergessen!

Beim Midi-Job tragen Sie als Arbeitnehmer ihre Anteile an sämtlichen Sozialabgaben wie bei normalen (Haupt-)Jobs. Ihr Arbeitgeber leistet dagegen reduzierte Beiträge. Deshalb **erhalten** Midi-Jobber **sämtliche Leistungen der** Sozialversicherung, d. h. **Kranken-, Pflege-, Renten- und Arbeitslosenleistung**en.

 Beispiel: Erklärung bzgl. der Versicherungsfreiheit in der gesetzlichen Rentenversicherung
An den Arbeitgeber

Sehr geehrte Damen und Herren,

ich teile Ihnen mit, dass ich

- keine weiteren geringfügigen Beschäftigungsverhältnisse habe.

- *oder:*
  zusätzlich folgende geringfügige Beschäftigungsverhältnisse habe:
  - Unternehmen x,
  - Verdienst y,
  - wöchentliche Arbeitszeit z,
  - Versicherungspflicht in der Kranken-/
  Pflege-, Renten-, Arbeitslosenversicherung
  ja/nein.

  Bei sämtlichen o. g. geringfügigen Beschäftigungen habe ich auf die Rentenversicherungsfreiheit verzichtet.
  Auch bei Ihnen verzichte ich ab dem … auf
  die Rentenversicherungsfreiheit.

Ort, Datum   Unterschrift Arbeitnehmer

4. Das Sabbat-Jahr – Die Auszeit:

In der Praxis sind Sabbat-Auszeiten trotz der intensiven Me-
dienberichterstattung selten.
Sie werden entweder als **unbezahlter Urlaub für den Zeit-
raum der Auszeit** oder als eine Art **Arbeitszeitkontenmo-
dell** vereinbart, in dem Sie entweder über Ihre übliche x-
Stundenwoche durch Überstunden vorarbeiten bis Sie das
Arbeitszeitvolumen erbracht haben, das Sie während der
Sabbat-Auszeit wieder abbauen. Alternativ können Sie die
Arbeitszeit durch Überstunden nacharbeiten, die Sie vorher
im Rahmen der Sabbat-Auszeit haben ausfallen lassen.
Sabbat-Vereinbarungen in Form des Arbeitszeitkontenmo-
dells sind für Ihren Arbeitgeber rechtlich aufwändiger und
durch die Insolvenzsicherung für Ihre vorgearbeiteten Stunden teuer.
Der Grund für die geringe Verbreitung von Sabbat-Vereinbarungen liegt darin, dass Arbeitgeber nicht nur **organisatorisch** einen **hohen Aufwand** haben Sie – z. B. durch einen
(befristeten) Stellvertreter – zu ersetzen. Daneben weiß er

nicht, ob Sie nach Ablauf des Sabbats dauerhaft wiederkehren. Leider wird der erfrischende Effekt und Motivationsschub arbeitgeberseitig unterschätzt.

Da Sie als Arbeitnehmer **keinen Anspruch auf unbezahlten Urlaub bzw. eine Sabbat-Auszeit** durch das Gesetz, ggf. einen anwendbaren Tarifvertrag, etc. haben, sind Sie auf die <u>Zustimmung Ihres Arbeitgebers</u> angewiesen, die Sie nicht einklagen können.

Für Details zur Kommunikation mit Ihrem Arbeitgeber, die Vereinbarung und Durchführung, sollten Sie sich an den Rechtsanwalt Ihres Vertrauens wenden.

5. Die Altersteilzeit:

Die Altersteilzeit beschreibt den Zeitraum, der zwischen dem Bestand eines seit längerer Zeit bestehenden Arbeitsverhältnisses und Ihrer Verrentung liegt. Hierdurch soll ein fließender Übergang des Arbeitslebens in die Rente schonend gewährleistet werden, was gleichzeitig zu Neueinstellungen führt.

Für diese Phase können bestimmte Arbeitnehmer einen Altersteilzeitvertrag vereinbaren, § 1ff AltersteilzeitG. Altersteilzeit wird für die Dauer von **mindestens zwei, üblicherweise sechs** Jahren, aber auch länger entweder als Block- oder Kontinuitätsmodell vereinbart.

Das **Blockmodell** sieht zwei gleichlange Altersteilzeitphasen vor. In der ersten wird die ursprüngliche Stundenanzahl vor der Altersteilzeit beibehalten, mit Beginn der zweiten Phase erfolgt die Freistellung, d. h. es wird gar nicht mehr gearbeitet. Bei dem **Kontinuitätsmodell** arbeiten Sie während der gesamten Phase der Altersteilzeit nur die Hälfte Ihrer ursprünglichen Arbeitszeit.

Voraussetzung für Sie als Arbeitnehmer ist, dass Sie:

- das 55. Lebensjahr vollendet haben,
- mindestens 1.080 Kalendertage innerhalb von fünf Jahren arbeiteten oder Ihnen ein Anspruch auf Ar-

beitslosengeld/-hilfe/Mutterschafts-/Kranken-/Versorgungskranken-/Übergangsgeld zustand,

- nach Ende der Altersteilzeit direkt in die Rente eintreten können und

- die Arbeitszeit während der Altersteilzeit auf die Hälfte der bisherigen wöchentlichen Arbeitszeit reduziert wird, ohne dass das zu einer geringfügigen Beschäftigung führt, § 2 AltersteilzeitG.

Voraussetzung für Ihren Arbeitgeber ist, dass:

- er das Arbeitsentgelt für die Dauer der Altersteilzeit um mindestens 20 % aufstockt,

- für Sie zusätzliche Beiträge zur gesetzlichen Rentenversicherung mindestens in Höhe des Beitrags gezahlt hat, der auf 80 % des Arbeitsentgelts für die Altersteilzeit – begrenzt auf den Unterschiedsbetrag zwischen 90 % der monatlichen Beitragsbemessungsgrenze und dem Regelarbeitsentgelt – entfällt, höchstens aber bis zur Beitragsbemessungsgrenze und

- Ihr Arbeitgeber für Ihren freigewordenen Arbeitsplatz einen Arbeitslosen oder Ausbildungsabsolventen einstellt, § 3 AltersteilzeitG.

 Achtung: Sie haben **keinen Anspruch auf** einen **Altersteilzeit**vertrag. Es ist also immer die <u>Zustimmung von Ihnen und Ihrem Arbeitgeber</u> notwendig. Da die Förderung durch die Agentur für Arbeit zum 31.12.2009 ausgelaufen ist, wurde die Altersteilzeit für Arbeitgeber wenig attraktiv, speziell wegen der Insolvenzsicherung des Wertguthabens inklusive des hierauf entfallenen Arbeitgeberanteils am Gesamtsozialversicherungsbeitrag. Deshalb werden in der Praxis kaum noch Altersteilzeitvereinbarungen abgeschlossen. Auch Sie werden wenig Chancen auf eine Altersteilzeit haben.

Während der Altersteilzeit können Sie als Altersteil-zeitler **immer** einem **450 €-Job nachgehen** und – wenn Sie innerhalb der letzten fünf Jahre vor Beginn der Altersteilzeit permanent eine selbstständige oder andere Tätigkeit ausübten – weiterhin dieselbe Beschäftigung ausüben, § 5 AltersteilzeitG. Unabhängig davon könnten Sie **theoretisch alle anderen Beschäftigungen** annehmen. Hierdurch würde aber der Arbeitgeber-Erstattungsanspruch gegen die Bundesagentur ruhen bzw. entfallen, so dass Arbeitgeber das regelmäßig untersagen.

Für Details zur komplexen Altersteilzeit wenden Sie sich an den Anwalt Ihres Vertrauens.

6. Die Arbeitnehmerüberlassung – Zeit-/Leiharbeit:

Im **Unterschied zu** normalen **Arbeitnehmern eines Unternehmens**, die dauerhaft nur in diesem Unternehmen des Arbeitgebers auf dessen Weisung gegen Bezahlung eingesetzt und beschäftigt werden, ist für Leih-/Zeitarbeitnehmer kennzeichnend, dass Ihr Arbeitgeber (Verleiher) sie bei fremden Arbeitgebern (Entleiher) einsetzt und der Einsatz schnell wechselt. Zusätzlich ist der Entleiher im Rahmen des Verleihverhältnisses weisungsbefugt; der Verleiher muss nur überprüfen, dass Sicherheitsanforderungen bei dem Entleiher eingehalten werden. Darüber hinaus kann er grundlegende Entscheidungen im Rahmen der Verleihung bestimmen, d. h. wer bei wem eingesetzt wird, etc.

Im Rahmen der Arbeitnehmerüberlassung wird zwischen Ihrem Arbeitgeber – dem Verleiher – und dem Unternehmer, bei dem sie zeitlich begrenzt eingesetzt werden – dem Entleiher – ein Vertrag geschlossen. Hierin wird vereinbart, dass für den Zeitraum x – y eine bestimmte Anzahl von Leihnehmern mit einer bestimmten Qualifikation gegen Bezahlung verliehen werden. Z. T. wird zuvor ein Rahmenvertrag vereinbart, der vorgenannten Einsatz grob beschreibt oder immer wiederkehrende Einsätze beinhaltet.

Unabhängig hiervon haben Sie als Leiharbeitnehmer aber nach dem Gesetz **grundsätzlich dieselben Rechte** wie eigene, interne Arbeitnehmer des Verleihers, bei dem Sie vorübergehend eingesetzt werden. Hiervon gibt es aber mehrere **Ausnahmen**:

Das Arbeitnehmerüberlassungsgesetz (AÜG) gilt nur für Fälle der erlaubnispflichtigen **gewerblichen Arbeitnehmerüberlassung**, § 1 AÜG. D. h. der Verleiher verlangt für die Überlassung Ihrer Leiharbeitnehmer-Arbeitskraft Bezahlung und überläßt Sie als Leiharbeitnehmer unterschiedlichen Unternehmen für jeweils beschränkte Zeiträume. Das AÜG gilt dagegen nicht für eine **vorübergehende konzerninterne Verleihung** oder Überlassung **zur Vermeidung von Kurzarbeit und Entlassungen**, die ohne AÜG-Erlaubnis zulässig ist, § 1 AÜG.

Der zweite Fall ist kaum praxisrelevant, im ersten werden Sie als eigener Arbeitnehmer von einem Unternehmen eines großen Konzerns zu einem anderen Unternehmen desselben Konzerns vorübergehend verliehen. Vorübergehend meint eine zeitliche Begrenzung, wann die Verleihung tatsächlich endet, ist juristisch nicht entscheidend. Zusätzlich ist bei der konzerninternen Verleihung wichtig, dass Sie als verliehener Arbeitnehmer nicht zum Zweck der Überlassung/Verleihung eingestellt und beschäftigt werden. Die Verleihung ist deshalb nur organisatorischer Nebeneffekt eines zeitlichen Einsatzes in dem anderen Konzernunternehmen, z. B. vom x-Unternehmen in Hamburg zum x-Unternehmen nach München; ansonsten werden Sie an ein und demselben Arbeitsort des Konzernunternehmens beschäftigt.

Wird ein **Leiharbeitnehmereinsatz durch** einen **ausländischen Verleiher** praktiziert, gilt nicht nur das AÜG, sondern zusätzlich das Arbeitnehmerentsendegesetz, das die deutschen Rechte auch dann gelten läßt, wenn Ihr Arbeitgeber im Ausland sitzt, Sie aber im Inland eingesetzt werden.

Für einen **Einsatz von ausländischen Leiharbeitnehmern** muss zusätzlich der erforderliche Aufenthaltstitel, eine Aufenthaltsgestattung, Duldung oder eine Arbeitsgenehmigung für EU-Auslander nach § 284 SGB III vorliegen. Ansonsten ist Ihr Arbeitseinsatz unzulässig und für Ihren Verleiher strafbar, § 15ff AÜG. Im **Baugewerbe** gelten aber Ausnahmen, § 1b AÜG.

 Achtung:

- **Schlechtere Arbeitsbedingungen für** Sie als **Leiharbeitnehmer** gegenüber eigenen Arbeitnehmern des Entleihers – speziell bzgl. der Vergütung – sind **unwirksam**. Das gilt aber nur, wenn Sie als externer Leiharbeitnehmer und der eigene, interne Arbeitnehmer des Entleihers von der Qualifikation, dem Einsatz, etc. vergleichbar sind, §§ 9 Nr. 2, 10 AÜG i. V. m. Art. 3 GG (**Gleichbehandlungsgebot**). Deshalb müssen Sie theoretisch genauso viel verdienen, wie die Arbeitnehmer des Entleihers, § 9 Nr. 2 AÜG i. V. m. Art. 3 GG (**equal pay**). Hiervon lassen Tarifverträge aber häufig Ausnahmen zu, was politisch gewollt ist, um Leiharbeit für Arbeitgeber attraktiv und preiswert zu halten. Besonders geringe Vergütungen sollen durch einen **Mindestlohn** nach § 3 a AÜG aber ausgeschlossen werden. Ob in Ihrer Branche ein Mindestlohn gilt, können Sie durch eine Anfrage bei der Gewerkschaft bzw. dem Arbeitgeberverband Ihrer Branche oder bei dem Bundesministerium für Arbeit und Soziales klären. Im Übrigen gilt das Mindestlohngesetz.

- Zusätzlich sind **Beschränkungen** unwirksam, die Ihnen den Zugang zu Gemeinschaftseinrichtungen/-diensten (Kinderbetreuungseinrichtungen, Beförderungsmittel, Kantine, Duschen, Toiletten, etc.) bei dem Entleiher verwehren, § 9 Nr. 2 a AÜG. Sollte

Ihnen die Nutzung untersagt oder nur unter Auflagen erlaubt sein, müssen Sie sich daran nicht halten. Werden Sie bei der Nutzung zurechtgewiesen oder erfolgen Sanktionen, z. B. durch Entgeltkürzung oder eine Abmahnung bis zur Kündigung, ist das alles unwirksam und Sie können Ihre Rechte notfalls vor Gericht einklagen!

- Ebenfalls unwirksam sind Vereinbarungen, wonach der **Entleiher** Sie als **Leiharbeitnehmer nicht einstellen darf**, wenn Ihr Arbeitsverhältnis mit dem Verleiher nicht mehr besteht, § 9 Nr. 3 AÜG. In der Praxis werden hierfür aber Ablösezahlungen des Entleihers verlangt, die diesem die Übernahme verleiden soll bzw. den Verleiher an der Übernahme beteiligt.

- Auch das **Verbot für** Sie als **Leiharbeitnehmer mit dem Entleiher** einen **Arbeitsvertrag abzuschließen**, wenn ein Arbeitsvertrag zwischen dem Verleiher und Ihnen nicht mehr besteht, ist unwirksam, § 9 Nr. 4 AÜG.

- Gleichfalls **unwirksam** sind **Vermittlungszahlungen durch** Sie als **Leiharbeitnehmer an** den **Verleiher**, § 9 Nr. 5 AÜG.

- Schließlich sind Sie auch **nicht verpflichtet bei** einem **Entleiherarbeitgeber zu arbeiten, bei dem gestreikt wird**. Ihr Verleiher muss Sie dann auf ihr Recht hinweisen, dass sie die Arbeit verweigern können, § 11 AÜG.

Unabhängig von den speziellen Verboten des AÜG werden Verträge zwischen Leiharbeitnehmern und dem Verleiher anhand der **AGB-Rechtsprechung** grob überprüft, § 310

BGB. Das gilt auch für (Rahmen-)Verträge zwischen Verleiher und Entleiher.

 Achtung: Ist der **Arbeitsvertrag zwischen** Ihnen als **Leiharbeitnehmer und** Ihrem **Verleiher** aus irgendwelchen Gründen **unwirksam**:

- gilt mit Beginn des Einsatzes ein <u>Arbeitsverhältnis zwischen Ihnen und dem Entleiher</u>, § 10 AÜG.
- Tritt die Unwirksamkeit erst nach Aufnahme der Tätigkeit bei dem Entleiher ein, gilt das Arbeitsverhältnis zwischen Entleiher und Ihnen mit dem Eintritt der Unwirksamkeit als zustande gekommen, s. o. § 10 AÜG.
- Das <u>Arbeitsverhältnis</u> gilt aber nur als <u>befristet</u>, wenn Ihre Arbeit bei dem Entleiher nur befristet vorgesehen war und ein Sachgrund für die Befristung vorlag, § 10 AÜG.

Für den mit dem Entleiher bestehenden Arbeitsvertrag gilt dann die ursprüngliche, zwischen Ihnen und dem Verleiher, vereinbarte, **Arbeitszeit.** Sie haben auch mindestens Anspruch auf **dieselbe Bezahlung** wie bei Ihrem ursprünglichen Verleiher. Die **sonstigen Inhalte und Konditionen** richten sich dagegen nach den üblichen Regelungen des Entleihers, d. h. Tarifvertrag, Betriebsvereinbarung, Arbeitsvertrag, etc., oder der Branche, wenn es bei dem Entleiher solche im Ausnahmefall nicht gibt, § 10 AÜG.

Dbzgl. können Sie von dem Entleiher Auskunft über die bei diesem für vergleichbare eigene Arbeitnehmer geltende Arbeitsbedingungen inklusive der Vergütung verlangen, was bei Arbeitseinsätzen in großen Unternehmen auch erfolgt. Ansonsten wenden Sie sich an den Betriebs-/Personalrat des Verleihers oder einen Anwalt Ihres Vertrauens – Sie werden Ihr Recht erhalten!

Achtung: Der **Entleiher haftet neben Ihrem** Arbeitgeber, dem **Verleiher, für alle Zahlungsforderungen von Ihnen** (auch für Sozialversicherungsbeiträge), falls Ihr Verleiher pleite ist oder nicht zahlen will, § 10 Abs. 3 Satz 2 AÜG. Das gilt auch rückwirkend unter Beachtung der Verjährung!

Unabhängig davon können Sie von Ihrem Verleiher theoretisch Schadensersatz fordern, wenn der Vertrag unwirksam ist. In der Praxis stellt sich aber regelmäßig das Problem, worin Ihr Schaden liegt und ob Sie diesen konkret in Euro nachweisen können.

Im Ergebnis sind Sie als Leiharbeitnehmer nach dem Gesetz bis zu einem gewissen Grad ähnlich geschützt wie eigene, interne Arbeitnehmer des Verleihers, bei dem Sie vorübergehend eingesetzt werden. Das wird aber teilweise versucht durch Tarifverträge und Werk-/Subverträgen zu umgehen.

Für Werk-/Subverträge ist im Gegensatz zur Leih-/Zeitarbeit **kennzeichnend**, dass Sie Ihre Arbeitskraft für Ihren Arbeitgeber erbringen. Dieser hat mit einem anderen Unternehmen einen Vertrag über die verbindliche Erbringung von Arbeiten abgeschlossen, die Sie zwar im Auftrag Ihres Arbeitgebers, aber für und in den Räumlichkeiten/der Sphäre des Vertragspartners Ihres Arbeitgebers erbringen. Sie sind somit ein Arbeitnehmer des Subunternehmers, der eine Leistung für einen anderen Unternehmer erbringt. Sie unterliegen deshalb weiterhin den Arbeitsanweisungen Ihres Arbeitgebers und erhalten auch durch diesen Ihr Geld. Rein tatsächlich erbringen Sie aber mittelbar eine Leistung für den Vertragspartner Ihres Arbeitgebers. Da in bestimmten Branchen, z. B. im Baugewerbe, sehr geringe Vergütungen gezahlt werden, kann der Vertragspartner Ihres Arbeitgebers auf diese Weise die strengeren Anforderungen des AÜG umgehen, z. B. Ihre identische Behandlung und Bezahlung wie die der eigenen Arbeitnehmer des Vertragspartners. Gleichzeitig wälzt er die Haftung für Unfälle oder schlechte Arbeit auf Ihren Arbeitgeber, den Subler ab!

Aus diesem Grund muss immer überprüft werden, **wer gegenüber Ihnen weisungsbefugt ist:**

- Ihr Arbeitgeber? Dann sind Sie Arbeitnehmer des Werk-/Subunternehmers und das AÜG gilt nicht oder
- Der Unternehmer, bei dem Sie Ihre Arbeitsleistung erbringen? Dann sind Sie Leiharbeitnehmer und das AÜG gilt für Sie und Ihren Verleiharbeitgeber.

Diese Abgrenzung ist in der Praxis sehr schwierig, weshalb die Problematik auf gesetzlich-politischer Ebene gelöst werden muss. Bis dahin sollten Sie – wenn möglich – derartige Arbeitseinsätze vermeiden, auch wenn das ein schwacher Trost ist.

Beachten Sie, dass Sie als Leiharbeitnehmer nach einem dreimonatigen, ununterbrochenen Einsatz bei der **Betriebsratswahl** des Entleihunternehmens **wahlberechtigt** sind, §§ 7 i. V. m. 99 BetrVG. Sie können aber nicht gewählt werden. Auch steht Ihnen das Recht zu einen **eigenen Betriebsrat** des Verleihunternehmens, d. h. Ihres Arbeitgebers, zu **wählen**, § 1, 7ff BetrVG. Darüber hinaus können Sie die **Sprechstunden des Entleihers aufsuchen** und **an Betriebs- und Jugendversammlungen des Entleihers teilnehmen**, § 14 AÜG. Zusätzlich müssen Sie neben den eigenen Arbeitnehmern des Entleihers speziell **über Unfall- und Gesundheitsgefahren unterrichtet** werden, § 81 BetrVG. Sie haben ferner das Recht sich nicht nur bei dem Verleiher, sondern auch bei dem Entleiher zu **beschweren**, § 84ff BetrVG.

Für die Einhaltung des **Arbeitsschutzes** ist der Entleiher ausschließlich zuständig, Ihr Verleiharbeitgeber muss die Einhaltung durch den Entleiher aber kontrollieren und notfalls Abhilfe fordern, was – bei fehlender Abhilfe durch den Entleiher – maximal zu einem Abbruch Ihres Arbeitseinsatzes, z. B. bei intensiven Gesundheitsgefahren führt, § 11 AÜG.

Unabhängig von der **Dokumentation der Vertragsinhalte** durch das NachweisG, muss darüber hinaus der Name Ihres Verleiharbeitgebers, dessen Anschrift, die AÜG-Erlaubnisbehörde, der Ort und das Datum der Erlaubniserteilung sowie die Art und Höhe der Leistungen für Zeiten, während derer Sie als Leiharbeitnehmer nicht verliehen werden, aufgenommen werden. Ferner muss Ihnen der Verleiher zum Zeitpunkt des Vertragsschlusses ein **Merkblatt der Erlaubnisbehörde über** den **wesentlichen Inhalt des AÜG** in der Landessprache aushändigen, § 11 AÜG. Existiert bei dem Entleiher ein **Betriebsrat, muss** dieser **vor jedem Einsatz eines Leiharbeitnehmers angehört werden und zugestimmt haben** bzw. – im Fall der Nichtzustimmung – dessen Zustimmung gerichtlich ersetzt worden sein, § 14 AÜG i. V. m. § 99 BetrVG. Hierbei muss der Entleiher dessen Betriebsrat zwingend die AÜG-Genehmigung vorlegen.

Der Entleiher muss Sie auch über **Arbeitsplätze bei ihm** im Betrieb **informieren**, die besetzt werden sollen, z. B. am schwarzen Brett, § 13a AÜG.

 Achtung: Zwischen Ihnen und Ihrem Verleiher sind Vereinbarungen **unwirksam**, wonach Sie für die Zeit in der Sie Ihre Arbeitskraft so anbieten wie sie erbracht werden muss – d. h. Sie sind gesund, einsatzfertig, haben die richtige Ausrüstung, etc. – infolge der Nichtannahme Ihrer Arbeitskraft durch Ihren Verleiharbeitgeber keine Vergütung erhalten (**Annahmeverzug des Verleiherarbeitgebers**), § 11 Abs. 4 AÜG. Hierdurch soll gewährleistet werden, dass Sie auch dann Ihr Einkommen erhalten, wenn Ihr Verleiharbeitgeber keine Aufträge hat und Ihnen keine Arbeit zur Verfügung stellen kann.

Dagegen kann Ihr Verleiher **Kurzarbeit** durchführen, wenn eine konjunkturelle Schwächephase vorliegt und die Voraussetzungen der §§ 95 SGB III gegeben sind. In diesem Fall erhalten Sie für die Zeit, in der konjunkturell wenig zu tun ist, das gegenüber Ihrem normalen Einkommen geringere Kurzarbeitergeld.

Bei regelmäßigen Kurzarbeitsphasen, z. B. dreimal binnen eines Jahres, läuft die Durchführung der Kurzarbeit aber auf eine Umgehung des Arbeitgeberrisikos bzgl. der Arbeitsaufträge hinaus, so dass die für Kurzarbeit zuständige Agentur für Arbeit informiert werden sollte. In diesem Fall wird eine weitere Kurzarbeit bei ähnlichen Umständen durch die Agentur aller Wahrscheinlichkeit nach nicht mehr gewährt werden.

Besonderheiten bestehen, wenn Ihnen der Leiharbeitgeber kündigt: Da es für eine betriebsbedingte Kündigung erforderlich ist, dass Ihr konkreter Arbeitsplatz dauerhaft weggefallen ist, sind betriebsbedingte Kündigungen von Leiharbeitern durch den Verleiharbeitgeber **juristisch kaum möglich**, weil Leiharbeit gerade ausmacht, dass der Einsatz bei Entleihern nur vorübergehend ist. Deshalb muss eine <u>dauerhafte Nichtbeschäftigung</u> von Ihnen als konkret zu entlassendem Leiharbeiter aus betriebsbedingten Gründen gegeben sein. Somit darf kein – gar kein – Leiharbeitsjob bei Ihrer Qualifikation, Ihren Fähigkeiten, etc. zur Verfügung stehen. Das ist letztlich nur bei einer kompletten <u>Schließung des Verleihunternehmens</u> oder <u>Spezialisierung</u> auf nur noch bestimmte Qualifikationen von Leiharbeitnehmern möglich, über die Sie nicht verfügen und auch nicht während Ihrer individuellen Kündigungsfrist erlernen können! In der Praxis wird das häufig übersehen, der Verleiher überrumpelt gutgläubige Leiharbeiter oft, übt Druck aus oder schließt der Form halber einen Aufhebungsvertrag. In den erstgenannten Fällen sollten Sie in jedem Fall innerhalb von drei Wochen nach dem Zugang der schriftlichen Kündigung bei Ihnen **Klage** vor dem Arbeitsgericht **erheben**. Unterschreiben Sie einen **Aufhebungsvertrag** nicht ohne Rücksprache mit dem Anwalt Ihres Vertrauens nach einer angemessenen Überlegungszeit von knapp einer Woche, da eine Anfechtung eines Aufhebungsvertrages juristisch kaum möglich ist und Sie eine Abfindung sowie ein gutes Zeugnis erhalten wollen und eine Sperre beim Arbeitslosengeld vermeiden müssen. Haben Sie sich wie oben beschrieben gegen eine betriebsbedingte Kündigung in der Leiharbeitsbranche gewehrt, wird eventuell versucht Ihnen das Leben schwer zu machen: Es werden einfach zu beweisende Fehler von Ihnen provoziert oder viel genauer hingesehen, um eine **verhaltensbedingte Kündigung** nach einer gewissen Vorbereitungszeit auszusprechen. Ein solches Arbeitsverhältnis macht wenig Freude, wenden Sie sich deshalb zügig an einen Anwalt Ihres Vertrauens, so dass <u>entweder</u> dauerhaft Ruhe im Arbeitsverhältnis einkehrt <u>oder</u> das Arbeitsverhältnis zwar beendet wird, Sie aber eine übliche Abfindung, keine Sperre beim Bezug von Arbeitslosengeld und ein gutes, sauberes Zeugnis erhalten.

In der Praxis werden einige Ihrer Rechte kaum beachtet, teilweise weil die Einsätze schnell wieder enden, teilweise weil Leiharbeitnehmer Ihre Rechte nicht kennen und teilweise, weil sie sonst Nachteile befürchten (müssen). Klar machen Sie sich als übertriebener Nörgler und Rechthaber keine Freunde, ab einer gewissen Dimension sollten Sie sich aber mit Kollegen zusammenschließen und gemeinsam Ihre Rechte fordern. In diesem Fall sind Sie nicht mehr direkt identifizierbar und in der sich beschwerenden Masse anonymer. Deshalb kann nur die Gruppe der sich Beschwerenden mit Nachteilen konfrontiert werden. Ist die Gruppe aber groß und geschlossen genug, ist das Risiko Nachteilen zu begegnen nicht mehr so hoch. Dennoch sind Jura und die betriebliche Wirklichkeit teilweise zwei verschiedene Schuhe.

7. Die Abgrenzung zur (Schein-) Selbstständigkeit: Freier Mitarbeiter, Berater- & Werkvertrag:

Die Abgrenzung der (Schein-)Selbstständigkeit gegenüber der Arbeitnehmertätigkeit scheint auf den ersten Blick nicht wichtig zu sein. Teilweise treten Arbeitgeber auf Sie als beschäftigten Arbeitnehmer zu, um das Arbeitsverhältnis zu beenden, Sie zukünftig als freien Mitarbeiter (Freelancer), Berater oder einfach Externen aus dem Betrieb **auszulagern/outzusourcen** und Ihre Arbeitsleistung fremd wieder für den Betrieb einzukaufen – oder Sie werden gleich nicht als Arbeitnehmer, sondern als Externer angeworben. Das betrifft z. T. Sie als einzelnen, durchaus aber ganze Abteilungen von Betrieben: Z. B. werden Abrechnungen, EDV-Arbeiten oder Vorarbeiten gerne ausgelagert.

Der **Grund für die Beschäftigung von Externen** liegt darin, dass Arbeitgeber primär Sozialversicherungsabgaben einsparen, keine Räume, Arbeitsgeräte, etc. stellen, keine Haftung für Unfälle übernehmen müssen und die Kosten für Ihre fremd eingekaufte Arbeitsleistung sogar noch von der Steuer absetzen können. Dadurch wird Ihre Arbeit billiger! Sie als Externer sind dann **kein Arbeitnehmer** (mehr) und haben deshalb gegenüber einem Arbeitgeber z. B. **kein**en Anspruch auf **Urlaub und Entgeltfortzahlung im Krankheitsfall**; außerdem müssen Sie Ihre **Sozialversicherungsbeiträge** komplett **alleine zahlen**, auch wenn Sie Ihre Ausgaben grundsätzlich von der Steuer absetzen können!

Die **Abgrenzung des Arbeitnehmers von externen Mitarbeitern** wird anhand von Indizien bestimmt, bei denen nicht die Vereinbarung im Vertrag, sondern die tatsächliche Ausübung in der Praxis entscheidend ist:

- Sind Sie **in** die **Arbeitsorganisation**/den Betrieb wie Arbeitnehmer **eingegliedert**, haben Sie dort z. B. ein Büro oder nutzen Sie sonstige Einrichtungen, Maschinen, etc.? Je mehr Sie dort nutzen, desto mehr spricht für eine Scheinselbstständigkeit bzw. Arbeitnehmereigenschaft.

- Müssen Sie **Arbeitsanweisungen** hinsichtlich Inhalt, Art der Arbeitsausführung, Zeit, Dauer und Tätigkeit **beachten**? <u>Je weniger</u> frei Sie selbst Ihre Arbeitserbringung selbstständig bestimmen können, <u>desto eher</u> sind Sie Scheinselbstständiger bzw. Arbeitnehmer.

- Tragen Sie selbst (finanzielle) **Verantwortung**, bestehen dabei Chancen auf Mehrverdienst und Risiken Verluste zu erleiden? <u>Je weniger</u> das der Fall ist, <u>desto mehr</u> spricht dafür, dass Sie Scheinselbstständiger und deshalb Arbeitnehmer sind.

- Müssen Sie Ihre **Arbeitsleistung selbst erbringen** oder können Sie diese auch durch andere Personen für sich erbringen zu lassen? <u>Je mehr</u>/persönlicher Sie arbeiten und keine Zwischenarbeitskräfte/Subunternehmer einschalten können, <u>desto mehr</u> spricht für eine Scheinselbstständigkeit bzw. Arbeitnehmereigenschaft.

- Sind Sie **nur oder weit überwiegend für einen Kunden** zuständig? <u>Je mehr</u> Sie finanziell von wenigen oder nur einem Kunden abhängig sind, <u>desto mehr</u> spricht für eine Scheinselbstständigkeit bzw. Arbeitnehmereigenschaft.

Im Zweifelsfall könnten Sie daran denken gemäß § 7a SGB IV Ihren **Status** behördlich **verbindlich klären** lassen. Das ist aber in der Praxis wenig verbreitet.

Die **Scheinselbstständigkeit** ist ein großes Risiko, das viele Arbeitgeber nicht sehen oder in Kauf nehmen. Es realisiert sich, wenn o. g. Fragen klar auf Ihre <u>Abhängigkeit</u> von Ihrem Auftraggeber bzw. Arbeitgeber hindeuten.
In diesem Fall trifft Ihren Arbeitgeber für das laufende und die vorangegangenen vier Jahre die **Nachzahlung der arbeitgeber- und arbeitnehmerseitigen Sozialversicherungsbeiträge**, §§ 25ff SGB IV. Ferner müssen **ggf. Lohn- und Umsatzsteuernachzahlungen** durch Ihren Arbeitgeber

geleistet werden. Schließlich kann eine Ordnungswidrigkeit und Straftat dbzgl. vorliegen, so dass Geld-, Bewährungs- und Freiheitsstrafen gegenüber Ihrem Arbeitgeber verhängt werden können!

 Achtung: Sind Sie tatsächlich selbstständig, kommen ausschließlich **Sie allein** (ohne den bisherigen Arbeitgeber) **für sämtliche Brutto-/Nettodifferenzen auf.** Konkret heißt das, dass Sie Ihre Kranken-, Pflege-, Renten- und Unfallversicherung zu 100 % selbst zahlen müssen. Den sich dann ergebenden Betrag müssen Sie versteuern, so dass Sie – bei gleichbleibender Bezahlung wie im Arbeitsverhältnis – deutliche finanzielle Einschnitte haben. Zur Illustration können Sie sich beispielhaft Ihre monatliche/jährliche Abrechnung ansehen oder im Internet durch einschlägige Internet-Rechner die Differenzen ausrechnen.
Es ist deshalb dringend zu empfehlen, dass Sie sich vor Abschluss der Vereinbarung, mit der Sie Ihre Arbeitnehmereigenschaft beenden und eine Selbstständigkeit begründen, hiermit auseinandergesetzt haben, insbesondere um Ihren **Arbeitgeber an** den hohen **Brutto-/Nettodifferenzen finanziell** zu **beteiligen.** Er sollte Ihnen für die Selbstständigkeit mehr zahlen als bisher als Arbeitnehmer, was die meisten Arbeitgeber ablehnen, da sie durch das Externen-Angebot selbst sparen wollen. In diesem Fall wissen Sie, dass das Angebot für Sie zumindest langfristig finanziell schwierig ist, so dass Sie hiervon Abstand nehmen bzw. nachverhandeln müssen.

Arbeitsrechtlich stellt die Veränderung Ihres Status vom normalen Arbeitnehmer zum Externen einen intensiven Eingriff in die bisherige Vertragsbeziehung dar, so dass das nicht über eine einseitige Weisung des Arbeitgebers durch das Direktionsrecht gedeckt ist. Vielmehr kann der Wechsel nur durch:

- eine von beiden, d. h. Arbeitgeber und -nehmer, **einvernehmlich** vorgenommene **Vertragsänderung** oder

- eine einseitige Kündigung des Arbeitgebers mit gleichzeitigem Angebot der neuen Bedingungen (**Änderungskündigung**) bewirkt werden.

Ihre Zustimmung ist somit grundsätzlich Voraussetzung für das Ansinnen des Arbeitgebers. Stimmen Sie zu, kommt es zur <u>Änderung</u> der Vertragsinhalte mit den im Vertrag genannten Konditionen. Stimmen Sie nicht zu, ändern sich die Konditionen meist nicht, s. Aufhebungsvertrag, (Änderungs-)Kündigung und Ihre Reaktionsmöglichkeiten.

Von der theoretischen Möglichkeit eine **Eigenkündigung** auszusprechen **und** darauf zu vertrauen, dass der Arbeitgeber Ihnen einen passenden **Externen-Vertrag** anbietet, sollten Sie <u>in keinem Fall</u> Gebrauch machen, da Ihrem Arbeitgeber nichts Besseres passieren kann: Er wird nicht mit sämtlichen Nachteilen und Unwägbarkeiten eines arbeitsrechtlichen Prozesses gegen seine ansonsten unumgänglichen Kündigung belastet. Sie erhalten dagegen ziemlich sicher eine Sperre beim Bezug von Arbeitslosengeld. Entscheidend ist aber die große Ungewissheit, ob Ihr Arbeitgeber Ihnen den Externen-Vertrag überhaupt und zu für Sie akzeptablen Konditionen und einen mindestens mittelfristigen Zeitraum anbietet. Aus diesem Grund bietet sich folgende **Vorgehensweise** an: Überprüfen Sie, ob das Vertragsangebot für Sie akzeptabel ist, wenn nicht verhandeln Sie bis zu diesem Punkt nach. Ist das nicht möglich, warten Sie ab, ob Ihr Arbeitgeber eine Kündigung ausspricht und wie sich die Angelegenheit weiterentwickelt. Alternativ halten Sie die Augen nach einer neuen Stelle offen, versuchen eine Abfindung und ein gutes, sauberes Zeugnis zu erlangen sowie eine Sperre beim Bezug von Arbeitslosengeld zu vermeiden. Mehr können Sie nicht machen.

<u>Bewerben Sie sich</u> unabhängig davon <u>als Externer</u> bei einem Unternehmen, ist das alles uninteressant für Sie. In

dem Fall müssen Sie Ihre Kosten und Einnahmen als Selbstständiger berechnen und dann in die Vertragsverhandlungen mit dem Unternehmen einsteigen. Entweder der Vertrag kommt für Sie zu akzeptablen Konditionen zustande oder – nach Nachverhandlungen – nicht.

3. Teil: Die laufende Durchführung des Arbeitsverhältnisses

Exkurs:
Das Verhältnis der Regelungen zueinander –
Normenhierarchie
Der Maßstab für die Rechte und Pflichten des Arbeitgebers und -nehmers ergibt sich aus unterschiedlichen Regelungen, Gesetzen, Verträgen, etc.

Achtung: Die Normenhierarchie der unterschiedlichen Regelungen muss auf jeden Fall beachtet werden. D. h. die jeweils höhere geht der nachfolgenden Regelung in der Prüfungsfolge, aber auch der Wertigkeit vor.
Gewährt Ihnen z. B. das Richterrecht mehr, als Ihnen nach EU- und deutschen Gesetzen, Tarifverträgen, etc. zusteht, erhalten Sie Ihren Anspruch nach dem Richterrecht. Eine erste **Ausnahme** gilt für den Fall, dass ein für Sie geltender Tarifvertrag schriftlich Ausnahmen zu Ihren Gunsten als Arbeitnehmer vorsieht (**Öffnungsklausel mit Günstigkeitsprinzip**), § 4 TVG; dann geht Ihr Arbeitsvertrag dem Tarifvertrag vor, was in der Praxis selten ist. Als zweite **Ausnahme** können Betriebs-/Dienstvereinbarungen den Vorrang von Arbeitsverträgen bestimmen. Das ist aber noch seltener.

Die Normenhierarchie gliedert sich wie folgt:

- **Richterrecht**, also durch Richter gesprochenes Recht in Urteilen, die vor europäischen oder deutschen Gerichten gefällt wurden, geht
- **EU-Gesetze**n vor.
- Letztere stehen im Rang über den **deutschen Gesetze**n.
- Nur wenn ein Unternehmen tarifgebunden ist, können **Tarifverträge**
  - einer Branche (Branchen-, Flächentarifvertrag) oder
  - ausschließlich für dieses Unternehmen (Firmen-/Haustarifvertrag) das deutsche und europäische Recht überlagern. Das gilt aber nur, wenn es ausdrücklich in den Gesetzen, die überlagert werden sollen, bestimmt ist.
- Danach kommen die Regelungen der Betriebsparteien, d. h. dem Arbeitgeber und Betriebs-/Personalrat zur Geltung, wenn es diese im direkt betroffenen Betrieb gibt. Die hier getroffenen Regelungen werden **Betriebsvereinbarung** genannt, wenn sie schriftlich vereinbart wurden – im öffentlichen Dienst nennt man sie **Dienstvereinbarungen**. Sollten diese nicht schriftlich vereinbart worden sein, spricht man von **Regelungsabreden**.
- Dann sind die Vereinbarungen im **Arbeitsvertrag** entscheidend. Existiert kein schriftlicher Arbeitsvertrag überspringen Sie diesen Prüfungspunkt, wenn Ihr Arbeitgeber Ihre Forderungen nicht akzeptiert und Sie nicht beweisen können, dass der Arbeitsvertrag Ihre Rechte gewährleistet.
- Als nächste Stufe ist das **Direktionsrecht** des Arbeitgebers zu beachten. D. h. Ihr Arbeitgeber kann Ihnen Anweisungen erteilen über die im Arbeitsvertrag vereinbarten Arbeiten im Hinblick auf zeitliche/körperliche Belastungen und vom Tätig-

keitsniveau gleichwertige Tätigkeiten zu übernehmen.

- Schließlich sind folgende Rechtsgedanken zu prüfen:

  ○ Die **betriebliche Übung**.
    Hierunter wird die gleichförmige, regelmäßige Gewährung einer Leistung über einen repräsentativen Zeitraum – mindestens dreimalig – verstanden. Aufgrund dessen können Sie auch beim vierten Mal die Leistung aus Vertrauensgesichtspunkten fordern, außer es liegt ein wirksamer (Widerrufs-)Vorbehalt vor oder eine genau gegenläufige betriebliche Übung wurde mindestens dreimalig gleichmäßig und regelmäßig durchgeführt.

  ○ Die **Gesamtzusage**.
    Bei der Gesamtzusage sichert Ihr Arbeitgeber sämtlichen Arbeitnehmern, zumindest aber einer großen Gruppe, bestimmte Leistungen zu. Aufgrund dessen kann jeder die Leistung als Art garantiertes Versprechen (Garantievertrag) fordern.

  ○ Die **arbeitsvertragliche Einheitsregelung**.
    Die arbeitsvertragliche Einheitsregelung bedeutet, dass Inhalte des Arbeitsvertrages einheitlich für viele Arbeitsverträge geregelt sind, Allgemeine Geschäftsbedingungen (AGB). Deshalb gelten diese identischen Regelungen auch für sämtliche Arbeitnehmer.

  ○ Das **Schikaneverbot**.
    Das Schikaneverbot untersagt es Ihrem Arbeitgeber Sie grundlos schlecht oder schlechter zu stellen als andere.

  ○ Die **Willkürkontrolle**.
    Bei der Willkürkontrolle darf sich Ihr Arbeitgeber nicht von willkürlichen, d. h. überhaupt

nicht sachlich zu rechtfertigenden Gründen bei seinen Entscheidungen leiten lassen.

o Der **allgemeine Gerechtigkeitsgedanke**, § 242 BGB.
Der allgemeine Gerechtigkeitsgedanke soll objektive Ungerechtigkeiten, die jedem auffallen, ausschließen.

o Der **Gleichbehandlungsgrundsatz**, Art. 3 GG.
Der Gleichbehandlungsgrundsatz bezweckt, dass gleiches gleich und anderes abweichend gehandhabt werden muss, wenn kein sachlicher Grund für eine hiervon abweichende Beurteilung besteht. Letzteres wird sehr oft übersehen, so dass das Gleichbehandlungsgebot zu einer simplen Laienweisheit führen würde, was falsch ist.

Bei **Tarifverträge**n müssen Sie folgendes beachten:
Der Gesetzgeber geht davon aus, dass Arbeitgeber und Gewerkschaft von dem Gesetz in bestimmten Punkten abweichende Regelungen durch Tarifverträge treffen können, da die Branche oder ein Unternehmen bestimmten Umständen begegnen muss.
Hierbei können unterschiedliche Tarifverträge abgeschlossen werden, z. B. ein **Manteltarifvertrag**, der wesentliche Punkte des Arbeitsverhältnisses regelt, z. B. die Arbeitszeit, Urlaubsanzahl, Kündigungsfrist, etc. Darüber hinaus gibt es Tarifverträge, die nur Teile eines Arbeitsverhältnisses regeln, z. B. die Vergütung, Zahlung von Gratifikationen, Übernahme von Auszubildenden, Gewährung von Altersteilzeit, Standortsicherung, etc.

Tarifverträge gelten über die **Tarifbindung** für Sie als Arbeitnehmer, arbeitnehmerähnliche Personen gemäß § 12 a TVG und Ihren Arbeitgeber nur, wenn:

- Ihr Arbeitgeber Mitglied im Arbeitgeberverband und Sie Mitglied in der Gewerkschaft sind,
- Ihr Arbeitgeber ausschließlich für sein Unternehmen einen Firmen-/Haustarifvertrag mit der Gewerkschaft geschlossen hat und Sie Mitglied in der Gewerkschaft sind oder
- ein Tarifvertrag **für allgemeinverbindlich erklärt** wurde, indem das Bundes- oder Landesministerium für Arbeit und Soziales das anordnete. In dem Fall gelten die hierin enthaltenen Regelungen auch für Arbeitgeber ohne Mitgliedschaft im Arbeitgeberverband und Arbeitnehmer ohne Gewerkschaftszugehörigkeit.
  Allgemeinverbindlich erklärte Tarifverträge sind aber selten und speziell in den Branchen Bau, Hotel- und Gaststätten-, Reinigungsgewerbe sowie (Einzel-)Handel anzutreffen. Die einzelnen Tarifverträge können Sie z. T. im Internet finden, ansonsten wenden Sie sich an die Gewerkschaft, die diese Tarifverträge abgeschlossen hat oder an Ihren Betriebs-/Personalrat in dem Betrieb, in dem Sie arbeiten.

Ein Tarifvertrag gilt aber auch, wenn:

- Sie Gewerkschaftsmitglied sind und ausschließlich durch eine **Bezugnahmeklausel in** Ihrem **Arbeitsvertrag** die Geltung konkreter Tarifverträge schriftlich vereinbart ist,
- Sie zwar kein Gewerkschaftsmitglied sind, Ihr Arbeitgeber aber durch eine schriftliche **Gesamtzusage/Zusicherung** allen Mitarbeitern die Geltung konkreter Tarifverträge zubilligt,
- Sie zwar kein Gewerkschaftsmitglied sind, die **Tarifgeltung** aber **in** einer **Betriebs-/Dienstvereinbarung vereinbart** wurde, § 77 BetrVG. Hier können aber Punkte, die üblicherweise in Tarifverträ-

gen geregelt werden, wie Vergütung oder sonstige Arbeitsbedingungen, nicht vereinbart sein.

- Ein Tarifvertrag gilt auch, wenn Ihr Arbeitgeber über einen repräsentativen Zeitraum vorbehaltlos die durch Tarifvertrag gewährleisteten Rechte gewährte (**betriebliche Übung**).

Achtung: Beachten Sie, dass auch nur eine **teilweise Geltung** eines bestimmten Tarifvertrages vereinbart werden kann.

Ein **Verzicht oder** ein sonstiger **Verlust Ihrer Rechte** aus einem Tarifvertrag ist nur selten zulässig, § 4 TVG.

Tarifverträge müssen von Ihrem Arbeitgeber am schwarzen Brett oder einer anderen geeigneten Stelle **bekanntgemacht** werden, § 8 TVG.

Um Rechte und Pflichten für Sie und Ihren Arbeitgeber zu begründen, muss ein Tarifvertrag zusätzlich **anwendbar** sein; er muss für den konkreten Einzelfall in:

- geographischer Hinsicht, d. h. dem Sitz des Unternehmens,
- zeitlicher Hinsicht, also der stets befristeten Laufzeit des Tarifvertrages, und
- sachlicher Hinsicht gelten.

Die Geltung in geographischer Hinsicht ergibt sich aus dem immer schriftlichen Tarifvertrag und meint den Sitz des Unternehmens.

Zeitlich bedeutet, dass ein Tarifvertrag nur für einen bestimmten Zeitraum – meist mehrere Jahre – gilt, der im betroffenen Tarifvertrag genau beschrieben ist. Ist der Zeitraum abgelaufen, wirkt der abgelaufene Tarifvertrag so lange weiter, bis er durch einen aktualisierten Tarifvertrag abgelöst wird, was nicht nahtlos erfolgen muss. Ist ein Unternehmen Mitglied im Arbeitgeberverband, kündigt es vor dem zeitlichen Ablauf des ursprünglichen Branchen-/Flächentarifvertrages die Tarifmitgliedschaft durch Austritt aus dem Arbeitgeberverband und erfolgt kein späterer Wiedereintritt, gilt der ursprüngliche Tarifvertrag so lange weiter, bis in der Branche ein aktualisierter Tarifvertrag ablösend abgeschlossen wird.

Der sachliche Geltungsbereich beschreibt, dass der Tarifvertrag nur für bestimmte Mitarbeiter, üblicherweise Arbeitnehmer und Auszubildende, nicht aber für leitende Angestellte bzw. außertarifliche Mitarbeiter (AT-ler) der Branche – beim Branchen-/Flächentarifvertrag – oder des Unternehmens – beim Firmen-/Haustarifvertrag – gilt.

Bei **Betriebs-/Dienstvereinbarungen und Regelungsabreden** müssen Sie folgendes beachten:

So wie Tarifverträge zwischen den Tarifvertragsparteien Arbeitgeberverband/Unternehmen und Gewerkschaft/Arbeitnehmer vereinbart werden, kann auf der Ebene Ihres Betriebes eine Betriebs-/Dienstvereinbarung abgeschlossen werden.

Hier werden individuell auf den Betrieb abgestimmte Regelungen zwischen Ihrem Arbeitgeber und Ihrem Betriebs-/Personalrat schriftlich vereinbart, § 77 BetrVG. Die Angelegenheiten, die vereinbart werden können ergeben sich speziell aus §§ 87 und 88 BetrVG. Die Bezahlung für Ihre Arbeitsleistung und andere üblicherweise in Tarifverträgen geregelten Angelegenheiten dürfen aber nur in Tarifverträgen geregelt werden (**Tarifvorrang**, § 77 BetrVG), außer der geltende Tarifvertrag erlaubt ausdrücklich eine Ausnahme hiervon (**Öffnungsklausel**).

Der **Unterschied** zwischen schriftlichen **Betriebs-/Dienstvereinbarungen** und mündlichen **Regelungsabreden** liegt darin, dass Sie, Ihr Arbeitgeber und der Betriebs-/Personalrat aus einer Betriebs-/Dienstvereinbarung direkt Rechte fordern und zur Not vor Gericht einklagen können. Aus einer Regelungsabrede besteht dagegen kein einklagbarer Erfüllungsanspruch. Bei Angelegenheiten gemäß § 87 BetrVG besteht der Erfüllungsanspruch auch nach Ablauf der meist befristeten Geltung der Betriebs-/Dienstvereinbarung und nach Ablauf der Kündigungsfrist. Bei § 88 BetrVG ist das nicht der Fall. Das kann aber durch Vereinbarung in der Be-triebs-/Dienstvereinbarung ausgeschlossen werden. Ein **Verzicht** auf Rechte aus der Betriebs-/Dienstvereinbarung können Sie nur mit Zustimmung des Betriebs-/Personalrats erklären, ein **Verlust** Ihrer Rechte aus einer Betriebs-/Dienstvereinbarung ist bis auf Ausschlussfristen und eine Verjährungsverkürzung gar nicht zulässig, § 77 Be-trVG.

I. Der Prüfungsmaßstab:

Maßstab für die Überprüfung der Inhalte eines Arbeitsvertra-ges ist das **AGB-Recht**, d. h. das Recht der Allgemeinen Geschäftsbedingungen, §§ 305ff BGB. Hierdurch sollen Sie als Arbeitnehmer vor unklaren, einseitigen und sonstigen Vertragsinhalten geschützt werden, die für Sie nicht über-schaubar sind. Das trägt dem Schutzzweck des Arbeits-rechts als **Arbeitnehmerschutzrecht** vor dem meist erfah-reneren und finanziell stärkeren Arbeitgeber Rechnung.

Von der **Definition** her sind Allgemeine Geschäftsbedingun-gen im Arbeitsrecht vom Arbeitgeber gegenüber Arbeitneh-mern gestellte Vertragsbedingungen in einem vorformulier-ten Vertrag. Die Bedingungen/Vertragsinhalte werden zwar zwischen Ihnen und dem Arbeitgeber einvernehmlich abge-stimmt; Details werden aber üblicherweise nicht individuell vereinbart, worunter das Gesetz eine Gestaltungsfreiheit versteht, die der Arbeitgeber Ihnen einräumen müsste, um als verhandelt, damit nicht als vorformuliert und somit nicht der AGB-Rechtsprechung unterliegend zu gelten.
Das schließt zwar übliche Gespräche, z. B. über die Vergü-tungshöhe nicht aus. Sie können aber davon ausgehen, dass die **AGB-Kontrolle für alle Arbeitsverträge** gilt, auch bei leitenden Angestellten. Sollte tatsächlich bezüglich ein-zelner Punkte ein echtes Aushandeln gegeben sein, gilt <u>nur bei dieser Klausel</u> die AGB-Kontrolle nicht, bei dem Rest des Vertrages dagegen schon.

Vorbringen und **beweisen muss** übrigens Ihr **Arbeitgeber**, dass ein Aushandeln vorliegt und somit die AGB-Vorschriften nicht gelten!

Die AGB-Kontrolle weist extrem viele Einzelfälle auf, die hier nicht behandelt werden können und bzgl. derer Sie im Einzelfall einen spezialisierten Anwalt Ihres Vertrauens kontaktieren sollten.

Generell können Sie sich aber merken, dass immer **das Vereinbarte** gilt, **außer** es ist:

- überraschend,
- unklar/intransparent,
- verstößt gegen die spezielle AGB-Kontrolle oder sonstiges Recht,
- sittenwidrig oder
- unangemessen und benachteiligend.

Bei dem Verständnis der Klausel wird auch nicht auf Sie und Ihren Arbeitgeber individuell abgestellt, sondern auf einen **Durchschnittsarbeitgeber und -arbeitnehmer**.

Ist eine Klausel unwirksam, gilt nur diese nicht, wenn der restliche Vertrag ohne sie textlich verständlich und vom juristischen Zusammenhang weiterbestehen kann (**blue-pencil-**/Wegstreich-**test**).

II. Die Probezeit:

Die Probezeit ist eine Bewährungszeit für beide Parteien des Arbeitsverhältnisses, d. h. sowohl für den Arbeitgeber, als auch für Sie als Arbeitnehmer. Deshalb sind die rechtlichen Anforderungen für eine Trennung und Beendigung des Arbeitsverhältnisses während der Probezeit deutlich geringer als nach Ablauf der Probezeit.

Die gesetzlich **maximal** zulässige Probezeit beträgt **sechs Monate**, § 622 BGB. Sollten Sie speziell durch Krankheit während dieser Zeit ausfallen, verlängert sich die Probezeit um die Länge der gesamten ausgefallenen (Arbeits-)Tage. Deshalb können Sie sich in der Praxis nicht durch Krankheit o. ä. der Probezeit bzw. der -kündigung entziehen.

Die Probezeit kann durch individuelle Vereinbarung der Parteien so **verkürzt** werden, wie es beide Parteien für richtig erachten. Es kann auch ganz auf eine Probezeit **verzichtet** werden. Eine Verkürzung oder ein Verzicht ist jedoch <u>unzulässig</u>, wenn ein (Haus- oder Branchen-/Flächen-)Tarifvertrag auf das individuelle Arbeitsverhältnis Anwendung findet. In diesen Fällen gilt immer und ausschließlich die Probezeit, die im Tarifvertrag beschrieben wird. Häufig sind die Probezeiten in Tarifverträgen (für Arbeitnehmer günstiger) auch deutlich kürzer als nach dem Gesetz, z. B. nur ein oder drei Monate, wobei sich die Länge nach der Position im Unternehmen richtet: Längere Probezeiten für qualifizierte Mitarbeiter, da sich diese länger einarbeiten und bewähren müssen, bei kürzeren Probezeiten genau umgekehrt.

War Ihre Probezeit für eine bestimmte Dauer (mündlich oder schriftlich) bereits vereinbart und soll sie nach der ursprünglichen Vereinbarung **verlängert** oder verkürzt werden, ist das nicht einseitig durch Ihren Arbeitgeber möglich, da dies einen einseitigen Eingriff in Ihr bestehendes Vertragsverhältnis bedeutet (**nachträgliche Vertragsänderung**). Gleiches gilt auch für eine nachträgliche Verkürzung der Probezeit. Beides kann <u>nur mit Zustimmung beider Parteien</u> (mündlich oder schriftlich) oder eine Änderungskündigung vereinbart werden. Letzteres gibt es aber während der Probezeit in der Praxis nicht, s. Änderungskündigung. Sie sollten natürlich auf eine schriftliche Vereinbarung Wert legen, um alles klar und sicher für den Fall eines Rechtsstreits **beweisen** zu können und dem Nachweisgesetz Genüge zu tun.

 Achtung: Während der Probezeit reicht im Gegensatz zu einem Arbeitsverhältnis außerhalb/nach der Probezeit eine **nachvollziehbar wertende Prognoseentscheidung zum Zeitpunkt des Kündigungsausspruchs** Ihres Arbeitgebers aus, um das Probezeitarbeitsverhältnis kurz und knackig rechtlich wirksam enden zu lassen. Es ist deshalb rechtlich vollkommen ok, wenn Ihr Arbeitgeber nur meint Sie sind zu langsam, zu oft krank, zu unzuverlässig, integrieren sich nicht in die Abteilung o. ä.!

Damit dessen Entscheidung in tatsächlicher Hinsicht keinen Unfrieden im Betrieb verursacht und auch rechtlich nicht angreifbar ist, berufen sich geschulte Arbeitgeber in der Praxis oft darauf, dass aus betrieblichen Gründen kein weiterer Bedarf mehr an Ihrer Arbeitsleistung besteht, um einen neutraleren Grund zu wählen, keine Angriffsfläche zu bieten und die emotionalen Wogen nicht unnötig hoch steigen zu lassen.

Während der Probezeit ist das bereits ausreichend für einen rechtlich wirksamen Kündigungsgrund, **außer** Sie verfügen über **Sonderkündigungsschutz**, z. B. wenn einer Schwangeren während der Probezeit gekündigt werden soll, sich jemand in der Elternzeit befindet, etc. Sind Sie aber schwerbehindert oder einem Schwerbehinderten gleichgestellt und noch nicht länger als sechs Monate bei Ihrem Arbeitgeber, gilt für Sie noch nicht der Sonderkündigungsschutz des SGB IX, s. Sonderkündigungsschutz!

Besteht in Ihrem Betrieb ein **Betriebs-/Personalrat**, muss dieser zu Ihrer Probezeitkündigung vor deren Ausspruch angehört werden. Sind die Fristen im Rahmen der Betriebs-/Personalratsanhörung in Ordnung, s. Betriebs-/Personalratsanhörung, und liegen die weiteren Voraussetzungen einer normalen Kündigung vor (speziell: **Schriftform** der Kündigung, **Zugang** bei Ihnen), ist jetzt bereits die Probezeitkündigung rechtlich in Ordnung, s. Kündigung. Sie wird mit Ausspruch wirksam und Ihr Probezeitarbeitsverhältnis endet mit Auslaufen der zweiwöchigen Kündigungsfrist, § 622 BGB. Während dieser Zeit bauen Sie meist Ihre angesammelten Urlaubsansprüche und ggf. zusätzlichen Überstunden ab.

Nach Ablauf der Probezeit wird eine Kündigung für Ihren Arbeitgeber rechtlich deutlich aufwändiger und teurer, da nicht nur eine <u>längere</u> als o. g. zweiwöchige <u>Kündigungsfrist</u> gilt, s. Kündigungsfrist, sondern auch bei Vorliegen der Voraussetzungen das <u>Kündigungsschutzgesetz</u> (KSchG) beachtet werden muss, s. Kündigung.

Ein rechtlich erfahrener Arbeitgeber wird Ihnen deshalb immer innerhalb der Probezeit kündigen, um rechtlichen Schwierigkeiten aus dem Weg zu gehen. Erstaunlicherweise geschieht das in der Praxis auch in sehr großen und professionellen Unternehmen nicht immer: Häufig möchte man Ihnen noch eine Chance geben oder es wird einfach vergessen eine Probezeitkündigung rechtzeitig auszusprechen!

III. Das Arbeitsverhältnis außerhalb/nach der Probezeit:

Nach Ablauf der Probezeit bzw. bei nicht vereinbarter Probezeit besteht Ihr Arbeitsverhältnis mit allen Rechten und Pflichten für beide Parteien, d. h. für Sie als Arbeitnehmer und für Ihren Arbeitgeber.

1. Der Grundsatz: Arbeit gegen Geld

In Deutschland besteht der Grundsatz: Ohne Arbeit kein Geld. D. h. Sie haben nur dann Anspruch auf Bezahlung gegen Ihren Arbeitgeber, wenn Sie dafür <u>zuvor</u> gearbeitet haben, § 614 BGB.

Von diesem Grundsatz gibt es aber mehrere Ausnahmen, so dass Sie nicht arbeiten müssen und trotzdem für den arbeitsfreien Zeitraum von Ihrem Arbeitgeber die Vergütung verlangen können.

a) 1. Ausnahme: Der Urlaub

Hat Ihr Arbeitsverhältnis **sechs komplette Monate** bestanden, steht Ihnen bezahlter Urlaub zu. Sie erhalten dann für jeden vollen Urlaubstag so viel Euro brutto bzw. netto, als wenn Sie regulär gearbeitet hätten (**Urlaubsentgelt**), §§ 1, 4, 11 BUrlG. Darüber hinaus erhalten Sie oft **Urlaubsgeld**; das ist eine zusätzliche, meist einmalige Zahlung Ihres Arbeitgebers für jedes Jahr über das Urlaubsentgelt hinaus. Viele Arbeitgeber gewähren Ihnen auch schon vor Ablauf der ersten sechs Monate Urlaub, auch wenn sie dazu nicht verpflichtet sind. Eine vorsichtige Frage kann sich deshalb lohnen, bei manchen Arbeitgebern fallen Sie dadurch aber negativ auf, speziell wenn Sie für mehrere Wochen in den Urlaub fahren möchten und braun gebrannt zurückkommen; unterschätzen Sie das nicht!

Die **Höhe** beträgt bei einer sechs-Tagewoche 24 Arbeitstage, bei einer üblichen fünf-Tagewoche 20 Arbeitstage pro Jahr, § 3 BurlG. Häufig sind aber Tarifverträge anwendbar oder Ihr Arbeitgeber will für Arbeitnehmer attraktiv sein. In diesem Fall stehen <u>üblicherweise 30 Arbeitstage</u> im Jahr zu (Abweichung zugunsten von Arbeitnehmern sind durch Arbeitgeber immer möglich). Ist in Ihrem Arbeitsvertrag kein Hinweis auf Urlaub oder dessen Höhe enthalten, gilt ausschließlich das (Bundesurlaubs-)Gesetz und es stehen nur 20 bzw. 24 Arbeitstage Urlaub zur Verfügung, s. o.

Wenn Sie <u>unter dem Jahr eintreten</u>, stehen Ihnen für jeden vollen Monat des bestehenden Arbeitsverhältnisses 1/12 des Jahresurlaubsanspruchs zu, wobei Bruchteile von Urlaubstagen, die 0,5 oder mehr betragen, auf einen vollen Urlaubstag aufgerundet werden. Haben Sie z. B. 30 Tage Urlaub pro Jahr und sind Sie am 02.02. eingetreten, haben Sie einen Urlaubsanspruch von 27,5, aufgerundet 28 Tagen (11 Monaten x 30/12), § 5 BUrlG.

Bei der **Inanspruchnahme** der Urlaubstage können Sie die Lage und Dauer frei entscheiden, <u>außer</u> dringende betriebliche Interessen des Arbeitgebers oder Urlaubswünsche anderer Arbeitnehmer stehen dem entgegen, § 7 BUrlG. Das kann z. B. eine dringende Lieferung sein, die schnell verladen oder bearbeitet werden muss. Kennzeichnend ist die Dringlichkeit, die juristisch im Gegensatz zur Praxis immer nur gegeben ist, wenn ein sorgfältig planender Arbeitgeber nicht hätte abweichend planen können und eine gewisse Überraschung oder zeitliche Enge entstanden ist. Wichtig ist, dass eine solche Dringlichkeit nur **im Ausnahmefall** besteht und äußerst selten mehrfach aufeinander folgt. Ihr Urlaubswunsch kann somit im Ausnahmefall einmal verschoben werden, kaum aber mehrfach hintereinander. Sollte Ihr Arbeitgeber trotzdem Ihren Urlaubswunsch nicht komplett oder wenigstens teilweise akzeptieren, ist das unzulässig. Bei Urlaubswünschen anderer Kollegen ist eine Interessenabwägung nach sozialen Kriterien vorzunehmen. Auf deutsch: Derjenige, der irgendwie schlechter dran ist, z. B. wegen des Alters, einer Behinderung, schulpflichtigen Kindern, etc., erhält privilegiert Urlaub. Meist kommt eine Einigung irgendwo in der Mitte zustande.

Selbstverständlich können Sie auch **halbe Urlaubstage** beanspruchen, der Arbeitgeber muss das jedoch nicht akzeptieren. In diesem Fall können Sie deshalb keinen oder nur einen kompletten Urlaubstag nehmen.

Sie können auch theoretisch **unbezahlten Urlaub** wünschen, aber auch hier muss Ihr Arbeitgeber zustimmen.

Haben Sie noch mehr als 12 Tage Urlaub im laufenden Jahr, muss Ihnen der Arbeitgeber im Normalfall mindestens diese **12 Tage zusammenhängend** gewähren, auch wenn Ihr ursprünglich beantragter Urlaub länger dauern sollte und aus betrieblichen Gründen oder aus Gründen in Ihrer Sphäre gekürzt werden musste, § 7 BUrlG.

Haben Sie eine medizinische **Vorsorge oder Reha** hinter sich gebracht und wollen im Anschluss Urlaub haben, ist Ihr Arbeitgeber verpflichtet diesen wie von Ihnen gewünscht zu genehmigen. Diese Tage dürfen nicht auf den Urlaub angerechnet werden, wenn Sie Anspruch auf Entgeltfortzahlung haben, s. 4. Ausnahme: Krankheit, §§ 7, 10 BurlG.

 Achtung: Wichtig ist, dass zunächst durch Sie ein **Urlaubsantrag** gestellt wird, erst dann ist Ihr Arbeitgeber verpflichtet über Ihren Urlaub zu entscheiden. <u>Sollte keine Entscheidung getroffen werden</u>, kontaktieren Sie den Arbeitgeber kurzfristig und freundlich, ggf. mehrfach.

Um wirksam Urlaub nehmen zu dürfen, muss immer eine Genehmigung Ihres Arbeitgebers vorliegen, vertrauen Sie einfach darauf, dass schon eine Genehmigung erfolgen werde oder hören Sie nichts, ist der Urlaub im Zweifel nicht genehmigt. In diesem Fall fehlen Sie unentschuldigt, was eine <u>Abmahnung bis hin zu einer ordentlichen oder sogar (außerordentlichen) fristlosen Kündigung</u> führen kann! Akzeptiert Ihr Arbeitgeber Ihren Urlaubswunsch deshalb nicht, dürfen Sie – trotz allen Ärgers – nicht auf eigene Faust handeln und den Urlaub eigenmächtig antreten!

Die Urlaubsnahme wird in der Praxis zwar gerade in kleinen Betrieben sehr unbürokratisch gehandhabt. Aber gerade wenn Ihr Arbeitsverhältnis krankt, Spannungen bestehen, betriebsbedingte Kündigungen anstehen, ein Rechtsstreit schwelt und Ihr Arbeitgeber nur auf eine Gelegenheit wartet Sie durch eine einfach zu beweisende verhaltensbedingte Kündigung loszuwerden, müssen Sie sehr **vorsichtig sein**! Sorgen Sie im Zweifelsfall dafür, dass Sie die genehmigte Urlaubsnahme beweisen können, z. B. passen Sie die für die Urlaubsnahme Zuständigen persönlich und unter Zeugen ab, lassen Sie sich die konkreten Urlaubstage schriftlich notfalls mit Firmenstempel quittieren! Das ist zwar anstrengend, aber in vorgenannten verschärften Fällen wirklich notwendig. Ansonsten können Sie – speziell bei Üblichkeit in der Vergangenheit – deutlich lockerer und unförmlicher an die Sache herangehen.

Beachten Sie aber immer: Das Risiko zu **beweisen**, dass Ihr Urlaub genehmigt wurde und Sie nicht zur Arbeit kommen müssen, liegt bei Ihnen!

Beispiel: Urlaubsantrag mit Bewilligungsquittung
An den Arbeitgeber

Sehr geehrte Damen und Herren,

hiermit beantrage ich für die Zeit von ... - ... (einschließlich) insgesamt ... Tage Urlaub.

Ort, Datum   Unterschrift Arbeitnehmer

Quittierung:
O. g. Urlaub wird gewährt.
O. g. Urlaub wird abgelehnt, weil ... .

Ort, Datum   Unterschrift Arbeitgeber/-vertreter
                    (Abteilungsleiter, etc.)

Ihr kompletter **Urlaubsanspruch** muss grundsätzlich bis zum 31.12. **abgebaut** sein. Sollten Sie am letzten Tag im Jahr noch Urlaubstage übrig haben, kann eine **Übertragung** bis zum 31.03. des Folgejahres durch Ihren Arbeitgeber auf Ihren Antrag vorgenommen werden, wenn dringende betriebliche Gründe oder Gründe in Ihrer Person dazu geführt haben, dass Ihr Urlaub nicht bis zum 31.12. genommen werden konnte, § 7 BUrlG. Hinsichtlich der dringenden betrieblichen Gründe wird auf o. g. Ausführungen verwiesen. Gründe in der eigenen Person sind z. B. schwere Krankheit, etc.
Die Übertragung ist in der Praxis sehr verbreitet, dennoch sollten Sie sich bei Ihrem Neueintritt in ein Unternehmen über die Vorgehensweise bei vertrauenswerten Kollegen erkundigen oder vom Arbeitgeber schriftlich bestätigen lassen. Eine wichtige Ausnahme der Urlaubsübertragung ist zu beachten, wenn Sie **ausschließlich durch Ihre Krankheit verhindert** waren Ihren **Urlaub bis zum 31.12. und bis zum 31. 03. des Folgejahres aufzubrauchen**: In dem Fall waren Sie somit durchgängig mindestens vom 31.12. – 31.03. krankheitsbedingt arbeitsunfähig und durch ärztliches

Attest arbeitsunfähig geschrieben. In diesem Fall verfällt Ihr noch nicht genommener Urlaub zunächst nicht. Er verfällt erst, wenn Sie ihn nach Ihrer Gesundung nicht <u>binnen 15 Monaten nach dem Entstehungsjahr</u> (z. B. 01.01.2017), d. h. bis zum 31.03. des Folgejahres (31.03.2018) <u>aufbrauchen</u>. Endet Ihr Arbeitsverhältnis spätestens zu diesem Datum, müssen Ihre Urlaubstage abgegolten werden, die Sie *ausschließlich aus krankheitsbedingten Gründen* nicht nehmen konnten. **Abgegolten** bedeutet, dass Sie für jeden Urlaubstag, den Sie nicht nehmen konnten, die Vergütung ausgezahlt bekommen, die Sie an einem Tag bei der Arbeit verdient hätten.

Sollten Sie während o. g. Zeitraum <u>an einem oder mehreren Tagen gesund</u> gewesen sein, können Sie für die Zeit, in der Sie nicht arbeitsunfähig (also gesund) waren, Urlaub beantragen, der Ihnen grundsätzlich gewährt werden muss. Wird er Ihnen unberechtigterweise nicht gewährt (s. o.), waren Sie verhindert diese Urlaubstage abzubauen. In dem Fall haben Sie gute Chancen, dass diese Tage nicht verfallen. Beantragen Sie dagegen gar keinen Urlaub oder wird er Ihnen berechtigterweise nicht genehmigt, sind auch die Urlaubstage, an denen Sie gesund waren, ab dem 01.04. des Folgejahres (01.04.2018) verfallen!

 Beispiel: Antrag auf Übertragung verbleibenden Resturlaubs auf das Folgejahr
An den Arbeitgeber

Sehr geehrte Damen und Herren,

hiermit beantrage ich meinen Resturlaub aus dem Jahr … in Höhe von … Tagen auf das folgende Jahr zu übertragen.

Ort, Datum   Unterschrift Arbeitnehmer

Quittierung:
O. g. Urlaub wird auf das Folgejahr übertragen.

O. g. Urlaubsübertragung wird abgelehnt, weil ... .

Ort, Datum   Unterschrift Arbeitgeber/-vertreter
                  (Abteilungsleiter, etc.)

Scheiden Sie aus dem Betrieb in der <u>ersten Jahreshälfte</u>, d. h. bis maximal zum 30.06., **aus**, stehen Ihnen 1/12 pro vollendetem Monat der Betriebszugehörigkeit zu, wobei wieder ab 0,5 angebrochene Urlaubstage aufgerundet wird. Hierbei spielt es keine Rolle, ob Sie die sechs Monate Wartezeit erfüllt haben oder jahrelang für den Arbeitgeber tätig waren, § 5 BUrlG.

Sollten Sie in der <u>zweiten Jahreshälfte</u>, d. h. ab dem 01.07. aus dem Betrieb ausscheiden, wird unterschieden, § 5 BUrlG:

- Waren Sie **noch nicht komplette sechs Monate dabei**, haben Sie wieder einen <u>1/12 Anspruch</u> nebst Aufrundung,

- sind aber **mindestens sechs Monate Betriebszugehörigkeit vollendet**, steht Ihnen der <u>volle Urlaubsanspruch für das ganze Jahr</u> – d. h. 30 Tage – zu, auch wenn Sie nur einen Tag, z. B. am 01.07., gearbeitet haben und dann ausscheiden! Das wird durch die meisten Arbeitnehmer und z. T. Arbeitgeber oft nicht beachtet! Sollte Ihr Arbeitsvertrag oder eine Betriebs-/Dienstvereinbarung anderes regeln, ist das unwirksam und Sie haben den vollen Anspruch!

Ist Ihr **Arbeitsverhältnis beendet**, verlassen Sie Ihren Arbeitgeber **und** haben Sie bereits **mehr Urlaub erhalten als Ihnen zusteht**, kann der Arbeitgeber von Ihnen nach § 5 BUrlG:

- weder Urlaub zurückfordern, da dieser bereits verbraucht wurde und

- auch keine Rückzahlung oder Aufrechnung Ihrer Vergütung fordern. Er war zu freigiebig und muss hierfür selbst geradestehen!

Haben Sie den **Arbeitgeber gewechselt und** bei Ihrem ursprünglichen bereits **sämtliche Urlaubsansprüche erhalten**, muss Ihr späterer Arbeitgeber Ihnen diese Tage nicht erneut gewähren. Um das zu kontrollieren, sind Arbeitgeber beim Austritt von Arbeitnehmern verpflichtet eine **Bescheinigung**en auszustellen, die angibt wieviel Urlaub Sie im Jahr erhalten haben, § 6 BUrlG. Diese Urlaubsbescheinigung können Sie und Ihr neuer Arbeitgeber notfalls vor Gericht einklagen.

Haben Sie sehr viel Urlaub bei Ihrem bisherigen Arbeitgeber noch nicht aufgebraucht, der noch nicht verfallen ist und auch nicht von einem Jahr auf das folgende übertragen werden muss, wird Ihr neuer Arbeitgeber stark belastet, weil er Ihnen die gesamten Urlaubstage gewähren muss. Um bei Ihrem neuen Arbeitgeber nicht sofort negativ aufzufallen, sollten Sie in etwa nur so viele Urlaubstage übernehmen, wie anteilig über das Jahr aufgebaut werden, d. h. bei 30 Urlaubstagen pro Jahr, 2,5/aufgerundet drei Urlaubstage pro Monat.

Der Sinn des Urlaubs liegt in der Erholung von der Arbeit. Aus diesem Grund ist eine diesem Zweck widersprechende **Erwerbstätigkeit während Ihres Urlaubs** verboten, § 8 BUrlG. Sollte Ihr Arbeitgeber das dennoch akzeptieren, ist das nett, aber juristisch unwirksam. Es gilt der alte Grundsatz: Wo kein Kläger, da kein Richter. Sollte Ihr Arbeitgeber deshalb seine Meinung ändern, müssen Sie aufhören!

Ein größeres und meist übersehenes Problem ist die Frage, über wen Sie im Fall eines Unfalls **versichert** sind. Hierbei können Sie davon ausgehen, dass zwar grundsätzlich immer Versicherungsschutz besteht, ggf. aber eine Regressgefahr für Ihren Arbeitgeber und Sie gegeben ist.

Bei **Erkrankungen während Ihres Urlaubs**, werden Krankheitstage nicht auf Ihren Urlaub angerechnet, wenn Sie die tatsächlich bestehende Krankheit mittels Arbeitsunfähigkeitsbescheinigung (AU-Bescheinigung) durch einen Arzt kurzfristig Ihrem Arbeitgeber sowie Ihrer Krankenversicherung übersenden, § 9 BUrlG. Achten Sie hierbei darauf nur die für den Arbeitgeber bestimmte Bescheinigung diesem und die für die Krankenversicherung bestimmte dieser zur Verfügung zu stellen, ansonsten kann Ihr Arbeitgeber anhand des in der AU-Bescheinigung enthaltenen Krankheitskürzels Ihre aktuelle Erkrankung einfach über das Internet herausfinden, was für Sie negativ sein kann! Denken Sie daran sich sicherheitshalber eine Kopie hiervon zu fertigen, um einen **Beweis** zu haben, falls die Bescheinigung beim Arbeitgeber nicht mehr auffindbar sein sollte.

b) 2. Ausnahme: Die Feiertage
Auch im Fall von Feiertagen steht Ihnen wie in der 1. Ausnahme die Freizeit und zusätzlich die reguläre Vergütung für diesen Zeitraum zu, §§ 1, 2 Entgeltfortzahlungsgesetz.
Die konkreten Feiertage sind in der Übersicht über die gesetzlichen Feiertage auch Im Internet zu finden.

Achtung: Ihre Bezahlung entfällt, wenn Sie am letzten Arbeitstag vor oder am ersten Arbeitstag nach einem oder mehreren Feiertagen **unentschuldigt fehlen**, § 2 Abs. 3 EFZG. Ggf. existieren weitere Ausnahmen in einem Tarifvertrag, wenn der für Ihr Arbeitsverhältnis Anwendung findet.

c) 3. Ausnahme: Das Betriebsrisiko & die kurzfristige Verhinderung
Im Fall des § 615 BGB steht Ihnen Ihr reguläres Einkommen zu, auch wenn Ihr Arbeitgeber im **Annahmeverzug** war. Annahmeverzug bedeutet, dass der Arbeitgeber Ihre wie üblich geschuldete Arbeitskraft nicht angenommen hat. Das ge-

schieht selten vorsätzlich, z. B. weil er Sie nicht arbeiten lassen wollte, um Sie zu schikanieren, sondern eher aufgrund von Störungen im Arbeitgeberbetrieb, z. B. können die Maschinen an Ihrem Arbeitsplatz nicht arbeiten, da der Strom ausgefallen ist. Hierbei ist es gleichgültig, ob Ihr Arbeitgeber auf die Störung Einfluss hat oder nicht; ebenfalls ist es egal, ob ihn hieran ein Verschulden trifft oder nicht.

Sie sind jedoch dazu verpflichtet sich während der Zeit des Arbeitsausfalls ein anderweitiges **Einkommen anrechnen** zu lassen, soweit Sie dies bezogen oder bewußt nicht eingegangen sind. Diese Fälle sind selten, da in einem regulären Arbeitsverhältnis auch eine Betriebsunterbrechung von mehreren Wochen einen Arbeitnehmer nicht dazu zwingt für die Zeit des Ausfalls eine alternative Beschäftigung einzugehen. Im Übrigen haben die meisten Arbeitgeber eine Betriebsunterbrechungsversicherung, die u. a. Löhne und Gehälter der betroffenen Arbeitnehmer für die Zeit des Ausfalls übernimmt. Ferner besitzen Arbeitgeber in der Praxis wenig Muße und Möglichkeiten Ihnen zu **beweisen**, dass Sie während des Arbeitsausfalls eine Alternativarbeit (Welche, bei welchem Arbeitgeber, etc.?) hätten aufnehmen müssen.

Ist auf Ihr Arbeitsverhältnis ein Tarifvertrag anwendbar, überprüfen Sie, ob Sie hierdurch zur **Nacharbeit** der ausgefallenen Arbeit verpflichtet sind; das ist üblich.

Darüber hinaus kann auch bei fehlender Tarifbindung des Arbeitgebers § 615 BGB abbedungen, d. h. durch eine Vereinbarung in Ihrem Arbeitsvertrag **ausgeschlossen** sein. In dem Fall können Sie für die Zeit des Arbeitsausfalls keine Vergütung verlangen. In der Praxis ist das bei großen oder rechtlich beratenen Arbeitgebern regelmäßig der Fall.

Sie erhalten auch im Fall des § 616 BGB Ihr reguläres Gehalt. § 616 BGB regelt den Fall der **kurzzeitigen Arbeitsverhinderung**. Für einen Zeitraum **bis zu einer Woche** können Sie Ihre Vergütung verlangen, wenn Sie durch Gründe, die entweder in Ihrer Person liegen – z. B. Verspätung oder tageweises Nichterscheinen wegen Erkrankung Ihres Kindes – oder objektiv und für einen großen Personenkreis bestehen, der nicht nur Ihren Betrieb betrifft – z. B. Verspätung oder tageweises Nichterscheinen wegen eines Verkehrschaos infolge des Wetters –, verhindert waren zu arbeiten. Wichtig ist hierbei aber, dass Sie **kein Verschulden** treffen darf. Ebenso müssen Sie sich für die Zeit des Arbeitsausfalls Zahlungen aus der Kranken- oder Unfallversicherung **anrechnen** lassen.

Darüber hinaus kann § 616 BGB durch Tarifvertrag als auch bei fehlender Tarifbindung durch eine Vereinbarung im Ihrem Arbeitsvertrag abbedungen, d. h. **ausgeschlossen** sein.

d) 4. Ausnahme: Die Krankheit

Letzte, aber wichtigste, Ausnahme ist die Zahlungspflicht Ihres Arbeitgebers, ohne dass Sie arbeiten müssen, wenn Sie krank sind. Das regelt das Entgeltfortzahlungsgesetz (EGFZG).

Bis zur Dauer von **sechs Wochen** haben Sie als Arbeitnehmer Anspruch auf **Entgeltfortzahlung** im Krankheitsfall, d. h. auch hier erhalten Sie Ihr reguläres Entgelt weiterhin, § 3 EGFZG.

Voraussetzung dafür ist aber, dass Sie vier Wochen bereits bei Ihrem Arbeitgeber beschäftigt sind und Ihrem Arbeitgeber die Arbeitsunfähigkeit ordnungsgemäß nachweisen, §§ 3, 5 EGFZG. Sollten Sie die Arbeitsunfähigkeit nicht ordnungsgemäß nachweisen, kann der Arbeitgeber die Entgeltfortzahlung verweigern, § 7 EGFZG! Der **Nachweis** geschieht dadurch, indem Sie die für Sie zuständige Person der nächsthöheren Hierarchieebene (Vorarbeiter, Abteilungsleiter) und möglichst zusätzlich direkt den Chef bzw. Mitarbeiter der Personalabteilung über Ihre aktuelle Arbeitsunfähigkeit sowie die voraussichtliche Dauer der Arbeitsunfähigkeit informieren. Zunächst genügt also eine einfache Information ohne Nachweise; die Info muss aber spätestens zu Beginn Ihrer Arbeit, möglichst früher erfolgen, damit sich der Arbeitgeber hierauf einstellen kann. Sollte die Arbeitsunfähigkeit länger als drei Tage dauern, müssen Sie spätestens am vierten Tag eine ärztliche Bescheinigung über das Bestehen der Arbeitsunfähigkeit (AU) sowie deren voraussichtliche Dauer vorlegen (**AU-Bescheinigung**). Ihr Arbeitgeber kann diese auch schon ab dem ersten Tag der AU verlangen. Fehlen Sie länger als in der ersten AU-Bescheinigung angegeben, müssen Sie Ihrem Arbeitgeber eine weitere zur Verfügung stellen, bevor das zeitliche Ende der ersten AU-Bescheinigung abgelaufen ist, § 5 EGFZG.

Befinden Sie sich bei Beginn der AU im Ausland, müssen Sie Ihrem Arbeitgeber die AU, deren voraussichtliche Dauer und die Adresse am Aufenthaltsort schnellstmöglich übermitteln, z. B. per Telefon, Fax, e-mail, etc. Gleichfalls müssen Sie Ihre Krankenversicherung direkt informieren. Dauert die AU länger als ursprünglich angenommen, sind Sie verpflichtet das Ihrer Krankenversicherung und möglichst Ihrem Arbeitgeber mitzuteilen. Sind Sie dann wieder in Deutschland, müssen Sie dbzgl. Ihre Krankenversicherung und Ihren Arbeitgeber informieren, § 5 EGFZG.

Sollten Sie **infolge derselben Krankheit erneut arbeitsunfähig** werden, verlieren Sie bei der erneuten Arbeitsunfähigkeit, die Entgeltfortzahlung während der erneuten Krankheitszeit bis zu abermals sechs Wochen nicht, wenn Sie zwischen den der ersten und weiterer Fehlzeiten wegen Erkrankung mindestens sechs Monate nicht infolge derselben Krankheit arbeitsunfähig waren oder seit Beginn der ersten Arbeitsunfähigkeit infolge derselben Krankheit eine Zeit von zwölf Monaten lag, § 3 EGFZG.

Die **Höhe der Entgeltfortzahlung** bemißt sich an Ihrem Durchschnittseinkommen pro Tag, § 4 EGFZG. **Überstunden** und vom Arbeitgeber übernommene Aufwendungen von Ihnen, die Sie nur dann treffen, wenn Sie arbeiten, werden nicht zusätzlich während der Arbeitsunfähigkeit/Krankheit an Sie gezahlt. Sollten Sie **keine fixe Vergütung**, sondern z. B. Akkordbezahlung verdienen, erhalten Sie für die Zeit des krankheitsbedingten Fehlens den Durchschnitt des Akkords. Fehlen Sie an einem **Feiertag** krankheitsbedingt, erhalten Sie die Vergütung, die Ihnen ohne den Feiertagsausfall hätte gezahlt werden müssen. Sollten Sie dagegen am Tag vor oder nach einem Feiertag <u>unentschuldigt</u> fehlen, erhalten Sie keine Bezahlung für den Feiertag.

Von der Höhe der Entgeltfortzahlung kann durch einen anwendbaren Tarifvertrag abgewichen werden; gleiches gilt ausnahmsweise, wenn keine Tarifbindung vorliegt, aber Ihr Betrieb im geographischen Bereich eines solchen Tarifvertrages liegt, § 4 EGFZG.

Darüber hinaus kann vereinbart werden, dass für die Dauer der Krankheit Zahlungen zum laufenden Arbeitsentgelt (**Sondervergütungen**) für jeden Tag der Arbeitsunfähigkeit infolge Krankheit in Höhe <u>eines</u> <u>Viertel</u>s des Entgelts, das im Jahresdurchschnitt auf einen Arbeitstag entfällt, <u>gekürzt</u> werden kann, § 4 a EGFZG.

2. Die Vergütung:

Im Rahmen Ihres Einkommens bzw. Ihrer Vergütung werden unterschiedliche Systeme unterschieden: Solche, bei denen Ihre Arbeitsleistung keinen Einfluss auf die Vergütung hat und solche, bei denen Einfluss besteht.

Üblich ist die Bezahlung nach Zeit, bei der immer dieselbe Vergütungshöhe gezahlt wird. Bei der leistungsbezogenen Vergütung existieren z. B. Akkord-, Prämien-, Zielvereinbarungen, etc.

Auch die Vergütung wird gemäß o. g. Normenhierarchie bestimmt. Mittlerweile muss ein gesetzlicher Mindestverdienst von mindestens 8,50 € + x pro Stunde zuzüglich jeweilige Tarifvertragssteigerungen gemäß eines bestimmten Indexes gemäß des Mindeslohngesetzes gezahlt werden (**gesetzlicher Mindestlohn**). Dieser **kann nicht** durch Arbeitnehmer-Entsendung, Arbeitnehmerüberlassung, Verzicht, Verwirkung, etc. **unterschritten werden**. Der gesetzliche Mindestlohn **gilt für alle Arbeitnehmer**, die in Deutschland arbeiten, es ist somit gleichgültig, ob Sie über ein deutsches oder ausländisches Unternehmen in Deutschland eingesetzt werden; entscheidend für das Eingreifen des gesetzlichen Mindestlohns ist allein, ob Sie in Deutschland als Arbeitnehmer oder Praktikant arbeiten. Dieser Mindestverdienst steht Ihnen somit immer zu, auch wenn in Ihrem Arbeitsvertrag weniger vereinbart sein sollte! **Ausnahmen**, d. h. die Unterschreitung des gesetzlichen Mindestverdienstes, sind nur übergangsweise bis Ende 2016 oder durch bestimmte Tarifverträge sowie für Jugendliche unter 18 Jahren und ohne Berufsausbildung, Azubis, Ehrenamtliche und Praktikanten, die während einer Ausbildung oder eines Studiums ein Praktikum von maximal drei Monaten absolvieren, zulässig. Auch Arbeitslose, die länger als ein Jahr keine Stelle haben, können in den ersten sechs Monaten o. g. Mindestverdienst nicht verlangen; nach vollendeten sechs Monaten dagegen schon.

Daneben spielt in der Praxis die **Sittenwidrigkeit** nach § 138 BGB kaum eine Rolle, da ein sittenwidriges Einkommen nur dann angenommen wird, wenn Sie weniger als 1/3 – ½ des Üblichen erhalten. Hierbei kann sich in seltenen Einzelfällen das Problem stellen was üblich ist, wenn Ihre Arbeit sehr außergewöhnlich ist und kaum vergleichbare Arbeiten verfügbar sind.

Oft kommt es zum Streit über Ihre geleisteten **Überstunden** und deren **Vergütung**. Z. T. werden hierbei Vereinbarungen im Arbeitsvertrag getroffen, dass Überstunden entweder bezahlt oder durch Freizeitausgleich ausgeglichen werden. Überhaupt besteht nur eine **Verpflichtung** Überstunden zu leisten, wenn die Überstunden weniger als ¼ Ihrer regelmäßig üblichen Arbeitszeit betragen, d. h. bei einer 40-Stundenwoche maximal 10 Stunden pro Woche!

Sie können die **Bezahlung** Ihrer geleisteten Überstunden verlangen, wenn das entweder in Ihrem Arbeitsvertrag vereinbart ist oder Sie auf konkrete Anordnung im Einzelfall oder zumindest mit Billigung Ihres Arbeitgebers Überstunden im Interesse des Arbeitgebers geleistet haben. Das müssen Sie aber für jede einzelne Überstunde an einzelnen, konkreten Tagen nachweisen! Da Sie die **Beweislast** hierbei trifft, sollten Sie dies tabellarisch auflisten und den jeweiligen Grund für Ihre Überstunden aufschreiben. Eine

Quittierung jeder einzelnen Überstunde wird Ihr Arbeitgeber wahrscheinlich nicht akzeptieren, außerdem ist es sehr bürokratisch und Sie wecken nur schlafende Hunde, von daher ist das nicht realistisch.

Häufig werden auch **Gratifikationszahlungen** im Arbeits- oder – bei Anwendbarkeit – im Tarifvertrag vereinbart. Das betrifft speziell **Urlaubs- und Weihnachtsgeld**. In der Praxis ergeben sich oft Differenzen, wenn Sie während eines laufenden Jahres aus Ihrem Arbeitsverhältnis ausscheiden. Da Gratifikationen üblicherweise Ihre Arbeitsleistung zusätzlich belohnen und Anreiz zum Verbleib im Betrieb sein soll, steht Ihnen die gesamte Gratifikation zu, wenn Sie zum Zeitpunkt der Gratifikationsauszahlung noch Ihrem <u>Betrieb angehören</u>, d. h. der Arbeitsvertrag muss noch bestehen, auch wenn bereits gekündigt wurde und nur noch die Kündigungsfrist abläuft.

Eine **Kürzung** der Gratifikation, z. B. im Fall längerer Krankheit, etc., ist für Ihren Arbeitgeber nur dann möglich, wenn das im (Arbeits-/Tarif-)Vertrag durch einen Widerrufsvorbehalt wirksam <u>vereinbart</u> ist, s. Widerrufsvorbehalt. Sollte kein schriftlicher Vertrag vorliegen, trifft Ihren Arbeitgeber die **Beweislast**, dass eine Kürzung möglich ist, z. B. weil das in den vergangenen Jahren ebenfalls erfolgte. Dies wird Ihrem Arbeitgeber aber in den wenigsten Fällen gelingen.

Auch die **Rückzahlung** von bereits erhaltenen Gratifikationen ist manchmal streitig. Hierbei ist ebenfalls der Widerrufsvorbehalt zu beachten. Ferner, dass Ihr Arbeitgeber bzgl. jeder Gratifikation und Fälligkeitsjahr ab dem Auszahlungszeitpunkt:

- bis zur Höhe von 100 € keine Rückforderung wirksam verlangen kann.
- Bei einer Gratifikation bis zu einem Monatsbetrag kann Ihr Arbeitgeber diese von Ihnen zurückverlangen, wenn Sie bis maximal drei Monate nach dem regulären Zahlungstermin aus dem Arbeitsverhältnis ausgeschieden sind (**Bindungsfrist**).

- Beträgt die Gratifikationshöhe bis maximal zwei Monatsgehälter, gelten sechs Monate als zulässige Bindungsfrist.
- Bei höheren Gratifikationen als zwei Monatsgehältern ist eine Bindungsfrist von maximal neun Monaten zulässig.

Zusätzlich zu diesen Fristen ist entscheidend, dass Sie nur dann zur Rückzahlung verpflichtet sind, wenn der **Ausscheidensgrund durch Sie bedingt** ist, z. B. weil Sie eine andere Stelle antreten und deshalb selbst gekündigt haben, Ihnen verhaltensbedingt gekündigt wurde, da Sie sich schlecht verhalten haben, etc. Sollte dagegen der Grund durch Ihren Arbeitgeber bedingt sein, z. B. weil dieser Ihnen betriebsbedingt kündigen musste, sind Sie nicht zur Rückzahlung verpflichtet.

Auch im Rahmen von **Umzugskostenerstattungen** durch Ihren Arbeitgeber ist der Widerrufsvorbehalt zu beachten, wenn er vereinbart wurde. Die zulässige Bindungsfrist (s. o.) ist abhängig von der Höhe der Umzugskosten; bis zu drei Jahre nach dem Umzug sind maximal zulässig.

Bei **Fortbildungsverträgen**, die Ihnen neue berufliche Möglichkeiten mit Aufstiegschancen eröffnen und deshalb nicht als automatische Steigerung der Anforderungen an Sie gestellt werden, kann die **Rückzahlung** der Lehrgangskosten davon abhängig gemacht werden, wenn Sie das Unternehmen ohne billigenswerten Grund verlassen. Liegt deshalb der **Ausscheidensgrund in Ihrer Sphäre**, sind Sie also am Ausscheiden schuld – was nur bei Eigenkündigungen und verhaltensbedingten Kündigungen durch Ihren Arbeitgeber der Fall ist – müssen Sie die Kosten der Maßnahme und die mit dieser zusammenhängen Kosten, wie Übernachtung, ganz oder z. T. zurückzahlen, wenn die **Bindungsfrist** nicht überschritten wurde. Diese beträgt bei:

- – zu einem Monat Lehrgangsdauer maximal sechs Monate,
- – zu zwei Monaten maximal ein Jahr,
- – zu vier Monaten maximal zwei Jahre.

Eine längere Bindungsfrist als zwei Jahre ist nur bei sehr teuren Fortbildungen und nur in speziellen Einzelfällen zulässig. Diese Fortbildungen stellen aber kaum Fortbildungen dar, sondern intensive Schulungen zu einem letztlich neuen Beruf, z. B. Pilotenschulung vom x-Modell auf das y-Modell. Haben Sie die **Fortbildung abgebrochen**, wird nach o. g. Sphäre unterschieden und hinterfragt, ob Ihr Abbruch objektiv verständlich war. Dann trifft Sie keine Rückzahlungspflicht, ansonsten ganz oder teilweise binnen vorgenannter Fristen.

Unabhängig davon wird die Gesamtvergütung durch – soweit anwendbar – Tarif- und Arbeitsverträge sowie ergänzende, separate Verträge, z. B. Ziel- und Provisionsvereinbarungen, geregelt. Bei einer **Ziel-** und z. T. **Provisionsvereinbarung** schließen Sie als Arbeitnehmer mit Ihrem Arbeitgeber einen schriftlichen Vertrag. Erreichen Sie bestimmte im Vertrag konkret beschriebene Ziele ganz oder teilweise, erhalten Sie eine bestimmte Geldzahlung zu einem bestimmten Zeitpunkt zusätzlich zu Ihrer aus dem Arbeits- bzw. Tarifvertrag folgenden Vergütung.
Probleme ergeben sich in der Praxis bei:

- **unklarer Beschreibung der Ziele**, z. B. Gewinnung von 10 zufriedenen Kunden anstelle der Gewinnung von 10 Neukunden in der Zeit vom ... - ..., die einen Bestellwert von ... € im dritten Quartal 2017 ordern,
- **keiner** konkret **berechenbare Zahlungshöhe** der konkreten Zielbeschreibung,
- wenn Ihr Arbeitgeber **unrealistische Ziele** vorgibt oder

- eine **Vereinbarung** üblicherweise abgeschlossen wird bzw. wurde, das im streitigen Fall aber trotz Ihrer schriftlich nachweisbaren Aufforderung gegenüber Ihrem Arbeitgeber von diesem **versäumt** wurde.

In diesen Fällen stellen Sie eine simple **Kontrollfrage:** Lag es an Ihnen oder Ihrem Arbeitgeber, dass die Vereinbarung fehlerhaft, unvollständig, das Ziel unrealistisch war oder die Vereinbarung nicht zustande kam?
Meistens wird das Defizit in der Sphäre Ihres Arbeitgebers liegen, d. h. er war schuld. In diesem Fall haben Sie Anspruch auf den Geldbetrag bei einer hypothetisch durchschnittlichen Zielerreichung. Sollte Ihr Arbeitgeber dem entgegenhalten, Sie hätten unterdurchschnittlich wenig erarbeitet, muss er das **beweisen**, was Ihm in der Praxis kaum gelingen wird. Gleichfalls trifft Sie die **Beweislast**, wenn Sie behaupten, Sie hätten hypothetisch überdurchschnittlich viel erreichen können; auch das wird für Sie schwierig nachzuweisen sein.
Eine **Kürzung** ist nur bei vereinbarter und konkreter Zieldefinition sowie entsprechender Berechnung wirksam.
Eine **Rückzahlung** bzw. der Widerruf einer Zielvereinbarungs-/Provisionszahlung, etc. ist nur möglich, wenn ein Widerrufsvorbehalt vereinbart wurde. Sollten Sie dagegen über Ihre Leistungen und Zielerreichungen **getäuscht** haben, kann ein Schadensersatz Ihres Arbeitgebers gegenüber Ihnen bestehen. Wie immer muss der Schaden aber konkret in Euro durch Ihren Arbeitgeber nachgewiesen werden, ferner muss ausschließlich Ihr Fehlverhalten zum Schaden geführt haben.

Wird Ihnen ein **Dienstwagen** durch Ihren Arbeitgeber zur Nutzung überlassen, muss unterschieden werden, ob Sie diesen ausschließlich für betriebliche Zwecke oder zusätzlich auch für private Zwecke, z. B. Fahrt von Ihrem Wohnort zum Arbeitsort, Fahrten am Wochenende, in den Urlaub, etc., nutzen dürfen. Letzteres muss ausdrücklich im Dienstwagenüberlassungsvertrag vereinbart sein.

Sollten Sie den Wagen auch für private Zwecke nutzen dürfen, ist das zwar angenehm, aber teuer für Sie. Die private Nutzung stellt nämlich einen **geldwerten Vorteil** im Sinne des Steuerrechts dar, den Sie versteuern müssen. Für Privatfahrten muss Ihrem Monatseinkommen 1 % des Listenpreises auf Neuwertbasis inklusive Mehrwertsteuer hinzugerechnet werden. Zusätzlich werden für Ihre Fahrten zwischen Wohnung und Arbeitsort 30 Cent/Entfernungskilometer für jeden Monat hinzuaddiert. Sollten Sie privat nur wenig fahren, kann sich die Führung eines Fahrtenbuchs lohnen. Hier tragen Sie nur die privat gefahrenen Kilometer ein. Als Einkommen werden dann nur die Privatfahrten mit den anteiligen Fahrzeugkosten versteuert. Bei einer Nutzung ausschließlich für dienstliche/geschäftliche Zwecke haben Sie dagegen zwar nicht den Vorteil eines Dienstwagens, sparen aber viel Geld.

Teilweise wird für **Ruhenszeiten** des Arbeitsverhältnisses, z. B. im Fall von Elternzeit, unbezahltem Sonderurlaub, aber auch für Urlaubszeiten ausdrücklich vereinbart, dass Sie den Wagen während dieser Zeit **nicht nutzen** dürfen, was zulässig ist. Gebrauchen Sie den Dienstwagen nur dienstlich, müssen Sie diesen bei Aufforderung durch Ihren Arbeitgeber jederzeit am Betriebsort Ihres Arbeitgebers **zurückgeben**. Da kein geldwerter Vorteil wie bei der Privatnutzung vorliegt, können Sie keine Entschädigung oder einen Ausgleich durch Geld oder einen anderen Wagen verlangen. Voraussetzung für die Entziehung ist aber, dass Ihr Arbeitgeber den Dienstwagenüberlassungsvertrag mit Ihnen entweder einvernehmlich mit Ihrer Zustimmung aufhebt oder kündigt. Letzteres kann immer außerordentlich bei einem wichtigen Grund oder, soweit eine ordentliche Kündigung in dem Vertrag nicht ausgeschlossen ist, ordentlich mit der vertraglichen oder gesetzlichen Kündigungsfrist geschehen. Soweit zusätzlich der Privatgebrauch gestattet ist, sind Sie zur Rückgabe am Betriebsort Ihres Arbeitgebers nur dann verpflichtet, wenn das im Dienstwagenüberlassungsvertrag vereinbart wurde, Sie länger als sechs Wochen ununterbrochen krankheitsbedingt arbeitsunfähig sind oder Ihr Arbeitsverhältnis mit Ihrem Arbeitgeber endete. Das kann wirksam nur durch einen Widerrufsvorbehalt erfolgen, der hohe Voraussetzungen hat, s. Widerrufsvorbehalt.

Wird Ihnen die Nutzungsmöglichkeit des Wagens durch Ihren Arbeitgeber **unberechtigterweise entzogen**, z. B. durch Abnahme der Schlüssel, gezieltes Abschleppen, können Sie sowohl bei nur dienstlicher, als auch dienstlicher und privater Nutzung Schadensersatz verlangen. Dieser liegt bei der dienstlichen Nutzung in Höhe der Ihnen anderweitig entstandenen Kosten und bei der auch privaten Nutzung in Höhe des steuerlich geldwerten Vorteils für die Zeit des Ausfalls.

Manche Arbeitgeber gewähren auch **Arbeitgeberdarlehen**. Hierbei kann Ihr Arbeitgeber **Zinsen** nur dann fordern, wenn das vereinbart wurde. Erhalten Sie Zinsvorteile gegenüber einem Kredit von einer normalen Bank, müssen Sie das als geldwerten Vorteil versteuern, wenn der Effektivzins der Deutschen Bundesbank unterschritten und die Restschuld am Ende des Einkommenszeitraumes 2.600 € überschreitet.

Darüber hinaus besteht der separate Darlehensvertrag unabhängig von Ihrem Arbeitsverhältnis, d. h. endet Ihr Arbeitsverhältnis, besteht das Arbeitgeberdarlehen weiterhin, außer es ist abweichend vereinbart. In diesem Fall müssen aber die gesetzlichen Kündigungsfristen und sonstigen Voraussetzungen der Darlehensvorschriften nach §§ 488ff BGB, der AGB-Rechtsprechung gemäß §§ 305ff BGB sowie der Verbraucherkreditregelungen laut §§ 491ff BGB beachtet werden.

Speziell bei zusätzlichen Vergütungsbestandteilen, wie dem Urlaubs- und Weihnachtsgeld, wird bzw. wurde häufig der Freiwilligkeits- und Widerrufsvorbehalt oder eine Kombination von beiden vereinbart.

Freiwilligkeitsvorbehalt bedeutet, dass Ihr Arbeitgeber Ihnen eine Leistung – Geld, Arbeitsmaterial, etc. – ohne eine Verpflichtung gewährt. Um durch die zumeist **regelmäßige** (mindestens dreimalige) **und gleichförmige** (identische Höhe) Gewährung eine betriebliche Übung, und damit einen Anspruch von Ihnen auch auf zukünftig regelmäßig und gleichförmige Gewährung derselben Leistung zu vermeiden, vereinbart er mit Ihnen, dass diese Leistung unter einem Freiwilligkeitsvorbehalt steht.

 Beispiel: Freiwilligkeitsvorbehalt
Herr/Frau … erhält … .
Das ist eine freiwillige Leistung, die auch bei mehrfacher, vorbehaltloser Gewährung keinen Anspruch für die Zukunft darstellt.

In älteren Arbeitsverträgen oder Zusatzvereinbarungen dazu ist dies üblich gewesen. Nach der aktuellen Rechtsprechung kann ein Freiwilligkeitsvorbehalt **nicht** mehr für **laufende**, d. h. regelmäßige, finanzielle **Leistungen**, wie Urlaubs-/Weihnachtsgeld, etc. **oder als Gegenleistung** Ihrer Arbeitserbringung vereinbart werden.
Sollte Ihr Vertrag diese Regelung enthalten, steht Ihnen die Zahlung zu, weil der Vorbehalt unwirksam ist!

Beim **Widerrufsvorbehalt** wird Ihnen ebenso eine Leistung arbeitgeberseitig gewährt. Diese wird aber unter den Widerruf der Rückforderung gestellt. Der Widerrufsvorbehalt – und damit die Rückforderung – ist nur dann **wirksam, wenn:**

- die Widerrufsgründe vorher objektiv, konkret und meßbar vereinbart wurden,
- von dem Widerruf maximal ¼ des Gesamteinkommens erfasst werden und
- – soweit ein Tarifvertrag gilt – das Tarifentgelt nicht unterschritten wird.

Widerrufsgründe liegen meist in Ihrem Verhalten; häufig wird ein Widerruf auch für verfehlte Umsatz-/Gewinnziele vereinbart. Da diese oft **zu abstrakt oder unrealistisch** sind, führt das in der Praxis immer zur Unwirksamkeit. Aus diesem Grund sollten Sie gerade diese genau prüfen!

 Beispiel: Widerrufsvorbehalt
Herr/Frau ... erhält ... .
Das Unternehmen kann o. g. Leistung nur widerrufen, wenn das Gesamteinkommen in Höhe von ¾ erhalten bleibt und insbesondere folgende Fälle gegeben sind:

- Herr/Frau ... begeht eine Pflichtverletzung, die das Unternehmen zum Ausspruch einer außerordentlichen Kündigung berechtigt.
- Das Unternehmen erwirtschaftet im Geschäftsjahr ... einen geringeren Umsatz/Gewinn/... als ... €/ im Vorjahr.

Beachten Sie, dass eine **Kombination** des Freiwilligkeits- und Widerrufsvorbehalts immer **unwirksam** ist.

 Achtung: Nach § 4a EFZG kann vereinbart werden, dass alle **Sondervergütungen**, d. h. Zahlungen, die Ihr Arbeitgeber zusätzlich zur laufenden Vergütung zahlt, **kürzen** kann, wenn Sie krank sind. Das muss aber ausdrücklich im Vertrag vereinbart sein. Die Höhe der Kürzung beträgt pro krankheitsbedingtem Fehltag maximal ¼ der Vergütung, die Sie durchschnittlich pro Jahr an einem Tag verdienen! Derartige Vereinbarungen sind bei großen Arbeitgebern üblich.

3. Der Vorschuss:

Sind Arbeitnehmer aktuell nicht gut bei Kasse, bitten viele den Arbeitgeber um einen Vorschuss.

Zwar können Sie als Arbeitnehmer das **nicht** direkt **fordern**, da Sie nach § 614 BGB vorleistungspflichtig sind, d. h. erst arbeiten müssen und danach Ihre Vergütung erhalten; in der Praxis sind Vorschüsse aber stark verbreitet.

Arbeitgeber zahlen Ihnen einen Teil Ihrer Vergütung vor dem normalen Fälligkeitstermin. Die Höhe des Vorschusses, als auch die Frage, ob Ihnen überhaupt ein Vorschuss gezahlt wird, ist von Branche zu Branche sehr unterschiedlich. Als **Faustregel** können Sie sich merken: Je qualifizierter und je hochwertiger Ihre Arbeitsleistung ist, desto weniger wird ein Vorschuss gezahlt und vor allem gerne gesehen! Die Höhe differiert sehr danach, inwiefern das Unternehmen selbst zahlungsfähig ist, ob Sie sich in oder außerhalb der Probezeit befinden und wie Sie sich im Unternehmen verdient gemacht haben. Z. B. haben Sie als Querulant in der Probezeit viel schlechtere Chancen, als wenn Sie seit 20 Jahren nie arbeitsunfähig krank waren und immer gerne Überstunden leisteten. Üblicherweise werden als Vorschuss maximal **30 – 50 % Ihres Nettos** vorab gezahlt.

Sie sollten aber **möglichst nicht um Vorschüsse bitten**, da Arbeitgeber immer gerne Schwachstellen von Arbeitnehmern kennen wollen. Ist deshalb bekannt, dass Sie finanziell für eine gewisse Zeit oder generell unter Strom stehen, sind Sie besonders auf Ihre Stelle angewiesen, so dass man Sie mehr ausnutzen oder leicht provozieren und so schneller und einfacher einen Kündigungsgrund finden kann. Unterschätzen Sie das nicht!

4. Die Pfändung des Einkommens:

Pfändungen kommen in der Praxis leider häufig vor. Diese beeinträchtigen die Arbeit von Personalmitarbeitern, weil sie Zeit und Mühe kosten und sind deshalb nicht gerne gesehen! U. a. deshalb sind in Arbeitsverträgen Klauseln enthalten, wonach für jede bearbeitete Pfändung von Ihrem Arbeitseinkommen eine **Pauschalgebühr** von +/- 5 € fällig wird.

Je nach Zustand Ihres Arbeitsverhältnisses und Ihren Wechselinteressen lohnt es sich hiergegen vorzugehen. Zwar gibt es hierzu keine arbeitsgerichtliche Rechtsprechung, dass die Pauschalgebühr unwirksam ist, hinsichtlich derartiger Pauschalen bei Bankkonten wurde durch den Bundesgerichtshof aber entschieden, dass solche Pauschalen unzulässig sind.

Sollte keine Pauschalgebühr in Ihrem Arbeitsvertrag enthalten sein, kann Ihr Arbeitgeber ohnehin keine Kosten von Ihnen verlangen!

In der Praxis ist der **Pfändungsschutz** für Ihr(e):

- Arbeitseinkommen,
- Renten,
- Ruhegelder,
- Hinterbliebenenbezüge,
- Ausgleichszahlungen aufgrund von Wettbewerbsbeschränkungen und
- Versicherungsrenten

von großer Bedeutung. Deshalb müssen die §§ 850ff ZPO unbedingt von Ihrem Arbeitgeber beachtet werden, was üblicherweise geschieht. Dennoch sollten Sie das im eigenen Interesse kontrollieren. Eine Art **Bedienungsanleitung** wie Ihr Arbeitseinkommen gepfändet werden kann finden Sie in § 850 e ZPO.

§ 850 a ZPO regelt die **unpfändbar**en Bezüge, d. h. Zahlungen, die Ihnen grundsätzlich verbleiben müssen. Die wesentlichen sind:

- ½ des für Überstunden gezahlten Verdienstes,
- Urlaubsgeld, Zahlungen wegen eines Betriebsereignisses, Gratifikationen im Rahmen des Üblichen,
- Zahlungen für auswärtige Beschäftigungen sowie selbstgestelltes Arbeitsmaterial, Gefahrenzulagen, Schmutz- und Erschwerniszulagen im Rahmen des Üblichen,

- Weihnachtsgeld bis zu ½ des Monatseinkommens, maximal aber bis 500 € netto.

Im Einzelfall sind Pfändungen in folgende Einkommensarten **zulässig**, wenn das objektiv gerecht ist, § 850 b ZPO:
- Renten wegen Gesundheitsproblemen,
- Unterhaltsrenten,
- Einkünfte aus Fürsorgeleistungen, Altenteil- oder Auszugvertrages,
- Bezüge aus Witwen-, Waisen-, Hilfs- und Krankenkassen die ausschließlich oder zu einem wesentlichen Teil Unterstützungszwecken gewährt werden sowie Lebensversicherungen auf Ihren Todesfall, wenn die Versicherungssumme 3.579 € übersteigt.

Unter den **Pfändungsfreibetrag** des § 850 c ZPO darf nicht gepfändet werden, wobei hier Ihre bevorrechtigten Unterhaltspflichten gegenüber anderen Personen berücksichtigt werden müssen. Der Pfändungsfreibetrag wird von Zeit zu Zeit inflationsbedingt leicht angehoben.

Sollte das Ihnen verbleibende Einkommen nicht ausreichen oder ändern sich die Bemessungsvoraussetzungen, können Sie eine **Änderung** des unpfändbaren Betrages beantragen, § 850 f, g ZPO.

Verschleiertes Einkommen wird Ihrem Einkommen zugerechnet, § 850 h ZPO.

Üblicherweise wird ein **Pfändungsschutzkonto** nach § 850 k, l ZPO eingerichtet, was zu Änderungen des pfändbaren Betrages führen kann.

Pfändungsschutz für **sonstiges Einkommen, Altersrenten** und **steuerlich geförderte Altersversorgung** muss im Einzelfall ebenfalls beachtet werden, §§ 850 i, 851 c, d ZPO.

Eine praktische **Übersicht** über die Pfändungsfreigrenzen Ihres Nettoeinkommens bei entsprechenden Unterhaltspflichten können Sie dem Anhang zu § 850 c ZPO entnehmen.

Im Ihrem konkreten Einzelfall kontaktieren Sie einen Anwalt, die Schuldnerberatung oder eine andere sachkundige behördliche Stelle.

 Achtung: Beachten Sie, dass eine deutlich überdurchschnittliche Inanspruchnahme der Personalmitarbeiter durch Ihre Pfändungen theoretisch zu einer **verhaltensbedingten Kündigung** führen kann. In der Praxis ist das aber nur nach einer extremen Vorgeschichte zulässig, so dass fast eine Arbeitskraft in der Personalabteilung nur für Ihre Pfändungen notwendig ist.

Problematisch ist hierbei, ob Ihnen innerhalb eines Jahres zuvor eine einschlägige <u>Abmahnung</u> erteilt werden muss. Hiergegen spricht zwar, dass von Ihnen realistischerweise (kurz- und mittelfristig) keine Besserung bzw. fehlende Pfändungen zu erwarten sind; außerdem handelt es sich bei Pfändungen auch nicht um bewußte Schädigungen von Ihnen, vielmehr haben Sie kaum Einfluss darauf. Die besseren Argumente sprechen aber für eine Abmahnung, auch wenn diese rein tatsächlich wenig Erfolg haben wird.

5. Die Arbeitszeit:

Regelungen zur Arbeitszeit finden sich im Arbeitszeitgesetz (ArbZG). Hierdurch soll die Sicherheit und Flexibilität im Arbeitsverhältnis gewährleistet werden.

Die Einhaltung wird durch die örtlich zuständigen <u>Ordnungsbehörden</u> der Stadt/Gemeinde, in dem Ihr Betrieb liegt und den <u>Zoll</u> überprüft.

 Achtung: Verstöße gegen das Arbeitszeitgesetz können zu einem eingeschränkten Versicherungsschutz führen. Deshalb sollten Sie diese Regelungen immer einhalten und – soweit vorhanden – Ihren Betriebs-/Personalrat, direkten Vorgesetzten oder Chef hierfür sensibilisieren. Im Falle eines Verstoßes kann zwar nicht Ihnen, aber Ihren Vorgesetzten eine Geld-, Bewährungs- und Freiheitsstrafe auferlegt werden!

Das ArbZG ist einfach aufgebaut und durch wenige wichtige Regelungen mit einigen Ausnahmen geprägt. Deshalb beschränkt sich die Darstellung hier auf die wesentlichen Punkte; Detailvorschriften sollten Sie selbst im ArbZG nachlesen:

- **Pro Werktag** können Sie als Arbeitnehmer **maximal acht Stunden arbeiten**, **Ausnahme:** Bis zu 10 Stunden sind möglich, wenn innerhalb von sechs Monaten oder 24 Wochen im Durchschnitt eine achtstündige Arbeitszeit pro Werktag nicht überschritten wird (Ausgleichszeitraum), § 3 ArbZG.

- **Pausen** müssen bei einer Arbeitszeit von sechs – neun Stunden mindestens **45 Minuten** betragen, wobei die Pausen in kleine Pausen von jeweils 15 Minuten aufgeteilt werden können. Mehr als sechs Stunden ohne Pause sind unzulässig, § 4 ArbZG.

- Zwischen Ihren täglichen Arbeitseinsätzen muss mindestens eine **ununterbrochene Ruhe** von **11 Stunden** liegen, **Ausnahme 1:** Krankenhäuser, Pflegeheime, Gaststätten, Hotels, Verkehrsbetriebe, Rundfunk, Landwirtschaft, Tierhaltung: 10 Stunden mit Ausgleichszeitraum; **Ausnahme 2:** Rufbereitschaft, § 5 ArbZG.

- Mehr als acht Stunden **Nachtarbeit** mit bezahltem Zuschlag oder Freizeitausgleich werktags sind unzulässig, **Ausnahme:** 10 Stunden mit bezahltem Zuschlag oder Freizeitausgleich und Ausgleichszeitraum; medizinische Betreuung sowie Versetzung auf Tagesarbeitsplatz bei medizinischer oder familiärer Notwendigkeit, § 6 ArbZG.

- **Ausnahmen** können **durch Tarifverträge** und **Betriebs-/Dienstvereinbarungen** bzgl. Arbeits- und Bereitschaftsdienst, abweichende Ausgleichszeiträumen, Ruhepausen sowie bei Kirchen und Religions-Arbeitgebern abweichend von o. g. Vorschriften vereinbart werden, § 7 ArbZG.

- An **Sonn- und Feiertagen** darf **keine Beschäftigung** stattfinden, § 9 ArbZG, **Ausnahme 1:** Betriebe mit Schichtbetrieb, Kraftverkehr, Notdienste, wichtige Behörden, Krankenhäuser, Gaststätten, Hotels, Kultur, Kirche und Religions-Arbeitgeber, Sport, Erholung, Rundfunk, Messen, Infrastruktur, Landwirtschaft, Bewachungsgewerbe, Bäckereien, verderbliche Waren, wichtige Geldgeschäfte jeweils mit einem Ausgleichstag binnen zwei Wochen, mindestens 15 pro Jahr, §§ 10, 11 ArbZG; **Ausnahme 2:** Weitere Abweichungen sind **durch Tarifverträge** und **Betriebs-/Dienstvereinbarungen & Diverses** möglich, §§ 12, 13, 14, 15 ArbZG.

Vorgenannte Regelungen **gelten nicht für**:

- leitende Angestellte gemäß § 5 BetrVG und Pers-VertrG,
- Chefärzte,
- Leiter von öffentlichen Dienststellen sowie deren Vertreter,
- pflegende/betreuende Arbeitnehmer, die mit den Gepflegten/Betreuten zusammenwohnen,
- Kirchen und Religions-Arbeitgeber sowie
- Besatzungsmitglieder auf See, § 18 ArbZG.

Für den **öffentlichen Dienst**, Beschäftigte in der **Luftfahrt**, der **Binnenschiffahrt** sowie im **Straßentransport** gelten wieder Sonderregeln, § 19 ArbZG.

Achtung: Zur Leistung von **Überstunden** sind Sie nur in Einzelfällen, <u>nicht</u> aber <u>generell</u> verpflichtet. Besteht keine Regelung im Arbeits- oder anwendbaren Tarifvertrag, dass Sie Überstunden leisten müssen, sind Sie hierzu <u>nur verpflichtet, wenn</u>:

- Ihr Arbeitgeber oder dessen zuständiger und Ihnen weisungsbefugter Vertreter, z. B. Abteilungsleiter, das ausdrücklich angeordnet, es betriebsnotwendig ist oder die Überstundenleistung drängt sich auf, z. B. Notfall,
- dringende betriebliche Gründe dies erfordern und
- keine höherrangigen Gründe dem entgegenstehen.

Dringende betriebliche Gründe liegen nur dann vor, wenn sie **unverhofft**, d. h. nicht vorher planbar eintreten und sie eine solche Wichtigkeit haben, dass die Nichterledigung der Arbeit gegenüber der Überstundenanordnung in diesem konkreten Fall im nur absolut notwendigen Umfang nicht im Verhältnis stünde. In der Praxis wird hier viel Schindluder getrieben; Sie sollten sich zwar nicht bei jeder nicht ganz dringlichen Überstunde beschweren, um keine Markierung in Ihre Personalakte zu bekommen, aber bei nicht nur vorübergehenden Überstunden oder im Umfang von <u>mehr als 25 %</u> Ihrer wöchentlich laut Arbeitsvertrag geschuldeten Arbeitszeit müssten Sie aktiv werden, <u>außer</u> Sie erhalten für darüber hinausgehende Zeiten eine zusätzliche Bezahlung oder einen Freizeitausgleich im Verhältnis 1:1 und das ist für Sie akzeptabel! Ansonsten beklagen Sie sich zunächst bei Ihrem Betriebs-/Personalrat und dann bei Ihrem Arbeitgeber und fordern eine abweichende Organisation bzw. Aufteilung.
Höherrangige, der Überstundenanordnung entgegenstehende, **Gründe** sind meist Ihre medizinisch

attestiert <u>schlechte Gesundheit</u> oder dringende <u>familiäre Verhinderungen</u>, z. B. Pflege eines schwerstpflegebedürftigen Angehörigen während der Zeit der beabsichtigten Überstunden ohne Ersatzkraft. Diese müssen aber nachgewiesenermaßen vorliegen.

Ist im Arbeits- oder anwendbaren Tarifvertrag eine Regelung enthalten, muss diese eine **zulässige Grenze** vorsehen, da sie ansonsten unwirksam ist. Diese Grenze liegt bei o. g. <u>25 %</u> über der vertraglich vereinbarten Arbeitszeit pro Woche. Sind z. B. 40 Stunden pro Woche vereinbart, sind 25 % hiervon = 10 Stunden. Hierzu sind Sie **verpflichtet**, mehr nur auf freiwilliger Basis und unter Ausgleich von zusätzlicher Bezahlung und/oder Freizeitausgleich, z. B. durch Freizeitstundenkonten, s. o.

 Achtung: Ist in Ihrem Vertrag keine oder eine unwirksame Überstundenklausel enthalten, sind Sie zwar nicht verpflichtet Überstunden zu erbringen, das müssen Sie Ihrem Arbeitgeber aber so **rechtzeitig vorher mitteilen**, dass er für Ihren Ersatz sorgen kann.

Außerdem müssen Sie in einer solchen Situation bei manchen Arbeitgebern/Vorgesetzten auf der Hut sein: Weigern Sie sich <u>un</u>berechtigterweise Überstunden zu leisten, kann das für jeden Tag Ihres "Verstoßes" mit einer **Ermahnung, Abmahnung** und später sogar schlimmstenfalls außerordentlich **fristlosen Kündigung** sanktioniert werden. Sind Sie deshalb unsicher, ob die Überstundenanordnung Ihres Arbeitgebers zulässig ist, sollten Sie für Ihren speziellen Einzelfall einen <u>Anwalt</u> um Rat bitten, gerade wenn sich derartige Fälle häufen oder Sie auf der Abschussliste stehen. Auch durch Überstundenverstöße kann ein Arbeitgeber eine schnelle und einfach zu beweisende verhaltensbedingte Kündigung aussprechen. Vorher muss zwar mindestens eine Abmahnung aus demselben Grund ausgesprochen worden sein. Unterschätzen Sie derartige Fälle aber nicht, innerhalb einer knappen Woche kann sich der Wind schnell drehen!

Haben Sie aus welchen Gründen auch immer **sehr viele Überstunden** (mehr als 100 Stunden) **geleistet und/oder scheiden** Sie innerhalb des nächsten Monats **aus** dem Arbeitsverhältnis aus, sollten Sie sich überlegen, ob Ihr Arbeitgeber Ihnen diese auszahlt oder einen Freizeitausgleich (Freistellung) gewährt, Sie hierauf einfach verzichten oder diese einklagen. Bei einer **Klage auf Überstundenauszahlung** müssen Sie **Ausschlussklauseln** gemäß Ihres Arbeits- und ggf. Tarifvertrages beachten. Hiernach sind Sie gehalten Ihre Ansprüche üblicherweise binnen <u>drei Monate</u>n schriftlich geltend machen und bei Zurückweisung oder Nichtreaktion durch Ihren Arbeitgeber binnen weiterer <u>drei Monate</u> Klage auf Überstundenvergütung einreichen, weil ansonsten Ihr gesamter Anspruch entfällt! Darüber hinaus müssen Sie bei einer derartigen Klage <u>für jede einzelne</u> Ihrer <u>Überstunden</u> (!) darlegen und **beweisen**, dass diese zusätzlich zu Ihrer regelmäßigen Arbeitszeit in einem konkreten Stundenumfang erbracht wurden, dies entweder **angeordnet** oder zumindest **geduldet** wurde, im betrieblichen Interesse war und was Sie in der Zeit konkret (!) bearbeitet haben. Ansonsten werden Sie die Klage verlieren!

In der Praxis stehen einige Arbeitgeber auf dem Standpunkt, dass **Rüstzeit**, d. h. die Zeit, die Sie zum Rüsten für und von Ihrer Arbeit zu deren Vorbereitung oder Beendigung brauchen, nicht als Arbeitszeit gilt und deshalb auch nicht bezahlt wird. Das ist falsch, gerade diese Zeit <u>muss</u> Ihnen <u>bezahlt werden</u>. Wichtig ist nur die Unterscheidung, was Rüstzeit ist und was nicht:

Als Rüstzeit gilt speziell das An- und Ablegen von gesetzlich vorgeschriebener Schutzausstattung, z. B. Sicherheitsschuhe, Schutzhelm, Rettungsgurte/-westen, etc., aber auch die

Durchführung von gesetzlich vorgeschriebenen Hygiene-maßnahmen, wie Hände waschen/desinfizieren bei Lebensmitteln, im Krankenhaus, etc. Darüber hinaus können Sie sich als **Faustregel** merken, dass alles Rüstzeit darstellt und bezahlt werden muss, was notwendig ist, um aus Ihnen als Privatmann mit entsprechendem Outfit denjenigen zu machen, der auf Ihrem Arbeitsplatz die gesetzlichen Vorschriften und den Arbeitgeberansprüchen an Outfit und Gepflegtheit entspricht: Müssen Sie z. B. im Verkauf ein spezielles Dress (T-Shirt und Hose mit Logo des Unternehmens) tragen, was Ihr Arbeitgeber Ihnen privat auf der Straße nicht erlauben würde, ist das An- und Ausziehen hiervon Rüstzeit und muss vom Arbeitgeber bezahlt werden, genauso wie die Anschaffung und Pflege eines solchen Dresses – sind Sie dagegen z. B. verpflichtet ein schickes Damenkostüm ohne Hinweis auf Ihren Arbeitgeber bei der Arbeit im Verkauf zu tragen und können Sie das auch in Ihrer Freizeit tragen, müssen Sie sich theoretisch nicht umziehen. Die Rüstzeit spielt deshalb keine Rolle und wird nicht bezahlt!

6. Die Kurzarbeit:

Kurzarbeit wird bei zu wenig Arbeit durchgeführt. In diesem Fall wird **weniger gearbeitet und** auch **weniger verdient**, um ansonsten notwendige betriebsbedingte Kündigungen zu vermeiden.

Das betrifft den Standardfall der Kurzarbeit für unvorhergesehene Situationen, § 95ff SGB III. In Branchen mit starken saisonalen Arbeitsvolumenschwankungen, z. B. dem Baugewerbe, kann Saisonkurzarbeit für die maue Zeit praktiziert werden, § 101 SGB III. Unabhängig davon gibt es Transferkurzarbeitergeld, um Entlassungen bei Restrukturierungen zu vermeiden und Ihre Vermittlungschancen durch Förderungen auf dem Arbeitsmarkt zu verbessern, § 111 SGB III.

Die **Voraussetzungen** der **normalen Kurzarbeit** ergeben sich aus §§ 95ff SGB III:

- Es muss ein erheblicher Arbeitsausfall <u>aus wirt-schaftlichen Gründen</u> oder einem unabwendbaren Ereignis vorliegen.
- Dieser muss vorübergehend und unvermeidlich sein.
- Darüber hinaus müssen mindestens 1/3 der im Betrieb beschäftigten Arbeitnehmer exklusive Azubis und Externe (Leiharbeiter, etc.) jeweils mindestens weniger als 10 % vom Brutto verdienen.

Bei Kurzarbeit von Heimarbeitern gelten wenige Besonderheiten, § 103 SGB III.

Vor Ein- und Durchführung der Kurzarbeit müssen aber alle sonstigen Maßnahmen zur Vermeidung von Kurzarbeit durchgeführt worden sein, speziell der <u>Abbau von Überstunden</u>, grundsätzlich aber kein Abbau von Urlaub.

Während der Kurzarbeit arbeiten Sie als Arbeitnehmer regulär weiter, nur zeitlich reduziert. Sollte gar keine Arbeit mehr vorhanden sein, spricht man von **Kurzarbeit Null**. Kurzarbeit ist aber **unzulässig**, <u>wenn</u> Sie an beruflichen Weiterbildungsmaßnahmen mit Arbeitslosengeld-/Übergangsgeldbezug teilnehmen und die Zahlung nicht für eine Teilzeitmaßnahme geleistet wird oder generell beim Bezug von Krankengeld.

Für die **Dauer** von höchstens <u>sechs Monaten</u> wird das Kurzarbeitergeld von der Arbeitsagentur gezahlt. Liegen o. g. Voraussetzungen der Kurzarbeit danach immer noch vor, können Sie nach einer <u>Pausierung</u> von drei Monaten nach der ersten Kurzarbeit <u>erneut</u> Kurzarbeitergeld für <u>sechs Monate</u> beanspruchen, § 104 SGB III. In Zeiten schwerer Krisen werden diese Grenzen teilweise vorübergehend geändert. Die **Höhe** des Kurzarbeitergeldes ist unterschiedlich: Sind Sie Single erhalten Sie <u>60 %</u>, bei Familie und/oder Kindern <u>67 % des Unterschiedes zwischen Ihrem Netto ohne und mit Kurzarbeit</u>, § 105, 106 SGB III. Für Urlaubstage, beim Urlaubsgeld, Entgeltfortzahlung bei Krankheit und an

Feiertagen erhalten Sie dagegen ganz normal Ihr nicht reduziertes, übliches Einkommen.

Saisonkurzarbeitergeld wird vom 01.12 – 31.03. jedes Jahr gezahlt, wenn Sie in einer Branche arbeiten, die sehr stark saisonal gebunden ist, z. B. das Baugewerbe, § 101 Abs. 2 SGB III.

Für die Dauer des Arbeitsausfalls während o. g. Zeitraumes zahlt Ihnen die Agentur für Arbeit Saisonkurzarbeitergeld. Beachten Sie, dass Ihnen über das Saisonkurzarbeitergeld zusätzlich Kurzarbeitergeld außerhalb vorgenannter Schlechtwetterzeit zustehen kann!

Unabhängig vom Saisonkurzarbeitergeld können Sie **ergänzende Leistungen** nach § 102 SGB III in Anspruch nehmen, speziell:

- Zuschuss-Wintergeld bis zu 2,5 € netto je ausgefallene Arbeitsstunde, wenn die Arbeitszeitguthaben aufgelöst wurden und kein Saisonkurzarbeitergeld in Anspruch genommen wird und

- Mehraufwand-Wintergeld von 1 € netto für jede in der Zeit vom 15.12. bis Ende Februar geleistete Arbeitsstunde.

Bei Fragen zum Kurzarbeitergeld und der konkreten Berechnung hilft Ihnen die Arbeitsagentur Ihres Wohnsitzes weiter.

Transferkurzarbeitergeld dient dazu Entlassungen zu vermeiden und Ihre Vermittlungschancen auf dem Arbeitsmarkt zu verbessern. In diesem Fall kann Ihnen Transferkurzarbeitergeld bei betrieblichen Restrukturierungen zur Eingliederungsförderung gezahlt werden, § 111 SGB III.

Hierfür muss im Gegensatz zur normalen Kurzarbeit ein **dauerhafter, unvermeidbarer Arbeits- und Einkommensausfall** durch eine Betriebsänderung nach §§ 111 BetrVG – unabhängig von der Betriebsgröße und der Anwendbarkeit des BetrVG – gegeben sein. Darüber hinaus müssen sich Ihr Arbeitgeber und der Betriebs-/Personalrat vor der Restrukturierung in einem Interessenausgleich und/oder Sozialplan über die Inanspruchnahme von Transferkurzarbeitergeld von der Arbeitsagentur beraten lassen haben.

Während der Transferkurzarbeitergeldzahlung erhalten Sie von Ihrem Arbeitgeber <u>Vermittlungsvorschläge</u> für andere Arbeitsstellen <u>und berufliche Weiterbildungsmaßnahmen</u>. Transferkurzarbeitergeld wird für die Dauer von **ein**em **Jahr** gewährt.

Achtung: Pur juristisch kann Ihr Arbeitgeber Kurzarbeit von Ihnen nur durch eine bereits bestehende Vereinbarung im Arbeitsvertrag oder – bei Bestehen eines Betriebs-/Personalrats – eine Betriebs-/Dienstvereinbarung wirksam vereinbaren.

Einseitig ist das nicht bzw. nur durch eine Änderungskündigung möglich. In der Praxis hat aber jeder Interesse an der schnellen Durchführung von Kurzarbeit, um eine betriebsbedingte Kündigung zu vermeiden, so dass vorgenannte Voraussetzungen zumindest auf kurzem Dienstweg mündlich eingehalten werden.

7. Die Freistellung:

Die Freistellung, d. h. Ihre **zeitweise Entbindung von der Arbeitsleistung**, findet im laufenden Arbeitsverhältnis ohne besondere Umstände fast nie statt.

Dagegen kommt eine Freistellung z. B. in Betracht, wenn Sie **unbezahlten Urlaub** bei Ihrem Arbeitgeber beantragen, weil Ihr Urlaubsanspruch noch nicht sechs Monate besteht und Ihr Arbeitgeber noch keinen Urlaub gewähren möchte oder Ihr Urlaub bereits aufgebraucht ist. Dann würde für die freie Zeit üblicherweise eine unbezahlte Freistellung vereinbart. Hierauf haben Sie aber **kein**en **Anspruch**, das entscheidet nur Ihr Arbeitgeber, allerdings nach objektiven Gesichtspunkten.

Teilweise wird Ihnen eine **Freistellung anläßlich** eines **Hausverbot**s arbeitgeberseitig auferlegt und Sie werden nach Hause geschickt, wenn Sie infolge von Drogen oder Alkohol nicht in der Lage sind zu arbeiten oder es Ihrem Arbeitgeber unzumutbar ist Sie zu beschäftigen, da Sie sonstiges Fehlverhalten an den Tag legten, z. B. Handgreiflichkeiten gegenüber betriebsinternen oder externen Personen.

In diesem Fall kann Ihr Arbeitgeber <u>entweder</u> eine unbezahlte Freistellung <u>oder</u> bezahlten Urlaubsabzug zugrundelegen. Pur juristisch können Sie hierbei zwar opponieren. Zu empfehlen ist das in der Praxis aber nicht, da die Vorgeschichte schon zu viel Staub aufwirbelte und weitere Streitigkeiten nur zu Irritationen und Verstimmungen bei Ihrem Arbeitgeber führen werden, die einerseits vermeidbar sind und andererseits mittel- und langfristig Ihr Arbeitsverhältnis deutlich belasten!

Hauptsächlich sind Freistellungen aber relevant, **wenn Ihnen gekündigt wurde.** In diesem Fall läuft entweder Ihre Kündigungsfrist – bei einer ordentlichen und außerordentlichen Kündigung mit sozialer Auslauffrist – oder Sie stehen – vorbehaltlich Ihrer Klage vor dem Arbeitsgericht bzw. einer einvernehmlichen Klärung – zunächst auf der Straße.

Während der Kündigungsfrist sind Sie zwar immer noch verpflichtet zu arbeiten. Meist wird in dieser Zeit auch der Resturlaub und ggf. Überstunden aufgebraucht, damit Ihr Arbeitgeber bei Ihrem Ausscheiden keine Abgeltung, d. h. Auszahlung leisten muss. In der Praxis melden sich aber viele Arbeitnehmer berechtigt oder unberechtigt arbeitsunfähig krank, arbeiten lustlos, lästern auf dem Flur über den Chef oder versuchen aus der Situation Profit zu schlagen, indem sie Interna absaugen. Zumindest ist das die Befürchtung von vielen, speziell großen Arbeitgebern. Aus diesem Grund ordnen diese erstaunlich oft Ihre bezahlte Freistellung für die gesamte Kündigungsfrist oder einen Teil bis zum Ablauf selbiger an.

In diesem Fall wird zwar theoretisch ein **Alternativverdienst** durch eine andere angestellte oder selbstständige

Arbeit bei einem anderen Arbeitgeber **angerechnet** und Sie müssten das sowie Ihren Wunsch anderweitig arbeiten zu wollen Ihrem Arbeitgeber mitteilen. In der Praxis wird das bis auf wenige Ausnahmen durch Arbeitgeber aber nie überprüft.

Deshalb stellt o. g. bezahlte Freistellung im Ergebnis ein großes (finanzielles) Entgegenkommen Ihres Arbeitgebers dar.

 Achtung: In der Praxis erfolgt eine **bezahlte Freistellung** regelmäßig **unter Anrechnung Ihrer kompletten Urlaubs- und** – soweit bestehend – **Überstunden-/Freizeitguthaben** <u>un</u>**widerruflich**, so dass Sie nach vorgenannter Freistellung <u>nicht</u> noch <u>zusätzlich</u> Ihren Urlaub oder Ihre Überstunden nehmen oder – im Fall der Beendigung des Arbeitsverhältnisses – die Abgeltung verlangen können. Gleichzeitig steht aber fest, dass die Freistellung nicht mehr widerrufen werden kann.

Bei der **widerruflichen Freistellung** kann Ihr Arbeitgeber Sie immer wieder nach kurzer Ankündigungsfrist von ein bis drei Tagen, je nachdem wie Sie verfügbar sind (Auslandsaufenthalt, etc.), zur Arbeit ins Unternehmen zitieren. Kommen Sie dem nicht nach, stellt das eine Pflichtverletzung dar, die durch <u>Ermahnung, Abmahnung und verhaltensbedingte Kündigung</u> sanktioniert werden kann. Daneben wird für die Zeit Ihres Fehlens eine unbezahlte Freistellung bzw. bezahlte Urlaubsnahme zugrundegelegt, s. o.

Da eine wirksame **Anrechnung Ihrer Urlaubs- und Überstunden-/Freizeitguthaben bei der widerruflichen Freistellung nicht möglich** ist, stehen Ihnen diese <u>zusätzlich</u> über die widerruflich bezahlte Freistellung zu. Das wird manchmal von Arbeitgebern übersehen!

Bei der **unwiderruflichen Freistellung** hat Ihr Arbeitgeber dagegen kein Rückholrecht, was für ihn grundsätzlich von Nachteil ist und deshalb nur bei entsprechenden Vorteilen für Ihren Arbeitgeber akzeptiert wird. Solche Vorteile sind speziell die Anrechnung Ihrer Urlaubsansprüche, um deren Abgeltung zu vermeiden, und ggf. Ihre Fernhaltung aus dem Betrieb. Letzteres überwiegt in der Praxis erstaunlicherweise für Arbeitgeber immer, so dass die unwiderrufliche Freistellung sehr häufig angeordnet wird – die widerrufliche Freistellung gibt es in der Praxis dagegen kaum.

Haben Sie eine **bedeutende Position** im Betrieb oder **will Ihr Arbeitgeber Sie** aus anderen – durchaus nicht nachvollziehbaren – Gründen **nicht mehr sehen** wird ebenfalls eine bezahlte Freistellung verfügt. Eine solche Situation ereignet sich oft sehr überraschend für die Betroffenen, mitunter bewußt vor den Augen anderer Personen im Unternehmen und soll Sie häufig bewußt schocken, um Macht und Entschlossenheit zu demonstrieren. Bedauerlicherweise nimmt ein solcher Umgang in der Praxis immer mehr zunimmt! Die Freistellung ist anfangs meist widerruflich, um arbeitgeberseitig Druck auf Sie ausüben zu können, und wird später in eine unwiderrufliche umgewandelt, wenn die Ausscheidenskonditionen eines Aufhebungs- bzw. Abwicklungsvertrags, gerichtlichen Vergleichs für beide Parteien sicher geklärt sind.

In solchen Fällen sollten Sie **sofort** einen **Anwalt** Ihres Vertrauens **kontaktieren**, damit dieser die Angelegenheit in Ihrem Sinne professionell regelt. Überwiegend wird dann das Arbeitsverhältnis gegen Zahlung einer höheren Abfindung und unter weiteren Konditionen beendet. Eine Fortsetzung des Arbeitsverhältnisses ist in solchen Fällen nicht realistisch, ggf. aber um Zeit zu schinden und eine Abfindung zu erhöhen möglich. In dem Fall riskieren Sie aber, dass Ihr Arbeitgeber Sie in den Betrieb zurückzitiert und versucht Sie durch eine verhaltensbedingte Kündigung schnell und preiswerter loszuwerden, indem er Sie unter Strom setzt. Erstaunlicherweise kommt das in der Praxis aber extrem selten vor!

Gegen eine **bezahlte Freistellung**, gleichgültig ob widerruflich oder unwiderruflich, können Sie nur eingeschränkt **vorgehen**, da Ihr Arbeitgeber ja freiwillig auf Ihre Arbeitspflicht verzichtet und Ihnen trotzdem alle Rechte gewährt, speziell Sie bezahlt.

Sollte eine Freistellung aber ohne nachvollziehbaren Grund über einen längeren Zeitraum von mehr als einer Woche und/oder immer rein-raus schikanös erfolgen, können Sie über Ihr Recht auf Arbeit nach Art. 2 Abs. 1, Art. 1 Abs. 1 GG vor dem Arbeitsgericht klagen, dass Sie wieder arbeiten können. Das kann über eine reguläre Klage erster Instanz, die durch den Gegner theoretisch mehrere Jahre bis in die zweite bzw. dritte Instanz gezogen werden kann, als auch mit einer einstweiligen Verfügung (Schnellverfahren) binnen zwei Wochen geklärt werden.

Derartige Fälle kommen in der Praxis teilweise in Mobbingfällen vor oder weil man Sie loswerden will, um eine Abteilung, einen Betrieb(steil), etc. stillzulegen und Sie der Letzte sind, der dort noch arbeitet. In der Praxis ist derart hemdsärmliges, juristisch grob falsches Vorgehen extrem selten, zumal Ihnen ein Schadensersatz zustehen kann und solche Fälle äußerst negative Wirkung in der Medienberichterstattung zur Folge haben können!

Gegen eine **unbezahlte Freistellung** können Sie jederzeit **vorgehen** und entweder bezahlten Urlaub – soweit vorhanden –, bezahlte Freistellung oder – soweit Ihr Zustand das ermöglicht (Stichwort: Drogen- und Alkoholrausch) – Arbeitsgestattung verlangen. Bezahlten Urlaub müssen Sie aber nicht per se akzeptieren. Zwar haben Sie hierdurch keine Einkommenseinbußen, aber Sie verlieren Urlaubstage. Deshalb bestehen Sie auf Ihrer Arbeit oder der bezahlten Freistellung, es sei denn Sie sind offensichtlich nicht arbeitsfähig (gewesen) und eine bezahlte Freistellung akzeptiert Ihr Arbeitgeber nicht. Auch das läßt sich notfalls vor Gericht durch eine Klage und eine einstweilige Verfügung in Ihrem Sinne klären.

8. Die Nebentätigkeit:

Einen Anspruch auf Ausübung einer **Arbeit über** Ihre **Voll- oder Teilzeitbeschäftigung bei Ihrem Hauptarbeitgeber** hinaus haben Sie immer. Voraussetzung hierfür ist aber, dass Sie die Nebentätigkeit bei Ihrem Hauptarbeitgeber vor der Arbeitsaufnahme der Nebentätigkeit schriftlich **anmelden und** sich die **Zustimmung** des Hauptarbeitgebers <u>schriftlich</u> geben lassen, um nicht hinterher Probleme zu bekommen, dass die Nebentätigkeit nicht genehmigt war und Ihnen eine Abmahnung oder Kündigung erklärt werden kann.

Ob Sie die Nebentätigkeit Ihrem Hauptarbeitgeber sehr konkret mit den Arbeitszeiten sowie Name des Unternehmens, bei dem Sie die Nebentätigkeit ausüben, mitteilen, ist von Ihrem Hauptarbeitgeber und Ihrem Verhältnis zueinander abhängig: Einerseits sollte die Nebentätigkeitsgenehmigung sehr konkret gefasst sein, damit Ihnen hieraus kein Strick gedreht werden kann. Andererseits ist das hinderlich, wenn Sie die Nebentätigkeit wechseln und die Genehmigung wieder für eine andere Nebentätigkeit benötigen. Deshalb sollten Sie tendenziell eine <u>weit gefasste Nebentätigkeitsgenehmigung</u> einreichen und erhalten.

 Beispiel: Nebentätigkeitsantrag
An den Arbeitgeber

Sehr geehrte Damen und Herren,

hiermit beantrage ich eine Nebentätigkeitsgenehmigung für die Tätigkeit als … ab dem … im zeitlichen Umfang von … Stunden/Woche.
Ihre Zustimmung entgegensehend verbleibe ich

mit freundlichen Grüßen

Ort, Datum   Unterschrift Arbeitnehmer

Haben Sie das getan, kann Ihnen der Arbeitgeber die **Nebentätigkeit nur versagen,**

- wenn Sie durch diese <u>geistig oder körperlich so intensiv in Anspruch genommen</u> werden, dass Sie bei Ihrem Hauptarbeitgeber Ihre Arbeit nicht so ausüben können, als wären Sie ohne Nebentätigkeit normal ausgeruht.

- Außerdem kann eine Nebentätigkeit bei einem <u>Konkurrenten Ihres Arbeitgebers</u> versagt werden, wenn konkrete Befürchtungen über eine Wissensweitergabe oder Betriebsspionage besteht.

Weitere Gründe die Nebentätigkeit nicht zu genehmigen bestehen nicht, außerdem ist ein **generelles Nebentätigkeitsverbot,** wenn es immer und überall gelten soll **unwirksam.**

Sollte Ihr Hauptarbeitgeber Ihnen die Nebentätigkeitsgenehmigung nicht erteilen, können Sie hiergegen **klagen.** Unter Beachtung o. g. Punkte werden Sie pur juristisch Recht bekommen. In der Praxis nimmt Ihnen das Ihr Arbeitgeber ggf. übel, wenn Sie auf zusätzliches Einkommen nicht angewiesen sind.

Wichtig ist, dass Sie bei einem Arbeitsunfall über Ihren Hauptarbeitgeber bzw. dessen Berufsgenossenschaft **versichert** sind. Kommt es zu einem Arbeitsunfall, speziell wenn Ihre Nebentätigkeit nicht angemeldet ist, wird der nicht erfreut sein!

9. Die Änderung des Arbeitsplatzes:
Versetzung – Umsetzung

Sollen Sie von einem Bereich in einen anderen versetzt werden, kann das entweder **einvernehmlich** durch Ihre und die Zustimmung Ihres Arbeitgebers erfolgen. Sollten Sie mit der Änderung nicht einverstanden sein, kann Ihr Arbeitgeber die Änderung nur im Rahmen seines **Weisungs-/Direktionsrecht**s durchführen, wenn in Ihrem Arbeitsvertrag eine Versetzungsklausel enthalten ist, die eine Versetzung auf einen – von Ihrer Vergütung, der zeitlichen und örtlichen Arbeitserbringung sowie der notwendigen Qualifikation – gleichwertigen Arbeitsplatz beinhaltet. Ist das nicht der Fall, muss er die Änderung durch eine **Änderungskündigung** herbeiführen, weil eine **Teilkündigung** nur einzelner Teile eines Arbeitsvertrages immer unzulässig ist.

 Beispiel: Versetzungsklausel
Der Arbeitgeber kann Herrn/Frau ... unter Berücksichtigung der individuellen Qualifikationen, etc. mit anderen, gleichwertigen Arbeiten und/oder auf einem anderen gleichwertigen Arbeitsplatz einsetzen.

Hierbei sollten Ihnen die Begriffe Versetzung und Umsetzung etwas sagen:

- Bei einer **Versetzung** ändern sich die von Ihnen zu leistenden Arbeiten und ggf. auch die Arbeitsbedingungen für mehr als vier Wochen im Kern wesentlich; werden vier Wochen unterschritten, liegt auch eine Versetzung vor, wenn sich Ihre Arbeit und die Bedingungen im Kern wesentlich unterscheiden.

- Bei einer **Umsetzung** verändert sich dagegen Ihre bisherige Arbeit für maximal vier Wochen unwesentlich, außerdem bleiben Ihre Arbeitsbedingungen mehr oder weniger gleich.

Wissenswert ist hieran, dass Ihr Arbeitgeber eine **Umsetzung** jederzeit bei betrieblichem Bedarf auch ohne Anhörung des Betriebs-/Personalrats durchführen darf.
Bei einer **Versetzung** muss Ihr Arbeitgeber nicht nur hierfür – soweit vorhanden und bei mindestens 20 + x Arbeitnehmern – den Betriebs-/Personalrat in Ihrem Betrieb um Zustimmung ersuchen und diese notfalls gerichtlich einklagen (kollektivrechtlicher Teil, § 99 BetrVG), sondern er kann Ihre Versetzung auch nur dann durchführen, wenn eine Versetzung auf einen – von der Bezahlung, dem zeitlichen und örtlichen Einsatz sowie Ihrer Qualifikation – gleichwertigen Arbeitsplatz in Ihrem Arbeitsvertrag vereinbart wurde (individu-

alrechtlicher Teil). Ansonsten muss Ihr Arbeitgeber eine Änderungskündigung aussprechen, falls Sie der Versetzung nicht zustimmen.

Bei der Umsetzung ist die Gleichwertigkeit zwar auch zu beachten, in der Praxis ist das aber weniger relevant, weil die Maßnahme ohnehin kurzfristig endet. Deshalb besteht bei der Umsetzung faktisch <u>mehr organisatorische Freiheit und mehr schikanöses Potenzial</u>!

 Achtung: Eine Änderungskündigung ist immer dann notwendig, wenn Ihr Arbeitgeber nicht durch sein **Weisungs-/Direktionsrecht** bzgl. Inhalt, Ort und Zeit, etc. nach § 106 GewO Ihren Einsatzes konkretisieren bzw. verändern kann.

Als **Faustregel** können Sie sich merken, dass das Direktionsrecht dann ausreichend und eine Änderungskündigung nicht notwendig ist, wenn der <u>wesentliche Kern Ihres Arbeitsverhältnisses nicht verändert</u> wird.

Das ist z. B. der Fall, wenn Sie vor und nach der Änderung gleich viel verdienen, die Vergütungsbestandteile (Grundvergütung zzgl. Zulagen), -art (Stunden-, Akkordvergütung), Ihre Dauer der Arbeitszeit, etc. sich nicht verändert, aber z. B. die Arbeitszeit unwesentlich von 8 – 17 auf 9 – 18h oder Ihr Arbeitsplatz von den blauen Stühlen zu den gelben Stühlen in der Abteilung Stuhlfertigung, beides in Hamburg, modifiziert wird. Sollte dagegen bei o. g. Punkten eine wesentliche Änderung des Kerns bzgl. Inhalt, Ort, Zeit, etc., eintreten, z. B. die Arbeitszeit von 8 – 12h auf 12 – 18h verlegt, Ihr Arbeitsort von Hamburg nach München oder von den blauen Stühlen der Stuhlfertigung zu einem ganz anderen Einsatz, z. B. kaufmännische Auftragsannahme Tische, vorgenommen werden, ist das Direktionsrecht überschritten und eine Änderungskündigung notwendig!

10. Besonderer Schutz:
a) Die Teilzeit & der Teilzeitanspruch:
Teilzeitarbeit wird von der **Definition** her beschrieben, dass die Arbeitszeit geringer ist als die eines vergleichbaren Vollzeitarbeitnehmers. Arbeitet ein Vollzeitarbeitnehmer z. B. 40 Stunden pro Woche, sind Sie als Arbeitnehmer, der weniger als 40 Stunden pro Woche arbeitet, ein Teilzeitarbeitnehmer, gleichgültig, ob Sie 39, 20 oder 5 Stunden pro Woche arbeiten, § 2 TzBfG.

 Beispiel: Teilzeitvertrag
Der Arbeitnehmer wird (ggf.: als Teilzeitarbeitnehmer) ab dem 01.01.2017 eingestellt.
Die Arbeitszeit beträgt 20 Stunden an ... Tagen/von Dienstag – Freitag pro Woche.
Die Arbeitszeit beginnt um ... und endet um ... Uhr.

Praktisch wichtig ist das **Verbot der Diskriminierung und Benachteiligung** von Teilzeitlern gemäß § 4, 5 TzBfG **gegenüber Vollzeitbeschäftigten**. Sie als Teilzeitbeschäftigter dürfen deshalb wegen Ihrer Teilzeitarbeitserbringung nicht schlechter behandelt werden, als ein Vollzeitler, außer es liegen sachliche, stichhaltige Gründe dafür vor, was sehr selten der Fall ist. Sie haben deshalb genau dieselben Rechte und Pflichten wie Vollzeitler. Der Unterschied liegt allein im reduzierten Umfang der Arbeitsleistung in Stunden. Eine Diskriminierung wegen der Teilzeitarbeit ist oft gegeben, weil die organisatorische Planung für Arbeitgeber bei Teilzeitlern aufwändiger ist. Z. B. müssen für einen 40 Stunden Mitarbeiter zwei 20-Stundenbeschäftigte eingestellt werden, deren Beschäftigung sich aber nicht überlappen darf, weil ansonsten eine zeitliche Phase zu intensiv und eine andere Phase gar nicht personell abgedeckt ist. Dem soll das Diskriminierungsverbot Einhalt gebieten. Insbesondere müssen Sie als Teilzeitler – im Verhältnis betrachtet – **mindestens dasselbe verdienen** wie ein Vollzeitler.

139

Arbeitgeber müssen Ihnen als Teilzeitler auch **dieselben Aus- und Weiterbildungen** anbieten wie Vollzeitlern, <u>außer</u> es stehen dringende betriebliche Gründe oder Aus- und Weiterbildungswünsche anderer (Voll- & Teilzeit-)Arbeitnehmer entgegen, § 10 TzBfG. In diesem Fall werden die höher zu gewichtenden Interessen und Bedürfnisse aller Parteien abgewogen.

Da Arbeitgeber nach § 6 TzBfG **Teilzeitarbeit fördern** sollen, müssen Arbeitsstellen als Teilzeitposition **ausgeschrieben** werden, wenn sich diese als Teilzeitarbeitsplatz eignen, § 7 TzBfG. Das unterbleibt in der Praxis meist nach der Devise wo kein Kläger, da kein Richter, obwohl die Teilzeiteignung nur in seltenen Ausnahmefällen nicht gegeben ist. Hier muss Ihnen deshalb Ihr Arbeitgeber mitteilen, weshalb eine Teilzeittätigkeit nicht möglich sein soll, <u>nicht umgekehrt.</u> Darüber hinaus muss er Ihren Betriebs-/Personalrat sowie Sie über bestimmte Arbeitsplätze **informieren**, wenn Sie Ihrem Wunsch nach einer Veränderung von Dauer und Lage der Arbeitszeit mitgeteilt haben, so dass dem Teilzeitwunsch möglichst nachgekommen werden kann.

Nach § 8 TzBfG haben Sie einen **Anspruch auf Teilzeit**, d. h. Reduzierung Ihres Arbeitszeitvolumens, egal ob Sie:

- normaler Arbeitnehmer,
- leitende Angestellter,
- geringfügig Beschäftigter (450 €-Leute),
- bereits in Teilzeit arbeitender – die somit eine erneute Reduktion ihrer Arbeitszeit erreichen können – befristet Beschäftigter, etc.

sind, **wenn:**

- Ihr Arbeitsverhältnis schon länger als sechs Monate besteht und
- Ihr Arbeitgeber durchschnittlich mindestens 15 Arbeitnehmer außer Auszubildende beschäftigt.

Ein Sonderanspruch auf Teilzeit ergibt sich bei besonders belasteten Arbeitnehmern, speziell **Elternzeitler**n **und**

Schwerbehindeten, §§ 15 BEEG, 164 SGB IX. Diese Ansprüche auf Teilzeit können Sie <u>neben</u> dem Anspruch nach § 8 TzBfG geltend machen. Das bietet sich in der Praxis an, wenn Ihr normaler Teilzeitanspruch berechtigterweise zurückgewiesen wurde und Sie durch die geringeren Anforderungen der Sonderansprüche auf Teilzeit Ihre Teilzeit unbedingt realisieren möchten.

Im Gegensatz zur dauerhaften Teilzeit kann die **befristete Verringerung** Ihrer vertraglich vereinbarten Arbeitszeit **nur einvernehmlich** durch Zustimmung beider Parteien vertraglich vorgenommen werden, da durch das TzBfG hierauf kein Anspruch besteht.

Der Teilzeitanspruch wird in der Praxis – gerade in kleineren Unternehmen – gar nicht gesehen, geschweige denn praktiziert, so dass Sie <u>offensiv vorgehen</u> können, da das Recht auf Ihrer Seite ist. Dass eine derartige Initiative nicht auf Gegenliebe Ihres Arbeitgebers stößt und sich das Verhältnis deshalb nachteilig verschlechtern kann, sollten Sie hierbei beachten. Es kommt durchaus vor, dass Arbeitgeber versuchen mit fadenscheinigen Gründen das <u>Arbeitsverhältnis</u> bei einem Teilzeitverlangen komplett zu <u>beenden</u>. Das sollten Sie berücksichtigen und sich ggf. hierauf vorbereiten. Dass eine solche Kündigung pur juristisch unwirksam ist, ist klar, § 11 TzBfG. Das (Arbeits-)Leben spielt sich aber in der Praxis ab!

Um wirksam Teilzeit zu verlangen, müssen Sie die **Verringerung** Ihrer Arbeitszeit **und** den **Umfang der Verringerung spätestens drei Monate vor deren Beginn geltend machen**, § 8 TzBfG; die gewünschte Verteilung der Arbeitszeit sollten Sie hierbei ebenfalls mitteilen. Im Hinblick auf Ihre **Beweislast** sollten Sie das auf jeden Fall schriftlich fordern. Sie und Ihr Arbeitgeber erörtern dann Ihr Teilzeitverlangen nach dem Gesetzeswillen. Ihr **Arbeitgeber muss zustimmen, wenn betriebliche Gründe nicht entgegenstehen**. Der Teilzeit stehen dabei nur wesentliche Beeinträchtigungen der Organisation, des Arbeitsablaufs oder der Sicherheit im Betrieb bzw. unverhältnismäßige kostenverursachende Maßnahmen entgegen. Beachten Sie, dass selten zusätzliche Ablehnungsgründe in anwendbaren Tarifverträgen beschrieben werden. **Nie ausreichend** ist ein nur höherer Aufwand, Lästigkeit, ein ohnehin fehlendes oder nicht vom Arbeitgeber klar nachgewiesenes Organisationskonzept der Arbeitszeit im betroffenen Bereich oder durch die Teilzeit bedingte weitere Maßnahmen, z. B. Um- und Versetzungen. Ihr Arbeitgeber muss deshalb sein Arbeitszeitkonzept und das Entgegenstehen von Gründen bzw. die Unverhältnismäßigkeit der Teilzeit im Detail beschreiben und **beweisen**. Auch hier kommt es in der Praxis teilweise zu Kündigungen, die unwirksam sind, § 11 TzBfG. Da die Rechtsprechung sehr hohe Anforderungen an eine Ablehnung Ihres Teilzeitwunsches stellt und der Arbeitgeber dafür beweisbelastet ist, haben Sie **als Arbeitnehmer immer gute Chancen Ihren Teilzeitwunsch durchzusetzen**, entweder zuerst einvernehmlich im Betrieb oder ggf. später erzwungenermaßen vor dem Arbeitsgericht!

Die **Entscheidung** über die Verringerung der Arbeitszeit und ihre Verteilung müssen Sie Ihrem Arbeitgeber **spätestens einen Monat vor dem gewünschten Beginn der Verringerung schriftlich mitteilen**, § 8 TzBfG. Ist zwischen Ihnen und Ihrem Arbeitgeber keine Einigung zustande gekommen und hat der Arbeitgeber die Verringerung und deren Verteilung nicht spätestens einen Monat vor deren gewünschtem Beginn schriftlich abgelehnt, verringert sich die Arbeitszeit **automatisch** in dem von Ihnen gewünschten Umfang. Auch die Verteilung erfolgt dann nach dem ursprünglichen Wunsch von Ihnen, § 8 TzBfG. Der Arbeitgeber kann die festgelegte Verteilung erst dann wieder ändern, wenn das betriebliche Interesse daran erheblich höher ist als Ihr Interesse an der Teilzeit und der Arbeitgeber die Änderung spätestens einen Monat vorher ankündigt, § 8 TzBfG. Eine **erneute Verringerung der Arbeitszeit** können Sie frühestens nach zwei Jahren nachdem Ihr Arbeitgeber der Verringerung zustimmte oder sie berechtigterweise ablehnte stellen, § 8 TzBfG.

Hat Ihr Arbeitgeber das Teilzeitverlangen **abgelehnt**, können Sie hiergegen vor dem Arbeitsgericht **klagen** und in Eilfällen, bei denen Sie die besondere Dringlichkeit nachweisen müssen, eine einstweilige Verfügung, also ein Schnellverfahren, beantragen, § 8 TzBfG. Unabhängig von Ihren Gewinnchancen sollten Sie sich bewußt sein, dass Sie sich den Unmut Ihres Arbeitgebers bzw. Ihrer Kollegen mit einer gerichtlich erzwungenen Teilzeit einhandeln können.

 Beispiel: Antrag auf Teilzeitarbeit
An den Arbeitgeber

Sehr geehrte Damen und Herren,

ich beantrage hiermit meine Arbeitszeit von bisher ... Stunden pro Woche ab dem ... auf ... Stunden pro Woche zu reduzieren.
Die Verteilung der reduzierten Arbeitszeit soll wie folgt gestaltet sein:
Mo von ... - ..., Di von ... - ..., etc.
Ihrer Zustimmung entgegensehend verbleibe ich

mit freundlichen Grüßen

Ort, Datum   Unterschrift Arbeitnehmer

Ein zeitlich begrenzter Anspruch auf Teilzeit ergibt sich aus § 9a TzBfG. Voraussetzung ist aber, dass Ihr Arbeitgeber mehr als 45 Arbeitnehmer beschäftigt. Sollte das der Fall sein und sind Sie länger als sechs Monate dort bereits beschäftigt, können Sie Ihre Teilzeit befristen, mit dem Ziel für mindestens ein und maximal fünf Jahre Teilzeit zu arbeiten und nach diesem Zeitraum wieder zu Ihrer ursprünglichen Arbeitszeit, meist Vollzeit, wieder zurückzukehren. Die Ablehnungsgründe des Arbeitgebers sowie das Verfahren der Beantragung Ihrer befristeten Teilzeit entsprechen denen des § 8 TzBfG, auf den insofern verwiesen wird.

Im Gegensatz zum Teilzeitwunsch muss Ihr Arbeitgeber Sie als Teilzeitler, der seine Arbeitszeit wieder erhöhen möchte

(**Aufstockungsverlangen**) und das dem Arbeitgeber (nachweisbar schriftlich) mitteilte, bei der Ausschreibung und gleicher Eignung gegenüber externen oder internen Bewerbern **bevorzugen**, § 9 TzBfG.

In der Praxis wird das von Arbeitgebern ähnlich außer Acht gelassen wie das Teilzeitverlangen; die Aufstockung ist aber schwieriger durchzusetzen als das Teilzeitverlangen, weil Arbeitgeber bei Einstellungen oft ergebnisorientierter vorgehen als bei Kündigungen, indem gerade **höher qualifizierte Bewerber bevorzugt** werden, was zulässig ist. Außerdem ist eine komplett gleiche Eignung gerade vor dem Hintergrund von weichen Einstellungskriterien, wie selbstständiges Arbeiten, Teamfähigkeit, Sorgfalt, Berufserfahrung, etc. in der Praxis selten anzutreffen. Im Übrigen kann Ihr Arbeitgeber angeben, dass **dringende betriebliche Gründe oder Arbeitszeitwünsche anderer Teilzeitler** dem entgegenstehen.

Besondere Formvorschriften bestehen dagegen nicht. Kommt Ihr Arbeitgeber seiner Verpflichtung zur Information nicht nach, haben Sie theoretisch einen Schadensersatzanspruch. Dieser muss sich aber konkret in Euro berechnen lassen. Sie müssen auch nachweisen, dass Sie die aufgestockte Stelle hätten bekommen müssen, weil Sie gleich geeignet sind wie der Ausgewählte, keine dringenden betrieblichen Gründe oder Arbeitszeitwünsche anderer Teilzeitler gegeben waren. Das ist in der Praxis nicht möglich. Unabhängig hiervon können Sie eine einstweilige Verfügung auf **Untersagung der Besetzung** mit einem anderen Bewerber beantragen. Hierfür ist aber eine besondere Eilbedürftigkeit und die grobe Fehlerhaftigkeit der Auswahlentscheidung zugunsten des anderen Bewerbers Voraussetzung. Auch das ist in der Praxis kaum der Fall.

 Beispiel: Antrag auf Verlängerung der Arbeitszeit
An den Arbeitgeber

Sehr geehrte Damen und Herren,

seit dem ... bin ich als Teilzeitler bei Ihnen tätig.
Ich mache hiermit meinen Anspruch auf Verlängerung meiner Arbeitszeit geltend.
Sollte deshalb zukünftig eine freie Stelle vorhanden sein, bitte ich um kurzfristige Information und bevorzugte Besetzung durch Sie.
Ihre Information und eine positive Entscheidung entgegensehend verbleibe ich

mit freundlichen Grüßen

Ort, Datum   Unterschrift Arbeitnehmer

Zusätzlich gilt ein spezieller Kündigungsschutz, s. **Sonderkündigungsschutz**.

b) Der Mutterschutz:
Werdende oder stillende Mütter haben bei der Einrichtung und Unterhaltung Ihres Arbeitsplatzes inklusive Maschinen, Werkzeugen, Geräten und bei der Regelung der Beschäftigung Anspruch darauf, dass die erforderlichen Vorkehrungen und Maßnahmen zum Schutz von Leben und Gesundheit getroffen werden. Insbesondere muss Ihnen eine Sitzgelegenheit zum kurzen Ausruhen gewährt werden, wenn Sie ständig stehen oder gehen müssen. Auch bei permanentem Sitzen muss Ihnen Gelegenheit zu kurzen Arbeitsunterbrechungen gegeben werden, § 9 MuSchG.
Als werdende Mutter dürfen Sie nicht beschäftigt werden, wenn nach ärztlichem Attest Leben oder Gesundheit von Mutter oder Kind bei Fortdauer der Beschäftigung gefährdet ist. Gerade in den letzten sechs Wochen vor dem Entbindungstermin besteht ein **Beschäftigungsverbot 1**, außer Sie haben sich zur Arbeitsleistung ausdrücklich bereit erklärt, was Sie jederzeit widerrufen können, § 3 MuSchG.
Weitere Arbeiten, die Sie nicht übernehmen dürfen, ergeben sich aus § 11 MuSchG:

- Schwere körperliche Arbeiten, bei denen schädliche Einwirkungen von gesundheitsgefährdenden Stoffen oder Strahlen, Staub, Gasen, Dämpfen, Hitze, Kälte, Nässe, Erschütterungen oder Lärm vorhanden sind,
- heben, bewegen oder befördern von regelmäßig mehr als 5 kg oder gelegentlich mehr als 10 kg ohne mechanische Hilfsmittel, sind unzulässig.
- Nach dem fünften Schwangerschaftsmonat sind nur noch maximal vier Stunden stehende Arbeit erlaubt,
- häufiges, erhebliches Strecken oder Beugen oder dauerndes Hocken oder Gebückt halten,
- hohe Fußbeanspruchung bei der Bedienung von Maschinen, etc. ist verboten, genauso wie Schälen von Holz; Arbeiten, bei denen die Gefahr an einer Berufskrankheit zu erkranken besteht oder Arbeiten, bei denen erhöhte Unfallgefahren, speziell durch Ausrutschen, Fallen oder Abstürzen besteht,
- Nach dem Ablauf des dritten Schwangerschaftsmonats darf keine Arbeit mehr auf Beförderungsmitteln erfolgen und
- Akkord und Fließarbeit mit vorgeschriebenem Arbeitstempo sind unzulässig.

 Achtung: Ganz wichtig ist, dass Sie als werdende Mutter Ihrem Arbeitgeber Ihre **Schwangerschaft und** den voraussichtlichen **Tag der Entbindung sofort mitteilen**, wenn es Ihnen bekannt ist. Sollte der Arbeitgeber von Ihnen ein ärztliches Attest verlangen, können Sie das vorlegen, verpflichtet sind Sie dazu nicht, §§ 15,16 MuSchG. Auch wenn das Gesetz Ihnen hierbei keine Pflichten zur Information und Vorlage des Attestes vorschreibt, sollten Sie im eigenen Interesse die Mitteilung und den Nachweis zügig erbringen, damit Ihr Arbeitgeber Ihren Schutz gewährleisten kann. Außerdem entspricht das einem üblichen Umgang im Arbeitsleben.

 Beispiel: Anzeige der Schwangerschaft gegenüber dem Arbeitgeber
An den Arbeitgeber

Sehr geehrte Damen und Herren,

am … wurde durch meinen Frauenarzt festgestellt, dass ich schwanger bin.
Die Entbindung ist für den … geplant.
Das ärztliche Attest liegt als Anlage bei.

Mit freundlichen Grüßen

Ort, Datum   Unterschrift Arbeitnehmerin

Auch nach der Entbindung dürfen Mütter bis zum Ablauf von acht Wochen, bei Früh- und Mehrlingsgeburten bis zum Ablauf von zwölf Wochen, nach der Entbindung nicht beschäftigt werden **Beschäftigungsverbot 2**, § 3 MuSchG. Bei Frühgeburten und sonstigen vorzeitigen Entbindungen verlängern sich diese Zeiten um die des § 3 Abs. 2 MuSchG.
Beim **Tod Ihres Kindes** können Sie als Mutter auf ausdrückliches Verlangen ausnahmsweise vor Ablauf o. g. Fristen wieder beschäftigt werden, wenn medizinischen Gründe nicht dagegen sprechen. Da ist aber noch nicht in den ersten zwei Wochen nach der Entbindung zulässig. Ihre Erklärung können übrigens jederzeit zurücknehmen, § 3 MuSchG. Außerdem dürfen Sie in den ersten Monaten nach der Entbindung nicht für **Arbeiten** eingesetzt werden, **die** Ihre **Leistungsfähigkeit überschreitet**, wenn Sie das durch ein ärztliches Attest nachgewiesen haben. Auch **stillende Mütter** dürfen keine Arbeiten mit den meisten Beschäftigungsverboten des § 11 MuSchG übernehmen, § 12 MuSchG. Ferner muss stillenden Müttern auf Verlangen die erforderliche Zeit zum Stillen, mindestens aber zweimal täg-

lich eine halbe Stunde oder einmal eine Stunde am Tag bezahlt freigegeben werden, bei mehr als acht Stunden zweimal mindestens 45 Minuten oder einmal 90 Minuten. Diese Zeit darf weder vor- noch nachgearbeitet oder auf Ruhepausen angerechnet werden, § 7 MuSchG.

Überstunden von mehr als acht 1/2 Stunden täglich oder mehr als 90 Stunden in zwei Wochen zwischen 20 und sechs Uhr sowie Sonn- und Feiertagsarbeit sind unzulässig, § 4, 6 MuSchG. Auch Nachtarbeit zwischen 20 und 6 Uhr ist unzulässig, in Ausnahmefällen maximal bis 22 Uhr, §§ 5, 28 MSchG.

Ihr Arbeitgeber muss Ihnen immer eine bezahlte **Freistellung für** erforderliche **Untersuchungen** gewähren, § 7 MuSchG. Ihr Urlaub wird durch diese Ausfallzeiten natürlich nicht gemindert. In notwendigen Fällen kann sogar eine häusliche Pflege oder eine Haushaltshilfe gestellt werden, §§ 198, 199 RVO.

Während der Beschäftigungsverbote nach dem MuSchG zahlt Ihr Arbeitgeber **Mutterschutzlohn**, wenn Sie als Mutter nicht nach den Vorschriften der Reichsversicherungsordnung Mutterschaftgeld beziehen, §§ 18 MuSchG, 200 RVO. Der Mutterschutzlohn wird in Höhe des Durchschnittseinkommens der letzten 13 Wochen oder drei Monate vor dem Beginn der Schwangerschaft gezahlt.

Mütter, die in der gesetzlichen Krankenversicherung sind, erhalten für die sechs Wochen vor der Entbindung und den acht bzw. 12 Wochen nach der Entbindung sowie für den Entbindungstag **Mutterschaftsgeld** nach der RVO, § 19 MuSchG. Wenn keine Mitgliedschaft in der gesetzlichen Krankenversicherung besteht zahlt der Bund für denselben Zeitraum, maximal aber 210 € insgesamt.

Zusätzlich wird ein **Zuschuss zum Mutterschaftsgeld** gewährt, § 20 MuSchG.

 Achtung: Auch wenn Ihr Arbeitgeber **Schwangerschaftsausfälle** kaum unterbinden oder beschränken kann, sollten Sie diese nur auf wirklich notwendige Zeiten und **nicht übermäßig in Anspruch neh-**

men, da Sie ansonsten bei Ihrer Rückkehr Sticheleien Ihres Arbeitgebers oder Ihrer Kollegen ausgesetzt sein können, was bis zu einem gewissen Grad verständlich ist!

Zusätzlich gilt ein spezieller Kündigungsschutz, s. **Sonderkündigungsschutz**.

c) Die Elternzeit, das Elterngeld & Ihr Teilzeitanspruch:
Nach § 15 BEEG haben Sie **Anspruch auf Elternzeit, wenn** Sie:
- mit Ihrem Kind,
- einem angenommen/anerkannten Kind,
- einem Kind Ihres Ehe- oder Lebenspartners,
- bei Verhinderung der Eltern als Verwandter,
- bei Vollzeitpflege oder
- bei Enkelkindern, wenn ein Elternteil des Kindes minderjährig oder sich in einer Berufsausbildung befindet,

in einem Haushalt leben, das Kind selbst betreuen und erziehen.
Hierbei können Sie aber **nur bis zum dritten Lebensjahr** des Kindes Elternzeit in Anspruch nehmen, wobei die Mutterschutzfrist von acht bzw. 12 Wochen nach der Entbindung angerechnet werden. Bei mehreren Kindern können Sie die Elternzeit **für jedes einzelne Kind** verlangen, auch wenn sich die Zeiträume überschneiden. Maximal ein Jahr der Elternzeit können Sie mit Zustimmung Ihres Arbeitgebers bis zum achten Lebensjahr des Kindes **verschieben**. Die Elternzeit können Sie auch **anteilig** für jedes Elternteil allein oder zusammen nehmen, § 15 BEEG.
Die Elternzeit müssen Sie spätestens sieben Wochen vor deren Beginn schriftlich von Ihrem Arbeitgeber **beantragen**. Gleichzeitig und deshalb in dem Antrag müssen Sie erklären, für welche Zeiten innerhalb von zwei Jahren Elternzeit

genommen werden soll. Hierbei sollten Sie sich bewußt sein, dass die Elternzeit auf zwei Zeitabschnitte **verteilt** werden kann; bei einer Verteilung auf mehr als zwei Abschnitte benötigen Sie aber wieder die Zustimmung Ihres Arbeitgebers.

Während der Elternzeit können Sie maximal **30 Stunden** bei Ihrem bisherigen oder einem anderen Arbeitgeber **arbeiten**; auch eine Selbstständigkeit auf dieser Basis ist zulässig. Bei der Selbstständigkeit und einer Tätigkeit für einen anderen Arbeitgeber benötigen Sie aber die Zustimmung Ihres Arbeitgebers, der das nur binnen vier Wochen aus dringenden betrieblichen Gründen ablehnen kann, was in der Praxis zwar häufig vorkommt, juristisch aber fast immer falsch ist!

Die Elternzeit können Sie **vorzeitig beenden oder verlängern**, wenn Ihr Arbeitgeber zustimmt. Die vorzeitige Beendigung wegen der Geburt eines weiteren Kindes oder wegen eines besonderen Härtefalls kann Ihr Arbeitgeber nur binnen vier Wochen aus dringenden betrieblichen Gründen schriftlich ablehnen. Eine Verlängerung können Sie verlangen, wenn der vorgesehene Wechsel der Elternzeit zwischen Ihnen und Ihrem Partner aus einem wichtigen Grund nicht erfolgen kann. Sollte Ihr Kind während der Elternzeit versterben, endet die Elternzeit spätestens drei Wochen nach dem Tod des Kindes, § 16 BEEG.

In sämtlichen Fällen können Sie die Zustimmung Ihres Arbeitgebers vor dem Arbeitsgericht fast immer erfolgreich **einklagen**, § 15 BEEG. Inwieweit Ihr Arbeitsverhältnis dadurch rein tatsächlich belastet wird, kommt auf Ihr konkretes Verhältnis zum Arbeitgeber an. Bei derartigen Arbeitgebern werden Sie aber ohnehin wenig Freude haben.

Ein **spezieller Teilzeitanspruch**, der neben dem allgemeinem Teilzeitanspruch gemäß § 8 TzBfG geltend gemacht werden kann, ergibt sich aus § 15 BEEG. Hiernach können Sie nicht nur eine Stundenreduktion, sondern auch eine andere Verteilung Ihrer Arbeitsstunden beantragen. Nach dem Gesetz soll zwischen Ihnen und Ihrem Arbeitgeber innerhalb von vier Wochen außergerichtlich eine Einigung erzielt werden. **Während der Elternzeit können Sie zweimal die Verringerung Ihrer Elternzeit verlangen, wenn**:

- Ihr Arbeitgeber durchschnittlich mindestens 15 Arbeitnehmer beschäftigt,
- Sie schon länger als sechs Monate bei diesem Arbeitgeber beschäftigt sind, was meist der Probezeit entspricht,
- Ihre Arbeitszeit mindestens zwei Monate zwischen 15 und 30 Stunden pro Woche betragen soll,
- Ihrer Verringerung keine dringenden betrieblichen Gründe entgegenstehen und
- Sie Ihren Teilzeitanspruch mindestens sieben Wochen vor Beginn der reduzierten Arbeitszeit bei Ihrem Arbeitgeber geltend gemacht haben.

Haben Sie **vor der Elternzeit Teilzeit** gearbeitet, können Sie dies fortsetzen, wenn o. g. Maximalarbeitszeit nicht überschritten wird. Auch eine **Rückkehr** nach der Elternzeit steht Ihnen zu. Beachten Sie, dass Sie in Ihrem Antrag Beginn und Umfang der verringerten Arbeitszeit angeben werden müssen. Will Ihr Arbeitgeber Ihre Arbeitszeitverringerung ablehnen, muss er das binnen vier Wochen mit schriftlicher Begründung machen.

Stimmt Ihr Arbeitgeber Ihrem Teilzeitwunsch nicht zu, können Sie dies vor dem Arbeitsgericht **einklagen**. Auch hier gilt, dass Sie gute Chancen haben; auf der anderen Seite sollten Sie sich bewußt sein, dass Sie sich den Unmut Ihres Arbeitgebers bzw. Ihrer Kollegen einhandeln können.

 Beispiel: Antrag auf Elternzeit mit Verringerung der Arbeitszeit
An den Arbeitgeber

Sehr geehrte Damen und Herren,

hiermit beantrage ich Elternzeit für die Zeit vom ...
- ... .

Die Entbindung fand am ... statt. Die Elternzeit werde nur ich/ich mit meinem Ehemann in Anspruch nehmen.
Ggf. zusätzlich Verringerung der Arbeitszeit:
Während der Elternzeit möchte ich ... Stunden bei Ihnen/bei .../als Selbstständige bei folgender Verteilung tätig sein: Mo ... - ..., Mi ... - ...., etc.
Auch dbzgl. bitte ich um Ihre Zustimmung.

Nach der Elternzeit werde ich regulär weiterhin bei Ihnen arbeiten.

Mit freundlichen Grüßen

Ort, Datum   Unterschrift Arbeitnehmer
Zusätzlich gilt ein spezieller Kündigungsschutz, s. **Sonderkündigungsschutz**.

Das Elterngeld:
Gemäß § 1 BEEG können Sie und Ihr Ehepartner – bei gleichgeschlechtlicher Verbindung: Ihr Lebenspartner – **Elterngeld verlangen, wenn** Sie mit Ihrem Kind in einem gemeinsamen Haushalt leben, das Kind selbst betreuen, erziehen und keine oder keine volle Erwerbstätigkeit ausüben. Auch bei einer vorübergehenden Auslandtätigkeit steht Ihnen der Anspruch zu. Sie können Elterngeld auch in Anspruch nehmen, wenn Sie das Kind Ihres Partners annehmen/anerkennen und bei Verhinderung der Eltern als Verwandter.

Sie dürfen aber im letzten Jahr nicht mehr als als <u>250.000 €</u> <u>verdient</u> haben und maximal <u>30 Stunden</u> pro Woche – auch während der Elternzeit – arbeiten.
Die **Höhe** des Elterngeldes beträgt <u>67 %</u> Ihres Durchschnittsnettoverdienstes im letzten Jahr vor der Geburt, maximal aber 1.800 €. Arbeiten Sie nicht, beträgt das Elterngeld mindestens 300 € netto pro Monat. Bei Mehrlingsge-

burten erhöht es sich jeweils um 300 netto € für das zweite und dritte Kind. Beachten Sie die etwas komplizierte Berechnung, § 2 BEEG, und dass das Mutterschaftsgeld sowie der Zuschuss zum Mutterschaftsgeld auf das Elterngeld **angerechnet** wird, § 3 BEEG.

Sie erhalten Elterngeld grundsätzlich vom <u>Tag der Geburt</u> bis zur Vollendung des 14. Lebensjahres des Kindes, maximal aber <u>12 Monate</u> für jede Elterngeld beziehende Person (**Basiselterngeld**). Wahlweise können Sie durch das **Elterngeld Plus** während der Elternzeit weiterarbeiten und gleichzeitig Ihren Bezug von Elterngeld auf 24 bzw. 28 Monate verdoppeln. Hierdurch halbieren sich aber Ihre Ansprüche. Zusätzlich können Sie bis zu 36 Monate lang Elterngeld beziehen (**Partnerbonus**), wenn beide Elternteile berufstätig sind und sich die Erziehung gemeinsam teilen. Für Details s. § 4 BEEG.

Der **Antrag** auf Elterngeld muss schriftlich gestellt werden und wird rückwirkend nur für die letzten drei Monate vor Monatsbeginn gültig, in dem der Antrag einging. Sie müssen hierin angeben, für welche Monate Sie Elterngeld beantragen. Das können Sie nur einmal ohne Angabe von Gründen ändern, bei besonderer Härte ein weiteres Mal. Beachten Sie, dass grundsätzlich beide Elternteile den Antrag unterschreiben müssen, auch wenn Sie geschieden sind, § 7 BEEG.

 Beispiel: Antrag auf Elterngeld
An die Stadtverwaltung/das Versorgungsamt ...

Sehr geehrte Damen und Herren,

hiermit beantrage ich Elterngeld für die Zeit vom ... - ... .

Das Elterngeld werde nur ich/ich mit meinem Partner in Anspruch nehmen und zwar ich für die Zeit vom ... - ..., mein Partner vom ... - ... .

Mit freundlichen Grüßen

153

Ort, Datum
Unterschrift Arbeitnehmer   Unterschrift Partner

d) Die Pflege von Angehörigen:
Bis zu **10 Arbeitstage** können Sie im Betrieb **fehlen**, um für
einen pflegebedürftigen nahen Angehörigen, d. h.:

- Großeltern,
- Eltern,
- Schwiegereltern,
- Stiefeltern,
- Schwägerinnen und Schwäger,
- Ehegatten,
- Lebenspartner,
- Partner einer eheähnlichen Gemeinschaft,
- Geschwister,
- eigene Kinder,
- Adoptiv- oder Pflegekinder oder die des Ehe-/Lebenspartners,
- Schwiegerkinder oder Enkelkinder,

in einer akut auftretenden Pflegesituation eine **Pflege** zu **organisieren** oder eine pflegerische Versorgung sicherzustellen. Das müssen Sie Ihrem Arbeitgeber aber sofort mitteilen und durch ärztliches Attest nachweisen, § 2 PflegeZG. Ihr Arbeitgeber muss Ihnen diese Zeit nur bezahlen, wenn dbzgl. eine Vereinbarung zwischen Ihnen geschlossen wurde, was fast nie der Fall sein wird. Ansonsten erhalten Sie von Ihrer Krankenversicherung Pflegeunterstützungsgeld nach § 44 a III SGB XI.
Unabhängig davon können Sie Ihre vollständige oder teilweise **Freistellung für maximal sechs Monate** pro pflegebedürftigem Angehörigen verlangen, wenn Ihr Arbeitgeber durchschnittlich mindestens 15 Arbeitnehmer hat und Sie einen pflegebedürftigen nahen Angehörigen (s. o.) in der **häuslichen Umgebung pflegen**. Eine **Verlängerung** oder

Verkürzung ist nur mit Zustimmung Ihres Arbeitgebers zulässig. Auch hier müssen Sie die Pflegebedürftigkeit Ihrem Arbeitgeber medizinisch nachweisen und für die Freistellung mindestens 10 Arbeitstage vor dem Beginn der Pflegezeit schriftlich mitteilen, für welchen Zeitraum und in welchem Umfang Sie die Freistellung in Anspruch nehmen. Bei teilweiser Freistellung müssen Sie die Verteilung der Arbeitszeit angeben. Ihre Pflegezeit endet vier Wochen nachdem der Angehörige nicht mehr pflegebedürftig oder die Pflege unmöglich oder unzumutbar geworden ist. In diesem Fall müssen Sie Ihren Arbeitgeber direkt informieren. Unabhängig davon kann die Pflegezeit nur vorzeitig beendet werden, wenn Ihr Arbeitgeber dem zustimmt, § 4 PflegeZG.

Ferner können Sie **bis zu zwei Jahre** die **Verringerung Ihrer Arbeitszeit** verlangen, wenn Sie einen pflegebedürftigen nahen Angehörigen (s. o.) **in häuslicher Umgebung pflegen und** gleichzeitig eine **Aufstockung des Arbeitsentgelts durch Ihren Arbeitgeber** erfolgt, wenn die verringerte Arbeitszeit mindestens 15 Stunden pro Woche beträgt und Ihr Arbeitgeber mehr als 25 Arbeitnehmer hat. In diesem Fall gewährt das Bundesamt für Familie und zivilgesellschaftliche Aufgaben Ihrem Arbeitgeber ein zinsloses Darlehen zur Aufstockung Ihrer Vergütung, § 3 FPfZG. Außerdem wird eine Familienpflegezeitversicherung abgeschlossen, § 4 FpfZG.

Allen drei Ansprüchen muss Ihr Arbeitgeber nachkommen, es sei denn es stehen dringende betriebliche Gründe entgegen, was in der Praxis zwar fast immer der Fall ist, juristisch aber so gut wie nie überzeugt. Notfalls können Sie Ihre Rechte **einklagen**, § 3 PflegeZG, FPfZG. Derartige Klagen sind in der Praxis bisher genauso selten, wie die Geltendmachung der Pflegezeit.

Beachten Sie, dass sich durch Ihren Ausfall das Verhältnis zu Ihrem Arbeitgeber bzw. Ihren Kollegen verändern kann.

Zusätzlich gilt ein spezieller Kündigungsschutz, s. **Sonderkündigungsschutz.**

Beispiel: Antrag auf Pflegezeit
An den Arbeitgeber

Sehr geehrte Damen und Herren,

ich werde in der Zeit vom ... - ... meinen Angehörigen ... pflegen/Pflege organisieren/pflegerische Versorgung organisieren und kann deshalb nicht bei Ihnen arbeiten.
Anliegend übersende ich Ihnen das ärztliche Attest über die pflegerische Notwendigkeit.
Ihrer Zustimmung sehe ich entgegen.
oder:
Ich werde meinen Angehörigen ... in häuslicher Umgebung pflegen und beantrage deshalb die vollständige/teilweise Freistellung für die Zeit vom ... - ... bei folgender Verteilung:
Mo von ... - ..., Di von ... - ..., etc.
Anliegend übersende ich Ihnen das ärztliche Attest über die pflegerische Notwendigkeit.
Ihrer Zustimmung sehe ich entgegen.

Mit freundlichen Grüßen

Ort, Datum   Unterschrift Arbeitnehmer

e) Die Schwerbehinderung/Gleichstellung & der Teilzeitanspruch:

Speziell Arbeitnehmer sind behindert, wenn ihre körperliche Funktion, geistige Fähigkeit oder seelische Gesundheit mit hoher Wahrscheinlichkeit länger als sechs Monate von dem für das Lebensalter typischen Zustand abweicht und daher ihre Teilhabe am Leben in der Gesellschaft beeinträchtigt ist, § 2 SGB IX.
Schwerbehindert sind Menschen, wenn bei ihnen ein Grad der Behinderung (GdB) von mindestens 50 % vorliegt und sie ihren Wohnsitz, ihren gewöhnlichen Aufenthalt oder ihre

Beschäftigung in Deutschland haben, § 2 Abs. 1 SGB IX. Dagegen sind einem Schwerbehinderten gleichgestellt Arbeitnehmer mit einem GdB zwischen 30 und 49 % (**Gleichgestellte**), § 2 SGB IX.

Für die Schwerbehinderung im Sinne des Gesetzes muss nur die tatsächliche gesundheitliche Schwäche vorliegen; sie muss grundsätzlich nicht medizinisch festgestellt und behördlich durch einen **Schwerbehindertenausweis** dokumentiert worden sein. Auf Ihren **Antrag** stellt das Versorgungsamt das jedoch fest, was Ihnen auf jeden Fall zum Nachweis gegenüber Ihrem Arbeitgeber und anderen Behörden zu empfehlen ist, § 152 SGB IX. Die Gleichstellung erfolgt dagegen durch die Agentur für Arbeit Ihres Wohnsitzes, wenn Sie infolge Ihrer Behinderung ohne die Gleichstellung keinen geeigneten Arbeitsplatz erlangen oder behalten können, § 151 SGB IX.

Nach dem SGB IX besteht eine **Mindestbeschäftigungsquote** von Schwerbehinderten und Gleichgestellten, die nach dem Gesetz dieselben Rechte haben:

- Bei mehr als durchschnittlich 20 Arbeitnehmern müssen auf mindestens 5 % der Arbeitsplätze Schwerbehinderte beschäftigt werden.
- Bei durchschnittlich weniger als 40 Arbeitsplätzen besteht eine Beschäftigungspflicht von mindestens einem Schwerbehinderter und
- bei durchschnittlich weniger als 60 Arbeitsplätzen müssen mindestens zwei Schwerbehinderte im Betrieb tätig sein, § 154 SGB IX.

Die besondere Zählung ergibt sich aus §§ 157 – 159 SGB IX.

Wird o. g. Beschäftigungspflicht durch Ihren Arbeitgeber nicht erfüllt, muss eine **Ausgleichsabgabe** zwischen 125 und 320 € gezahlt werden, § 160 SGB IX.

Da Sie als Schwerbehinderter oder Gleichgestellter leider nicht die erste Wahl auf dem Arbeitsmarkt sind, muss jeder Arbeitgeber bei der **Besetzung** offener Stellen überprüfen, ob Sie dort eingesetzt werden können. Dbzgl. ist er verpflichtet mit der Agentur für Arbeit und – soweit vorhanden – mit der Schwerbehindertenvertretung Ihres Betriebes Rücksprache zu halten, § 164 SGB IX. Zusätzlich werden Sie bei der Einstellung und Beschäftigung in der Theorie bevorzugt. Auch eine **Benachteiligung** von Schwerbehinderten bei Bewerbungen oder im laufenden Arbeitsverhältnis ist rechtlich unzulässig, § 164SGB IX, AGG. Dennoch sieht die Praxis teilweise anders aus: Manche Arbeitgeber versuchen möglichst leistungsstarke Arbeitnehmer zu fördern und schwächere tendenziell nicht einzustellen oder zum Ausscheiden zu bewegen, was auch durch das Gesetz und etwaige Klagen vor dem Arbeitsgericht nur mäßig vermieden werden kann. Werden Ihre Rechte deshalb nicht beachtet, setzt man Sie unter Strom durch besonders belastende Arbeit oder sind Sie frei zum Abschuss, sollten Sie sich sofort an einen Anwalt Ihres Vertrauens wenden, damit dieser gemäß den Vorgaben des SGB IX mit Ihrem Arbeitgeber, dem Integrationsamt, ggf. dem Betriebs-/Personalrat, der Schwerbehindetenvertretung, Ihrer Krankenversicherung, Ihrem behandelnden Arzt und ggf. weiteren Behörden Kontakt aufnehmen kann, um die Angelegenheit möglichst zu entschärfen oder ein anständiges Ausscheiden mit einer – bei Schwerbehinderten und Gleichgestellten immer hohen – Abfindung, einem guten, sauberen Zeugnis sowie der Vermeidung einer Sperre beim Arbeitslosengeldbezug und ggf. nahtlosem Übergang in die (vorgezogene) Rente zu erzielen!

Nach dem Gesetz muss Ihr Arbeitgeber Ihre Behinderung und die Auswirkungen auf die Beschäftigung unter Zumutbarkeitsgesichtspunkten und ggf. entgegenstehendem Arbeitsschutzrecht berücksichtigen. In diesem Zusammenhang haben Sie gegenüber Ihrem Arbeitgeber **Anspruch auf**:

- eine Beschäftigung, bei der Sie Ihre Fähigkeiten und Kenntnisse möglichst voll verwerten und weiterentwickeln können,

- eine bevorzugte Behandlung bei innerbetrieblichen Maßnahmen der beruflichen Bildung zur Förderung Ihres beruflichen Fortkommens,
- Erleichterungen im zumutbaren Umfang zur Teilnahme an außerbetrieblichen Maßnahmen der beruflichen Bildung,
- behinderungsgerechte Einrichtung und Unterhaltung der Arbeitsstätten inklusive der Betriebsanlagen, Maschinen und Geräte sowie der Gestaltung der Arbeitsplätze, des Arbeitsumfeldes, der Arbeitsorganisation und Arbeitszeit, unter besonderer Berücksichtigung der Unfallgefahr sowie
- der Ausstattung Ihres Arbeitsplatzes mit den erforderlichen technischen Arbeitshilfen.

In **Inklusionsvereinbarung**en zwischen Ihrem Arbeitgeber und – soweit vorhanden – der Schwerbehindertenvertretung wird geregelt, wie Schwerbehinderte per se im Rahmen der Personalplanung, der Arbeitsplatzgestaltung, der Gestaltung des Arbeitsumfeldes, der Arbeitsorganisation und der Arbeitszeit optimal eingesetzt werden können. Hierin wird die Durchführung in den Betrieben geregelt, § 166 SGB IX. **Bestehen generell Probleme in Ihrem Arbeitsverhältnis oder sind Sie mehr als sechs Wochen seit Ihrer letzten arbeitsunfähigen Erkrankung arbeitsunfähig**, klärt Ihr Arbeitgeber mit der Schwerbehindertenvertretung sowie dem Integrationsamt und ggf. einem Werksarzt inwiefern Sie unterstützt werden können, § 167 SGB IX. So kann u. a. in einem **Wiedereingliederungsplan** festgelegt werden, dass Sie für einen beschränkten Zeitraum nur leichte Arbeiten erledigen, was durch den Werksarzt und Ihren Facharzt des Vertrauens durch medizinische Empfehlungen begleitet wird, § 167 SGB V. Hierzu ist erforderlich, dass Sie Ihren Arzt des Vertrauens von seiner Schweigepflicht entbinden. Das sollten Sie definitiv akzeptieren, da ansonsten die Wiedereingliederung/das **betriebliche Eingliederungsmanagement (BEM)** nicht durchgeführt werden darf. In diesem Fall kann Ihnen Ihr Arbeitgeber bei einer personen-/krankheitsbedingten Kündigung viel einfacher kündigen, s. krankheitsbedingte Kündigung, BEM!

 Beispiel: Wiedereingliederungsplan/betriebliches Eingliederungsmanagement (BEM)
Der Arbeitgeber und Arbeitnehmer vereinbaren aufgrund der Arbeitsunfähigkeit eine stufenweise Wiedereingliederung, um Herrn/Frau ... schonend wieder in das Arbeitsleben zu integrieren:
Diese beginnt

- ab dem ... mit einer Arbeitszeit von ... - ... h/Woche/Tag auf dem bisherigen Arbeitsplatz/Arbeitsplatz ... und folgenden Tätigkeiten ... sowie den Hilfsmitteln: ... .
- Ab dem ... verändert sich der Einsatz soweit dies gesundheitlich möglich ist wie folgt:
  - Arbeitszeit von ... - ... h/Woche/Tag auf dem bisherigen Arbeitsplatz/Arbeitsplatz ... und folgenden Tätigkeiten ... sowie den Hilfsmitteln: ... .
  - Arbeitszeit von ... - ... h/Woche/Tag auf dem bisherigen Arbeitsplatz/Arbeitsplatz ... und folgenden Tätigkeiten ... sowie den Hilfsmitteln: ... .

Mit diesem Wiedereingliederungsplan/BEM sind der Arbeitgeber und Arbeitnehmer einverstanden.
Sollte der Plan aus gesundheitlichen Gründen nicht durchgeführt werden können, versuchen die Parteien unter medizinischer Begleitung eine Anpassung an die gesundheitlich mögliche Belastung zu erzielen und die Wiedereingliederung erfolgreich fortzusetzen.

Ort, Datum
Unterschrift Arbeitgeber   Unterschrift Arbeitnehmer

Außerdem ist Ihr Arbeitgeber verpflichtet bei sämtlichen Problemen, die Ihr Arbeitsverhältnis betreffen und zu einer Beendigung führen können, – soweit vorhanden – die Schwerbehinderung und das Integrationsamt einzuschalten, um die Differenzen zu beseitigen und bei Bedarf eine finanzielle **Förderung zur Erleichterung Ihrer Arbeit** – z. B. für eine Hebeeinrichtung oder andere Maschinen – zu schaffen, § 84 SGB IX. Ferner stehen in beschränktem Umfang **Integrationsprojekte und Werkstätten** zur Verfügung, um Ihnen Arbeits- bzw. Beschäftigungsmöglichkeiten zu bieten, die auf dem freien Arbeitsmarkt nicht möglich sind, §§ 132, 136 SGB IX.

 Achtung: Wichtig ist, dass Sie als Schwerbehinderter oder Gleichgestellter auch **Überstunden** leisten müssen! Können Sie aufgrund Ihrer Behinderung keine Überstunden leisten, müssen Sie das Ihrem Arbeitgeber <u>generell</u>, d. h. nicht nur für einzelne Tage, <u>schriftlich mitteilen</u> und sicherheitshalber ein <u>Attest</u> Ihres Facharztes beilegen. In diesem Fall sind Sie nicht mehr verpflichtet Überstunden zu leisten. Hier bestehen oft **große Risiken**: Beabsichtigt Ihr Arbeitgeber Ihnen aus welchen Gründen auch immer berechtigt oder unberechtigt zu kündigen, ist das bei Ihrem Sonderkündigungsschutz wegen Ihrer Schwerbehinderung bzw. Gleichstellung sehr schwierig und zeitaufwändig. Deshalb wird von manchen, sehr ergebnisorientierten Arbeitgebern versucht durch eine alternative oder zusätzliche <u>verhaltensbedingte Kündigung</u> Ihr Ausscheiden zu beschleunigen, zumal hier Ihre Schwerbehinderung/Gleichstellung keine Rolle spielt. Vermeiden Sie deshalb auf jeden Fall, dass Ihr Arbeitgeber Ihnen verhaltensbedingte Pflichtverstöße vorwerfen kann, z. B. weil Sie sich weigern Überstunden zu leisten und o. g. Mitteilung samt Attest nicht vorgelegt haben!

Beispiel: Entbindung von Überstunden aufgrund Schwerbehinderung/Gleichstellung
An den Arbeitgeber

Sehr geehrte Damen und Herren,

ausweislich meines Schwerbehindertenausweises bin ich schwerbehindert/einem Schwerbehinderten gleichgestellt.
Aufgrund dessen mache ich von meinem Recht Gebrauch, ab sofort/dem ... keine Überstunden mehr leisten zu müssen.
Für Ihr Verständnis bedanke ich mich.

Mit freundlichen Grüßen

Ort, Datum   Unterschrift Arbeitnehmer

Als Schwerbehindertem steht Ihnen **zusätzlich eine Woche bezahlter Urlaub** pro Jahr zu Ihrem regulär bezahlten Arbeitnehmerurlaub zu, dies gilt aber nicht für Gleichgestellte, §§ 208, 151 Abs. 3 SGB IX Für Schwerbehinderte oder Gleichgestellte gilt ein **spezieller Teilzeitanspruch**, den Sie neben dem allgemeinem Teilzeitanspruch nach § 8 TzBfG geltend machen können, § 164 SGB IX. Hiernach haben Sie als Schwerbehinderter einen Anspruch auf Teilzeit, **wenn** die kürzere Arbeitszeit wegen der Art oder Schwere der Behinderung notwendig ist, was durch ein ärztliches Attest/Gutachten nachgewiesen werden muss. Die Zustimmung des Arbeitgebers ist hierfür nicht notwendig. Die Teilzeitarbeit kann durch Ihren Arbeitgeber nur bei unzumutbaren bzw. -verhältnismäßigen Aufwendungen des Arbeitgebers und entgegenstehenden Arbeitssicherheits- sowie -schutzvorschriften abgelehnt werden.

Zusätzlich gilt ein spezieller Kündigungsschutz, s. **Sonderkündigungsschutz**.

11. Die Schadensfälle im Arbeitsverhältnis:
a) Der Arbeitsschutz:

Müssen Sie eine besondere (Schutz-)Ausstattung haben oder (Schutz-)Ausrüstung tragen, um gegen besondere Gefahren bei Ihrer Arbeitsausführung geschützt zu sein, z. B. Augen-, Lärmschutz, besonders widerstandsfähige Schuhe, etc., ist Ihr Arbeitgeber verpflichtet, Ihnen die **Ausrüstung kostenlos** zu **stellen**, die Sie hierfür gemäß der Arbeitsschutzvorschriften benötigen. Aushangpflichtige Arbeitsschutzvorschriften müssen Sie in jedem Betrieb am Schwarzen Brett einsehen können, ansonsten hilft Ihnen der Betriebs-/Personalrat oder das Internet weiter.

Alternativ können Sie sich die Ausrüstung in speziellen Geschäften für Arbeitssicherheit **selbst kaufen** und vollständige **Kostenerstattung** Ihres Arbeitgebers **verlangen**. Sollten Sie aus persönlichen Vorlieben oder anderen Gründen hochwertigere/teurere Ausrüstung haben wollen, können Sie von Ihrem Arbeitgeber aber nur die Kosten für die normale/durchschnittliche Ausrüstung verlangen; den Differenzbetrag müssen Sie selbst zahlen.

Zahlt Ihr Arbeitgeber die Kosten nicht oder zu wenig oder wird Ihnen gar keine Ausrüstung zur Verfügung gestellt, können Sie dies erfolgreich vor Gericht **einklagen**. Zuvor sollten Sie aber ein ernstes Gespräch mit Ihrem Betriebs-/Personalrat – soweit vorhanden – bzw. entsprechenden Vorgesetzten oder dem Chef direkt führen. Auch ein Hinweis auf die Berufsgenossenschaft, bei der jedes Unternehmen in Deutschland zwingend Mitglied ist, oder Ihre Krankenversicherung wirkt Wunder. Notfalls können Sie diese tatsächlich kontaktieren, falls sich Ihr Arbeitgeber standhaft weigert. In diesem Fall stellt sich aber die Frage, ob Sie bei diesem Arbeitgeber wirklich arbeiten müssen, weil weitere Probleme vorprogrammiert sind, wenn Ihre offensichtlich berechtigen Interessen nicht akzeptiert werden!

b) Die Haftung:

Sie sollten definitiv immer die **unterschätzte** Frage der **Haftung** im Fall eines Schadensfalles beachten:

- **Sie werden gesundheitlich geschädigt:**

  ○ Stößt Ihnen in der **Freizeit** ein Unfall zu, zahlt – bei einer Schädigung durch Dritte – die Haftpflichtversicherung des Dritten. Hat dieser keine Versicherung, zahlt ein Sozialfonds der Versicherungen und nimmt den Schädiger in Höhe seines prozentualen Anteils an dem Versicherungsfall in Regress. Bei einer Schädigung durch Sie selbst, übernimmt Ihre Unfallversicherung den Schaden.

  ○ Geschieht Ihnen ein Unfall **während Ihrer Arbeit**(-szeit) oder auf dem Weg zur oder von der Arbeit (**Wegeunfall**), muss unterschieden werden: Bei Wegeunfällen gemäß § 8 Abs. 2 Nr. 1 – 4 SGB VII zahlt die Berufsgenossenschaft (BG) Ihres Arbeitgebers, die jeder Arbeitgeber in Deutschland haben muss, für Ihre erlittenen Gesundheitsschäden. Darüber hinaus übernimmt die BG die Kosten, auch wenn Ihr Schaden vorsätzlich durch den Arbeitgeber verursacht wurde, § 104 SGB VII.

Achtung: Liegt ein **Verstoß gegen Arbeitssicherheitsvorschriften** vor, tragen Sie z. B. nicht die vorgeschriebene (Sicherheits-)Ausrüstung, arbeiten Sie **außerhalb der** zulässigen **Arbeitszeit** (Überstunden), etc. oder **werden Sie geschädigt**, besteht immer Versicherungsschutz, zumindest über einen Sozialfonds der Versicherungen. Es stellt sich aber dann die Frage, weshalb Sie die Arbeitsvorschriften nicht einhielten bzw. weshalb Sie verletzt wurden: Weil Ihr Arbeitgeber Ihnen die Ausrüstung nicht oder nicht komplett zur Verfügung stellte, Sie nötigte übermäßig zu arbeiten oder weil Sie die Einhaltung nicht für nötig hielten?

Im ersten Fall werden Ihre Verletzungen komplett von der BG, zumindest der Unfallversicherung übernommen, diese nimmt aber Ihren Arbeitgeber in Regress. Bei intensiven Verletzungen mit notwendigen Operationen, Reha-Aufenthalten, ggf. einer Berufs-/Erwerbsunfähigkeit, etc. kommen sehr schnell Millionenbeträge zusammen, die nicht jeder Arbeitgeber aus der Portokasse bezahlen kann. Zusätzlich wird ein Ordnungs- bzw. Strafverfahren gegen Ihren Arbeitgeber eingeleitet, dass zwar bei erstmaligem Verstoß und geringen Verletzungen bei Ihnen eingestellt wird, aber bis zu Geld-, Bewährungs- und Freiheitsstrafen inklusive eines Berufsverbots für die Verantwortlichen reichen kann!

Im zweiten Fall wird Ihnen ein **Mitverschulden** an den Verletzungen und Kosten angelastet, d. h. die vollen Kosten werden um den Prozentgrad Ihres Mitverschuldes gekürzt, üblich sind 10 – 50 %. Auf dem nicht gezahlten Betrag, der auch Millionen betragen kann, bleiben Sie sitzen und haben ggf. noch Folgekosten ohne Deckung durch eine Versicherung. Zusätzlich wird Ihnen ein jahrelanges Gerichtsverfahren über mehrere Instanzen mit ungewissen Chancen und hohen Kosten bevorstehen, da die Versicherung zunächst möglichst wenig zahlt und die Frage, ob Sie ein 10, 12, 15 oder 20 %iges Mitverschulden trifft, im Einzelfall schwierig einzuschätzen ist. Schließlich bleiben ggf. große gesundheitliche Probleme, der Verlust Ihres Arbeitsplatzes, kaum Jobchancen und große existenzielle Nöte!

- **Sie schädigen andere gesundheitlich:**
  - ○ Verletzen Sie einen anderen in der **Freizeit**, zahlt Ihre Haftpflichtversicherung. Haben Sie

keine oder weigert sich diese zu zahlen, zahlt der Sozialfonds und nimmt Sie in Regress.

o Haben Sie **vorsätzlich oder anläßlich eines Wegeunfalls** einen **Betriebsangehörigen** Ihres Arbeitgebers durch eine **betriebliche Tätigkeit** verletzt, zahlt die BG Ihres Arbeitgebers und nimmt in Höhe Ihres prozessualen Mitverschuldens Ihre Haftpflichtversicherung bzw. Sie persönlich in Regress.

o Haben Sie **während der Arbeit** einen **Betriebsangehörigen** Ihres Arbeitgebers durch eine **betriebliche Tätigkeit** verletzt, zahlt die BG, die ggf. Ihre Haftpflichtversicherung in prozentualer Höhe Ihres Mitverschuldens in Regress nimmt.

o Haben Sie einen nicht zum Betrieb gehörigen **Dritten** durch eine **betriebliche Tätigkeit** verletzt, zahlt die BG, die Ihre Haftpflichtversicherung in Höhe Ihres Mitverschuldens in Regress nimmt.

Bei **Sachschäden** gilt folgendes:

● Wird Ihr Eigentum in der Freizeit oder anläßlich der beruflichen Tätigkeit **geschädigt**, übernimmt die Haftpflichtversicherung des Schädigers die Haftung.

● **Schädigen Sie** Eigentum von anderen in der Freizeit oder anläßlich der beruflichen Tätigkeit einen Betriebsangehörigen oder Nichtbetriebsangehörigen, haftet Ihre Haftpflichtversicherung.

 Achtung: Haben Sie anläßlich Ihrer Arbeit bei Ihrem Arbeitgeber Schäden angerichtet, müssen Sie hierfür Schadensersatz leisten.

Da Sie als Arbeitnehmer durch kleine Fehler u. U. sehr hohe Schäden verursachen, die Ihr Einkommen und Vermögen deutlich übersteigen können, wird Ihre Haftung über den **innerbetrieblichen Schadensausgleich** eingeschränkt:

- Bei **leichter Fahrlässigkeit**, also kleinen Unachtsamkeiten, die immer mal vorkommen können, haften Sie gar nicht.
- Bei **durchschnittlicher Fahrlässigkeit**, d. h. etwas größeren Fehlern, die zwar geschehen, aber doch mehr ins Gewicht fallen, haften Sie neben Ihrem Arbeitgeber zu 50 %, maximal aber beschränkt auf drei Bruttomonatsgehälter.
- Bei **grober Fahrlässigkeit und vorsätzlichen Verstößen**, wenn Sie also deutliche Fehler begehen, die jedem Fachkundigen sofort auffallen und nicht geschehen dürfen sowie bewußten und/oder gewollten Schadenszufügungen, haften Sie vollständig, erneut aber beschränkt auf drei Bruttomonatsgehälter.

Die **Schadenshöhe** für die Sie haften wird durch die Versicherbarkeit des Schadens für Ihren Arbeitgeber, die Höhe des Schadens, Ihre Verdiensthöhe und die generelle Gefahr für einen Schaden durch eine Arbeit auf Ihrem Arbeitsplatz bemessen.

Auch für **Schäden an Ihrem Eigentum** – Privatwagen, Garderobe, etc. –, das Sie für berufliche Zwecke einsetzen und anläßlich Ihrer Arbeit beschädigt oder zerstört wird, können Sie Ersatz verlangen, außer Sie erhalten für die betriebliche Nutzung über die Reisekostenabrechnung für Dienstfahrten, Verpflegungsmehraufwendungen bei Auswärtstätigkeit, etc. eine zusätzliche Pauschale, die angemessen ist (mehrere 100 € brutto).

Unabhängig von einem Schaden können Sie für die **normale Abnutzung** Ihres betrieblich eingesetzten Eigentums nur

die steuerlichen Pauschalen für Dienstreisen, Verpflegungsmehraufwendungen bei Auswärtstätigkeit/Abwesenheit, etc.
verlangen. Zwar kann Ihr Arbeitgeber mit Ihnen vereinbaren,
dass Sie diese, höhere oder geringere Zahlungen von Ihm
erhalten, verpflichtet ist Ihr Arbeitgeber aber nur zur Zahlung, wenn eine solche Vereinbarung im Arbeitsvertrag besteht. Zahlt er nicht, gelten für Sie die steuerlichen Pauschalen, zahlt er exakt diese oder mehr, können Sie nicht zusätzlich die steuerlichen Pauschalen bei der Steuererklärung
beanspruchen. Sollte er weniger zahlen, können Sie bis zur
steuerlichen Pauschale diese erklären; wird gar keine gezahlt, gelten für Sie nur die steuerlichen Pauschalen.

c) Die Mankohaftung:
Die Haftung für **finanzielle Differenzen** kann in Ihrem Arbeitsvertrag vereinbart werden, **wenn**:
- nur Sie als beruflich Zuständiger für einen gewissen Zeitraum, für den Sie die Haftung treffen soll,
  die Verantwortung über die Kasse oder die finanziellen Mittel trifft und
- Ihre finanzielle Haftung auf Bagatellbeträge deutlich unter 1.000 € netto beschränkt ist, so dass Sie
  in Ihrer finanziellen Existenz nicht gefährdet sind,
  wie z. B. einer hohen, falschen Geldauszahlung
  oder Überweisung beim Bau eines Hochhauses.

**12. Das Allg. Gleichbehandlungsgesetz im laufenden
Arbeitsverhältnis:**
Eine **Benachteiligung** aus Gründen:
- Ihrer Rasse oder ethnischen Herkunft,
- Ihres Geschlechts,
- Ihrer Religion oder Weltanschauung,
- Ihrer Behinderung,
- Ihres Alters oder
- Ihrer sexuellen Identität

ist immer **unzulässig, wenn** sie nicht klar wegen beruflicher oder religiöser Anforderungen bzw. bestimmter Altersgegebenheiten gerechtfertigt sind.

Das ist z. B. der Fall bei einer unterschiedlichen Vergütung von Vorgesetzten und einer Sekretärin, gleicher religiöser Identität in einem konfessionellen Krankenhaus oder bestimmten Altersgrenzen aufgrund der gesundheitlichen Eignung. Alles was darüber hinausgeht, ist unzulässig, wobei der jeweilige Einzelfall genau betrachtet werden muss und zulässig sein kann, §§ 8, 9, 10 Allg. Gleichbehandlungsgesetz (AGG). Speziell **Stellenausschreibungen und -annoncen** dürfen zu keiner Benachteiligung führen, §§ 11, 7 AGG. Vereinbarungen, die Ausnahmen vom AGG zulassen sind ferner unwirksam, §§ 7 Abs. 2, 31 AGG.

Liegt deshalb ein o. g. Verstoß vor, sind **alle hierauf fußenden Maßnahmen**, wie

- Nichteinstellung,
- unterbliebene Beförderung,
- unterschiedliche Beschäftigungs-/Arbeits- oder Entlassungsbedingungen,
- Einfluss wegen Mitgliedschaft im Betriebs-/Personalrat bzw. Nutzung von dessen Leistungen, etc.

unzulässig und Sie als Betroffener haben Anspruch auf Schadensersatz gemäß §§ 7, 15 AGG.

Ihr Arbeitgeber muss ferner **alles ihm Zumutbare gegen** die **Benachteiligung unternehmen**, z. B. eine Umsetzung oder Versetzung von Ihnen oder dem Täter vornehmen, ansonsten eine Abmahnung oder Kündigung gegenüber dem Täter aussprechen. Das gilt auch bei Benachteiligungen durch Betriebsfremde und vorbeugende Maßnahmen, § 12 AGG!

 Achtung: Den Schadensersatz müssen Sie binnen zwei Monaten seit dem Zugang der Ablehnung bzw. Benachteiligung schriftlich gegenüber dem Arbeitgeber geltend machen, außer ein anwendbarer Tarifvertrag sieht eine andere Frist vor. Bei einer Benachteiligung können Sie nach der Absage den Schadensersatzanspruch direkt schriftlich geltend machen; ab Ihrer Geltendmachung müssen Sie Ihre Ansprüche aber <u>binnen drei Monaten</u> ein**klagen**, § 61 b ArbGG. Hierbei kommt Ihnen immer die **Beweiserleichterung** des § 22 AGG zugute. Dort ist geregelt, dass Sie nur Indizien nachweisen müssen, die die Benachteiligung vermuten lassen. Dann ist Ihr Arbeitgeber unter Strom und muss konkret im Detail beweisen, dass trotz der Indizien die Nichteinstellung nicht gegen das AGG verstößt, also benachteiligungsneutral war. Das wird ihm schwerfallen.

Inwiefern und wie lange Sie außergerichtlich durch **Kontaktierungen Ihres Vorgesetzten** oder dessen Vorgesetzten **Gesprächsrunden unter Anwesenheit Ihres Betriebs-/Personalrats**, etc. – auch unter Mitwirkung Ihres Anwalts – vorgehen, ist vom Einzelfall, speziell der Intensität der Benachteiligung, Ihrem Zustand und den Charakteren der Beteiligten abhängig. Zumeist ist das anzuraten, um der Gegenseite die Stirn zu bieten und um einer Rückfrage des Richters vor Gericht zuvorzukommen, ob man die Angelegenheit nicht auch hätte anders (außergerichtlich) regeln können. Außerdem ist der schwarze Peter dann bei der Gegenseite, die begründen muss, weshalb man auf Sie nicht angemessen eingegangen ist und die Situation nicht in den Griff bekam, wozu Ihr Arbeitgeber als Nebenpflicht aus dem Arbeitsvertrag verpflichtet ist, §§ 611a, 280 BGB. Versuchen Sie die Gegenseite in die Zwickmühle zu nehmen und unter Rechtfertigungsdruck zu setzen. Hierfür können Sie die Benachteiligungen konkret in einer Art Tagebuch auflisten, das Sie außergerichtlich und gerichtlich vorlegen.

 Achtung: Beachten Sie, dass Sie eine Entlassung des oder der Täter nicht verlangen können. Für eine Um- oder Versetzung auf einen Arbeitsplatz an dem

Sie der Benachteiligung nicht mehr ausgesetzt sind, muss auch ein solcher Arbeitsplatz existieren und für Ihren Arbeitgeber organisatorisch und betriebswirtschaftlich durchführbar sein!

In besonders extremen Fällen können Sie nach Rücksprache mit Ihrem Anwalt und immer einer objektiven Führungskraft Ihres Vertrauens sowie Ihres Betriebs-/Personalrats daran denken eine Strafanzeige z. B. wegen Nötigung, Körperverletzung, Stalking, Beleidigung, üble Nachrede und Verleumdung (Versuch oder Vollendung, §§ 240, 223ff, 185ff StGB) zu erstatten oder **Personen außerhalb des Unternehmens** zu **kontaktieren**, die gute Beziehungen haben oder aus anderen Gründen Einfluss auf die Täter/Beihilfepersonen ausüben können. Von der Einschaltung der **Medien** sollten Sie eher absehen, um die Angelegenheit sachlich und vom Inhalt sowie der Geschwindigkeit überschaubar zu halten.

13. Die sexuelle Belästigung:
Eine sexuelle Belästigung wird juristisch als Benachteiligung definiert, wenn ein:

- **unerwünschtes,**

- **sexuell bestimmtes Verhalten** (auch unerwünschte sexuelle Handlungen und Aufforderungen zu diesen, sexuell bestimmte körperliche Berührungen, Bemerkungen sexuellen Inhalts sowie unerwünschtes Zeigen und sichtbares Anbringen von pornographischen Darstellungen),

- **bezweckt oder bewirkt, dass die Würde der betreffenden Person verletzt wird,**

- **speziell wenn** ein von Einschüchterungen, Anfeindungen, Erniedrigungen, Entwürdigungen oder Beleidigungen gekennzeichnetes Umfeld geschaffen wird, § 3 Abs. 4 AGG.

Auch hier können Sie von Ihrem Arbeitgeber verlangen **alles ihm Zumutbare gegen** die **Benachteiligung** zu **unternehmen**, z. B. eine Umsetzung oder Versetzung vornehmen, ansonsten eine Abmahnung oder Kündigung aussprechen, s. o. Das gilt ebenfalls bei Benachteiligungen durch Betriebsfremde, § 12 AGG. Auch hier steht Ihnen ein <u>Schadensersatz</u>anspruch zu, § 15 AGG.

Ergreift Ihr Arbeitgeber keine oder offensichtlich ungeeignete Maßnahmen zur Unterbindung einer (sexuellen) Belästigung am Arbeitsplatz, können Sie für die Zeit der Belästigung **aufhören zu arbeiten** ohne Ihr Einkommen für diesen Zeitraum zu verlieren, § 14 AGG.

Im Übrigen gelten die Ausführungen zu Benachteiligungen gemäß des AGG, s. o.

14. Das Mobbing:

Mobbing wird juristisch beschrieben als:

- fortgesetzte, aufeinander aufbauende oder ineinander übergreifende,
- der Anfeindung, Schikane oder Diskriminierung dienende systematische Verhaltensweise
- am Arbeitsplatz
- gegenüber einzelnen Mitarbeitern
- zur Erreichung von Zielen, die von der Rechtsordnung nicht gedeckt sind und
- die jedenfalls in ihrer Gesamtheit das allgemeine Persönlichkeitsrecht verletzen.

Hierunter wird Negativverhalten unter Kollegen oder Vorgesetzten gegenüber Untergebenen erfaßt Mittlerweile ist auch **Stuffing**, d. h. ein Negativverhalten in o. g. Form von Kollegen/Untergebenen gegenüber Vorgesetzten, als Mobbing verstanden.

Ihnen stehen hierbei <u>Unterlassungs-</u> und <u>Schadensersatz</u>ansprüche <u>gegenüber</u> Ihrem <u>Arbeitgeber</u> sowie <u>gegen</u> den oder die <u>Mobbingtäter</u> zu, §§ 823, 831 BGB.

Große Probleme bereitet Mobbingopfern in der Praxis, dass nicht nur ein schuldhaftes Verhalten des oder der Mobbingtäter, sondern auch o. g. sehr komplexes Mobbingverhalten **konkret bewiesen** werden muss.

Aus diesem Grund kann Ihnen nur geraten werden möglichst **schnell professionellen Rat** eines Anwalts **einzuholen**, um in der konkreten Situation zu überprüfen, ob und inwiefern es Sinn macht gegen das Mobbingverhalten sowie bestimmte Personen vorzugehen oder ein zeitnahes Ausscheiden bzw. ein Auszeit zu nehmen. Es ist leider so, dass Ihnen nicht in jedem Fall angeraten werden kann juristisch gegen Mobbing vorzugehen:

- Zum einen sollten Sie eine aufwändige Vorbereitung mit einem längeren Rechtsstreit – der Ihnen nicht die objektive und subjektive Gerechtigkeit sowie eine gerechte Strafe für die Täter beschert – nicht eingehen, wenn Sie einfach und schnell eine **neue, gute Stelle** bei einem anderen Unternehmen erhalten können, kein Kontakt des ersten und späteren Arbeitgebers, z. B. aufgrund der räumlichen Entfernung, besteht und ein gutes, sauberes Zeugnis erhalten. In diesem Fall können Sie sich sehr schnell und ohne Altlasten von den Verhältnissen Ihres bisherigen Arbeitgebers trennen. Denken Sie nicht, Sie könnten noch schnell und einfach eine schöne Abfindung durch ein Mobbingverfahren erhalten. Das Gegenteil ist der Fall: Mobbingverfahren sind juristisch und emotional anstrengend. Außerdem bewegen sich Schadensersatzansprüche vor deutschen Gerichten maximal im beginnenden fünfstelligen Bereich, wenn überhaupt!

- Zum anderen sollten Sie ein Mobbingverfahren vor Gericht nicht eingehen, wenn Sie **gesundheitlich und emotional sehr angegriffen** sind und sich

Gerechtigkeit und eine Strafe für die Täter erhoffen. Derartiges wird nicht eintreten. Entscheidend ist, dass Sie über einen Zeitraum von meist mehreren Monaten ganz konkret nachweisen müssen, wer wann was getan/gesagt hat, aus welchem Grund und mit welchen Aktionen/Reaktionen von Ihnen oder anderen Personen. Können Sie das vor Gericht nicht konkret beschreiben und **beweisen** – die Gegenseite wird alles sicherlich bestreiten (!) – verlieren Sie nicht nur diesen Rechtsstreit, sondern werden auch die weiteren Instanzen verlieren. Ferner ist gerade das schwer zu verkraften, wenn Sie sich falsche Vorstellungen machen. Lassen Sie sich nicht von einem Anwalt erzählen, das Mobbingverfahren werde kein Problem werden, alles ganz einfach, Sie behalten Ihre alte Stelle, eine Abfindung und die Täter/Beihilfepersonen werden streng bestraft!

Entscheiden Sie sich nach der Besprechung des gesamten, bisherigen Mobbingsachverhalts und etwaiger Alternativen des Ausscheidens aus dem Unternehmen mit dem Anwalt Ihres Vertrauens für die Durchführung eines Verfahrens, müssen Sie das Mobbingverhalten in jedem Fall sehr konkret nachweisen. Hierzu sollten Sie eine Art **sachliches Tagebuch** nach Tag, Anlaß, Täter-/Beihilfeperson, konkreter Tat und Aktion/Reaktion von Ihnen, Täter-/Beihilfeperson und weiteren Personen, speziell Vorgesetzten, führen. Bereiten Sie sich schon jetzt darauf vor, wie Sie reagieren, wenn das von Ihnen über eine längeren Zeitraum, den Sie mit Ihrem Anwalt festlegen und beobachten, durch die Gegenseite – Täter-/Beihilfepersonen, etwaige Zeugen, etc. – in Abrede gestellt wird.

 Achtung: Rügen Sie das Mobbingverhalten nicht nur an sich, sondern **zusätzlich als AGG-Verstoß**. In diesem Fall haben Sie ergänzend alle Rechte auf Unterlassung und Schadensersatz; aber speziell kommt Ihnen die **Beweisprivilegierung** des § 22 AGG zugute, wonach Sie nur Indizien für Ihre Diskriminierung und das Mobbing wegen eines in § 1 AGG genannten Punktes vorbringen müssen. In diesem Fall müssen dann Ihr Arbeitgeber bzw. die Mobbingtäter/-beihilfepersonen **beweisen**, dass kein Mobbing vorliegt!

Im Übrigen gelten die Ausführungen zu Benachteiligungen gemäß des AGG, s. o.

15. Der Datenschutz:

Aufgrund des Bundesdatenschutzgesetzes (BDSG) haben Sie als Arbeitnehmer das Recht auf **Auskunft, Berichtigung, Löschung und Sperrung**, ggf. sogar <u>Schadensersatz</u> gegen Ihren Arbeitgeber.

Derartige Fälle sind in der Praxis selten, weil im bestehenden Arbeitsverhältnis beide Parteien grundsätzlich Interesse an einem richtigen und sachgerechten Umgang mit den Arbeitnehmerdaten haben. Sollte dies, wie z. B. bei einer **Arbeitnehmerüberwachung** durch Videokameras, etc., nicht der Fall sein, helfen die der EU-DSGVO sowie des BDSG weiter. Hilfreich sind auch die Buß- und Strafvorschriften sowie die Möglichkeit (anonym) den Bundesbeauftragten für den Datenschutz und die Informationsfreiheit bzw. die entsprechende Aufsichtsbehörde mit sachlichen, zutreffenden Informationen und Beweisen zu kontaktieren. Die Adressen lassen sich einfach über das Internet herausfinden.

16. Der Streik:

Das Streikrecht ergibt sich aus dem Grundgesetz in Art. 9 Abs. 3. Gestreikt wird, wenn mehrere Arbeitnehmer gemeinsam die Arbeit niederlegen, um für bessere Arbeitsbedingungen zu kämpfen.

Achtung: Ein Streik ist **nur** dann rechtlich **zulässig** – und führt deshalb nicht zu einer Abmahnung oder

Kündigung des bestreikten Arbeitgebers gegenüber streikenden Arbeitnehmern –, **wenn** er:

- von einer Gewerkschaft offiziell ausgerufen ist,
- das Streikziel darin liegt, Firmen-/Haus- oder Branchen-/Flächentarifverträge zugunsten der Arbeitnehmer abzuschließen oder zu verbessern,
- kein Tarifvertrag besteht und die Arbeitnehmer, ob Mitglied in der Gewerkschaft oder nicht, für einen Tarifvertragsabschluss streiken oder ein bestehender Tarifvertrag zeitlich ausgelaufen ist,
- die Verhandlungen über den Abschluss bzw. die Verlängerung eines Tarifvertrages gescheitert sind und
- der Streik verhältnismäßig geführt wird, also nicht zu intensiven Schäden Ihres Arbeitgebers führt.

Sind Sie Mitglied in der Gewerkschaft, haben Sie für die Zeit des Streiks **Vergütungsansprüche** gegen diese, nicht aber gegen Ihren Arbeitgeber. Gemäß § 160 SGB III ruht Ihr Arbeitslosengeldanspruch grundsätzlich. Nichtmitglieder können weder von der Gewerkschaft, dem bestreikten Arbeitgeber oder der Arbeitsagentur ihren Einkommensverlust verlangen.
Unabhängig davon sind Beteiligungen an **Blockaden, Boykotts**, etc. unzulässig. Arbeitswillige Arbeitnehmer dürfen von Streikenden auch nicht am Betreten des Betriebes und der Arbeit gehindert werden. Zutritt zum Betrieb haben Streikende und die den Streik ausrufende Gewerkschaft ebenfalls nicht, auch Versammlungen im Betrieb sind unzulässig. Andernfalls kann Ihr Arbeitgeber hiergegen gerichtlich vorgehen. Auch eine **Kündigung** und <u>Schadensersatz</u> gegenüber Ihnen wäre möglich.

In der Praxis ist das aber kaum relevant, da Streiks selten geworden sind und es einem größeren Arbeitgeber ohnehin schwerfällt zu **beweisen**, dass gerade Sie vorgenannte Pflichtverletzungen begangen haben!

Ihr Arbeitgeber kann im Fall eines zulässigen Streiks versuchen durch Externe oder Neueinstellungen seine Arbeitsleistung zu erhalten. Extrem selten sind **Aussperrungen** während des Arbeitnehmerstreiks, bei denen Ihr Arbeitgeber den Betrieb ganz oder teilweise schließt, um so den Streik sinnlos zu machen und zu brechen. Während der Aussperrung erhalten Gewerkschaftsmitglieder Geld von der Gewerkschaft, Nichtmitglieder gehen leer aus. Arbeitgeberseitige Sonderzahlungen an arbeitswillige oder arbeitende Arbeitnehmer (**Streikbruchprämien**), die zur Unterwanderung und Boykottierung des Streiks führen, sind unzulässig und dürfen deshalb nicht gezahlt werden.

17. Die Arbeitnehmererfindungen:
Machen Sie anläßlich Ihrer Arbeit eine Erfindung, die patent- oder gebrauchsmusterfähig ist, einen technischen Verbesserungsvorschlag, eine Diensterfindung, etc., müssen Sie das Ihrem **Arbeitgeber** direkt **mitteilen**.
Der Arbeitgeber kann dann Ihre Erfindung <u>entweder</u> für sich und seinen Betrieb nutzen <u>oder</u> er gibt Ihre Erfindung für Ihre Nutzung frei. Im ersten Fall haben Sie einen Anspruch auf angemessene Vergütung. Im zweiten Fall können Sie Ihre Erfindung anderweitig verwenden, zuvor müssen Sie sie Ihrem Arbeitgeber aber mindestens zu angemessenen Bedingungen anbieten.
Das Arbeitnehmererfindungsgesetz gilt immer zu Ihren Gunsten. Die Nutzung durch Sie, Ihren Arbeitgeber oder andere Personen kann auch immer erst nach der Anmeldung Ihrer Erfindung erfolgen!

18. Die Ausschlussfristen:

 Achtung: Ausschlussfristen sind in der Praxis sehr wichtig und müssen unbedingt von Ihnen eingehalten werden, da Sie ansonsten Ihr Recht verlieren. Sie ergeben sich **aus** einem anwendbaren **Tarifvertrag**, einer **Betriebs-/Dienstvereinbarung** oder Ihrem **Arbeitsvertrag**.

Häufig sind sie zweistufig, d. h. zuerst müssen Sie außergerichtlich Ihre Rechte innerhalb einer bestimmten Frist – meist drei Monate – schriftlich gegenüber Ihrem Arbeitgeber geltend machen. Erst wenn sich Ihr Arbeitgeber hierauf gar nicht gemeldet hat oder Ihren Anspruch schriftlich ablehnt, müssen Sie binnen drei Monaten nach Ablehnung oder Fälligkeit des konkreten von Ihnen geforderten Anspruchs bzw. Fristablauf eine Klage vor dem Arbeitsgericht erheben. **Versäumen Sie eine der Fristen oder erheben Sie keine Klage**, verfällt Ihr Anspruch allein deshalb komplett!

Sollten die Fristen <u>jeweils unter drei Monaten</u> liegen, ist die Klausel unwirksam, so dass Sie diese nicht beachten müssen und Ihr Recht nicht verlieren.

Selten wird in der Praxis ein **Verzicht** der Gegenseite auf bereits vereinbarte Ausschlussfristen vorgenommen. Wird der Verzicht aber beweisbar schriftlich durch die verantwortlichen Personen erklärt, ist der Verzicht wirksam und Sie müssen die Ausschussfristen ab da nicht mehr beachten. Das geschieht in der Praxis teilweise bei längeren Gerichtsverfahren, da ansonsten mit der Zeit weitere Ansprüche immer zusätzlich fristwahrend geltend gemacht werden müssten, was bürokratisch ist.

4. Teil: Die Beendigung des Arbeitsverhältnisses

Die Beendigung Ihres Arbeitsverhältnisses kann einvernehmlich, also mit Willen beider Parteien, zwischen Ihnen und Ihrem Arbeitgeber durch einen Aufhebungs- oder Abwicklungsvertrag oder einseitig durch Sie oder Ihren Arbeitgeber durch eine Kündigung geschehen.

Eine Beendigung wird nach der Rechtsprechung immer durch die Kündigung erzielt, so dass ein Rücktritt nie zur Beendigung eines Arbeitsverhältnisses führt. Auch ein Widerruf eines Arbeitsverhältnisses existiert nicht und beendet ein Arbeitsverhältnis nicht. Ferner kann durch eine reine Suspendierung oder Freistellung von der Arbeit noch keine Beendigung des Arbeitsverhältnisses gesehen werden.

Da alle o. g. Beispiele jedoch zum Ausdruck bringen, dass das Arbeitsverhältnis enden soll, ist es möglich die **Erklärung** in eine Kündigung **umzudeuten**. Für die Wirksamkeit dieser Erklärung müssen aber die Voraussetzungen einer Kündigung vorliegen.

Ein Sonderfall der Beendigung eines Arbeitsverhältnisses ist die Erklärung einer **Anfechtung**.

Die Anfechtung ist im Arbeitsrecht nur relevant, wenn sich entweder Ihr Arbeitgeber oder Sie sich als Arbeitnehmer arglistig getäuscht fühlen. Eine Anfechtung kommt in der Praxis sehr selten vor. Wenn überhaupt werden Arbeitsverträge angefochten, wenn im Bewerbungsgespräch zulässige Fragen durch Ihren Arbeitgeber gestellt wurden, so dass Sie nicht lügen durften und Sie dennoch nicht die Wahrheit sagten. Dagegen können Sie bei unzulässigen Fragen des Arbeitgebers bewußt lügen, ohne dass Ihr Arbeitgeber den abgeschlossenen Arbeitsvertrag anfechten kann, s. (un-)zulässige Fragen – Ihr Recht zur Lüge –.

I. Die Kündigung:

Die einseitige Beendigung eines Arbeitsverhältnisses erfolgt üblicherweise durch eine (Beendigungs-)Kündigung.

Bei Kündigungen müssen bestimmte Voraussetzungen für deren Wirksamkeit vorliegen, die nach den allgemeinen **Beweisregeln** von demjenigen bewiesen werden müssen, der kündigt.

Bei einer Kündigung Ihres Arbeitgebers können Sie außer bei einer verhaltensbedingten Kündigung oder einem sehr klammen Arbeitgeber davon ausgehen, dass Ihnen eine Abfindung gezahlt wird, auch wenn hierauf gesetzlich kein Anspruch besteht. Dafür müssen Sie aber gegen Ihre Kündigung klagen!

Beachten Sie, dass die arbeitsrechtlichen Vorschriften zu Ihrem Schutz als Arbeitnehmer bestehen. Sollten Sie bei Ihrer **Eigenkündigung** das Arbeitsverhältnis selbst kündigen, müssen Sie diese – z. B. die Anwendung des Kündigungsschutzgesetz (KSchG), die Anhörung des Betriebs-/Personalrats gemäß Betriebsverfassungsgesetz (BetrVG), etc. – nicht einhalten.

Ihre Eigenkündigung muss nur:

- schriftlich erfolgen (keine SMS, etc.), von Ihnen mit der Originalunterschrift unterschrieben sein,
- dem Berechtigten, d. h. demjenigen der auch Ihnen kündigen könnte, z. B. Geschäftsführer, Personalleiter, etc., möglichst gegen Quittierung zugehen und
- bei einer ordentlichen und außerordentlichen Kündigung mit sozialer Auslauffrist die Kündigungsfrist einhalten.
- Ferner muss bei einer außerordentlichen Kündigung mit sozialer Auslauffrist und außerordentlich fristlosen Kündigung ein wichtiger Grund zur Kündigung bestehen.

Begründen müssen Sie Ihre Kündigung nie.

Beispiel: Eigenkündigung
An den Arbeitgeber

Sehr geehrte Damen und Herren,

hiermit kündige ich mein Arbeitsverhältnis mit Ihnen
- ordentlich zum … (ordentliche Kündigung).
- außerordentlich mit sozialer Auslauffrist zum … (außerordentliche Kündigung mit soz. Auslauffrist).
- außerordentlich fristlos (außerordentlich fristlose Kündigung).

Ich bitte Sie mir diese Kündigung schriftlich zu bestätigen.

Mit freundlichen Grüßen

Ort, Datum   Unterschrift Arbeitnehmer

Haben Sie Ihre Eigenkündigung unüberlegt Ihrem Arbeitgeber geschrieben, können Sie diese solange **zurücknehmen** bis sie Ihrem Arbeitgeber zugegangen ist. Nach dem Zugang können Sie nur noch die **Anfechtung** derselbigen erklären. Dazu müssen aber die Voraussetzungen der Anfechtung vorliegen, d. h. Sie wurden durch arglistige Täuschung, widerrechtliche Drohung oder über eine verkehrswesentliche Eigenschaft durch Ihren Arbeitgeber getäuscht und haben nur deshalb Ihre Eigenkündigung ausgesprochen. Das ist für Sie sehr schwer zu begründen und zu **beweisen**, von daher hat eine Anfechtung pur juristisch kaum Chancen. In der Praxis sollten Sie über Ihren Anwalt Kontakt zum Arbeitgeber aufnehmen lassen, damit der Ihre Eigenkündigung möglichst auf dem kurzen Dienstweg unbürokratisch aus der Welt schafft und das Arbeitsverhältnis weiter fortgesetzt werden kann, was durchaus realistisch ist. Die Rechtsprechung deutet im Übrigen eine o. g. unwirksame Anfechtung so um, dass Sie Ihrem Arbeitgeber anbieten das Arbeitsverhältnis unverändert fortzusetzen bzw. einen Aufhebungsvertrag abzuschließen. Dazu muss Ihr Arbeitgeber aber zustimmen, was nur er bestimmt.

1. Die Kündigungsformen:

Es werden zwei Grundformen von Kündigungen unterschieden, die ordentliche und die außerordentliche Kündigung.

Die **ordentliche Kündigung** regelt den Normalfall, d. h. es soll eine Beendigung Ihres Arbeitsverhältnisses unter Einhaltung der normalen Kündigungsfrist erfolgen.

Dagegen wird das Arbeitsverhältnis bei einer (normalen fristlos) **außerordentlichen Kündigung** ohne Einhaltung der Kündigungsfrist sofort auf Knopfdruck, also ohne Frist, beendet. Hierfür müssen aber gesteigerte Voraussetzungen gegeben sein, z. B. muss ein wichtiger (Kündigungs-)Grund vorliegen und die außerordentliche Kündigung muss Ihnen bereits innerhalb von zwei Wochen nach Kenntnis Ihres Arbeitgebers von den wesentlichen zur Kündigung berechtigenden Umständen zugegangen sein.

Darüber hinaus gibt es die (seltene) **außerordentliche Kündigung unter Wahrung der sozialen Auslauf(-kündigungs-)frist**. Diese ist eine Zwischenform der ordentlichen und der (normalen fristlos) außerordentlichen Kündigung. Sie kommt zur Anwendung, wenn Sonderkündigungsschutz, z. B. tarifliche Unkündbarkeit besteht, so dass ein besonders schwerwiegender – juristisch: wichtiger – Grund für die Zulässigkeit der Kündigung vorliegen muss. Deshalb außerordentliche Kündigung.

Auch **gestaffelte Kündigungen**:

- 1. außerordentlich fristlos und hilfsweise – für den Fall, dass die Voraussetzungen der außerordentlich fristlosen Kündigung nicht vorliegen sollten – 2. ordentlich oder
- 1. außerordentlich fristlos und hilfsweise – für den Fall, dass die Voraussetzungen der außerordentlich fristlosen Kündigung nicht vorliegen sollten – 2. außerordentlich mit sozialer Auslauffrist (da auf-

grund des bestehenden Sonderkündigungsschutzes eine ordentliche Kündigung unzulässig wäre)

sind zulässig (Schrotflintenprinzip).

Achtung: Sollte in Ihrem Betrieb <u>kein</u> Betriebs-/Personalrat bestehen, ist eine **Umdeutung** einer außerordentlichen in eine ordentliche Kündigung, die geringere Voraussetzungen hat und deshalb für ihn einfacher ein Arbeitsverhältnis beendet, sogar noch im Gerichtsverfahren möglich, wenn sich Ihr Arbeitgeber hierauf beruft.

Sollte dagegen bei Ihnen <u>ein</u> Betriebs-/Personalrat existieren, ist eine Umdeutung nur möglich, wenn Ihr Arbeitgeber den Betriebs-/Personalrat direkt zu beiden Kündigungen ordnungsgemäß anhörte. Ansonsten ist die Umdeutung unzulässig!

Beispiel: Kündigung durch den Arbeitgeber
Sehr geehrte(r) Herr/Frau …,

hiermit kündigen wir Ihnen
- ordentlich zum … (ordentliche Kündigung).
- außerordentlich mit sozialer Auslauffrist zum … (außerordentliche Kündigung mit soz. Auslauffrist).
- außerordentlich fristlos (außerordentlich fristlose Kündigung).

Bei der außerordentlichen Kündigung mit soz. Auslauffrist & außerordentlich fristloser Kündigung zusätzlich: Die Kündigung erfolgt aus folgenden Gründen: … .
Wenn ein Betriebs-/Personalrat besteht zusätzlich: Die Rechte des Betriebs-/Personalrats wurden gewahrt.
Ggf.: Hinweis auf Arbeitssuchend- und Arbeitslosmeldung.

Mit freundlichen Grüßen

Ort, Datum   Unterschrift Arbeitgeber

2. Die allgemeinen Voraussetzungen einer Kündigung:

Kündigt Ihnen Ihr Arbeitgeber (**Arbeitgeberkündigung**), muss er alle folgenden **allgemeinen und ggf. besonderen sowie weitere Voraussetzungen** nachweisen, was Sie ausnutzen können:

a) Die Kündigungskompetenz:

Eine Kündigung muss immer durch den Berechtigten erfolgen. Klar kann Ihnen nicht jeder x-Beliebige kündigen.
Entweder kündigt Ihnen der gesetzliche Vertreter des Arbeitgebers/Unternehmens. Das ist grundsätzlich der Chef des Unternehmens (**Kapitän des Schiffes**) oder ein sonst hierzu Befugter; **sonstige Befugte** sind speziell Personalleiter (nicht aber reine Personalsachbearbeiter) oder Prokuristen, d. h. Mitarbeiter, die vom Kapitän dazu ermächtigt wurden. Bei Prokuristen muss die Prokura aber im Handelsregister eingetragen und vom Registergericht bekannt gemacht worden sein. Auch das muss Ihr Arbeitgeber – bei entsprechendem Bestreiten durch Sie – **beweisen**!

Besondere Vorsicht ist bei der (Unter-)**Vertretung** angebracht.
Zwar kann eine Kündigung durch einen (Unter-)Vertreter des Berechtigten ausgesprochen werden. Diese kann aber durch Sie zurückgewiesen werden, wenn der (Unter-)Vertreter Ihnen zu der Originalkündigung keine Originalvollmacht des Berechtigten – alles natürlich mit Original-Unterschrift des Berechtigten – übergibt und sie üblicherweise bei Ihnen belässt, § 174 Satz 2 BGB. Sollten nicht Sie die Kündigung aus o. g. Grund zurückweisen, sondern Ihr Anwalt, muss dieser eine generelle Vollmacht von Ihnen dem (Unter-)Ver-

treter schriftlich im Original nachweisen, damit dessen Zurückweisung wirksam ist.

 Achtung: Die Zurückweisung muss <u>unverzüglich</u>, d. h. sofort, spätestens aber binnen zweier Tage erfolgen.
Erfolgt die Zurückweisung wie vorgenannt, ist die Kündigung nicht durch den Berechtigten erklärt worden, so dass die Kündigung direkt nichtig, also unwirksam ist.

b) Die Schriftform:
Eine Kündigung muss **immer schriftlich** erklärt werden, d. h. es muss schriftlich zum Ausdruck kommen, dass das Arbeitsverhältnis enden soll. Der Kündigende muss diese Erklärung durch seine Originalunterschrift „beurkunden". Die Schriftform ist immer zwingend, so dass hiervon keine Ausnahmen zulässig sind oder vereinbart werden können. Ist die Schriftform nicht gewahrt, ist die Kündigung direkt nichtig, also unwirksam.
In der Praxis werden Kündigungen manchmal mit einer sehr unleserlichen Unterschrift unterzeichnet. Sollten Sie die Unterschrift nicht kennen und auch nicht entziffern können, beziehen Sie sich auf die **Paraphenrechtsprechung**. Hiernach sind Paraphen, d. h. bloße Namensschlenker, denen manche Unterschriften ähneln, nicht ausreichend für eine Unterschrift. Es muss mindestens ein – üblicherweise der erste – Buchstabe des Nachnamens entziffert werden können, ansonsten ist die Schriftform nicht gewahrt und die Kündigung direkt unwirksam. Setzen Sie aber nicht alle Ihre Hoffnungen hierein, da die Gerichte die Paraphenrechtsprechung entweder nicht kennen oder die Unterschrift als leserlich bzw. Ihnen bekannt ansehen. Rügen sollten Sie das aber dennoch!

c) Der Zugang:

Sehr fehleranfällig ist der Zugang einer Kündigung. Wird Ihnen die Kündigung direkt übergeben (**Zugang unter Anwesenden**), gilt die Kündigung als zugegangen, wenn Sie das Kündigungsschreiben übergeben bekommen. Beachten Sie, dass Sie zwar nicht zur Empfangsbestätigung/Quittierung verpflichtet sind, bei einer Nichtannahme bzw. Nichtquittierung der Zugang aber immer bejaht wird (verweigerte Annahme). Von daher ist Ihre Reaktion bei der Übergabe im Ergebnis egal. Sollte Ihnen die schriftliche Kündigung nur zum Durchlesen übergeben werden, ist ein Zugang gegeben. Trotzdem sollten Sie den Zugang bestreiten, wenn Ihnen die Kündigung nicht übergeben bzw. wieder abgenommen wurde. Ihr Arbeitgeber muss dann den Zugang bei Ihnen im Prozess beschreiben und **beweisen**.

Bei einer Übersendung der Kündigung (**Zugang unter Abwesenden**) gilt die Kündigung erst dann bei Ihnen als zugegangen, wenn Sie die Möglichkeit der Kenntnisnahme hatten, Sie also die Kündigung lesen konnten.

Wird Ihnen also die Kündigung **postalisch einfach** übersandt, gilt diese als zugegangen, wenn die nächste regelmäßige Leerung Ihres Briefkastens erfolgen würde, was grundsätzlich die Leerung am darauffolgenden Morgen eines Werk- oder Samstags ist.

Auch das **Einwurfeinschreiben** wird wie ein einfacher Brief behandelt, nur mit dem Unterschied, dass der Absender einen Nachweis von dem zustellenden Postboten erhält, auf dem steht, dass der Brief an einem bestimmten Datum zu einer bestimmten Uhrzeit in Ihren Postkasten geworfen wurde.

Erstaunlicherweise übersenden immer noch viele Arbeitgeber Kündigungen mit **Einschreiben und Rückschein**. Das ist sehr risikoreich für Ihren Arbeitgeber, wenn auch auf den ersten Blick komfortabel. Auch hier gilt die Kündigung erst dann als zugegangen, wenn Sie den „Machtbereich" des Empfängers, sprich Wohnungs-/Hausbriefkasten, erreicht hat. Der Zugang allein des Benachrichtigungszettels, falls

186

Sie nicht angetroffen wurden, stellt noch keinen Zugang der Kündigung dar, sondern erst, wenn die Kündigung direkt entgegen genommen wurde oder – soweit Sie abwesend waren – die Kündigung aufgrund des Benachrichtigungszettels beim Postamt abgeholt wurde. Sollte die Kündigung trotz des Benachrichtigungszettels nicht abgeholt werden, gilt die Kündigung im Zweifel als nicht zugegangen und Ihr Arbeitgeber muss den Zugang bei Ihnen **beweisen**, was ihm sehr schwer fallen wird, auch wenn hier ein vereitelter Zugang diskutiert würde.

Es werden teilweise Postkästen oder Namensschilder von Empfängern entfernt oder ein böser Hund danebengesetzt, damit eine Kündigung nicht zugehen kann. In diesem Fall liegt eine **Zugangsvereitelung** vor, was bedeutet, dass der Empfänger weiß, dass er eine Kündigung erhalten wird und diese bösartig versucht mit unfairen Mitteln nicht zugehen zu lassen. Das lässt die Rechtsprechung nicht zu, so dass in diesen Fällen ein Zugang der Kündigung zum jeweils nächstmöglichen Termin, regelmäßig der nächste Morgen eines Werktages bzw. Samstags, unterstellt wird, soweit der Arbeitgeber die Zugangsvereitelung, d. h. das Abschrauben des Postkastens o. ä., **beweisen** kann. Auch eine kurze oder lange Abwesenheit durch Urlaub, Untersuchungshaft, Krankenhaus, Kur, Reha, etc. lässt den Zugang zum jeweils nächstmöglichen Termin nicht entfallen. Von daher sollten Sie sich nicht die Mühe machen.

In besonders wichtigen oder eiligen Fällen schicken Arbeitgeber einen zuverlässigen **Boten** zu Ihnen nach Hause, der die Kündigung Ihnen persönlich übergeben soll, bei Verweigerung das für den Arbeitgeber notiert oder – bei Ihrer Abwesenheit – die Kündigung bei Ihnen einwirft. Zusätzlich protokolliert er für den Arbeitgeber den Zugang, d. h. Übergabe, Einwurf, Verweigerung, etc., mit seinem Namen, Datum und Uhrzeit. In diesem Fall gilt das oben Gesagte mit einer Besonderheit: Fragen Sie nicht nach dem Kuvertinhalt und kann Ihr Arbeitgeber später nicht **beweisen**, dass das Kuvert gerade Ihre Kündigung vom … zum … aus dem Grund … enthielt, ist streitig, was denn genau der Inhalt des

Kuverts war. Es spricht zwar einiges dafür, dass das Ihre Kündigung war, speziell bei entsprechender Vorgeschichte. Sicher ist das aber nicht und das muss Ihr Arbeitgeber **beweisen**! Aus diesem Grund nehmen Arbeitgeber einen erfahrenen Boten und sagen dem vorher, dass sich Ihre Kündigung, Herrn/Frau … vom … zum … aus dem Grund … im Kuvert befindet, was zusätzlich in dem Protokoll notiert wird. In diesem Fall ist der Zugang bei Ihnen ganz sicher zum Zeitpunkt der Übergabe, spätestens aber am Tag der regelmäßigen Leerung Ihres Briefkastens eingetreten, gleichgültig wie Sie sich verhalten.

 Achtung: Teilweise verschärfen sich die Fronten zwischen Ihnen und Ihrem Arbeitgeber bei Zugangsproblemen, so dass Sie **nicht** ohne Grund **provozieren** sollten. Es ist aber Ihr gutes Recht Ihre Interessen an der Unwirksamkeit der Kündigung auszureizen!

Lassen Sie sich nicht dadurch irritieren, dass Ihr Arbeitgeber eventuell **mehrere Kündigungen** und z. T. an **unterschiedliche Adressen** von Ihnen adressiert. Das deutet entweder daraufhin, dass der Arbeitgeber bzgl. des Zugangs und Ihres Wohn-/Aufenthaltsortes unsicher ist oder er Sie dadurch schikanieren will, was selten vorkommt. Im Ergebnis ändert das nichts an dem Zugang mindestens einer Kündigung bei Ihnen.
Eine **Wiederholungskündigung**, d. h. eine Kündigung aus demselben Grund im Sinne von Kündigungssachverhalt, ist unwirksam. Sollte die erste Kündigung aber nur aus formellen Gründen, z. B. Zugangsproblemen, unwirksam sein oder stellen sich später neue Kündigungsgründe heraus, ist die weitere Kündigung aus demselben Grund ohne formellen Fehler oder aus einem weiteren Kündigungsgrund wirksam!
Ansonsten gilt: **Ein Kündigungsgrund** (-sachverhalt), **eine Kündigung** (-smöglichkeit)! Aus diesem Grund sollten Sie **gegen alle Kündigungen sicherheitshalber Klage erheben**, weil ansonsten eine nicht angegriffene Kündigung Ihr

Arbeitsverhältnis beendet, auch wenn sie juristisch nicht wirksam war. Und dann ist Ihr Arbeitsverhältnis beendet! Das hat zwar gesteigerten Aufwand zur Folge und führt zu höheren Prozesskosten, diese sollten Ihnen bei einem bestehenden Arbeitsverhältnis aber recht sein, im Übrigen können Sie bei einer oder mehreren **offensichtlich unbegründeten Kündigungen** Schadensersatz für die Kosten des Gerichtsverfahrens und Schmerzensgeld von Ihrem mutwillig kündigenden Arbeitgeber verlangen. Für die offensichtliche Unbegründetheit der Kündigungen sind jedoch Sie darlegungs- und **beweis**belastet.

Beachten Sie, dass Kündigungen **zu jedem Zeitpunkt** zugestellt werden können, auch an Feiertagen oder persönlich bedeutsamen Ereignissen, z. B. Ihrer eigenen Hochzeit, Beerdigung von nahen Angehörigen, etc. Die Wirksamkeit der Kündigung und deren Zugang ist hiervon unbeeindruckt. Ggf. macht sich der Arbeitgeber aber schadensersatzpflichtig. Sie müssen den bei Ihnen eingetretenen Schaden aber beweisen und in Euro berechnen, was Sie in der Praxis nicht leisten können. Es bleibt aber eine deutlich respektlose Note übrig, die im Rahmen eines Rechtsstreits zwischen den Zeilen gegen Ihren Arbeitgeber sprechen kann.

d) Die richtigen Kündigungsdaten:
Sollte in der Kündigung ein **falsches** End-**Datum** bzw. eine falsche Datumsberechung erfolgt sein, ist das irrelevant. Es wird automatisch in das richtige Datum umgedeutet.

Problematisch ist dagegen ein falsches Datum des Kündigungsschreibens. In diesem Fall wird auf den tatsächlichen Zugang des Kündigungsschreibens bei Ihnen – unabhängig von dem Datum des Kündigungsschreibens – abgestellt. In extremen Fällen, z. B. ein 12 Monate altes oder in die Zukunft ausgestelltes Kündigungsschreiben, wird aber nicht mehr von einem in das richtige Datum umzudeutendes Versehen, sondern Verwirkung, ausgegangen. Hierdurch wäre das Kündigungsrechts Ihres Arbeitgebers ausgeschlossen und die Kündigung ist unzulässig. **Sicherheitshalber soll-**

ten Sie immer auch gegen offensichtlich falsche Kündigung klagen!

e) **Sonstiges:**

- Häufig wird mißverstanden, dass der **Kündigungsgrund im Kündigungsschreiben benannt** werden muss. Das ist falsch, der Kündigungsgrund muss Ihnen zwar (zumindest auf Nachfrage) persönlich genannt werden und sich – bei bestehendem Betriebs-/Personalrat – aus der Anhörung ergeben. In dem Kündigungsschreiben kann er genannt werden, muss aber nicht.
Eine <u>Ausnahme</u> besteht nur bei Azubis und Umschulungen bzw. Fortbildungen, § 22 Abs. 3 BBiG sowie Kündigungen im Mutterschutz § 17 Abs. 2 Satz 2 MuSchG. Hier muss der Kündigungsgrund im Kündigungsschreiben ausdrücklich im Kündigungsschreiben stehen.

- Kündigungen sind **bedingungsfeindlich**, d. h. sie können nicht von einer Bedingung abhängig gemacht werden. Ihr Arbeitgeber kann Ihnen deshalb nicht sagen: „Ich kündige Ihnen, wenn Sie jetzt nicht das Angebot x an den Kunden y rausschicken." Entweder kündigt er oder er lässt es. Lassen Sie sich nicht ins Bockshorn jagen. Entscheidend ist immer, dass der Kündigungsgrund zum Zeitpunkt des Kündigungsausspruchs vorliegt. Deshalb überprüfen Gerichte ausschließlich, ob zum Zeitpunkt des <u>Kündigungsausspruchs</u> die jeweiligen Kündigungsgründe vorlagen (**Prüfungszeitpunkt des Gerichts**)!

- Juristisch kniffelig ist das **Nachschieben von Kündigungsgründen**. Hierbei wurde Ihnen bereits aus einem bestimmten, zum Zeitpunkt des Kündigungsausspruchs, bestehenden Kündigungsgrund, gekündigt. Nachträglich – meist während eines

Kündigungsschutzprozesses – erkennt Ihr Arbeitgeber weitere, über den ersten Kündigungsgrund noch nicht bekannte Kündigungsgründe.

Ihr Arbeitgeber kann Ihnen dann aus diesem/n Grund/Gründen separat ein zweites Mal kündigen <u>oder</u> er versucht die ihm ursprünglichen – zum Zeitpunkt des ersten Kündigungsausspruchs vorliegenden –, ihm aber nicht bekannten Gründe in das Gerichtsverfahren bzgl. der ersten Kündigung zu integrieren. Ersteres ist immer zulässig, allerdings müssen die übrigen allgemeinen und besonderen Kündigungsvoraussetzungen für die zweite Kündigung vorliegen. Juristisch ist das einfacher und sicherer, finanziell aber teurer, denn Ihr Arbeitgeber muss Ihnen eine neue Kündigung mit – falls nicht außerordentlich fristlos – neu abzulaufender Kündigungsfrist aussprechen. Deshalb wird in der Praxis immer nachgeschoben. Als <u>Voraussetzung</u> muss Ihr Arbeitgeber nachweisen, dass:

- Er zum Zeitpunkt des ursprünglichen Kündigungsausspruchs gar keine Kenntnis von den nachzuschiebenden Kündigungsgründen hatte und das auch nicht musste, weil die Kündigungsgründe weder offensichtlich waren noch sich ihm sonst aufdrängen mussten, wie z. B. Beschwerden von Kunden, anonyme Briefe, etc. und

- – soweit vorhanden – er Ihren Betriebs-/Personalrat zum Nachschieben der Kündigungsgründe ordnungsgemäß bzgl. Inhalt und Einhaltung der jeweiligen Fristen anhörte.

Beim Nachschieben von Kündigungsgründen werden in der Praxis extrem viele Fehler gemacht, so dass das Nachschieben meist unwirksam ist. Konsequenz ist dann aber eine neue Kündigung mit neuer Kündigungsfrist.

Sie haben somit (nur) eine neue Kündigungsfrist gewonnen!

EXKURS: Die Kündigungsfrist

Kündigungsfristen müssen nur bei einer ordentlichen und außerordentlichen Kündigung mit sozialer Auslauffrist beachtet werden.

Um **die richtige Frist** zu bestimmen, müssen Sie überprüfen, welche Regelungen auf Ihr Arbeitsverhältnis Anwendung finden:

- Ein Tarifvertrag – soweit anwendbar –,
- das Gesetz (hier § 622 BGB) oder
- Ihr Arbeitsvertrag.

Bzgl. der Kündigungsfristen bestehen aber kaum Unterschiede zwischen den unterschiedlichen Regelungen, so dass Sie weitestgehend der Vollständigkeit halber die Frist kontrollieren sollten.

Die gesetzliche Kündigungsfrist während der vereinbarten **Probezeit** beträgt zwei Wochen, § 622 BGB.

Die **Grundkündigungsfrist** beträgt gemäß § 622 BGB vier Wochen zum 15. oder Ende eines Kalendermonats. Diese Frist gilt für Kündigungen durch Sie als Arbeitnehmer (**Arbeitnehmerkündigung**) immer. Hierbei ist es gleichgültig wie lange Sie bereits bei Ihrem Arbeitgeber beschäftigt sind, außer durch Tarifvertrag sind längere oder kürzere Fristen oder andere Kündigungstermine vereinbart. Sind Sie als vorübergehende Aushilfe weniger als drei Monate beschäftigt oder hat Ihr Arbeitgeber maximal 20 Arbeitnehmer exklusive der Auszubildenden (wobei Arbeitnehmer mit maximal 20 h Wochenarbeitszeit als 0,5, Arbeitnehmer mit maximal 30 h Wochenarbeitszeit als 0,75 und Arbeitnehmer mit mehr als 30 h Wochenarbeitszeit als 1,0 Personen gezählt werden) ist die Unterschreitung der Kündigungsfrist von vier Wochen zulässig. Das muss aber im Arbeitsvertrag verein-

bart werden. Sollte in Ihrem Arbeitsvertrag dagegen eine längere Kündigungsfrist enthalten sein, gilt diese.
Für die Kündigung durch den Arbeitgeber (**Arbeitgeberkündigung**) kommen nach Länge der Betriebszugehörigkeit gestaffelte Fristen zur Anwendung:
Hat das Arbeitsverhältnis:

- – zwei Jahre Betriebszugehörigkeit (BZ) bestanden, beträgt die Kündigungsfrist, ein Monat,

- – fünf Jahre BZ, zwei Monate,

- – 10 Jahre BZ, drei Monate,

- – 12 Jahre BZ, vier Monate,

- – 15 Jahre BZ, fünf Monate,

- – 20 Jahre BZ, sechs Monate jeweils bis zum Ende des Kalendermonats.

 Achtung: Hierbei zählt Ihre Zugehörigkeit vor der Vollendung Ihres 25. Lebensjahres mit, wenn sich die Berufstätigkeit nahtlos an eine **vorhergehende Ausbildung** angeschlossen hat, auch wenn das im Gesetz abweichend geregelt ist (Redaktionsfehler).

Hat der Eigentümer Ihres Betriebes gewechselt (**Betriebsübergang**) beginnt Ihre Betriebszugehörigkeit ab dem Erwerb nicht neu bei Null, sondern läuft ohne Unterbrechung weiter. Das gilt auch bei einer **langen Krankheit** von Ihnen oder wenn Sie den **Betrieb verlassen** haben und binnen sechs Monaten wieder eintreten.

Wichtig ist, dass die Kündigungsfrist, die Sie als Arbeitnehmer einhalten müssen, nicht länger sein darf als diejenige für Ihren Arbeitgeber. Ansonsten ist die Frist unwirksam und die gesetzliche Kündigungsfrist gilt, § 622 BGB.

Für Arbeitnehmer, die für **mehr als fünf Jahre angestellt** sind, und **Organmitglieder**, d. h. Geschäftsführer, Vorstände, gelten Sondervorschriften, §§ 624, 621 BGB.

In der **Insolvenz** kann durch jede Partei mit einer Frist von drei Monaten zum Monatsende gekündigt werden, wenn nicht nach o. g. Vorschriften kürzere Fristen Anwendung finden. Tarifverträge müssen dann nicht eingehalten werden, § 113 InsO.

3. Die besonderen Voraussetzungen einer Kündigung:
a) Die Anwendbarkeit des Kündigungsschutzgesetzes – Der Prüfungsmaßstab:

Haben Sie an einem Stück **weniger als sechs Monate** bei dem Unternehmen gearbeitet, was meist Ihrer Probezeit entspricht, gilt das Kündigungsschutzgesetz (KSchG) für Sie nicht (**Probezeitkündigung**). Das hat große Bedeutung, da Ihr Arbeitsverhältnis in diesem Fall deutlich weniger geschützt ist, als bei Eingreifen des KSchG:

In diesem Fall kann die Kündigung **nur** im Hinblick auf Verstöße gegen die guten Sitten nach § 138 BGB und Treu und Glauben gemäß § 242 BGB (**allgemeiner Gerechtigkeitsgedanke**) überprüft werden. Es reicht im Gegensatz zu einem Arbeitsverhältnis außerhalb/nach der Probezeit deshalb eine **nachvollziehbar wertende Prognoseentscheidung** zum Zeitpunkt des Kündigungsausspruchs Ihres Arbeitgebers aus, um das Probezeitarbeitsverhältnis kurz und knackig rechtlich wirksam enden zu lassen. Es ist deshalb rechtlich vollkommen ok, wenn Ihr Arbeitgeber nur meint Sie seien zu langsam, zu oft krank, zu unzuverlässig, integrieren sich nicht in die Abteilung o. ä.! Damit dessen Entscheidung in tatsächlicher Hinsicht keinen Unfrieden im Betrieb verursacht und auch rechtlich nicht angreifbar ist, berufen sich geschulte Arbeitgeber in der Praxis oft darauf, dass aus betrieblichen Gründen kein weiterer Bedarf mehr an Ihrer Arbeitsleistung besteht, um einen neutraleren Grund zu wählen, keine Angriffsfläche zu bieten und die emotionalen Wogen nicht unnötig hoch steigen zu lassen.

Während der Probezeit ist das bereits ausreichend für einen rechtlich wirksamen Kündigungsgrund, **außer** Sie verfügen über **Sonderkündigungsschutz**, z. B. wenn einer Schwangeren während der Probezeit gekündigt werden soll, sich jemand in der Elternzeit befindet, etc. Sind Sie aber schwerbehindert oder einem Schwerbehinderten gleichgestellt und noch nicht länger als sechs Monate bei Ihrem Arbeitgeber, gilt für Sie noch nicht der Sonderkündigungsschutz des SGB IX, s. Sonderkündigungsschutz!

Besteht in Ihrem Betrieb ein **Betriebs-/Personalrat**, muss der zu Ihrer Probezeitkündigung vor deren Ausspruch angehört werden. Sind die Fristen im Rahmen der Betriebs-/Personalratsanhörung in Ordnung, s. Betriebs-/Personalratsanhörung, und liegen die weiteren Voraussetzungen einer normalen Kündigung vor (speziell: **Schriftform** der Kündigung, **Zugang** bei Ihnen), ist bereits jetzt die Probezeitkündigung rechtlich in Ordnung. Sie wird mit Ausspruch wirksam und Ihr Probezeitarbeitsverhältnis endet mit Auslaufen der zweiwöchigen Kündigungsfrist, § 622 BGB. Während dieser Zeit werden meist die aufgebauten Urlaubsansprüche und ggf. zusätzlichen Überstunden abgebaut.

Sind Sie **länger als sechs Monate** in demselben Unternehmen beschäftigt **und** hat Ihr Arbeitgeber **durchschnittlich mehr als** fünf **Arbeitnehmer** – wenn Sie vor dem 31.12.2003 begonnen haben oder mehr als 10 Arbeitnehmer, wenn Sie nach dem 01.01.2004 eingestellt wurden – gilt für Sie das KSchG. Hierfür müssen Sie aber Arbeitnehmer im Sinne des § 5 BetrVG dieses Betriebes sein, also Arbeiter oder Angestellter, Beamter, Soldat oder Arbeitnehmer des öffentlichen Dienstes. Beachten Sie hierbei die besondere Zählung: Mitarbeiter mit maximal 20 h Wochenarbeitszeit werden als 0,5, Mitarbeiter mit maximal 30 h Wochenarbeitszeit als 0,75 und Mitarbeiter mit mehr als 30 h Wochenarbeitszeit werden als 1,0 Personen gezählt, § 23 KSchG.

Keine Arbeitnehmer sind **Angestellte in leitender Stellung** und gesetzliche Vertreter eines Unternehmens. Für diese gilt das KSchG nicht, **außer** Geschäftsführer, Betriebsleiter und ähnliche leitende Angestellte sind zur selbstständigen Einstellung oder Entlassung berechtigt.

Die Anwendung des KSchG hat zur Folge, dass die soziale Rechtfertigung der Kündigung vor Gericht überprüft wird. Die Kündigung wird für Ihren Arbeitgeber dann rechtlich aufwändiger.

Das KSchG unterscheidet drei unterschiedliche **Gründe für Kündigungen**:

- Betriebs-,
- personen-/krankheits- und
- verhaltensbedingte Kündigungsgründe.

Alle drei Gründe für eine Kündigung können als:

- ordentliche,
- außerordentliche fristlose und
- außerordentliche Kündigung mit sozialer Auslauffrist

ausgesprochen werden.

Theoretisch ist auch eine Kündigung aus mehreren Gründen möglich. In der Praxis sprechen professionell beratene Arbeitgeber dann aber für jeden Grund eine separate Kündigung – durchaus mit identischem Datum – aus. In diesem Fall sollten Sie in jedem Fall gegen jede Kündigung klagen, um Ihr Arbeitsverhältnis nicht durch eine (übersehene) Kündigung enden zu lassen!

Für den jeweiligen Kündigungsgrund müssen über o. g. immer notwendige allgemeine Voraussetzungen stets folgende, für den jeweiligen Kündigungsgrund, **besondere Voraussetzungen** vorliegen:

**b) Die besonderen Voraussetzungen der betriebsbe-
dingten Kündigung:**

Die betriebsbedingte Kündigung wird ausgesprochen, wenn
Ihr Arbeitgeber nicht genug Aufträge hat, um Sie zu be-
schäftigen oder unabhängig davon bei Rationalisierungen
Personalkosten eingespart werden sollen.

Da das mehr oder weniger genau durch Ihren Arbeitgeber
beschrieben und **bewiesen** werden kann, ist die betriebsbedingte Kündigung bei guter Vorbereitung des Arbeitgebers gut vor Gericht zu begründen, so dass Sie nicht viele
Chancen haben Ihre Stelle zu behalten. Dennoch werden
hier in der Praxis viele Fehler gemacht, so dass Ihnen der
Arbeitsplatz erhalten bleibt oder zumindest eine Abfindung
beschert wird.

Die betriebsbedingte Kündigung ist sozial gerechtfertigt, d.
h. rechtlich zulässig und beendet somit Ihr Arbeitsverhältnis,
wenn zum <u>Zeitpunkt des Kündigungsausspruchs</u> folgende
Voraussetzungen vorliegen:

aa) Der dauerhafte Verlust des Arbeitsplatzes:

Entscheidend ist, dass gerade Ihr individueller Arbeitsplatz
entfällt. Deshalb muss Ihr Arbeitgeber konkret nachweisen,
dass Sie einen bestimmten Arbeitsplatz hatten. Das kann
problematisch werden, da manche Arbeitsplätze schwer ab-
grenzbar sind, weil Sie alles erledigen und überall eingesetzt werden. In diesem Fall wird es für Ihren Arbeitgeber
schwierig überhaupt Ihren Arbeitsplatz zu beschreiben, geschweige denn darzulegen und zu **beweisen**, dass die Arbeit auf gerade Ihrem individuellen Arbeitsplatz weggefallen
ist.

Kann der Arbeitgeber konkret Ihren Arbeitsplatz beschreiben
– gerade in größeren Betrieben gibt es Stellenbeschreibun-
gen – muss er den dauerhaften Verlust Ihres individuellen
Arbeitsplatzes beschreiben und **beweisen**. Es ist deshalb
gerade nicht ausreichend, dass es irgendwie im Moment
weniger Arbeit als früher gibt, mehr Arbeit demnächst wahrscheinlich nicht vorhanden sein wird und Ihnen deshalb ge-

kündigt werden muss. Dieser Nachweis ist z. T. sehr schwierig und wird von unerfahrenen Arbeitgebern oft unterschätzt. Speziell in der **Leiharbeitsbranche** können Arbeitgeber diese Klippe kaum nehmen, weil es dort immer zu zeitlich befristeten Arbeitseinsätzen kommt, die planmäßig wieder enden. Ihr Arbeitgeber/Verleiher muss deshalb einen dauerhaften Auftragsrückgang und keine regelmäßige Auftragsschwankung darlegen und nachweisen. Ansonsten kann kein dauerhafter Wegfall Ihres speziellen Arbeitsplatzes bejaht werden!

Ergänzend muss Ihr Arbeitgeber beschreiben und **beweisen** wodurch der Wegfall eingetreten ist. Hier unterscheidet man **außer- und innerbetriebliche Ursachen**. Außerbetriebliche Ursachen liegen außerhalb des Betriebes, z. B. Auftragsrückgänge, Rohstoffmängel, etc. Innerbetriebliche Ursachen sind auf die gedankliche, innere Entscheidung des Arbeitgebers zurückzuführen, z. B. Restrukturierungen, Schließung einer Abteilung, Abschaffung von bestimmten Fertigungsmaschinen, etc. Da innerbetriebliche Ursachen durch Arbeitsgerichte <u>nur eingeschränkt überprüft</u> werden können – nämlich ausschließlich darauf, ob sie überhaupt vorgenommen werden sollen und werden, nicht offensichtlich willkürlich oder offensichtlich unvernünftig sind – kann ein geschickter Arbeitgeber sich das zunutze machen und einfach bluffen, er werde eine Restrukturierung o. ä. vornehmen. In diesem Fall fordern Sie Ihren Arbeitgeber auf Ihnen sein **unternehmerisches Konzept** <u>vor</u> der Kündigung und das zukünftige Konzept <u>nach</u> Ausspruch Ihrer Kündigung zu erläutern und weshalb hierdurch gerade Ihr Arbeitsplatz dauerhaft – selbstverständlich unter Berücksichtigung der weiteren Voraussetzungen unten – sowie insbesondere <u>ohne erhöhten Arbeitsaufwand anderer Arbeitnehmer im Betrieb</u> entfällt. Das hat schon vielen Arbeitgebern schlaflose Nächte bereitet, weil die wenigsten überhaupt ein Konzept haben, geschweige denn es illustrieren können!

 Achtung: Entscheidend ist immer, dass Ihr Arbeitsplatz **dauerhaft** verloren geht, nicht dass die Arbeitsmenge zurückgegangen ist. Auch bei weniger Arbeit geht Ihr Arbeitsplatz nicht verloren, er reduziert sich oder Kollegen übernehmen ihn und die dort anfallende Arbeit. Diese entscheidende juristische Tücke wird in der Praxis von vielen Arbeitgebern nicht gesehen oder nicht verstanden! Es macht auch immer Sinn während eines laufenden Kündigungsrechtsstreits die Internetseite des Arbeitgebers nach Stellenanzeigen durchzusuchen. Finden Sie eine Stelle, die Ihrer Qualifikation, etc. entspricht, entfällt Ihr Arbeitsplatz gerade nicht dauerhaft, weil ja solche Leute gesucht werden!

Schließlich sollten Sie im gerichtlichen Verfahren anfragen, ob ein **Beschluss des Kapitäns,** d. h. der Geschäftsleitung vorliegt, worin die konkrete Maßnahme Ihrer Entlassung als … zum … aufgrund … schriftlich beschrieben wird. Die Vorlage eines solchen Beschlusses wird zwar üblicherweise nur bei größeren Personalentlassungen im Rahmen von Teil- und Komplettstilllegungen eines Betriebes von der Rechtsprechung verlangt, vielleicht hält Ihr Richter das aber auch bei nur einer einzigen Kündigung gegenüber Ihnen für notwendig und Sie können Ihren Arbeitgeber mehr in die Zange nehmen!

bb) Kein gleichwertiger Alternativarbeitsplatz:
Darüber hinaus darf keine anderweitige, gleichwertige Arbeitsmöglichkeit für Sie bestehen. Das bedeutet, dass Sie mit Ihren individuellen Fähigkeiten und Kenntnissen nicht alternativ eingesetzt werden können. Sicherlich können Sie nicht verlangen als Putzfrau zur Geschäftsführerin oder umgekehrt eingesetzt zu werden, aber die Rechtsprechung stellt darauf ab, dass Sie entweder in derselben Hierarchiestufe **direkt,** also zeitlich ohne Unterbrechung, **oder innerhalb Ihrer individuellen Kündigungsfrist** – die sich aus Ihrer Betriebszugehörigkeit (s. Exkurs: Die Kündigungsfrist) ergibt – die Tätigkeiten auf der alternativen Stelle nach einer

Einarbeitung/Fortbildung oder Umschulung mit durchschnittlicher Arbeitsqualität ausüben können. Hierbei kommt es auch nicht darauf an, ob Sie die neue Tätigkeit über- oder unterdurchschnittlich gut oder schnell erlernen können, sondern ob das objektiv überhaupt direkt oder innerhalb o. g. Frist möglich ist. Sollte das nur mit einem längeren Zeitraum als Ihrer Kündigungsfrist möglich sein, ist die Stelle nicht Ihrer jetzigen Qualifikation gleichwertig und ein Einsatz dort nicht relevant. Beachten Sie, dass Sie keinen Anspruch auf **Freikündigung** einer besetzten Stelle haben!

Die anderweitige Stelle kann <u>in demselben Betrieb</u> oder – wenn Ihr Unternehmen mehrere Betriebe hat – <u>in einem anderen Betrieb</u> bestehen. Sollte in Ihrem Arbeitsvertrag eine konzernweite **Versetzungsklausel** enthalten sein, nach der Sie sich verpflichten in allen Betrieben des Konzerns eingesetzt zu werden, kann die anderweitige Stelle – unter Berücksichtigung o. g. Vergleichbarkeit – auch innerhalb des Konzerns, d. h. sogar weit entfernt und im Ausland, liegen.

 Achtung: Entscheidend ist, dass Sie konkret beschreiben müssen, ob und inwiefern eine alternative Beschäftigungsmöglichkeit für Sie besteht. Ihr Arbeitgeber kann sich hierbei erst einmal zurücklehnen. Erst wenn Sie das aufgezeigt haben, ist es Aufgabe des Arbeitgebers Ihren konkret beschriebenen Einsatzvorschlag konkret begründet zurückzuweisen, **Beweislast!**

Sollte die alternative Stelle **andere/schlechtere Arbeitsbedingungen** hinsichtlich Arbeitszeit, -ort, Bezahlung, etc. beinhalten, muss Ihr Arbeitgeber Ihnen auch diese Stelle anbieten, **außer** Sie weisen einen Einsatz zu schlechteren Bedingungen unvorsichtigerweise direkt zurück oder die andere/schlechtere Stelle ist von der Hierarchiestufe und dem Ausbildungsniveau deutlich unterwertig, z. B. Geschäftsführer und Sachbearbeiter, nicht aber Geschäftsführer und Abteilungsleiter (Grundsatz: **Änderungskündigung vor Beendigungskündigung**). Die Nichtbeachtung dieses Grundsatzes ist immer schwierig für Ihren Arbeitgeber zu begründen, da er ganz konkret beschreiben und **beweisen** muss, weshalb alles ausgeschöpft wurde, um Ihre Beendigungskündigung zu vermeiden. Es lohnt sich deshalb immer vor Gericht die Frage aufzuwerfen, weshalb Ihr Arbeitgeber Ihnen im konkreten Fall keine Änderungskündigung ausgesprochen hat. Das bringt jeden Arbeitgeber in Erklärungsnöte!

cc) Die ordnungsgemäße soziale Auswahl:
(1) Die soziale Auswahl im weiteren Sinn:
Im Arbeitsrecht gilt der **Grundsatz**, dass unter vergleichbaren Arbeitnehmern immer dem sozial Stärksten (jünger, keine Unterhaltspflichten, keine gesundheitlichen Einschränkungen, etc.) gekündigt werden muss, weil dieser schneller wieder auf die Beine kommt als ein sozial Schwächerer (älter, Unterhaltspflichten, gesundheitliche Einschränkungen, etc.). Bei der Sozialauswahl muss Ihr Arbeitgeber deshalb überprüfen, ob neben Ihnen, dem gekündigt werden soll, vergleichbare Arbeitnehmer vorhanden sind, denen anstelle von Ihnen gekündigt werden muss.
Mit Ihnen **vergleichbar** sind solche eigenen Arbeitnehmer Ihres Betriebes – d. h. keine Leiharbeitnehmer oder andere Externe – die aufgrund ihrer Tätigkeit, d. h. ihres Einsatzes beim Arbeitgeber mit Ihnen auswechselbar sind. Hierbei spielt es keine Rolle, ob ein gelernter Informatiker, Maler oder Lagerist als Lagerist tätig ist. Es ist ausschließlich die **Tätigkeit** als Lagerist entscheidend! Da es für Arbeitgeber schwierig ist bei der Tätigkeit als neutralem Kriterium eine **Unterscheidung zwischen Voll- und Teilzeitarbeitnehmern** zu begründen, muss sich die Sozialauswahl grundsätzlich auf Voll- und Teilzeitarbeitnehmer beziehen, **außer** Ihr Arbeitgeber kann begründet **beweisen**, dass nur Vollzeitler mit Vollzeitlern oder Teilzeitler nur mit Teilzeitlern verglichen werden können. Wurde Ihnen gekündigt und sind Sie z. B. Lagerist, müssen sämtliche Lageristen des Betriebes

miteinander im Rahmen der Sozialauswahl verglichen werden. Sollte ein **gemeinsamer Betrieb** mehrerer Unternehmen nach § 5 Abs. 2 BetrVG vorliegen, was der Fall ist, wenn zwei oder mehr räumlich voneinander entfernte Betriebe unter gemeinsamer, geplanter Lenkung hinsichtlich der Arbeitnehmer, der Betriebsmittel, etc. zusammen arbeiten, müssen die vergleichbaren Arbeitnehmer des (gesamten) gemeinsamen Betriebes miteinander verglichen werden. Das beachten Arbeitgeber oft nicht. In dem Fall ist die Sozialauswahl sofort falsch und Ihre Kündigung unwirksam! Die Anzahl der mit Ihnen vergleichbaren Arbeitnehmer vergrößert sich deutlich, wenn in Ihrem Arbeitsvertrag eine **Versetzungsklausel** enthalten ist: Dann müssen alle mit Ihnen vergleichbaren in allen Bereichen/Betrieben/Ländern verglichen werden, die die Versetzungsklausel erfasst – bei einer konzernweiten Versetzungsklausel z. B. der gesamte weltweite Konzern!

Nicht in die soziale Auswahl einbezogen werden:
- fremde Arbeitnehmer, d. h. Leiharbeitnehmer und Externe; denen muss vorrangig vor der eigenen Belegschaft gekündigt werden, wenn sie überhaupt eine vergleichbare Tätigkeit ausüben,
- Arbeitnehmer, die noch nicht die sechsmonatige zusammenhängende Wartezeit des KSchG erfüllt haben, was meist der Probezeit entspricht. Diesen muss immer vor Ihnen gekündigt werden, wenn sie vergleichbar mit Ihnen sind,
- Arbeitnehmer mit Sonderkündigungsschutz und
- Arbeitnehmer, die **Leistungsträger** sind, d. h. deren Weiterbeschäftigung, speziell wegen deren Kenntnisse, Fähigkeiten und Leistungen im Interesse des Arbeitgebers liegt (nur Herr Müller kann eine konkrete, sehr komplizierte Maschine bedienen) oder zur Sicherung einer ausgewogenen Personalstruktur (speziell Lebensalter). Das muss Ihr Arbeitgeber aber sehr genau begründen, was in

der Praxis zwar immer wieder versucht wird, im Ergebnis in den seltensten Fällen aber überzeugt. Sie sollten die Leistungsträgereigenschaft auch dadurch versuchen zu erschüttern, dass Sie entweder direkt oder nach einer Einarbeitungszeit, die Ihrer Kündigungsfrist entspricht, ebenfalls die Leistungsträgereigenschaft erwerben können. Das ist zwar juristisch nicht ganz zutreffend, kann aber durchaus auf offene Ohren treffen!

(2) Die soziale Auswahl im engeren Sinn:
Die Sozialauswahl im engeren Sinne findet statt, wenn die Gruppe der mit Ihnen zu vergleichenden Arbeitnehmer wie oben beschrieben ausfindig gemacht wurde. Anhand der **Kernkriterien**:

- Länge der Betriebszugehörigkeit,
- Lebensalter,
- Unterhaltspflichten und
- Schwerbehinderung

wird eine Rangliste des sozial Stärksten bzw. Schwächsten erstellt.
Die Kernkriterien stehen <u>in keinem besonderen Verhältnis</u> zueinander, d. h. Ihr Arbeitgeber kann alle vier Kriterien gleich oder bis zur Willkür unterschiedlich gewichten. Unwirksam wird die Sozialauswahl im engeren Sinne nur, wenn mindestens ein Kriterium so gut wie gar nicht beachtet wurde (Willkür).
Wenn eine größere Gruppe vergleichbarer Mitarbeiter überprüft wird, verwenden Arbeitgeber häufig ein Punkteschema. Für jedes der o. g. Kernkriterien wird dann eine bestimmte Punktzahl vergeben, daneben können weitere Punkte für **sonstige Kriterien**, z. B. besondere Härtefälle angesetzt werden (der Partner des zu kündigenden Mitarbeiters, Einkommenslosigkeit o. ä.). Die Punkte für die jeweiligen Kriterien werden für jeden einzelnen der vergleichbaren Arbeitnehmer addiert. Anhand der Endpunktzahl jedes einzelnen

vergleichbaren Mitarbeiters ergibt sich dann die Schutzbedürftigkeit. Derjenige mit den geringsten Punkten ist sozial am stärksten, so dass diesem vor einem anderen gekündigt werden muss, der mehr Punkte, also sozial schwächer ist. Gut beratene Arbeitgeber verwenden vom Bundesarbeitsgericht als zulässig beurteilte Punktetabellen, die dann von Ihnen und Ihrem Anwalt sorgfältig überprüft und nachgerechnet werden müssen!

Sollte Ihr Arbeitgeber einen Betriebs-/Personalrat haben, können zwischen beiden Parteien **Vorgaben nach § 95 BetrVG** vereinbart werden, wie die Kernkriterien bei betriebsbedingten Kündigungen ins Verhältnis gesetzt werden. Diese können durch das Gericht nur auf <u>grobe Fehlerhaftigkeit</u>, d. h. offensichtliche Fehleinschätzungen oder Willkür überprüft werden. Gleiches gilt, wenn ein Tarifvertrag die Gewichtung der Kernkriterien vorsieht. Beides ist aufgrund des Aufwandes in der Praxis aber sehr selten.

Sonderfall:
Die Betriebsänderung mit Massenentlassung
Sollen in Ihrem Betrieb sehr viele betriebsbedingte Kündigungen gegenüber eigenen Arbeitnehmern, d. h. nicht fremden Leiharbeitnehmern über Werkverträge in Ihrem Betrieb eingesetzte fremde Mitarbeiter oder Externen ausgesprochen werden, müssen über o. g. Voraussetzungen folgende weitere Punkte geprüft werden:

 Achtung: Beachten Sie, dass als Arbeitnehmer auch Betriebsleiter und ähnliche leitende Personen, die zur selbstständigen Einstellung und Entlassung von Arbeitnehmern berechtigt sind, mitzählen, <u>nicht</u> aber die Kapitäne, d. h. Geschäftsführer, Vorstände, etc., die den Betrieb gesetzlich vertreten!
Im Fall der Insolvenz kann im Übrigen vereinfacht durch den Insolvenzverwalter gekündigt werden, s. Insolvenz.

(aa) Die Massenentlassungsanzeige:

Von **Massenentlassungen** im rechtlichen Sinn wird ausgegangen, wenn gemäß § 17 KSchG:

- in Betrieben mit in der Regel mehr als 20 und weniger als 60 Arbeitnehmern, mehr als fünf,
- in Betrieben mit in der Regel mindestens 60 und weniger als 500 Arbeitnehmern, 10 % oder mehr als 25,
- in Betrieben mit in der Regel mindestens 500 mindestens 30 Arbeitnehmer

binnen 30 Kalendertagen entlassen werden. Hierzu zählen aber nur <u>betriebsbedingte</u> Kündigungen und Aufhebungsverträge, die <u>durch den Arbeitgeber veranlasst</u> werden.

In diesem Fall muss Ihr Arbeitgeber – soweit vorhanden – dem Betriebs-/Personalrat rechtzeitig vor den Entlassungen Auskünfte erteilen und ihn insbesondere über:

- die Gründe für die geplanten Entlassungen,
- die Anzahl und die Berufsgruppen der zu entlassenen Arbeitnehmer,
- die Anzahl und die Berufsgruppen der durchschnittlich beschäftigten Arbeitnehmer,
- den Zeitraum, in dem die Entlassungen vorgenommen werden sollen und
- die vorgesehenen Kriterien für die Auswahl der zu entlassenen Arbeitnehmer sowie
- die vorgesehenen Kriterien für die Auswahl der zu Entlassenen

unterrichten. Darüber hinaus müssen Arbeitgeber und Betriebs-/Personalrat beraten, wie Entlassungen vermieden, eingeschränkt und deren Folgen gemildert werden können. Ferner ist Ihr Arbeitgeber verpflichtet der Agentur für Arbeit eine Abschrift von o. g. Mitteilung an Ihren Betriebs-/Personalrat und dessen Stellungnahme zu übermitteln. Ist keine Stellungnahme des Betriebs-/Personalrats vorhanden, muss Ihr Arbeitgeber glaubhaft machen, dass er den

Betriebs-/Personalrat mindestens zwei Wochen vor Erstattung der ebenfalls durch ihn vorzunehmenden **Massenentlassungsanzeige** gegenüber der Agentur für Arbeit unterrichtet hat und den Stand der Beratungen darlegen.

Die separate Massenentlassungsanzeige muss immer vor Ausspruch der Kündigungen erfolgen und Angaben über den Namen des Arbeitgebers, den Sitz und die Art des Betriebes enthalten; ferner die Gründe für die geplanten Entlassungen, die Anzahl und die Berufsgruppen der zu entlassenden sowie der durchschnittlich beschäftigten Arbeitnehmer. Zusätzlich sollen im Einvernehmen mit dem Betriebs-/Personalrat für die Arbeitsvermittlung Angaben über Geschlecht, Alter, Beruf und Staatsangehörigkeit der zu entlassenden Arbeitnehmer gemacht werden. Der Betriebs-/Personalrat erhält hiervon eine Kopie und kann gegenüber der Agentur für Arbeit weitere Stellungnahmen abgeben, die auch er als Kopie Ihrem Arbeitgeber zur Verfügung stellen muss.

Sollte in Ihrem Betrieb **kein Betriebs-/Personalrat** existieren, ist Ihr Arbeitgeber nur verpflichtet der Agentur für Arbeit die **Massenentlassungsanzeige** vor Ausspruch der Kündigungen zu erstatten. Die Anzeige muss ebenfalls Angaben über den Namen des Arbeitgebers, den Sitz und die Art des Betriebes enthalten; ferner die Gründe für die geplanten Entlassungen, die Anzahl und die Berufsgruppen der zu Entlassenden sowie der durchschnittlich beschäftigten Arbeitnehmer aufweisen. Der o. g. sonstige Rest ist bei fehlendem Betriebs-/Personalrat nicht notwendig.

 Achtung: Sollte Ihr Arbeitgeber die Massenentlassungsanzeige **nicht richtig, unvollständig oder nicht** vor Ausspruch der betriebsbedingten Kündigungen gegenüber der Agentur für Arbeit **angezeigt** haben, sind sämtliche dieser betriebsbedingten Kündigungen direkt unwirksam!

Die betriebsbedingten Kündigungen können dann direkt nach Erstattung der Massenentlassungsanzeige ausgesprochen werden. Ihr Arbeitsverhältnis endet grundsätzlich nicht vor Ablauf der einmonatigen **Sperrfrist** gemäß § 18 Abs. 1 bzw. zwei Monate nach § 18 Abs. 2 KSchG, außer die Agentur für Arbeit hat die Sperrfrist auf Antrag Ihres Arbeitgebers verkürzt, da er bis zum Ablauf der regulären Kündigungsfrist Ihre Vergütung nicht zahlen kann. Üblicherweise enden die Arbeitsverhältnisse aber innerhalb der Freifrist von 90 Tagen nach Ablauf der Sperrfrist, wenn die regulären Kündigungsfristen enden, § 18 Abs. 4 KSchG.

Werden die Kündigungen nicht innerhalb von 90 Tagen nach Ablauf der Sperrfrist ausgesprochen, muss Ihr Arbeitgeber erneut eine Massenentlassungsanzeige erstatten, § 18 Abs. 4 KschG. Sollten deshalb nicht sämtliche Kündigungsfristen binnen der 90 Tage nach Ablauf der Sperrfrist enden, rügen Sie vor Gericht, dass die Massenentlassungsanzeige nach § 18 Abs. 4 KSchG hätte wiederholt werden müssen, was in der Praxis oft übersehen wird und immer zur Unwirksamkeit Ihrer Kündigung führt!

Nur beachten, wenn Ihr Betrieb über einen Betriebs-/Personalrat verfügt:

(bb)Die Betriebsänderung mit Massenentlassung:
Eine Betriebsänderung im Sinne von §§ 111ff BetrVG ist nur relevant, wenn ein Betriebs-/Personalrat besteht und das Unternehmen mindestens 20 wahlberechtigte Arbeitnehmer hat. Die Wahlberechtigung ist gegeben, wenn Arbeitnehmer des Betriebes 18 Jahre alt sind oder fremde Arbeitnehmer, die zur Arbeitsleistung überlassen werden (speziell Leiharbeitnehmer), länger als drei Monate im Betrieb eingesetzt werden, § 7 BetrVG.

Als **Betriebsänderung** gilt:
- die Einschränkung und Stilllegung des ganzen oder von wesentlichen Teilen eines Betriebs,
- die Verlegung des ganzen oder von wesentlichen Teilen des Betriebs,

- der Zusammenschluss mit anderen Betrieben oder die Spaltung von Betrieben,
- die grundlegende Änderung der Betriebsorganisation, des Betriebszwecks oder der -anlagen und
- die Einführung grundlegend neuer Arbeitsmethoden und Fertigungsverfahren.

Wird derartiges in Ihrem Betrieb geplant, muss Ihr Arbeitgeber Ihren Betriebs-/Personalrat u. a. **rechtzeitig und umfassend <u>vor</u> der Maßnahme unterrichten und beraten**, wenn diese wesentliche Nachteile für die Belegschaft oder erhebliche Teile der Belegschaft zur Folge haben kann.

Das ist nur dann der Fall, wenn durch die Maßnahme so viele eigene Arbeitnehmer betroffen werden, so dass die **Schwellenwerte des § 17 KSchG** für die jeweilige Betriebsgröße überschritten werden. Sollten die Schwellenwerte des § 17 KSchG unterschritten werden, kann er dem freiwillig nachkommen. Ob Nachteile für die Belegschaft tatsächlich eintreten oder nicht, ist im Ergebnis irrelevant.

Ihr Arbeitgeber muss zusätzlich mindestens versucht haben den Abschluss eines **Interessenausgleich**s – d. h. einer Vereinbarung, in der die organisatorische Umsetzung der Betriebsänderung beschrieben wird, – und eines **Sozialplan**s – also die konkrete Ausgestaltung des Ausgleichs für die wesentlichen Nachteile der Belegschaft (Abfindungen, etc.) – mit dem Betriebs-/Personalrat zu erreichen.

Hierfür ist er verpflichtet diesen abschließend informiert und Verhandlungen versucht zu haben. Hier bestehen sehr oft Streitigkeiten, ob das bereits der Fall war. Ein rechtlicher **Versuch** wird nämlich erst dann angenommen, wenn die Informationsphase über die Betriebsänderung und deren Folgen bereits abgeschlossen ist, die Verhandlungsphase bereits begonnen hat und durch Anrufung der Einigungsstelle ein Abschluss gescheitert ist. Das hat große Bedeutung, da sich Ihr Arbeitgeber nachteilsausgleichs-/<u>schadensersatz</u>pflichtig gegenüber Ihnen macht, wenn er die geplante Betriebsänderung durchsetzt, ohne einen Interessenausgleich zumindest versucht zu haben und durch die Maßnahme Arbeitnehmer entlassen werden oder andere wirtschaftliche Nachteile erleiden, § 113 BetrVG.

Ihr Betriebs-/Personalrat kann Ihren Arbeitgeber zwar bei Unterschreiten der Schwellengrenzen des § 17 KSchG nicht zum Abschluss eines Interessenausgleichs mit Sozialplan zwingen, er kann aber die Informations- und Verhandlungsphase zeitlich verzögern, ohne dass Ihr Arbeitgeber dagegen vorgehen kann. Solange kann Ihr Arbeitgeber einerseits die Betriebsänderung zeitlich noch nicht durchsetzen, andererseits würde er sich auch schadensersatzpflichtig machen, wenn er diese trotzdem durchführen oder auch nur beginnen sollte. Deshalb hat Ihr Arbeitgeber ein großes Interesse daran, den Interessenausgleich entweder abzuschließen oder zumindest rechtlich versucht zu haben.

- **Kommt der Interessenausgleich zustande**, wird er schriftlich von Arbeitgeber und Betriebs-/Personalrat unterschrieben. Hierbei kann die Einigung darin bestehen, das Interessenausgleichsverfahren einvernehmlich für beendet zu erklären. Die Parteien haben sich über die Betriebsänderung dann zwar immer noch nicht einigen können, aber mit dem Abschluss dieses **negativen Interessenausgleichs** ist die Verhandlung beendet, Ihr Arbeitgeber kann die Maßnahme umsetzen und macht sich nicht schadensersatzpflichtig. Die Einigung sieht dagegen meist einen Kompromiss der Arbeitgeber- und Betriebs-/Personalratsvorschläge vor, die in einem **positiven Interessenausgleich** schriftlich und von beiden unterzeichnet abgeschlossen werden. Auch dann kann Ihr Arbeitgeber die Betriebsänderung rechtmäßig ohne eine Schadensersatzverpflichtung umsetzen.

- **Kommt kein Interessenausgleich (und ggf. Sozialplan) zustande**, kann Ihr Arbeitgeber oder Ihr Betriebs-/Personalrat den Vorstand der Bundesagentur für Arbeit um Vermittlung ersuchen. Unterbleibt das oder bleibt auch der Vermittlungsversuch erfolglos, kann durch Ihren Arbeitgeber oder Betriebs-/Personalrat die Einigungsstelle angerufen werden. Die **Einigungsstelle** ist eine Art innerbetriebliches Gericht, in der eine Schlichtung bestimmter, für das Zusammenwirken und -arbeiten im Betrieb besonders wichtiger Themen in einer Schlichtung erreicht werden soll, §§ 76ff BetrVG. An der Einigungsstelle nehmen außer dem unparteiischen Vorsitzenden, der regelmäßig ein erfahrener Arbeitsrichter ist, auf jeder Seite maximal vier Beisitzer teil, die arbeitgeberseitig meist aus dem verantwortlichen Kapitän, d. h. Geschäftsführer o. ä., sachkundigen Führungskräften und einem Anwalt bestehen. Auf Arbeitnehmerseite nimmt der Betriebs-/Personalratsvorsitzende, ggf. weitere Betriebs-/Personalräte und ein rechtlicher Berater (Anwalt oder Gewerkschaftssekretär) teil. Die Anzahl der Beisitzer muss auf beiden Seiten gleich sein. Arbeitgeber und Betriebs-/Personalrat sollen Vorschläge zur Beilegung der Meinungsverschiedenheiten über den Interessenausgleich (und Sozialplan) machen.

- **Kommt unter Vermittlung der Einigungsstelle eine Einigung über den Interessenausgleich und Sozialplan zustande**, wird das schriftlich von allen Beteiligten vereinbart und Ihr Arbeitgeber kann die Betriebsänderung wie im Interessenausgleich und Sozialplan vereinbart rechtmäßig ohne Schadensersatzverpflichtung umsetzen.

- **Sollte nur eine Einigung bzgl. des Interessenausgleichs zustande gekommen sein**, entscheidet die Einigungsstelle über den Sozialplan. Das kann auch grundsätzlich durch den Betriebs-/Personalrat erzwungen werden, wenn die Betriebsänderung wirtschaftliche Nachteile für die Arbeitnehmer zur Folge hat. Sollen durch die Betriebsänderung aber ausschließlich betriebsbedingte Kündigungen und vom Arbeitgeber initiierte Aufhebungsverträge vorgenommen werden, müssen für die Entscheidung der Einigungsstelle und deren Erzwingbarkeit durch den Betriebsrat die in § 112a BetrVG genannten Schwellenwerte überschritten werden.

- **Kommt nur eine Einigung bzgl. des Sozialplans zustande**, erklärt der Vorsitzende das schriftlich. Hiermit ist die Einigungsstelle beendet und Ihr Arbeitgeber kann mit der Durchführung der Betriebsänderung rechtmäßig ohne Schadensersatzverpflichtung beginnen.

Bei einer **Abweichung** vom Interessenausgleich durch Ihren Arbeitgeber **ohne zwingenden Grund** können Sie eine Abfindung verlangen, wenn Sie infolge der Abweichung entlassen werden oder sonstige wirtschaftliche Nachteile erfahren, § 113 BetrVG.

 Beispiel: Interessenausgleich & Sozialplan im Fall einer Betriebsänderung mit betriebsbedingten Kündigungen:

Interessenausgleich

Zwischen der Geschäftsführung des Unternehmens, vertr. durch ... und dem Betriebsrat, vertr. durch ... wird folgender Interessenausgleich vereinbart:

Präambel/Vorbemerkung:
Die wirtschaftliche Situation auf dem Markt hat sich dahingehend geändert, dass ... . Die Geschäftsführung musste sich daher entschließen ... . Der Betriebsrat sieht nach Abwägung aller möglichen Alternativen keine Möglichkeit nachfolgende Maßnahmen zu vermeiden.

1. Geltungsbereich:

Dieser Interessenausgleich gilt räumlich für den Standort ... und persönlich für die in diesem Betrieb beschäftigten Arbeitnehmer, deren Arbeitsplätze von der beabsichtigten Betriebsänderung betroffen sind. Auf leitende Angestellte im Sinne des § 5 Abs. 3 BetrVG findet dieser Interessenausgleich keine Anwendung.

2. Gegenstand:

Aufgrund ... kommt es zum Ausspruch von ... betriebsbedingten Beendigungskündigungen.
Hierbei handelt es sich um folgende Abteilungen:
- ...-Abteilung   ... Kündigungen
- ...-Abteilung   ... Kündigungen
Allen Mitarbeitern wird unter Einhaltung der jeweils geltenden ordentlichen Kündigungsfrist aus betriebsbedingten Gründen gekündigt.
Die Arbeitnehmer, denen gegenüber aufgrund der vorstehend beschriebenen Betriebsänderung eine betriebsbedingte Beendigungskündigung ausgesprochen wird, werden in **Anlage 1** zu diesem Interessenausgleich namentlich benannt.
Die Kündigung von Beschäftigten aus wichtigem Grund, verhaltens- oder personenbedingten Gründen bleibt von diesen Regelungen unberührt.

3. Kriterien der Sozialauswahl:

Die Sozialauswahl erfolgt gemäß folgendem Schema:

- Alter: ein Punkt pro Lebensjahr, max. 55 Punkte
- Betriebszugehörigkeit: 1 ½ Punkte pro Jahr bis 10 Jahre, zwei Punkte ab dem 11. Beschäftigungsjahr, max. 75 Punkte
- Unterhaltspflichten: fünf Punkte je unterhaltspflichtigem Kind lt. Lohnsteuerkarte, vier Punkte für Verheiratete

212

- Schwerbehinderung: ein Punkt je 10 % GdB

Für die Berechnung der Betriebszugehörigkeit und des Alters werden die vollen Jahre zum Stichtag ... in Ansatz gebracht.

4. Anderweitige Beschäftigungsmöglichkeiten in anderen Unternehmensbereichen:

Für den Fall, dass bis zur geplanten Betriebsänderung freie Arbeitsplätze in andern Unternehmensbereichen am Standort ... vorhanden sind oder entstehen, wird das Unternehmen die von der Betriebsänderung betroffenen Arbeitnehmer darüber informieren und ihre Bewerbung bei Vorhandensein der erforderlichen beruflichen Qualifikation gegenüber Bewerbungen Dritter bevorzugt berücksichtigen, § 1 Abs. 2 Nr. 1b KSchG.

Sofern ein Mitarbeiter auf einem freien Arbeitsplatz in anderen Unternehmensbereichen des Unternehmens weiterbeschäftigt wird, stimmt der Betriebsrat dieser Versetzung automatisch zu.

5. Investitionen in Steigerung der Wettbewerbstätigkeit:

Die Geschäftsführung gibt die Zusage im Interesse der Verbesserung der Wettbewerbsfähigkeit bis zum ... am Standort ... ...-investitionen in Höhe von ... € zu tätigen.

Die Geschäftsführung wird den Betriebsrat vierteljährlich über die Maßnahmen unterrichten.

6. Outsourcing:

Ein Outsourcing des Bereichs ... wird für die Zeit bis zum ... ausgeschlossen.

7. Beschäftigungssicherung:

Bis zum ... sind betriebsbedingte Kündigungen in den Abteilungen ... ausgeschlossen bzw. nur mit Zustimmung des Betriebsrats möglich.

8. Ausbildung:

Rechtzeitig vor Beginn des Ausbildungsjahres treffen sich die Betriebsparteien, um im Rahmen eines Gesprächs die Standpunkte hinsichtlich des aktuellen Ausbildungsbedarfs auszutauschen. Auch in Zukunft soll im Rahmen der betrieblichen Möglichkeiten zwecks Deckung des eigenen Fachkräftebedarfs ausgebildet werden.

9. Sozialplan:

Zum Ausgleich oder zur Milderung der wirtschaftlichen Nachteile, die den Arbeitnehmern infolge der geplanten Betriebsänderung entstehen, werden die Parteien einen Sozialplan abschließen. Zusätzlich ist in diesem auch die Gründung und Durchführung einer Transfergesellschaft vereinbart. Diese steht unter dem Vorbehalt der Gewährung des Transferkurzarbeitergeldes durch die Agentur für Arbeit.

10. Abschließende Regelungen:

Es besteht Übereinstimmung darüber, dass mit diesen Bestimmungen der Interessenausgleich nach den Regelungen des BetrVG abschließend geregelt ist.
Beide Parteien erklären die Verhandlungen zur Herbeiführung eines Interessenausgleichs für beendet.
Die Mitbestimmungsrechte des Betriebsrats nach § 102 BetrVG sind von diesem Interessenausgleich nicht erfasst.

11. Anzeigepflichtige Entlassungen:

Mit der Unterzeichnung dieses Interessenausgleichs ist die Mitwirkung des Betriebsrats bei der Anzeigepflicht von Entlassungen gemäß § 17 Abs. 2 KSchG abgeschlossen.

12. Inkrafttreten und Laufzeit:

Der Interessenausgleich tritt mit seiner Unterzeichnung in Kraft und gilt bis zum Abschluss aller im Zusammenhang dieser Betriebsänderung stehenden Maßnahmen.

Ort, Datum
Unterschrift Unternehmen   Unterschrift Betriebsratsvorsitzender

Sozialplan
Zwischen der Geschäftsführung des
Unternehmens ..., vertr. durch ... und dem Betriebsrat, vertr. durch ...
wird folgender Sozialplan vereinbart:

Präambel/Vorbemerkung:
Dieser Sozialplan regelt den Ausgleich der wirtschaftlichen Nachteile, die Arbeitnehmern des Betriebs in ... durch die im Interessenausgleich vom ... beschriebene Betriebsänderung entstehen können.

1. Geltungsbereich:
Der Sozialplan gilt für alle Arbeitnehmer des Unternehmens im Sinne von § 5 Abs. 1 BetrVG die zum Zeitpunkt der Unterzeichnung dieser Vereinbarung in einem ungekündigten Arbeitsverhältnis zum Unternehmen stehen.
Diese Regelungen gelten nicht für Arbeitnehmer gemäß § 5 Abs. 3 BetrVG und für Beschäftigte, deren Arbeitsverhältnis aus einem nicht betriebsbedingten Grund endet.
Keine Ansprüche aus dem Sozialplan haben Arbeitnehmer,

- deren Arbeitsverhältnis aus verhaltens-oder personenbedingten Gründen endet,
- aufgrund außerordentlicher Kündigung endet,
- denen vor dem ... gekündigt wurde,
- mit denen vor dem ... eine Aufhebungsvereinbarung oder ein Abwicklungsvertrag geschlossen wurde,
- Arbeitnehmer, die das Arbeitsverhältnis selbst vor dem ... gekündigt haben,
- Arbeitnehmer, die in einem befristeten Arbeitsverhältnis stehen und deren Arbeitsverhältnis ohne Kündigung endet oder
- Arbeitnehmer, die aufgrund des Bezugs von Altersrente aus dem Unternehmen ausscheiden.

2. Abfindung:
Der Mitarbeiter, dem kein zumutbares Arbeitsplatzangebot gemacht werden kann, erhält im Fall einer betriebsbedingten Kündigung eine Abfindung gemäß folgender Regelung:
Stichtag ist jeweils der Austrittsmonat, angefangene Monate werden jeweils voll auf einen Monat gerechnet.

a) Grundabfindung:
Abfindung = Betriebszugehörigkeit * Bruttomonatsentgelt * Faktor 0,5

Das Bruttomonatsentgelt ist das reguläre Bruttoeinkommen mit Schichtzuschlägen, das der Arbeitnehmer bezieht. Für die Berechnung der Betriebszugehörigkeit werden die vollen Jahre bis zum Stichtag ... angenommen.

b) Zusatzzahlung:
Für jedes unterhaltsberechtigte Kind auf der Steuerkarte wird eine zusätzliche Abfindung von ... € brutto gezahlt.
Anerkannt Schwerbehinderte oder Schwerbehinderten Gleichgestellte erhalten je 10 % GdB eine zusätzliche Abfindung von ... € brutto.

c) Begrenzung:
Bei einer Abfindung über ... € brutto wird der diesen Betrag übersteigende Betrag nur zur Hälfte angerechnet. Die Abfindungssumme wird auf maximal ... € brutto begrenzt.

Teilzeitbeschäftigte erhalten die Abfindung entsprechend ihres tatsächlichen Entgelts. Sie erhalten den Grundbetrag und eventuelle Zuzahlungen anteilig im Verhältnis ihrer Wochenarbeitszeit zur regelmäßigen Wochenarbeitszeit eines Vollzeitarbeitnehmers.

3. Zusätzliche Regelungen:
Mitarbeiter, die nicht zur betriebsbedingten Kündigung anstehen, freiwillig einen Aufhebungsvertrag unterzeichnen und dadurch eine betriebsbedingte Kündigung verhindern, erhalten eine Abfindung von ... € brutto.
Scheiden Mitarbeiter, denen betriebsbedingt gekündigt wurde und die nicht in die Transfergesellschaft wechseln, vor Ablauf der für sie geltenden ordentlichen Kündigungsfrist mit Zustimmung der Gesellschaft aus, erhöht sich deren Abfindungszahlung für jeden vollen Monat, den sie das Unternehmen vor Ablauf der Kündigungsfrist verlassen um den hälftigen Betrag, der als Bruttomonatsentgelt bis zur Beendigung des Arbeitsverhältnisses fällig gewesen wäre.
Alle Beschäftigen erhalten ein qualifiziertes Zwischen- und Endzeugnis.

Mit dem Ausscheiden erhalten alle Anspruchsbe-
rechtigten eine aktualisierte Berechnung ihrer betrieblichen Altersversorgung.

4. Transfergesellschaft:

Aufgrund der Betriebsänderung verständigen sich
die Gesellschaft und der Betriebsrat auf die Erreich-
tung einer Transfergesellschaft (TG), deren Trägerin
die ... ist.
Die TG hat die Aufgabe, die Mitarbeiter zu unterstützen bei:

- der beruflichen Neuorientierung,
- einer allgemeinen Grundqualifizierung,
- dem Erwerb von Kenntnissen für Bewerbungen bei der Arbeitsplatzsuche,
- der Arbeitsplatzsuche selbst,
- der individuellen Qualifizierung sowie
- der Vorstellung bei potentiell neuen Arbeitgebern.

Die Errichtung der TG setzt voraus, dass die Bundesagentur für Arbeit Transferkurzarbeitergeld für die
Maßnahme gemäß § 110 SGB III bewilligt.
Der Wechsel in die TG wird allen Mitarbeitern angeboten, die von einer betriebsbedingten Kündigung
bedroht sind und nicht durch Aufhebungsvertrag
oder Eigenkündigung ausgeschieden sind oder ausscheiden und die die persönlichen Voraussetzungen
für die Bewilligung von Transferkurzarbeitergeld erfüllen. Der Wechsel in die TG ist freiwillig. Beschäftigte, die Kündigungsschutzklage erhaben haben,
können nicht in die TG eintreten.
Der Wechsel in die TG erfolgt aufgrund des im **Anhang 2** aufgeführten dreiseitigen Vertrages unter Beteiligung des Unternehmens, des jeweilig berechtigten Mitarbeiters und der TG.

Stellen die Parteien nach Unterzeichnung der Verträge fest, dass die Voraussetzungen für ein Arbeitsverhältnis des Mitarbeiters mit der TG nicht vorliegen, führt dies zur Unwirksamkeit des Arbeitsvertrages mit der TG und des Aufhebungsvertrages mit dem jeweiligen Unternehmen. Entfallen die Voraussetzungen für das Arbeitsverhältnis mit der TG zu einem späteren Zeitpunkt, führt dies nur zur Unwirksamkeit des Arbeits- und Aufhebungsvertrages, wenn das jeweilige Unternehmen dies zu vertreten hat. In allen genannten Fällen wird das Arbeitsverhältnis betriebsbedingt gekündigt.

Im Zuge der beschriebenen Maßnahme wird eine TG zum ... eingerichtet. In diese können die bis zum ... gekündigten Beschäftigten mit Wirkung ab dem ... wechseln. Für die Beschäftigten, die in der Zeit vom ... bis ... gekündigt werden, wird zum ... des Folgemonats der Kündigung eine zweite TG eingerichtet. Vor dem Wechsel in die TG werden mit den Mitarbeitern, die das Angebot zum Wechsel in die TG angenommen haben, Profilingmaßnahmen im Sinne des § 110, 216a SGB III. durchgeführt. Für die Zeit des Profilings bleiben die Mitarbeiter Arbeitnehmer des Unternehmens, werden von der Pflicht zur Arbeitsleistung im erforderlichen Umfang entbunden und erhalten ihr Entgelt fort.

Die Gesellschaft beteiligt sich an der TG mit einer Summe in Höhe der Arbeitnehmerbruttovergütungen der in die TG wechselnden Arbeitnehmer während der ordentlichen Kündigungsfrist. Die finanzielle Beteiligung des Unternehmens an der TG beschränkt sich auf diesen Betrag.

Nach endgültiger Festlegung der Rahmenbedingungen der TG mit der Arbeitsagentur werden die Betriebsparteien zu diesem Thema eine ergänzende Vereinbarung schließen, z. B. betreffend die Frage der individuellen Verweildauer.

5. Regelung bei Anrechnungen und Sperrzeit:

Unter bestimmten Umständen können für die Arbeitnehmer sozialversicherungsrechtliche Nachteile beim Abschluss eines Aufhebungsvertrages entstehen. Diese sind primär, dass eine Sperrzeit verwirkt sein kann oder die Abfindung auf das Arbeitslosengeld angerechnet wird. Den Arbeitnehmern wird daher empfohlen vor Abschluss eines Aufhebungsvertrages rechtsverbindliche Auskünfte bei der Agentur für Arbeit einzuholen. Die entsprechenden Formblätter sind in der Personalabteilung verfügbar.

6. Fälligkeit und Behandlung der Sozialplanleistungen:

Einmalige Zahlungen entstehen zum Zeitpunkt der rechtlichen Beendigung des Arbeitsverhältnisses. Sie können zuvor nicht übertragen und vererbt werden. Die Ansprüche werden mit der Entstehung, frühestens einen Monat nach Ausspruch der Kündigung, fällig.

Erhebt ein Arbeitnehmer gegen die Wirksamkeit der ausgesprochenen Kündigung Klage oder wehrt er sich in anderer Weise gegen die Beendigung des Arbeitsverhältnisses, so werden die Ansprüche aus dem Sozialplan erst dann fällig, wenn die Rechtswirksamkeit der Kündigung rechtskräftig gerichtlich festgestellt worden ist oder durch Vereinbarung der Beendigungszeitpunkt feststeht. Dies gilt auch, wenn der Mitarbeiter Klage gegen einen Dritten erhebt, an den z. B. sachliche oder immaterielle Betriebsmittel des Standortes … veräußert wurden.

Wird eine solche Klage eingereicht nachdem die Abfindung bereits ausgezahlt wurde, ist diese mit Erhebung der Klage unter Ausschluss von Zurückbehaltungsrechten zur Rückzahlung fällig.

Auf Leistungen aus diesem Sozialplan sind etwaige gesetzliche, tarifvertragliche, andere kollektiv- oder individualvertragliche Abfindungen, Nachteilsausgleichsansprüche oder sonstige Entschädigungszahlungen anzurechnen.

Die Gesellschaft ist berechtigt, die Leistungen aus dem Sozialplan mit eventuellen eigenen Ansprüchen zu verrechnen.

7. Schlussbestimmungen:
Sollten einzelne Bestimmungen dieser Vereinbarung unwirksam sein oder werden, so bleiben die übrigen Bestimmungen in Kraft. Die Parteien verpflichten sich in einem solchen Fall anstelle der unwirksamen Bestimmungen eine Regelung zu treffen, die dem von den Parteien mit der ersetzten Regelung Gewollten möglichst nahe kommen. Entsprechendes gilt im Fall einer Regelungslücke und falls eine der vorstehenden Regelungen undurchführbar sein oder werden sollte.

Ergänzungen und Änderungen bedürfen der Schriftform.

Alle Anlagen sind Bestandteil dieser Vereinbarung.

Diese Vereinbarung tritt mit Unterzeichnung in Kraft und hat Gültigkeit bis zur vollständigen Umsetzung der in dieser Vereinbarung beschriebenen Maßnahmen, mindestens aber bis zum ... . Bis zu diesem Zeitpunkt ist diese Vereinbarung unkündbar, danach gelten die Kündigungsfristen des BetrVG.

Ort, Datum
Unterschrift Unternehmen   Unterschrift Betriebs-
                            ratsvorsitzender
Anlagen

Achtung: Werden infolge der Betriebsänderung – wie üblich – betriebsbedingte Kündigungen ausgesprochen, kann der Interessenausgleich mit einer **Namensliste** der konkret zu kündigenden Arbeitnehmer verbunden werden.

In diesem Fall greift die gesetzliche Vermutung, dass die Kündigungen durch dringende betriebliche Erfordernisse im Sinne des KSchG bedingt ist, § 1 KSchG. Die Sozialauswahl kann dann nur noch auf grobe Fehlerhaftigkeit vom Gericht überprüft werden und Sie als Arbeitnehmer tragen die volle **Beweislast!** Grobe Fehlerhaftigkeit meint hier, dass z. B. einzelne Arbeitnehmer vergessen wurden, die Sozialauswahl willkürlich war o. ä., s. Sozialauswahl.

Liegt eine Betriebsänderung im Sinne von § 111 BetrVG vor – unabhängig von der Betriebsgröße und der Anwendbarkeit des BetrVG –, können bei Bedarf Transfermaßnahmen sowie Transferkurzarbeitergeld in Anspruch genommen werden:

- **Transfermaßnahmen** sind primär Schulungen, die Ihnen bei einer konkret drohenden Entlassung den Arbeitswechsel zu einem anderen Arbeitgeber mit einem teilweise anderen Berufsbild ermöglichen bzw. erleichtern sollen, § 110 SGB III. Die **Schulungen** betreffen z. B. Bewerbungs-, Fremdsprachen- und praktische Kurse. An den Kosten beteiligt sich die Agentur für Arbeit in Höhe von 50 %, maximal aber 2.500 €; die restlichen 50 % werden von Ihrem Arbeitgeber übernommen.

- **Transferkurzarbeitergeld** dient dazu bei betrieblichen Restrukturierungen Entlassungen zu vermeiden und Ihre Vermittlungschancen auf dem Arbeitsmarkt zu verbessern, § 111 SGB III. Während der Transferkurzarbeitergeldzahlung erhalten Sie von Ihrem Arbeitgeber **Vermittlungsvorschläge** für andere Arbeitsstellen **und berufliche Weiterbildungsmaßnahmen**. Transferkurzarbeitergeld wird für die Dauer von einem Jahr gewährt.

Sonderfall:
Der gesetzliche Abfindungsanspruch bei der betriebs-bedingten Kündigung

Kündigt Ihnen Ihr Arbeitgeber aus betriebsbedingten Gründen und klagen Sie hiergegen <u>nicht</u>, können Sie mit dem Ablauf Ihrer individuellen Kündigungsfrist eine (gesetzlich geregelte) Abfindung verlangen, § 1 a KSchG. Bei § 1 a KSchG handelt es sich um einen gesetzlich geregelten Aufhebungs-/Abwicklungsvertrag für eine betriebsbedingte Kündigung.

Die **Höhe** der Abfindung beträgt <u>½ Bruttomonatsverdienst</u> für jedes volle Jahr Ihres bestehenden Arbeitsverhältnisses; bei angefangenen Jahren werden diese aufgerundet, wenn mehr als sechs Monate vollendet sind und abgerundet, wenn weniger als sechs Monate gegeben sind.

Vom **Prozedere** muss Ihr Arbeitgeber Ihnen mit Ausspruch der schriftlichen betriebsbedingten Kündigung ebenfalls schriftlich den Verzicht auf Ihre Klage und die Abfindung konkret anbieten.

Beispiel: Kündigung nach § 1 a KSchG:
Sehr geehrte(r) Herr/Frau ...,

hiermit kündigen wir das mit Ihnen bestehende Arbeitsverhältnis (ggf. ordentlich) zum ... (oder zum nächstmöglichen Termin).
Die Kündigung erfolgt aus dringenden betrieblichen Gründe. Sollten Sie gegen diese Kündigung nicht klagen und die Klagefrist ablaufen lassen, erhalten Sie eine Abfindung von ... € brutto.
Wenn ein Betriebs-/Personalrat besteht zusätzlich:
Die Rechte des Betriebs-/Personalrats wurden gewahrt.
Ggf.: Hinweis auf Arbeitssuchend- und Arbeitslosmeldung.

Mit freundlichen Grüßen

Ort, Datum   Unterschrift Unternehmen

§ 1 a KschG kommt in der Praxis selten zur Anwendung, weil es für Ihren anbietenden Arbeitgeber immer mit einem Risiko verbunden ist, ob Sie tatsächlich gegen die betriebsbedingte Kündigung klagen oder nicht.

Deshalb wird direkt eine Kündigung ausgesprochen und abgewartet, ob Sie klagen. Klagen Sie nicht – solche Fälle gibt es bei rechtlich nicht beratenen Arbeitnehmern (!) – hat Ihr Arbeitgeber Sie draußen und eine Abfindung gespart. Klagen Sie, wird entweder nur die Rechtmäßigkeit der Kündigung geprüft und ein Urteil gesprochen oder – üblicherweise – ein Vergleich mit Abfindung gezahlt. Alternativ dazu bieten Ihnen viele Arbeitgeber bereits vor Ausspruch einer Kündigung, die immer mit höherem Aufwand und der ungewissen Entwicklung eines Rechtsstreits verbunden ist, einen Aufhebungsvertrag mit Abfindung an.

dd) Die ordnungsgemäße Betriebs-/Personalratsanhörung:

Existiert in Ihrem Betrieb ein Betriebs-/Personalrat, muss dieser ordnungsgemäß zur Kündigung angehört worden sein, s. Betriebs-/Personalratsanhörung.

Mit Ihrem Betriebs-/Personalrat sollten Sie sich vor, aber in jedem Fall bei bereits erfolgter Kündigung in Verbindung setzen, um möglichst Detail- und Hintergrundinformationen zu erfahren. Schließen Sie sich auch mit von Kündigungen betroffenen oder nicht betroffenen Kollegen zum Infoaustausch zusammen.

Hierdurch können Sie Ihre Chancen gegen die Kündigung vorzugehen oft deutlich erhöhen, weil Sie unabhängig von rechtlichen Fehlern auch tatsächliche Defizite aus erster Hand erfahren können!

ee) Die abschließende Interessenabwägung:

Wie bei jeder Kündigung muss in der abschließenden Interessenabwägung das Interesse des Arbeitgebers an der Beendigung des Arbeitsverhältnisses mit Ihrem Interesse an der Fortsetzung abgewogen werden.

Das ist eher ein knapper pro und contra Schulaufsatz als Abschlussfeststellung, der häufig weggelassen wird. Sollte das aber ganz fehlen, rügen Sie es als fehlerhaft im Rahmen des Gerichtsverfahrens!

c) Die besonderen Voraussetzungen der verhaltensbedingten Kündigung:

Die verhaltensbedingte Kündigung wird ausgesprochen, wenn Ihnen eine Pflichtverletzung vorgeworfen werden kann, Sie also Mist gebaut haben.

Sie ist in der Praxis simpel und schnell zulässig, da Ihre Pflichtverletzung oft einfach überprüft und durch Ihren Arbeitgeber **bewiesen** werden kann.

Die verhaltensbedingte Kündigung ist sozial gerechtfertigt, d. h. rechtlich zulässig und beendet somit Ihr Arbeitsverhältnis, wenn über die allgemeinen, folgende besondere Voraussetzungen bejaht werden müssen:

aa) Die Pflichtverletzung:

Sind Sie zu spät gekommen, haben Kollegen oder andere Personen beleidigt, falsche Spesen abgerechnet, etc., haben Sie sich hierdurch rechtlich nicht ordnungsgemäß verhalten und deshalb Ihre Arbeitspflichten verletzt.

Es ist dabei gleichgültig, ob Sie Hauptleistungspflichten – also Pflichten, die direkt das Verhältnis Geld gegen Arbeit betreffen – oder wesentliche Nebenleistungspflichten, z. B. kein Eigentum Ihres Arbeitgebers zu beschädigen, verletzt haben.

Auch ob Sie vorsätzlich, d. h. mit Wissen und Wollen, oder nur fahrlässig, also mehr oder weniger nachlässig, handelten, ist egal. Es kommt einzig auf die eingetretene Pflichtverletzung an, die üblicherweise einfach nachgeprüft und bewiesen werden kann.

Sonderfall:
Die Verdachtskündigung

Auch die Verdachtskündigung ist eine verhaltensbedingte Kündigung. Bei ihr besteht die Besonderheit, dass zwar nur ein begründeter Verdacht einer Pflichtverletzung durch Sie vorliegt, die Pflichtverletzung aber derart schwerwiegend ist, dass bereits der begründete Verdacht Ihre Kündigung rechtfertigt. Das betrifft regelmäßig Straftaten, z. B. Diebstahl, Betrug, Körperverletzung, Sachbeschädigung, etc.

Entscheidend ist hierbei, dass ein **dringender Verdacht** vorliegen muss, d. h. Ihr Arbeitgeber hat eigene Ermittlungen angestellt, die den Verdacht deutlich erhärten, z. B. wurde nicht nur zufällig bemerkt, dass der Ihnen anvertraute Schlüssel zum Unternehmenstresor fehlt, sondern Ihr Kollege Meier hat ausgesagt, Sie hätten diesen am Donnerstag, 02.01., nach der Arbeit mit nach Hause genommen.

Weitere Voraussetzung ist, dass Ihr Arbeitgeber alles ihm aktuell Zumutbare zur Aufklärung unternommen haben muss. Insbesondere muss er Sie **zum Vorwurf anhören** und Ihnen die Möglichkeit geben sich zu entlasten. Erst nachdem er das getan hat, was auch unbürokratisch telefonisch erfolgen kann, und Sie den Verdacht nicht aus der Welt schaffen konnten, kann er die Verdachtskündigung zulässigerweise aussprechen.

Da es sich hierbei regelmäßig um schwerwiegende Taten handelt, ist immer eine **Abmahnung** entbehrlich. Auch überwiegt im Rahmen der abschließenden **Interessenabwägung** aufgrund der Schwere der Tat das Beendigungsinteresse des Arbeitgebers gegenüber Ihrem Interesse an der Fortsetzung des Arbeitsverhältnisses. Bei Bestehen eines Betriebs-/Personalrates muss dieser natürlich explizit zur Verdachtskündigung angehört werden, s. Betriebs-/Personalratsanhörung.

Da der Verdachtskündigung im Gegensatz zur Tatkündigung, bei der Sie den Vorwurf eingestanden haben oder die (Straf-)Tat auf andere Weise bewiesen ist, nur Indizien zugrunde liegen, ist das Risiko für Ihren Arbeitgeber hierbei hoch vor Gericht zu unterliegen. Es ist für den Arbeitgeber in der Praxis problematisch, ob zunächst **polizei- und staatsanwaltliche Ermittlungen abgewartet** werden oder direkt gekündigt werden soll. Ferner ist es für Ihren Arbeitgeber bei bestehendem Betriebs-/Personalrat schwierig die Anhörungsfristen einzuhalten, speziell bei einer fristlosen Kündigung, bei der Ihr Arbeitgeber nur zwei Wochen Zeit hat, nachdem er von dem Kern des Kündigungsgrundes Kenntnis erlangte.

Aus diesen Gründen werden in der Praxis von professionellen Arbeitgebern selten Verdachtskündigungen ausgesprochen. Vielmehr wird meist eine Aufklärung, die zum Beweis und damit einer Tatkündigung führt, abgewartet. Aufgrund vorgenannter Unsicherheit für Ihren Arbeitgeber werden teilweise aber auch **mehrere Verdachts- und Tatkündigungen gestaffelt** nach zunehmendem Kenntnisstand Ihres Arbeitgebers ausgesprochen. Für Sie bedeutet das wie immer: **Gegen jede (Verdachts- und Tat-)Kündigung klagen**, da ansonsten eine nicht angegriffene Kündigung Ihr Arbeitsverhältnis definitiv beendet (Schrotflintenprinzip)!

Sonderfall:
Die Druckkündigung
Von einer Druckkündigung wird gesprochen, **wenn**:

- Sie als Arbeitnehmer – überwiegend verhaltensbedingt, selten personen-/krankheitsbedingt – Störungen im Betrieb verursachen,
- sich mehrere Arbeitnehmer Ihres Arbeitgebers gegen Sie verbünden und
- von Ihrem Arbeitgeber verlangen, dass Ihnen gekündigt wird, da ansonsten die Druck auf Ihren Arbeitgeber ausübenden Arbeitnehmer selbst kündigen werden.

Achtung: Derartige Fälle sind in der Praxis selten, da die Kündigungsandrohung der Verbündeten fast nie dazu führt, dass diese tatsächlich kündigen. Das ist der entscheidende Punkt: Teilweise treten Arbeitgeber auf Sie zu und schildern, dass sie aus o. g. Gründen nicht anders können, als Ihnen zu kündigen. Falsch!

Zunächst muss die Kündigungsdrohung der Anderen ganz handfeste Züge annehmen. Hierunter fallen keine – ggf. durch Ihren Arbeitgeber fingierten – Unterschriftenlisten, dass die Anderen gehen, wenn Ihnen nicht gekündigt wird oder vermehrte Kranken-/Urlaubsausfälle eintreten. Es müssen vielmehr **greifbare Formen** vorliegen, dass die Kündigung(en) tatsächlich eintreten, z. B. durch den ersten Kündigungsausspruch, konkrete Bewerbungsnachweise der Anderen gegenüber Ihrem Arbeitgeber, etc. Solche Aktivitäten muss Ihnen der Arbeitgeber sofort mitteilen und schriftlich **beweisen**!

Solche Fälle sind aber unangenehm, da sie sich zumeist nach einer langen schwelenden und arbeitgeberseitig nicht erkannten bzw. entzerrten Vorgeschichte zwischen Kollegen oder Untergebenen und einem Vorgesetzten im Zusammenhang mit Mobbing, schlechter Stimmung im Betrieb, mangelnder Kommunikation zwischen den Parteien, etc. ereignen. Selbst wenn Sie im akuten Fall einer Kündigung entgehen können, sollten Sie intensiv **gewarnt sein**, dass Sie entweder Ihr Verhalten überdenken und ggf. ändern oder eine Art sachliches Tagebuch führen, um Ihr und das Verhalten von Anderen konkret beschreiben zu können, um so für (meist) abstrakte Gründe, Vorwürfe und Maulereien gerüstet zu sein. Trotzdem: Situationen entwickeln sich entweder zum Positiven oder zum Negativen; sollte es ein wiederkehrendes Spießrutenlaufen werden und Sie weder bei Kollegen, Führungspersonen und dem Chef Rückhalt haben, denken Sie über einen Arbeitsplatzwechsel nach, unabhängig von Verbesserungs-/Konfliktgesprächen oder einer theoretischen Klage wegen Mobbing, s. Mobbing.

Sonderfall:
Die Drohkündigung
Die Drohkündigung beschreibt eine besondere Situation, stellt aber keinen separaten Kündigungsgrund dar.
Kennzeichnend ist hierfür, dass Ihr **Arbeitgeber mit** einer **Arbeitgeberkündigung droht, sollten Sie nicht** zeitnah einen **Aufhebungsvertrag abschließen oder** eine **Eigenkündigung aussprechen**.
In der Praxis ergeben sich solche Situationen, wenn Ihr Arbeitgeber Ihnen in einem Gespräch Ihre Kündigung präsentiert oder davon spricht und gleichzeitig im räumlich/zeitlichen Zusammenhang von Ihnen die Unterschrift zu einem Aufhebungsvertrag oder Ihre Eigenkündigung verlangt.
Ein solches Arbeitgeberverhalten ist rechtlich immer unwirksam, wenn der Grund bzw. Anlass Sie zum Aufhebungsvertrag bzw. Ihrer Eigenkündigung zu verleiten <u>nicht</u> für einen Kündigungsgrund <u>ausreichend ist</u> und ein objektiver Arbeitgeber deshalb eine Arbeitgeberkündigung nicht in Erwägung gezogen hätte. Sollte der Kündigungsgrund dagegen objektiv für eine zulässige Kündigung ausreichen, ist das zackige Verhalten des Arbeitgebers jedenfalls juristisch nicht zu beanstanden.

Beides kommt mittlerweile selten vor und ist nur bei rechtlich nicht erfahrenen Arbeitgebern oder solchen zu erwarten, die Sie **bluffen** wollen.
Ihnen kann hierbei nicht allzu viel geschehen, auch wenn die Situation unangenehm ist. Selbstverständlich steht Ihnen das Recht zu ohne Begründung – soweit vorhanden – den Betriebs-/Personalrat bzw. **Person**en **Ihres Vertrauens** (sachliche Kollegen, sachliche Familienmitglieder, Anwalt) **hinzuzuziehen**. Sollte das durch Ihren Arbeitgeber nicht akzeptiert werden, lehnen Sie das Gespräch ab und nehmen

die ggf. von Ihrem Arbeitgeber vorbereiteten Unterlagen (Kündigung und/oder Aufhebungsvertrag) entgegen ohne etwas zu unterschreiben. Falls Ihnen die Unterlagen nicht mitgegeben werden sollen, lassen Sie diese liegen. Ansonsten nehmen Sie das Gespräch wahr, hören sich alles in Ruhe an, machen aber weder Aussagen in tatsächlicher oder sonstiger Hinsicht ohne unfreundlich oder auffällig zu sein; natürlich lassen Sie sich auch nicht provozieren und **unterschreiben nichts**. Da Sie ohne Anwalt in den seltensten Fällen – auch wenn konkrete Vorgespräche stattgefunden haben – die Situation komplett juristisch einschätzen können und vor allem nicht wissen, was noch auf Sie lauert, nehmen Sie entweder die Kündigung und/oder den Aufhebungsvertrag in Ruhe mit nach Hause mit, um die Beendigung Ihres Arbeitsverhältnisses an sich bzw. die Konditionen des arbeitgeberseitigen Aufhebungsvertrages gemeinsam mit Ihrer Familie, vor allem aber Ihrem Anwalt zu besprechen. Das bedeutet natürlich nicht, dass Sie die Kündigung oder den Aufhebungsvertrag akzeptieren und keine Kündigungsschutzklage erheben bzw. den Aufhebungsvertrag unterschreiben. <u>Erst dann</u> schließen sich nämlich konkrete Verhandlungen über die Bedingungen des Aufhebungsvertrages an, die Sie Ihrem Anwalt überlassen sollten, um vermeidbaren Nachteilen nicht zu begegnen und das Beste für Sie herauszuholen! Vernünftige und professionelle Arbeitgeber gewähren im Übrigen mindestens **drei Tage Überlegungszeit**, da sie selbst Interesse an der Wirksamkeit des Aufhebungsvertrages oder einer hierbei unüblichen Eigenkündigung haben, die ansonsten angefochten werden können, s. Anfechtung der Eigenkündigung & des Aufhebungsvertrages.

Sonderfall:
Die leistungsbedingte Kündigung – Minderleister/lowperformer
Die leistungsbedingte Kündigung kommt zur Anwendung, wenn Sie **bewußt** – weil verhaltensbedingt – Ihre tatsächli-

che **Arbeitsleistung** hinsichtlich Ihrer Kenntnisse, Fähigkeiten und Intensität **nicht ausschöpfen.**
Sie ist deshalb das Gegenteil der personen-/krankheitsbedingten Kündigung, bei der Sie gerne Ihre ganze Energie, Kenntnisse und Fähigkeiten einsetzen würden, es aber personen-/krankheitsbedingt nicht schaffen.
Erforderlich ist zusätzlich, dass **kein milderes** Mittel, z. B. eine Abmahnung, zur Verfügung stehen darf Ihre Leistung zu steigern bzw. anderweitig, z. B. auf einem anderen Arbeitsplatz, einzusetzen.
Die Frage der leistungsbedingten Kündigung stellt sich in der Praxis selten. Eine Kündigung wird aber nicht ausschließlich hierauf fußen, da es für Ihren Arbeitgeber sehr schwierig ist zu beschreiben und zu **beweisen**, dass Sie Ihr Potenzial bewußt nicht zu seinem Nachteil ausgeschöpft haben. Auch etwaige Abmahnungen werden aus diesem Grund wenig Chancen haben!

Sonderfall:
Die Entfernung betriebsstörender Arbeitnehmer
Sollten Sie durch gesetzeswidriges Verhalten oder grobe Verletzung der allgemeinen Grundsätze im Betrieb nach § 75 BetrVG den Betriebsfrieden wiederholt ernstlich gestört haben, kann – soweit vorhanden – Ihr Betriebs-/Personalrat vom Arbeitgeber Ihre Entlassung oder zumindest Versetzung verlangen, § 104 BetrVG.
Derartige Fälle sind extrem selten, da Ihr Betriebs-/Personalrat hiervon ungern – weil unsolidarisch – Gebrauch macht und er meist diesen Paragraphen nicht kennt. Außerdem müssten sich diverse gravierende Pflichtverletzungen gehäuft und sich mehrere Arbeitnehmer beim Betriebs-/Personalrat gegen Sie ausgesprochen haben. Im Übrigen ist die Entlassung immer das letzte Mittel, so dass zunächst – soweit betrieblich möglich – eine Versetzung vorgenommen und/oder eine Abmahnung ausgesprochen werden müsste!

bb)Die Abmahnung:
Aufgrund des Verhältnismäßigkeitsgrundsatzes kann Ihnen Ihr Arbeitgeber nicht einfach kündigen, auch wenn Sie eine Pflichtverletzung begangen haben. Deshalb muss einer verhaltensbedingten Kündigung in den meisten Fällen eine Abmahnung vorangegangen sein (Ausnahme: Entbehrlichkeit der Abmahnung, s. u.). Die Abmahnung ist deshalb für die Wirksamkeit der Kündigung sehr wichtig.

Eine Abmahnung ist eine Art Schuss vor den Bug, sie ist an bestimmte **Voraussetzungen** gebunden. Sie muss:
- Ihre Pflichtverletzung konkret beschreiben,
- Sie auf das ordnungsgemäße Verhalten hinweisen und das von Ihnen einfordern sowie
- für den Fall eines (weiteren) Fehlverhaltens Konsequenzen, d. h. eine Kündigung, androhen.

 Beispiel: Abmahnung
Sehr geehrte(r) Herr/Frau ...,

hiermit müssen wir Ihnen aufgrund folgenden Sachverhalts eine Abmahnung erteilen:

Am ... sagten Sie gegenüber Herrn Müller, Ihrem Vorgesetzten der Abteilung ..., er sei ein Schwein, der Mitarbeiter wie Dreck behandele. Ihre Aussage war durch nichts gerechtfertigt, insbesondere hatte Herr Müller sie gestern, am ..., noch wegen ... vor der gesamten Abteilung ... gelobt.

Diese Beleidigung gegenüber Ihrem Vorgesetzten stellt eine Pflichtverletzung aus Ihrem Arbeitsverhältnis dar.
Wir dulden dies nicht und fordern Sie auf, sich zukünftig ordnungsgemäß zu verhalten, insbesondere Ihren Vorgesetzten nicht zu beleidigen.
Sollte sich diese oder eine vergleichbare Pflichtverletzung wiederholen, müssen wir weitere Konse-

quenzen bis hin zu einer (fristlosen) außerordentlichen Kündigung ergreifen.

Diese Abmahnung wird zu Ihrer Personalakte genommen.

Mit freundlichen Grüßen

Ort, Datum   Unterschrift Unternehmen

Im Gegensatz dazu ist eine (mündliche oder schriftliche) **Ermahnung** schwächer. Hier ermahnt Ihr Arbeitgeber nur Ihr Fehlverhalten, droht Ihnen aber keine rechtlichen Konsequenzen an.
Zwar besteht eine Stufung in der Wertigkeit insofern als eine Ermahnung schwächer ist als eine Abmahnung, und diese wiederum schwächer ist als eine Kündigung. Da eine Ermahnung aber im Hinblick auf eine Kündigung keine rechtliche Bedeutung hat, wird von der Rechtsprechung nicht verlangt, dass Ihnen erst eine Ermahnung, bei dem nächsten Verstoß eine Abmahnung, dann ggf. erneut eine Abmahnung und hiernach eine Kündigung erklärt wird. Deshalb ist eine Ermahnung kaum verbreitet und eher in kleinen Unternehmen als Kritik auf dem Flur üblich.
Gegen eine Ermahnung haben Sie mangels rechtlicher Relevanz **keinen Anspruch auf Entfernung aus Ihrer Personalakte**. Trotzdem können und sollten Sie eine knappe und sachliche Beschreibung der angeblichen Pflichtverletzung als **Gegendarstellung** zu Ihrer Personalakte nehmen lassen. Natürlich steht Ihnen das Recht zu bei begründetem Anlass Einblick in Ihre Akte zu nehmen, um z. B. zu überprüfen, ob die Gegendarstellung zur Akte genommen wurde und was dort sonst noch zu finden ist. Wird Ihnen das verweigert oder ist die Gegendarstellung nicht in Ihrer Akte, sprechen Sie die Personalabteilung, den Abteilungsleiter, Ihren Betriebs-/Personalrat oder Ihren Chef direkt hierauf an. Bewegt sich dann immer noch nichts, schalten Sie Ihren Anwalt ein. Beachten Sie aber, dass sowohl der Einblick als

233

auch die zwangsweise Einheftung Ihrer Gegendarstellung in die Akte nicht eingeklagt werden kann, weil Sie allein dadurch noch keinen rechtlichen Vorteil haben (juristisch: kein Rechtsschutzbedürfnis)!

Abmahnungen werden **üblicherweise schriftlich** durch Ihren Arbeitgeber, d. h. mindestens Mitarbeiter die Ihnen Arbeitsanweisungen erteilen können ausgesprochen.

Eine Abmahnung kann <u>aber</u> auch nur mündlich erfolgen, was primär in kleinen oder rechtsunkundigen Unternehmen vorkommt. Dann muss Ihr Arbeitgeber konkret **beweisen**, dass er Ihnen am … wegen … eine Abmahnung mündlich erklärt hat, die o. g. Wirksamkeitsvoraussetzungen einhielt. Das ist nach Monaten und ohne Zeugen in der Praxis kaum möglich.

Achtung: Besonders ergebnisorientierte Arbeitgeber nutzen teilweise bewußt mündliche Abmahnungen. Dann ist besondere **Vorsicht angeraten**: Zwar trifft Ihren Arbeitgeber die volle Darlegungs- und **Beweislast** hinsichtlich Ihrer Pflichtverletzung und der Wirksamkeit der Abmahnung. Aber: Wo keine sichtbare Abmahnung ist, ist auch keine Gegendarstellung und erst recht keine Klage von Ihnen möglich. Sie erhalten somit <u>plötzlich</u> eine Kündigung im Falle einer tatsächlichen Pflichtverletzung, ohne dass Sie vorher von einer Abmahnung ausgegangen sind. Im Gerichtsverfahren muss Ihr Arbeitgeber dann konkret Ihre ursprüngliche(n) Pflichtverletzung(en) für die vorhergegangene(n) Abmahnung(en), die jeweilige(n) (mündliche(n)) Abmahnung(en) sowie den nach der/den Abmahnung(en) entstandenen verhaltensbedingten Kündigungssachverhalt darlegen und **beweisen**, was sehr aufwändig sein kann – möglich ist das aber, gerade um Sie vor vollendete Tatsachen zu stellen und eine ggf. provozierte Kündigung zu beschleunigen!

Es muss auch **rechtzeitig** abgemahnt worden sein. Deshalb reicht es nicht aus, wenn Ihnen erst Monate nach Ihrer Pflichtverletzung eine Abmahnung erteilt wird. Maximal sechs Wochen zwischen dem Entdecken der Pflichtverletzung und der Erteilung der Abmahnung sind tolerabel, auch wenn Urlaub des Abmahnenden, Krankheit, etc. hinzukommen. Nach mehr als sechs Wochen kann von Verwirkung, d. h. dem Verlust des Rechts zur Abmahnung gesprochen werden, da es nicht so schlimm gewesen sein kann, wenn arbeitgeberseitig derart lange abgewartet wird!

 Achtung: Der Kündigungsgrund muss sich nach dem Ausspruch und Zugang der Abmahnung bei Ihnen ereignet haben, wobei eine vorangegangene, unwirksame Kündigung aus verhaltensbedingten Gründen in eine Abmahnung umgedeutet werden kann, wenn die Pflichtverletzung bewiesen ist. Außerdem muss grundsätzlich jeder verhaltensbedingten Kündigung eine einschlägige Abmahnung in der jüngeren Vergangenheit vorhergegangen sein, außer sie ist entbehrlich, s. u. **Einschlägig** bedeutet, dass der in der Abmahnung beschriebene Grund, dem später folgenden Kündigungsgrund ähnlich sein muss, z. B. jeweils zu spät kommen oder zu spät kommen und fehlende Krankmeldung. Ferner muss die letzte Abmahnung vor dem Kündigungsgrund in jüngerer Vergangenheit, d. h. **innerhalb eines Jahres**, gegenüber Ihnen ausgesprochen und zugegangen sein. Sollte die Abmahnung älter als ein Jahr sein, ist sie juristisch nicht mehr wirksam. Spricht Ihr Arbeitgeber deshalb bei einem weiteren Grund eine Kündigung aus, ist die Kündigung unwirksam, weil die Abmahnung zu alt ist (Ausnahme: Entbehrlichkeit der Abmahnung, s. u.). Weitere Folge einer veralteten Abmahnung ist, dass Sie ihre automatische **Entfernung aus Ihrer Personalakte** verlangen können. Ist die Abmahnung dagegen nicht veraltet, können Sie immer eine **Gegendarstel-**

lung zu den in der Abmahnung enthaltenen Pflichtverletzungen fertigen, die Ihre Darstellung der (vermeintlichen) Pflichtverletzung beinhaltet und von Ihrem Arbeitgeber zu Ihrer Personalakte geheftet werden muss, s. o. Ermahnung. Kommt Ihr Arbeitgeber der Entfernung aus der Personalakte nicht nach, können Sie bei einer veralteten und bei einer aktuellen Abmahnung, die falsch ist, auf Entfernung aus Ihrer Personalakte **klagen**. Das ist aber nicht empfehlenswert: Zwar verdeutlichen Sie dadurch, dass Sie sich juristisch auskennen und für Ihr Recht kämpfen. Die Abmahnung ist juristisch aber ohnehin unwirksam, außerdem wecken Sie vielleicht schlafende Hunde, die Stimmung verschlechtert sich und Sie sensibilisieren Ihren Arbeitgeber dafür, dass erst eine weitere – aktuelle und richtige – Abmahnung für eine potenzielle Kündigung notwendig ist (Ausnahme: Entbehrlichkeit der Abmahnung, s. u.). Ob Sie dagegen im Fall einer aktuellen, richtigen Abmahnung klagen, ist vom jeweiligen Einzelfall abhängig, den Sie mit Ihrem Anwalt des Vertrauens besprechen sollten.

Eine Abmahnung ist dagegen **entbehrlich**, wenn Sie entweder offensichtlich nicht gewillt sind die begangene Pflichtverletzung abzustellen, die Abmahnung deshalb nur Förmelei wäre, oder Ihre Pflichtverletzung so intensiv ist, dass dies kein normaler Arbeitgeber dulden würde, z. B. Straftaten wie (Spesen-/Abrechnungs-)Betrug, Diebstahl, schwere, mehrfache Beleidigungen, Körperverletzung, etc. Da es in der Praxis sehr oft problematisch ist, ob eine Abmahnung entbehrlich ist oder aus Sicherheitsgründen anstelle einer Kündigung ausgesprochen werden muss, sollten Sie die Frage der Entbehrlichkeit vor Gericht immer aufwerfen. Hierbei kommt es stark auf die Einstellung des entscheidenden Richters an!

In der Praxis sprechen Arbeitgeber oft sehr viele (mehr als zwei) Abmahnungen für unterschiedliche Pflichtverletzungen aus. Hier können Sie vor Gericht rügen, dass der Warnzweck mindestens der letzten Abmahnung nicht mehr für Sie gewahrt ist, da Sie bei durchschnittlichen Pflichtverletzungen – aufgrund des Arbeitgeberverhaltens in der Vergangenheit – damit rechnen konnten, dass wieder nur eine Abmahnung ausgesprochen wird (**Inflationsgedanke**). Das ist zwar dünnes Eis, aber durchaus wirksam!

Unerfahrene Arbeitgeber sprechen auch gerne **Sammelabmahnung**en aus, d. h. Sie werfen Ihnen mehrere Pflichtverletzungen in einem einzigen Abmahnungsschreiben vor. Das ist riskant für Arbeitgeber: Sollten Sie gerichtlich gegen diese Abmahnung vorgehen und ergibt sich, dass sich eine Pflichtverletzung als unberechtigt herausstellt, ist sofort die gesamte (Sammel-)Abmahnung falsch, so dass ihnen keine einzige Pflichtverletzung vorgeworfen werden kann. Zwar kann Ihnen der Arbeitgeber hinsichtlich der tatsächlichen Pflichtverletzungen eine neue Abmahnung aussprechen, das ist aber nur möglich, wenn das Recht zur Abmahnung nicht bereits verwirkt ist, also noch keine sechs Wochen seit dem abmahnungswürdigenden Verhalten vergangen sind!

cc) Die ordnungsgemäße Betriebs-/Personalratsanhörung:

Existiert in Ihrem Betrieb ein Betriebs-/Personalrat, muss dieser ordnungsgemäß zur Kündigung angehört worden sein, s. Betriebs-/Personalratsanhörung.

Mit Ihrem Betriebs-/Personalrat sollten Sie sich vor, aber in jedem Fall bei bereits erfolgter Kündigung in Verbindung setzen, um möglichst Detail- und Hintergrundinformationen zu erfahren. Schließen Sie sich auch mit von Kündigungen betroffenen oder nicht betroffenen Kollegen zum Infoaustausch zusammen.

Hierdurch können Sie Ihre Chancen gegen die Kündigung vorzugehen oft deutlich steigern, weil Sie unabhängig von rechtlichen Fehler auch tatsächliche Defizite aus erster Hand erfahren können!

dd)Die abschließende Interessenabwägung

Wie bei jeder Kündigung muss in der abschließenden Interessenabwägung das Interesse des Arbeitgebers an der Beendigung des Arbeitsverhältnisses mit Ihnen mit Ihrem Interesse an der Fortsetzung abgewogen werden.

Das ist eher ein knapper pro und contra Schulaufsatz als Abschlussfeststellung, der häufig weggelassen wird. Sollte das aber fehlen, rügen Sie es als fehlerhaft im Rahmen des Gerichtsverfahrens!

d) Die besonderen Voraussetzungen der personen-/ krankheitsbedingten Kündigung:

Die personen- und krankheitsbedingte Kündigung ist gleichbedeutend. Sie beschreibt, dass Sie aus krankheitsbedingten Gründen nicht mehr arbeiten können und deshalb das Arbeitsverhältnis gekündigt wird.

Die krankheitsbedingte Kündigung ist der für Ihren Arbeitgeber am schwersten durchzusetzende Kündigungsgrund, da Ihr Gesundheitszustand nur relativ abstrakt begutachtet werden und das Gutachten fehlerhaft sein kann.

Die personen-/krankheitsbedingte Kündigung ist sozial gerechtfertigt und beendet deshalb Ihr Arbeitsverhältnis, wenn über die o. g. allgemeinen folgende besondere Voraussetzungen vorliegen:

aa)Die schlechte Gesundheitsprognose:

Die schlechte Gesundheitsprognose ergibt sich aus Ihren krankheitsbedingten Fehlzeiten bei der Arbeit. Hier muss unterschieden werden, ob bei Ihnen eine Lang- oder Kurzzeiterkrankung vorliegt.

Bei der **Langzeiterkrankung** müssen Sie mindestens 1 ½ Jahre durchgängig krankheitsbedingt arbeitsunfähig sein und im Betrieb fehlen. Dann ist laut Rechtsprechung mit weiteren krankheitsbedingten Fehlzeiten zu rechnen. Das Ende der Erkrankung darf auch zum Zeitpunkt der Kündigung mindestens nicht absehbar sein. Ferner müssen Sie zum <u>Zeitpunkt des Kündigungsausspruch</u>s immer noch arbeitsunfähig erkrankt sein – was auch der Fall ist, wenn Sie sich in einer Kur oder Rehabilitation befinden – andernfalls wären Sie (wieder) gesund und die Langzeiterkrankung wäre unterbrochen. Im Fall einer **unterbrochenen Krankheit** kann grundsätzlich keine Addierung von mehreren Zeiten vorgenommen werden, so dass Ihnen bei einer Unterbrechung der zusammenhängenden 1 ½ Jahre erst dann wieder eine zulässige krankheitsbedingte Kündigung drohen kann, wenn Sie erneut 1 ½ Jahre zusammenhängend arbeitsunfähig fehlen. Eine Ausnahme hiervon wird aber gemacht, wenn eine Vermengung von Lang- und Kurzzeiterkrankung vorliegt, s. u.!

 Achtung: Beachten Sie, dass die 1 ½ Jahre Ihrem Arbeitnehmeranspruch auf sechs Wochen Entgeltfortzahlungsanspruch zzgl. 78 Wochen Krankengeldbezug entsprechen. Allein weil Ihnen dann grundsätzlich keine anderen staatlichen Mittel mehr gezahlt werden, Sie somit Ihr Erspartes angreifen, von anderen Personen finanziell unterstützt werden oder Sozialhilfe beanspruchen müssen, <u>melden</u> sich viele Arbeitnehmer spätestens <u>vor Ablauf der 1 ½ Jahre</u> bei Ihrem Arbeitgeber und wollen wieder ganz oder im Rahmen eines betrieblichen Eingliederungsmanagements zurück in das Arbeitsleben. Das wird von Ihrem Arbeitgeber zwar nicht gerne gesehen, weil er häufig nicht von Ihrer Gesundung ausgeht und Sie dadurch seine ggf. vorbereitete personen-/krankheitsbedingte Kündigung torpedieren. Er muss Sie aber spätestens dann arbeiten lassen, wenn Sie ihm ein entsprechendes Attest vorlegen, dass Sie einsatzfähig sind! Sie sind dazu verpflichtet ein Attest vorzulegen, da Ihren Arbeitgeber ein Verschulden treffen kann, wenn er Sie wieder arbeiten lässt, obwohl Sie nicht (vollständig) arbeitsfähig waren und Ihnen ein Unfall zustößt. Durch das Attest wird das hinfällig.

Die §§ 275 - 277 SGB V sollten Ihnen bekannt sein! Hiernach sind Krankenkassen verpflichtet bei auffälligen, krankheitsbedingten Fehlzeiten, die <u>Zweifel an</u> Ihrer <u>Arbeitsunfähigkeit</u> begründen können, kurzfristig ein **Gutachten des medizinischen Dienstes** einzuholen. Sollten Sie Ihre Mithilfe daran verweigern, kann die Entgeltfortzahlung bzw. das Krankengeld eingestellt werden. Sie erhalten ggf. auch einen Reiter in die Akte Ihrer Krankenversicherung, wodurch Sie als Simulant bzw. hohe Kosten verursachendes Mitglied gekennzeichnet werden. Das wird verständlicherweise nicht gerne gesehen! Im Übrigen bleibt ein mehr als seltsamer Beigeschmack, weshalb Sie ein Gutachten verweigern, wenn Sie doch krank sind!

Bei **Kurzzeiterkrankungen** wird die negative Gesundheitsprognose angenommen, wenn Sie immer wieder an mindestens 30 Tagen pro Jahr krankheitsbedingt arbeitsunfähig sind, das aber über einen Zeitraum von zwei – drei Jahren. Die vollen 30 Tage müssen Sie jeweils auch Entgeltfortzahlung beansprucht haben. Auch in diesem Fall ist laut Rechtsprechung mit weiteren Krankheitsausfällen zu rechnen. Bei der Frage, ob zwei oder drei Jahre betrachtet werden, unterscheiden sich Richter und Gerichte z. T. deutlich. In Ihrem Interesse sollten Sie von dem für Sie gefährlicheren Fall ausgehen, nämlich der kurzen zweijährigen Frist.
Entscheidend ist ferner, dass Krankheiten, die **ausgeheilt** sind oder auf einem **einmaligen** Gefahren-**Ereignis** beruhen, z. B. Motorrad- oder Sportunfälle, nicht bei den 30 Fehltagen mitgezählt werden dürfen.

Wie oben angesprochen gibt es auch **Vermischungen von Lang- und Kurzzeiterkrankungen**, die Sie nicht unterschätzen sollten. Z. B. geht eine Langzeiterkrankung oft in mehrere Kurzzeiterkrankungen oder umgekehrt über.
Hier dürfen o. g. Fehltage sowohl für die Lang-, als auch Kurzzeiterkrankung(en) nicht überschritten werden, ansons-

ten liegt die negative Gesundheitsprognose vor und eine Voraussetzung Ihrer Kündigung ist gegeben!

Sonderfall:
Die dauerhafte Leistungsminderung
Auch die dauerhafte Minderung Ihrer Leistung ergibt die schlechte Gesundheitsprognose der krankheitsbedingten Kündigung.
Die Leistungsminderung muss aber **dauerhaft** vorliegen und bei **lediglich 2/3 oder 66 % der durchschnittlichen Leistung eines** mit Ihnen **vergleichbaren Arbeitnehmers** liegen.
Das ist in der Praxis für Ihren Arbeitgeber kaum festzustellen und zu **beweisen**, da eine Durchschnittsleistung – wenn überhaupt – nur im gewerblichen Bereich gemessen werden kann, z. B. durch bearbeitete Produkte in Tonnen, Anzahl, etc. Dagegen ist eine kaufmännische Arbeit weder zeitlich noch intellektuell kaum meßbar, so dass bereits die potentielle Durchschnittsleistung leicht durch Sie widerlegt werden kann und die Kündigung kaum Chancen hat!

Sonderfall:
Die Suchterkrankung
Suchterkrankungen, wegen Alkohol und sonstigen harten und weichen Drogen unterfallen der personen-/krankheitsbedingten Kündigung, wenn Sie Ihr **Verhalten** aufgrund Ihrer Sucht **nicht mehr steuern** können, was relativ schnell angenommen wird. Sollten Sie Ihre Sucht – nachweisbar (!) – noch komplett steuern können, müssten die Voraussetzungen der verhaltensbedingten Kündigung vorliegen. Kündigungen wegen Suchterkrankungen unterfallen in der Praxis aber fast ausnahmslos personen-/krankheitsbedingten Kündigungen.

Die **schlechte Gesundheitsprognose** der personen- bzw.-krankheitsbedingten Kündigung aufgrund Ihrer Sucht ist –

unabhängig von den krankheitsbedingten Fehlzeiten – dann gerechtfertigt, wenn Sie sich einer <u>Entziehungskur verweigern</u>. Sollten Sie der Kur zustimmen, muss Ihr Arbeitgeber das Ergebnis abwarten und je nach Ergebnis unter Berücksichtigung der folgenden weiteren Voraussetzungen der (normalen) personen-/krankheitsbedingten Kündigung kündigen.

Erfahrene Arbeitgeber verweigern süchtigen Arbeitnehmern den **Zugang zum Betrieb** oder verweisen Sie des Betriebes und rufen eine Taxe, was rechtmäßig ist.

Auch die **Entgeltzahlung** kann für den Zeitraum Ihres Rausches bzw. Ihrer Abwesenheit komplett eingestellt werden, **außer** Sie präsentieren ein astreines Attest, was in der Praxis unrealistisch ist. In diesem Fall wird Ihnen häufig – da die Abgrenzung der personen-/krankheits- und verhaltensbedingten Kündigung hier schwierig ist – eine Abmahnung erklärt.

Darüber hinaus fordern professionelle Arbeitgeber Sie auf eine **Suchtvereinbarung** zu unterschreiben: Hierin verpflichten Sie sich eine Entziehungskur kurzfristig anzutreten. Sollten Sie dem nicht zustimmen oder die Therapie aus nicht nachvollziehbaren Gründen abbrechen, kann Ihnen Ihr Arbeitgeber bei dem nächsten suchtbedingten Zwischenfall berechtigt kündigen. Sicherheitshalber erfolgt das – nach vorangegangener Abmahnung, s. Abmahnung, und Vereinbarung sowie Bruch der Suchtvereinbarung – verhaltens- und krankheitsbedingt. Soweit die Suchtvereinbarung nicht außergerichtlich zwischen Ihnen und Ihrem Arbeitgeber vereinbart worden sein sollte, sondern im Rahmen eines gerichtlichen Verfahrens (**Alkoholikervergleich**) – da Ihr Arbeitgeber ohne diese juristisch falsch sofort nach Ihrem Rausch im Betrieb die Kündigung ausgesprochen hat – gilt ebenfalls Vorgenanntes.

 Achtung: Entscheidend ist, dass Ihr Arbeitgeber die schlechte Gesundheitsprognose **beweisen** muss. Ergibt sich die negative Gesundheitsprognose aufgrund o. g. Fehlzeiten, wird vermutet, dass auch mit weiteren Fehlzeiten gerechnet werden muss. Das können Sie widerlegen. Dafür sind aber Sie, Ihre Ärzte, die Sie von ihrer Schweigepflicht entbinden sollten und ggf. ein Gutachter gefordert, da Sie hierbei die volle Darlegungs- und **Beweislast** trifft, die negative Gesundheitsprognose zu widerlegen. In dem Fall müssen Sie beschreiben und beweisen, weshalb mit Ihrer kurzfristigen und dauerhaften Gesundung zu rechnen ist. Das ist in der Praxis schwierig, da Ärzte keine Gefälligkeitsatteste und -gutachten erstatten!

Darüber hinaus erklärt es sich von selbst, dass Sie während Ihrer Krankheit alles unterlassen müssen, was Ihrer Gesundung zuwiderläuft (**gesundungshinderndes Verhalten**). Z. B. dürfen Sie während einer Arbeitsunfähigkeit infolge einer Gehirnerschütterung oder eines gebrochenen Armes nicht Joggen, etc.; normale, notwendige Einkäufe des täglichen Lebens sind aber möglich, d. h. Sie müssen nicht bei jeder Erkrankung jede Sekunde im Bett oder in der Wohnung sein.

bb) Die Schädigung des Betriebs:

Die Schädigung des Betriebs liegt logischerweise immer vor, wenn Sie krankheitsbedingt ausfallen, da zumindest bis zum Ablauf von sechs Wochen Entgeltfortzahlung durch Ihren Arbeitgeber gezahlt werden muss.

Die Rechtsprechung stellt aber primär darauf ab, dass **unzumutbare wirtschaftliche Belastungen** oder **Störungen des Betriebsablaufs** vorliegen müssen.

Unzumutbar sind wirtschaftliche Belastungen für Ihren Arbeitgeber, wenn Sie im Rahmen der Kurzzeiterkrankung binnen o. g. zwei – drei Jahre jeweils mindestens 30 Tage mit Entgeltfortzahlung – nicht Krankengeldbezug – arbeitsunfähig gefehlt haben oder bei der Langzeiterkrankung innerhalb der 1 ½ Jahre für die ersten sechs Wochen Entgeltfortzahlung von Ihrem Arbeitgeber geleistet werden musste.

Wann Ablaufstörungen unzumutbar sind, ist nicht eindeutig geklärt. Da hierunter jedoch Störungen im Produktionsablauf, Umstellungen von Arbeitsplänen, Organisation von Ersatzpersonal, etc. fallen und Ihr Arbeitgeber das als unzumutbare Belastung empfinden wird, sollten Sie davon ausgehen, dass die Beeinträchtigung der betrieblichen Interessen schnell bejaht wird!

cc) Das erfolglose betriebliche Wiedereingliederungsmanagement – Kein alternativer Schonarbeitsplatz:

Die erfolglose Durchführung des betrieblichen Wiedereingliederungsmanagements (BEM) wird in der Rechtsprechung nicht ganz einheitlich gehandhabt. Häufig sind Arbeitgeber daran interessiert ein – zugegebenermaßen aufwändiges – BEM nur pro-forma durchzuführen, da die Entscheidung zur Kündigung z. T. bereits gefallen ist, aber noch die letzten Voraussetzungen passend gemacht werden sollen.

Sie sollten davon ausgehen, dass Ihr Arbeitgeber Sie vor dem Ausspruch einer personen-/krankheitsbedingten Kündigung zumindest **kontaktieren** muss. Aus diesem Grund werden Arbeitgeber während Ihrer Erkrankung telefonisch, per Post oder auch persönlich auf Sie zutreten und Ihnen anbieten über Ihren Heilungsverlauf zu sprechen.
Einerseits will Ihr Arbeitgeber hierdurch die Gründe für Ihre Krankheit bzw. Ihren Ausfall erfahren und andererseits herausfinden, ob und wann Sie wieder arbeitsfähig sind. Das ist im Ergebnis nicht zu beanstanden. Sie sollten deshalb dieses Angebot akzeptieren, da Ihr Arbeitgeber ansonsten ergebnisorientiert darstellen könnte, dass Sie an einem Kontakt, der Durchführung eines BEM, wie auch der Fortsetzung des Arbeitsverhältnisses kein Interesse haben. In diesem Fall kann ein Richter die Ansicht vertreten, dass Sie das **BEM verweigern** und es deshalb nicht durchgeführt werden kann und muss. Folglich stellt sich die Frage des BEM nicht mehr, was bei Bejahung der weiteren Vorausset-

zungen der personen-/krankheitsbedingten Kündigung dazu führt, dass diese gerechtfertigt wäre!

Wenn Sie den Besuch oder das Telefonat deshalb wahrnehmen, können Sie jederzeit eine **Person Ihres Vertrauens**, z. B. Partner, Anwalt oder Betriebs-/Personalrat, **hinzuziehen**. Das muss Ihr Arbeitgeber akzeptieren, wenn nicht, verlangen Sie es schriftlich, dass er Ihnen die Begleitung einer Vertrauensperson nicht gestattet. Meist geben Arbeitgeber dann nach. Gibt Ihr Arbeitgeber immer noch nicht nach, teilen Sie ihm über Ihren Anwalt schriftlich mit, dass Ihnen das Recht zusteht und das BEM arbeitgeberseitig nicht ordnungsgemäß initiiert werden kann, wenn Sie keine Person Ihres Vertrauens hinzunehmen dürfen. Weiteres müssen Sie nicht begründen, lassen Sie sich nicht verunsichern. Denken Sie daran, dass bei einem Telefonat andere Personen des Arbeitgebers mithören und das Telefonat aufgezeichnet werden könnte. Das ist zwar juristisch nicht zulässig, aber technisch möglich!

Im Rahmen des **Gespräch**s wird sich Ihr Arbeitgeber nach Ihrem Gesundheitszustand erkundigen und versuchen herauszufinden, ob Sie tatsächlich krank sind oder das nur vorgeben und ob Sie an einem BEM interessiert sind. Hier treffen Datenschutz (ärztliche Schweigepflicht) einerseits und Ihre Verpflichtung bzw. Ihr Wille wieder in den Betrieb zurückzukehren andererseits aufeinander.

Dann stellt sich die Frage, ob die Erkrankung mit Ihrer Tätigkeit und Belastung im Betrieb zusammenhängt und deshalb durch das BEM gelöst werden kann oder andere Gründe hat, z. B. Drogensucht o. ä.

Bestenfalls wird nun gemeinsam überlegt, ob Sie bei geringerer Stundenanzahl und/oder auf einem alternativen Arbeitsplatz bei einer Ihrer Erkrankung angemessenen Belastung eingesetzt werden können (**alternativer Schonarbeitsplatz**).

Natürlich können Sie nur Schonarbeitsplätze verlangen bzw. annehmen, die für den Arbeitgeber organisatorisch und wirtschaftlich sinnvoll, aber auch von Ihrer Ausbildung, Ihren

Fähigkeiten, Leistungen und Ihrer Erkrankung erbracht werden können. Sie haben hierbei keinen Anspruch auf **Freikündigung** von besetzten Arbeitsplätzen.

Hier ergeben sich oft sehr unterschiedliche Ansichten von Ihnen und Ihrem Arbeitgeber. Deshalb sollten Sie entweder aktuell vor dem Gespräch einen **Wiedereingliederungsplan** Ihres Arztes mitbringen, der die gesundheitlich möglichen Belastungen knapp beschreibt, oder zum Zeitpunkt des Gesprächs mit Ihrem Arbeitgeber vereinbaren, dass Ihr Arzt einen Wiedereingliederungsplan erarbeitet, der mit den betrieblichen Gesichtspunkten Ihres Arbeitgebers abgestimmt wird.

Z. T. beharren Arbeitgeber darauf den Wiedereingliederungsplan durch den Werksarzt bei größeren Arbeitgebern, einen Amtsarzt oder den medizinischen Dienst der Krankenkassen erstellen zu lassen. Diese Ärzte sind vom Fach und grundsätzlich objektiv, dennoch sollte der (Fach-)Arzt Ihres Vertrauens parallel einen Wiedereingliederungsplan zusammenstellen, der mit dem des Werksarztes o. ä. abgeglichen wird. Akzeptieren Sie und Ihr Arbeitgeber den (Kompromiss-)Wiedereingliederungsplan, können Sie direkt mit dem BEM beginnen; ggf. muss es – je nach Belastung und Fortschritt – unter Beachtung o. g. betrieblicher und medizinischer Gesichtspunkte ergänzt oder verändert werden. Sollte Ihr Arbeitgeber den Plan oder die Vorgehensweise nicht akzeptieren, lassen Sie sich die Gründe schriftlich geben und besprechen das mit Ihrem Arzt und Anwalt. Nennt Ihr Arbeitgeber Ihnen die Gründe nicht oder gibt er Ihnen diese nicht schriftlich, kontaktieren Sie ebenfalls Ihren Arzt und Anwalt und versuchen das BEM für Sie und den Betrieb angemessen durchzuführen, da Sie verpflichtet sind an der Wiederherstellung Ihrer Gesundheit und dem BEM zu angemessenen Bedingungen mitzuwirken, um möglichst schnell wieder gesund in dem Betrieb arbeiten zu können.

dd)Die ordnungsgemäße Betriebs-/Personalratsanhörung:

Existiert in Ihrem Betrieb ein Betriebs-/Personalrat, muss dieser ordnungsgemäß zur Kündigung angehört worden sein, s. Betriebs-/Personalratsanhörung.

Mit Ihrem Betriebs-/Personalrat sollten Sie sich vor, aber in jedem Fall bei bereits erfolgter Kündigung in Verbindung setzen, um möglichst Detail- und Hintergrundinformationen zu erfahren. Schließen Sie sich auch mit von Kündigungen betroffenen oder nicht betroffenen Kollegen zum Infoaustausch zusammen.

Hierdurch können Sie Ihre Chancen gegen die Kündigung vorzugehen oft deutlich steigern, weil Sie unabhängig von rechtlichen Fehler auch tatsächliche Defizite aus erster Hand erfahren können!

ee) Die abschließende Interessenabwägung:

Wie bei jeder Kündigung muss in der abschließenden Interessenabwägung das Interesse des Arbeitgebers an der Beendigung des Arbeitsverhältnisses mit Ihnen mit Ihrem Interesse an der Fortsetzung abgewogen werden.

Das ist eher ein knapper pro und contra Schulaufsatz als Abschlussfeststellung, der häufig weggelassen wird. Sollte das aber fehlen, rügen Sie das als fehlerhaft im Rahmen des Gerichtsverfahrens!

4. Der Annahmeverzug Ihres Arbeitgebers während des Kündigungsschutzverfahrens – Prozessbeschäftigungsvereinbarung:

Wurde Ihnen ordentlich oder außerordentlich mit sozialer Auslauffrist gekündigt, läuft die Kündigungsfrist. Bis zu deren Ablauf steht Ihnen die Vergütung bzw. Entgeltfortzahlung, falls Sie sich ordnungsgemäß arbeitsunfähig gemeldet haben, immer zu.

Ist die Kündigungsfrist o. g. Kündigungen abgelaufen oder eine außerordentlich fristlose Kündigung ausgesprochen worden, hat das Gericht zeitlich noch nicht rechtskräftig, d. h. abschließend, über Ihre Kündigungsschutzklage entschieden. Sie haben dann – vorläufig – keinen Vergütungsanspruch mehr gegen Ihren Arbeitgeber.

Durch Ausspruch der Kündigung hat Ihr Arbeitgeber zum Ausdruck gebracht, dass er nicht mehr mit Ihnen zusammenarbeiten will. Aufgrund dessen müssen Sie Ihm Ihre Arbeitsleistung so wie Sie diese üblicherweise jeden Tag anbieten würden – d. h. mit der richtigen Arbeitsausrüstung/-garderobe zur Arbeit pünktlich und gesund erscheinen – nicht mehr anbieten, da es ansonsten überflüssige Förmelei wäre. Diesen Zustand nennt die Rechtsprechung **Annahmeverzug**, aber nur dann, wenn Sie arbeitsfähig, d. h. gesund und nicht arbeits<u>un</u>fähig und/oder -willig sind. In diesem Fall steht Ihnen Ihr reguläres Arbeitsentgelt zu.

Irgendwann stellt das Gericht in erster, zweiter oder dritter Instanz, ggf. nach mehreren Jahren rechtskräftig, also abschließend, fest, dass die ursprüngliche Kündigung Ihr Arbeitsverhältnis beendete oder nicht:

- Im ersten Fall war die Kündigung seit Ausspruch rechtmäßig, so dass Ihr Arbeitsverhältnis bei der ordentlichen und außerordentlichen Kündigung mit sozialer Auslauffrist mit Ablauf der Kündigungsfrist endete.
  Für die gesamte Zeit des Gerichtsverfahrens erhalten Sie dann keine Vergütung. Bei einer rechtmäßigen, außerordentlich fristlosen Kündigung steht Ihnen ohnehin nach Ausspruch und Zugang bei Ihnen keine Vergütung mehr zu.

- War die <u>Kündigung seit Ausspruch unrechtmäßig</u>, wurde Ihr Arbeitsverhältnis nie beendet, so dass Sie sowohl bei der ordentlichen, außerordentlichen Kündigung mit sozialer Auslauffrist, wie auch außerordentlich fristlosen Kündigung seit Ausspruch und Zugang bzw. Ablauf der Kündigungsfrist bis zur rechtskräftigen Entscheidung – was teilweise

Jahre dauert (!) – Ihre Vergütung nachgezahlt erhalten.

Manche Arbeitgeber ordnen zulässigerweise an, dass Sie den Betrieb nach Ausspruch und Zugang bis zum Ablauf der Kündigungsfrist im Fall der ordentlichen und außerordentlichen Kündigung mit sozialer Auslauffrist nicht mehr betreten dürfen. Bei einer außerordentlich fristlosen Kündigung ist das ohnehin der Fall, weil diese mit Ausspruch und Zugang bei Ihnen auf Knopfdruck wirksam ist.

Andere Arbeitgeber ordnen zulässigerweise an, dass Sie nach Ausspruch und Zugang bis zum Ablauf der Kündigungsfrist im Fall der ordentlichen und außerordentlichen Kündigung mit sozialer Auslauffrist bei Ihrem Arbeitgeber als Gegenleistung arbeiten und/oder – soweit vorhanden – unter Anrechnung auf Urlaub und Freizeitguthaben (Überstunden-/Gleitzeitkonto) unwiderruflich freigestellt werden. Bei einer außerordentlich fristlosen Kündigung stellt sich diese Frage nicht, weil sich Ihr Arbeitgeber widersprüchlich verhalten würde, wenn er Ihnen im Fall eines schwerwiegenden Verstoßes fristlos kündigt und Sie trotzdem zeitlich befristet in den Betrieb zurückholt. Dadurch würde er sich die Kündigung selbst unwirksam machen.

Ist Ihre Kündigungsfrist abgelaufen und der Rechtsstreit noch nicht rechtskräftig entschieden, s. o., riskiert der Arbeitgeber, dass er Ihre Vergütung im Fall der unwirksamen Kündigung – jahrelang – nachzahlen muss, aber nach Ablauf der Kündigungsfrist keine Gegenleistung mehr erhält. Aus diesem Grund werden Ihnen *speziell bei personen-/krankheitsbedingten Kündigungen*, die sehr lange Gerichtsverfahren zur Folge haben, **Prozessbeschäftigungsvereinbarung**en angeboten:

- Hierdurch erhält der Arbeitgeber Ihre Arbeitsleistung als Gegenleistung für seine Zahlungen, wenn Sie die Vereinbarung annehmen und

- verhindert gleichzeitig, dass allein durch Ihr Arbeiten bei Ihm mit Willen und Interesse des Arbeitgebers nach Ablauf der Kündigungsfrist ein neues Arbeitsverhältnis mit Ihm entsteht (**faktisches Arbeitsverhältnis**).

* Zusätzlich spart er den Annahmeverzugslohn, d. h. Ihre Vergütung ab dem Ablauf Ihrer Kündigungsfrist, wenn Sie die Prozessbeschäftigungsvereinbarung ablehnen.

* Darüber hinaus kann er verhindern, dass Sie zeitnah bei einem anderen Arbeitgeber angestellt werden, da Sie mit ihm über die Prozessbeschäftigungsvereinbarung ein Arbeitsverhältnis über Ihre Kündigungsfrist bis zur rechtskräftigen Beendigung des Rechtsstreits vereinbart haben.

Primär bezweckt Ihr Arbeitgeber zwar, dass Sie schnell eine neue Stelle finden, um den Rechtsstreit einfacher zu beenden und verhindert dieses Ziel hierdurch. Manchen Arbeitgebern ist das aber als Nebenzweck das Geld Ihrer Vergütung über die Kündigungsfrist hinaus wert, z. B. um Konkurrenzarbeitgeber nicht mit Ihrem Spezialwissen zu unterstützen, wenn Sie dort anfangen könnten. Das können Sie neutral nur vermeiden, wenn die Vereinbarung für beide Parteien ordentlich mit der gesetzlichen Kündigungsfrist des § 622 BGB kündbar ist. Deshalb sollten Sie bei einer solchen Vereinbarung darauf drängen die ordentliche Kündbarkeit schriftlich aufzunehmen. Lassen Sie sich hierbei nicht bluffen, dass man sich in einer solchen Situation schon einigen werde oder immer eine außerordentlich fristlose Kündigung zulässig ist. Letzteres stimmt, aber Sie benötigen einen wichtigen, d. h. sehr intensiven Kündigungsgrund, der nicht vom Himmel fällt. Auch eine durch Sie provozierte außerordentlich fristlose Kündigung der Prozessbeschäftigungsvereinbarung macht sich nicht gut während eines laufenden Gerichtsverfahrens!

* Ferner kann er Sie in eine Zwickmühle bringen, indem er Ihnen nach Ablauf der Kündigungsfrist zwar

Arbeit, Vergütung und den Kontakt zum Betrieb gewährleistet; fühlen Sie sich aber im Betrieb unwohl und schließen Sie deshalb die Prozessbeschäftigungsvereinbarung nicht ab, kann er Ihre Vergütung einsparen und Ihren beruflichen Kontakt zur Arbeit und Kollegen abschneiden. Als Konsequenz erhält er aber auch nicht Ihre Arbeit als Gegenleistung.

Selbstverständlich steht Ihnen jederzeit das Recht zu die Vereinbarung ohne Angabe von Gründen zu **verweigern**. In diesem Fall können Sie aber nach dem Ablauf Ihrer Kündigungsfrist keine Beschäftigung und – im Fall des rechtskräftigen Unterliegens vor Gericht – keine Zahlung verlangen. Das ist nur bei Ihrem Obsiegen oder der Unterzeichnung der Prozessbeschäftigungsvereinbarung möglich.

 Achtung: Eine **Prozessbeschäftigungsvereinbarung ist** ein mit Sachgrund befristetes **Arbeitsverhältnis**, § 14 TzBfG. Es bestehen deshalb für Sie und Ihren Arbeitgeber alle Rechte und Pflichten eines laufenden Arbeitsverhältnisses, z. B. Arbeit gegen Geld, Entgeltfortzahlungsansprüche im Fall einer Krankheit, Urlaub, etc. Aber immer nur mit Ihrer Mitwirkung, z. B. durch den Nachweis Ihrer Krankheit mittels AU-Bescheinigung o. ä., s. Laufende Durchführung Ihres Arbeitsverhältnisses.
Einen weiteren Punkt sollten Sie nicht unterschätzen: Ein ggf. jahrelanges Gerichtsverfahren führt ohne eine Prozessbeschäftigungsvereinbarung zu einer sehr langen Abwesenheit aus dem Betrieb, so dass Sie mit der Zeit den Anschluss im fachlichen Bereich und zu den Ihnen gewogenen Betriebsangehörigen, die Ihnen auch im Prozess von Vorteil sein können, z. B. Kollegen, Betriebs-/Personalratsangehörige, Vorgesetzte, etc., verlieren!

Beispiel: Prozessbeschäftigungsvereinbarung
Zwischen dem Unternehmen ..., vertr. durch ... und
dem Arbeitnehmer ... wird folgendes vereinbart:
1. Die Parteien führen unter dem gerichtlichen
   Aktenzeichen vor dem ...-arbeitsgericht einen Kündigungsrechtsstreit.
2. Sie vereinbaren hiermit eine Prozessbe-
   schäftigung zu den bisherigen materiellen
   Arbeitsbedingungen- zum rechtskräftigen
   Abschluss des o. g. Verfahrens. Das Beschäftigungsverhältnis ist bis zum rechtskräftigen Abschluss des Rechtsstreits befristet.
3. Ggf.: Eine ordentliche Kündigung ist für beide Parteien zulässig.

Ort, Datum
Unterschrift Unternehmen Unterschrift Arbeitnehmer

5. Die Beendigung &
Änderung von Vertragsbedingungen:
a) Die einvernehmliche Änderung –
Änderungskündigung:

Grundsätzlich beenden (Beendigungs-)Kündigungen ein Arbeitsverhältnis. Soll Ihr Arbeitsverhältnis dagegen ganz oder
in Teilen verändert werden, kann das einvernehmlich durch
Ihre und die Zustimmung Ihres Arbeitgebers zu den neuen
Bedingungen erfolgen. Sollten Sie mit den arbeitgeberseitigen Änderungen dagegen nicht einverstanden sein, kann
Ihr Arbeitgeber die Änderungen nur einseitig durch die Ausübung seines Direktionsrechts oder eine Änderungskündigung herbeiführen, weil eine **Teilkündigung** nur einzelner
Teile eines Arbeitsvertrages immer unzulässig ist.

 Achtung: Eine Änderungskündigung ist immer dann
notwendig, wenn Ihr Arbeitgeber nicht durch sein
Weisungs-/Direktionsrecht bzgl. Inhalt, Ort, Zeit,

etc. nach § 106 GewO Ihren Einsatz konkretisieren bzw. verändern kann.

Als **Faustregel** können Sie sich merken, dass das Direktionsrecht dann ausreichend und eine Änderungskündigung nicht notwendig ist, wenn der <u>wesentliche Kern Ihres Arbeitsverhältnisses nicht verändert</u> wird.

Das ist z. B. der Fall, wenn Sie vor und nach der Änderung gleich viel verdienen, die Vergütungsbestandteile (Grundvergütung zzgl. Zulagen), -art (Stunden-, Akkordvergütung), Ihre Dauer der Arbeitszeit, etc. sich nicht verändert, aber z. B. die Arbeitszeit unwesentlich von 8 – 17 auf 9 – 18h oder Ihr Arbeitsplatz von den blauen Stühlen zu den gelben Stühlen in der Abteilung Stuhlfertigung, beides in Hamburg, geändert wird. Sollte dagegen bei o. g. Punkten eine wesentliche Änderung des Kerns bzgl. Inhalt, Ort, Zeit, etc. eintreten, z. B. die Arbeitszeit von 8 – 12h auf 12 – 18h verlegt, Ihr Arbeitsort von Hamburg nach München oder von den blauen Stühlen der Stuhlfertigung zu einem ganz anderen Einsatz, z. B. der kaufmännische Auftragsannahme Tische, geändert werden, ist das Direktionsrecht überschritten und eine Änderungskündigung notwendig.

Hierbei sollten Ihnen die Begriffe Versetzung und Umsetzung etwas sagen: Bei einer **Versetzung** ändern sich die von Ihnen zu leistende Arbeit und ggf. auch die Arbeitsbedingungen für mehr als vier Wochen im Kern wesentlich. Werden vier Wochen unterschritten liegt auch eine Versetzung vor, wenn sich Ihre Arbeit und die Bedingungen im Kern wesentlich unterscheiden.

Bei einer **Umsetzung** verändert sich dagegen Ihre bisherige Arbeit für maximal vier Wochen unwesentlich, außerdem bleiben Ihre Arbeitsbedingungen mehr oder weniger gleich.

Wissenswert ist hieran, dass Ihr Arbeitgeber eine Umsetzung jederzeit durchführen darf. Bei betrieblichem Bedarf ist das auch ohne Anhörung des Betriebs-/Personalrats zulässig. Bei einer Versetzung muss Ihr Arbeitgeber nicht nur hierfür – soweit vorhanden und bei mindestens 20 + x Arbeitnehmern – den Betriebs-/Personalrat in Ihrem Betrieb um Zustimmung bitten (kollektivrechtlicher Teil, § 99 BetrVG), sondern er kann Ihre Versetzung auch nur dann durchführen, wenn eine Versetzung auf einen – von der Bezahlung, dem zeitlichen und örtlichen Einsatz sowie Ihrer Qualifikation – gleichwertigen Arbeitsplatz in Ihrem Arbeitsvertrag vereinbart wurde (individualrechtlicher Teil). Ansonsten muss Ihr Arbeitgeber eine Änderungskündigung aussprechen, falls Sie der Versetzung nicht zustimmen.

In der Praxis ist die Abgrenzung des Direktionsrechts von der Änderungskündigung teilweise schwierig.

Eine **Änderungskündigung** ist somit immer eine Kündigung Ihres Arbeitsverhältnisses durch den Arbeitgeber, verbunden mit der Fortsetzung des Arbeitsverhältnisses zu geänderten Arbeitsbedingungen, § 2 KSchG.

Änderungskündigungen können ganz normal als ordentliche Kündigungen, aber auch als außerordentliche Kündigungen mit sozialer Auslauffrist, wie auch als außerordentlich fristlose Kündigungen ausgesprochen werden. Üblich ist erstere bei normalen Arbeitnehmern. Die zweite ist selten, z. B. bei tarifvertraglich unkündbaren Arbeitnehmern deren Vertragsbedingungen geändert werden sollen/müssen. Letztere kommt sehr selten, z. B. bei Vertragsänderungen von Arbeitnehmern mit Sonderkündigungsschutz, u. a. nach § 15 KSchG (Betriebsratsmitglied, etc.), vor.

Über die allgemeinen Voraussetzungen einer Kündigung müssen folgende **besondere Voraussetzungen** für eine Änderungskündigung vorliegen:

- Das Angebot zu veränderten Arbeitsbedingungen muss Ihnen – grundsätzlich in einem Schreiben – gleichzeitig mit der (Änderungs-)Kündigung zugehen,

- das Angebot muss alle Änderungen konkret aufführen und so konkret sein, dass Sie nur noch mit Ja oder Nein antworten müssen,

- die Änderung der Arbeitsbedingungen muss sozial gerechtfertigt sein (Schwerpunkt der Prüfung),

- – soweit vorhanden – muss Ihr Betriebs-/Personalrat zur Änderungskündigung ordnungsgemäß angehört werden, s. Betriebs-/Personalratsanhörung und

- – soweit vorhanden – muss der Betriebs-/Personalrat gemäß § 99 BetrVG der grundsätzlich immer gegebenen personellen Maßnahme (Umgruppierung, Versetzung) zustimmen. Zwar führt die fehlende oder falsche Zustimmung nicht zur Unwirksamkeit der Änderungskündigung; sie kann aber erst dann wirksam durchgeführt werden, wenn die Zustimmung des Betriebs-/Personalrats erteilt oder gerichtlich ersetzt wurde – bei einem leitenden Angestellten gemäß § 5 Abs. 3 BetrVG reicht dagegen die bloße Mitteilung aus.

- Im Rahmen der abschließenden Interessenabwägung muss das Interesse des Arbeitgebers an der Änderung des Arbeitsverhältnisses mit Ihrem Interesse an der unveränderten Beibehaltung abgewogen werden.

Ein Schwerpunkt der Rechtmäßigkeit einer Änderungskündigung bildet die soziale Rechtfertigung. Dies geschieht nach einer ähnlichen Prüfung wie bei der Beendigungskündigung des jeweiligen Kündigungsgrundes:

- Bei der **verhaltensbedingten ordentlichen Änderungskündigung** müssen die allgemeinen und besonderen Kündigungsvoraussetzungen vorliegen. Ferner muss das Änderungsangebot, z. B. eine Versetzung, die Störung beseitigen und betrieblich durchführbar sein. D. h. es muss anderweitig eine freie Stelle existieren und diese muss durch Sie fachlich und persönlich übernommen werden können. Das ist in der Praxis sehr selten, auch haben die wenigsten Arbeitgeber Interesse daran aufwändige Versetzungen mit ungewissen Entwicklungen vorzunehmen.

- Im Rahmen der **personen-/krankheitsbedingten ordentlichen Änderungskündigung** müssen neben den allgemeinen und besonderen Kündigungsvoraussetzungen gesundheitliche Gründe die Einnahme eines anderen Arbeitsplatzes notwendig machen. Auch hier muss der andere Arbeitsplatz frei sein und von Ihnen fachlich und speziell gesundheitlich ausgeübt werden können. Aus o. g. Gründen sind personen-/krankheitsbedingte Änderungskündigungen ebenfalls kaum in der Praxis verbreitet.

- Mit Abstand häufigster Fall der seltenen Änderungskündigung ist die betriebsbedingte Änderungskündigung. Das ist speziell auf den **Grundsatz Änderungskündigung vor Beendigungskündigung** zurückzuführen. So wird in der Praxis versucht gesetzeskonform betriebsbedingte Beendigungskündigungen zu vermeiden und den Betrieb im Sinne Ihres Arbeitgebers zu optimieren.

Für die **betriebsbedingte ordentliche Änderungskündigung** müssen neben den allgemeinen folgende besondere Kündigungsvoraussetzungen vorliegen. Das ist der Fall, wenn:

- Die bisherigen Bedingungen Ihres Arbeitsverhältnisses durch dringende betriebliche Gründe – die außer- oder innerbetrieblicher Natur sein können –

geändert werden muss, da ohne dessen Änderung Ihr Arbeitsverhältnis in der unveränderten Form beendet werden müsste, weil Ihr bisheriger Arbeitsplatz dauerhaft wegfällt,

- kein gleichwertiger Arbeitsplatz bzgl. Dauer der Arbeitszeit, Verdiensthöhe, fachlicher und außerfachlicher Qualifikation für Sie zur Verfügung steht,
- in der Sozialauswahl niemand mit Ihnen vergleichbar ist, dem gekündigt werden muss,
- – soweit vorhanden – Ihr Betriebs-/Personalrat zur Änderungskündigung ordnungsgemäß angehört wurde, s. Betriebs-/Personalratsanhörung und
- im Rahmen der abschließenden Interessenabwägung das Interesse des Arbeitgebers an der Änderung des Arbeitsverhältnisses mit Ihnen Ihr Interesse an der unveränderten Beibehaltung überwiegt.

Bei der **außerordentlichen Änderungskündigung mit sozialer Auslauffrist** werden zusätzlich höhere Anforderungen an die Notwendigkeit gestellt die Vertragsbedingungen zu verändern. Bei der **außerordentlich fristlosen Änderungskündigung** muss die sofortige (da ohne Frist (!)) Änderung der Vertragsbedingungen notwendig sein.
Beides ist sehr schwer für Ihren Arbeitgeber zu begründen, zu **beweisen** und in der Praxis kaum relevant.

 Achtung: Eine Änderungskündigung zur **Absenkung der Vergütung** ist nur zulässig, wenn Ihr Arbeitgeber zuvor alle sonstigen Einsparpotenziale ausgeschöpft hat. Eine Änderungskündigung zur **nachträglichen Befristung eines bisher unbefristeten Arbeitsverhältnisses** ist nur zulässig, wenn Sie dem im Rahmen eines einvernehmlichen (Änderungs-)Vertrages zustimmen oder Ihr bisheriger Arbeitsplatz aufgrund vorgenannter Gründe dauerhaft entfällt und nur noch andere – gleichwertige – Tätigkeiten mit Sachgrund (!) befristet vorliegen.

Beide Gestaltungen, wie auch die Nichtbeachtung des Grundsatzes der Änderungskündigung vor der Beendigungskündigung, sind für Ihren Arbeitgeber immer schwierig zu begründen, da er ganz konkret beschreiben und **beweisen** muss, weshalb alles ausgeschöpft wurde, um die Beendigungskündigung zu vermeiden. Es lohnt sich deshalb immer vor Gericht die Frage aufzuwerfen, weshalb Ihr Arbeitgeber im konkreten Fall keine Änderungskündigung gegenüber Ihnen ausgesprochen hat – das bringt jeden Arbeitgeber in Erklärungsnöte!

b) Die Reaktionsmöglichkeiten auf die Änderungs-
kündigung:

Wurde Ihnen – wie üblich – eine ordentliche oder außerordentliche Änderungskündigung mit sozialer Auslauffrist erklärt, müssen Sie bei sämtlichen folgenden Reaktionen Ihre Kündigungsfrist einhalten. Ihre Erklärung gegenüber Ihrem Arbeitgeber muss aber immer **spätestens innerhalb von drei Wochen** nach Zugang der Änderungskündigung abgegeben und ihm zugegangen sein, § 2 Satz 2 KSchG! Diese Fristen kann Ihr Arbeitgeber nicht wirksam verkürzen.

Dagegen sind Sie gehalten bei einer – in der Praxis kaum vorkommenden – fristlosen Änderungskündigung direkt zu reagieren, da hier gerade keine Kündigungsfrist existiert.

Ihnen stehen folgende Reaktionsmöglichkeiten zur Verfügung:

- Sie können das Angebot zur Änderung der Vertragsbedingungen direkt **ohne Vorbehalt der sozialen Rechtfertigung annehmen**.
  Beachten Sie, dass eine Annahme auch angenommen wird, wenn Sie keine Erklärung abgeben und einfach – nach Ablauf der Kündigungsfrist bei der ordentlichen und außerordentlichen Kündigung mit sozialer Auslauffrist bzw. bei der außerordentlich fristlosen Änderungskündigung mit Ausspruch und Zugang bei Ihnen – zu den neuen Bedingungen

weiterarbeiten (**Annahme durch schlüssiges Handeln**).

In diesem Fall gelten – bei der ordentlichen und außerordentlichen Kündigung mit sozialer Auslauffrist mit Ablauf der Kündigungsfrist bzw. bei der außerordentlich fristlosen Änderungskündigung mit Ausspruch und Zugang bei Ihnen – die neuen, Ihnen mit der Änderungskündigung angebotenen, Arbeitsbedingungen.

- Sie können das Angebot **unter** dem **Vorbehalt der sozialen Rechtfertigung annehmen**. **Gleichzeitig** müssen Sie aber – um die soziale Rechtfertigung überprüfen zu können – eine **Änderungsschutzklage** innerhalb von drei Wochen ab Zugang der Änderungskündigung bei Ihnen erheben. Das ist zwar der aufwändigste, aber auch sicherste und in der Praxis häufigste Fall.

  Sollten Sie die Klagefrist versäumen – und keinen oder einen unwirksamen Antrag auf Zulassung verspäteter Klagen nach § 5 KSchG stellen, s. Notfallplan –, gilt die Änderung als sozial gerechtfertigt und die neuen Arbeitsbedingungen finden auf Ihr Arbeitsverhältnis Anwendung.

  Bis zum Ablauf Ihrer Kündigungsfrist müssen Sie zu den ursprünglichen, ab dem Ablauf Ihrer Kündigungsfrist bis zum rechtskräftigen, also endgültigen, Abschluss des Rechtsstreits zu den neuen Bedingungen arbeiten. Nach Abschluss des rechtskräftigen Rechtsstreits gelten die ursprünglichen Bedingungen, wenn Sie obsiegt haben. Bei Ihrem Unterliegen gelten die neuen Arbeitsbedingungen.

- Sie können das Angebot auf Änderung der Vertragsbedingungen direkt **ablehnen**, was auch der Fall ist, wenn Sie keine Erklärung abgeben und einfach zu den bisherigen Bedingungen weiterarbeiten.

In diesem Fall endet Ihr Arbeitsverhältnis bei der ordentlichen und außerordentlichen Kündigung mit sozialer Auslauffrist mit Ablauf der Kündigungsfrist bzw. bei der außerordentlich fristlosen Änderungskündigung mit Ausspruch und Zugang bei Ihnen. Hiergegen können Sie innerhalb von drei Wochen ab Zugang bei Ihnen maximal eine **Kündigungsschutzklage** erheben. Diese richtet sich aber nur noch <u>gegen</u> die <u>Beendigung</u> des Arbeitsverhältnisses, da Sie die Änderung abgelehnt haben! In dem Verfahren können Sie auch nicht geltend machen, Ihr Arbeitgeber hätte Ihnen einen alternativen Arbeitsplatz anbieten müssen – den Sie ja gerade abgelehnt haben – es sei denn, es gibt einen gleichwertigen Alternativarbeitsplatz, der Ihnen nicht (in der Änderungskündigung) angeboten wurde.

 Beispiel: Änderungskündigung mit Ihren unterschiedlichen Reaktionsmöglichkeiten
Sehr geehrte(r) Herr/Frau ...,

hiermit kündigen wir Ihnen zum ... (oder zum nächstmöglichen Termin).
Gleichzeitig bieten wir Ihnen hiermit an, ab dem ... die Funktion als ... in ... zu übernehmen.
Folgende Änderungen ergeben sich zu Ihrer bisherigen Position: ... . Im Übrigen gelten Ihre bisherigen Arbeitskonditionen weiter.
Sollten Sie die Änderungen akzeptieren, bitten wir Sie uns dies als Zeichen Ihres Einverständnisses schriftlich mitzuteilen.
Wenn ein Betriebs-/Personalrat besteht zusätzlich:
Die Rechte des Betriebs-/Personalrats wurden gewahrt.
Ggf.: Hinweis auf Arbeitssuchend- und Arbeitslosmeldung.

Mit freundlichen Grüßen

Ort, Datum   Unterschrift Arbeitgeber
An den Arbeitgeber

Sehr geehrte Damen und Herren,

am ... ging mir Ihre Änderungskündigung zu.
- Das Angebot nehme ich hiermit an (Annahme ohne Vorbehalt).
- Das Angebot nehme ich unter Vorbehalt (ggf.: der sozialen Rechtfertigung) an und lasse dies überprüfen (Annahme mit Vorbehalt).
- Das Angebot lehne ich hiermit ab (Ablehnung/Vorbehalt besteht nicht).

Mit freundlichen Grüßen

Ort, Datum   Unterschrift Arbeitnehmer

6. Die außerordentliche Kündigung:
Wie bereits angesprochen existiert die:
- ordentliche,
- außerordentlich fristlose und
- außerordentliche Kündigung mit sozialer Auslauffrist.

Für eine außerordentliche Kündigung – gleichgültig ob im zweiten oder dritten Fall – gelten gesteigerte Voraussetzungen, weil die außerordentliche Kündigung auch schärfere Konsequenzen für Sie als Arbeitnehmer bewirkt. Über die allgemeinen und besonderen **Voraussetzungen** müssen folgende vorliegen:
- Es muss immer ein **wichtiger Grund** für die außerordentliche Kündigung bestehen. Das ist der Fall,

261

wenn Tatsachen vorliegen, die dem Kündigenden unter Berücksichtigung aller Umstände des Einzelfalls und unter Abwägung der Interessen beider Vertragsteile die Fortsetzung des Arbeitsverhältnisses bis zum Ablauf der individuellen Kündigungsfrist oder (bei einer Befristung) bis zu der vereinbarten Beendigung des Arbeitsverhältnisses nicht zugemutet werden kann, § 626 BGB.

Der Sachverhalt, der den wichtigen Grund begründet, muss <u>an sich</u> und auch im vorliegenden <u>Einzelfall</u> unter Berücksichtigung der Interessen beider Parteien geeignet sein die außerordentliche Kündigung zu rechtfertigen.

- Die außerordentliche Kündigung kann immer nur innerhalb der **Zwei-Wochen-Frist** erfolgen, seitdem der Kündigende Kenntnis vom wesentlichen Kündigungssachverhalt hat, § 626 Abs. 2 BGB. Während dieser Frist ist Ihr Arbeitgeber verpflichtet alles Notwendige zu unternehmen, um den Sachverhalt aufzuklären, wenn er kündigen will. Ferner muss – soweit vorhanden – der Betriebs-/Personalrat zur beabsichtigten Kündigung angehört und dessen Reaktion abgewartet werden, wobei dieser seine dreitägige Frist gemäß § 102 Abs. 2 BetrVG ausschöpfen kann. Die Einhaltung der Fristen ist in der Praxis sehr schwierig, so dass Sie hier genau hinsehen sollten!

- – Soweit vorhanden – muss Ihr Betriebs-/Personalrat zur außerordentlichen Kündigung ordnungsgemäß angehört werden, s. Betriebs-/Personalratsanhörung, und

- im Rahmen der abschließenden Interessenabwägung muss das Interesse des Arbeitgebers an der Beendigung des Arbeitsverhältnisses mit Ihnen gegenüber Ihrem Interesse an der Fortsetzung überwiegen.

Achtung: Die **Gründe** für eine außerordentliche Kündigung können durch Vereinbarungen in Arbeitsverträgen o. ä. nicht erweitert werden, so dass eine außerordentliche Kündigung deshalb nicht bei Bagatellgründen zulässig ist, z. B. wenn Sie den Auftrag x nicht bis morgen erledigt haben, im Büro anstelle von Büro- Freizeitkleidung tragen, etc. Eine außerordentliche Kündigung kann auch **nie** durch eine Vereinbarung im Arbeitsvertrag o. ä. **ausgeschlossen** werden.

Beachten Sie, dass Ihnen bei einer außerordentlichen Kündigung auf Verlangen sämtliche konkreten **Kündigungsgründe** durch Ihren Arbeitgeber schriftlich **genannt** werden müssen, § 626 Abs. 2 Satz 3 BGB.

Sollten o. g. Voraussetzungen der außerordentlichen Kündigung – unabhängig von einem betriebs-, personen-/krankheits- oder verhaltensbedingten Kündigungsgrund nicht vorliegen – ist die außerordentliche Kündigung direkt unwirksam. Sie kann aber aus demselben Kündigungssachverhalt automatisch **in einen ordentliche Kündigung umgedeutet** werden. In dem Fall wird gerichtlich zwar festgestellt, dass die außerordentliche Kündigung Ihr Arbeitsverhältnis nicht beendete, aufgrund der Umdeutung wird der zur Kündigung führende Sachverhalt aber anhand der Voraussetzungen der ordentlichen Kündigung geprüft. Da diese gegenüber einer außerordentlichen Kündigung geringere Voraussetzungen hat, ist sie meist wirksam, so dass Sie zwar die Kündigungsfrist gewonnen haben, Ihr Arbeitsverhältnis aber trotzdem endet. Das wird in der Praxis von Arbeitnehmern oft nicht gesehen!

Kaum praxisrelevant sind dagegen die Fälle des § 628 Abs. 2 BGB: Sollten Sie selbst außerordentlich gekündigt haben, weil Ihr Arbeitgeber großen Mist machte, haben Sie einen Anspruch auf Schadensersatz. Hier können Sie üblicherweise entgangene Vergütungen bzw. eine entgangene Abfindung verlangen, da hierin – unter Anrechnung von etwaigen Zwischenverdiensten – Ihr Schaden liegen wird. Unabhängig hiervon kann Ihr Arbeitgeber von Ihnen Schadensersatz verlangen, wenn ihm durch Ihr Fehlverhalten, das ihn zur außerordentlich fristlosen Kündigung gezwungen haben muss (!), ein Schaden entgangen ist. Hinterfragen Sie dann ganz konkret, ob und worin der Schaden liegen soll, da Arbeitgeber teilweise provozieren oder bluffen, um Ihnen Angst einzujagen und Sie zu etwas veranlassen wollen. In der Praxis lässt sich ein solcher Schaden nämlich kaum begründen, geschweige denn in Euro berechnen!

7. Der Sonderkündigungsschutz:

Sonderkündigungsschutz steht Ihnen – über o. g. Regelungen des KSchG, etc. – in besonderen Fällen zu. Da das Arbeitsrecht Arbeitnehmerschutzrecht ist, sollen diejenigen sehr intensiv geschützt werden, die es im Arbeitsleben sehr schwer haben.

Sonderkündigungsschutz bedeutet, dass Ihnen über die allgemeinen und besonderen nur unter **zusätzlich gesteigerten Voraussetzungen** arbeitgeberseitig gekündigt werden kann. Eigenkündigungen durch Sie sind dagegen z. T. unter etwas erhöhten Voraussetzungen möglich.

Da für Sie oft die Existenz auf dem Spiel steht und in der Praxis bei zustehendem Sonderkündigungsschutz von Arbeitgebern viele Fehler gemacht werden, sollten Sie intensiv gegen die Kündigung vorgehen, um zumindest eine hohe Abfindung zu erlangen.

Sonderkündigungsschutz steht Ihnen in folgenden Situationen zu:

a) Der Arbeitszeitwechsel:
Vollzeit-Teilzeit – Teilzeit-Vollzeit
Weigern Sie sich von Ihrer Vollzeitstelle in eine Teilzeitstelle oder umgekehrt zu wechseln, kann Ihnen deshalb nicht gekündigt werden, § 11 TzBfG.

b) Der Mutterschutz:
Während der Schwangerschaft und **bis zum Ablauf von vier Monaten nach der Entbindung** ist eine arbeitgeberseitige Kündigung unzulässig, wenn Ihrem Arbeitgeber zur Zeit des Kündigungsausspruchs Ihre Schwangerschaft oder Entbindung **bekannt** war **bzw. binnen zwei Wochen nach Zugang der Kündigung mitgeteilt** wird, § 17 MuSchG.

 Achtung: Sollte Ihr Arbeitgeber nicht wissen, dass Sie schwanger sind/entbunden haben – haben Sie Ihm die Schwangerschaft/Entbindung also nicht **mitgeteilt** und auch nicht **durch Attest nachgewiesen**, wozu Sie im eigenen gesundheitlichen Interesse nach § 15 MuSchG verpflichtet sind, oder haben Sie Ihrem Arbeitgeber nicht innerhalb von zwei Wochen nach Zugang der Kündigung bei Ihnen die Schwangerschaft/Entbindung mitgeteilt – ist das gleichgültig, wenn Sie hieran <u>kein Verschulden</u> trifft und Ihrem Arbeitgeber <u>unverzüglich</u>, d. h. maximal drei Tage, nach Zugang der Kündigung bei Ihnen nachträglich Ihre Schwangerschaft/Entbindung mitteilen. Ansonsten ist die Kündigung trotz Ihres Sonderkündigungsschutzes wirksam!
Sie sollten deshalb auf jeden Fall **beweisen** können, dass Sie Ihrem Arbeitgeber Ihre Schwangerschaft bzw. Entbindung mitgeteilt haben. Lassen Sie sich das durch Ihren Arbeitgeber schriftlich bestätigen. Sollte das nicht erfolgen, sind Sie vorgewarnt und übersenden das Attest per e-mail-Anhang bzw. Einschreiben mit Rückschein und besorgen sich einen zuverlässigen Zeugen!

In seltenen Einzelfällen, die nicht mit dem Zustand der werdenden Mutter während der Schwangerschaft oder ihrer Lage bis zum Ablauf von vier Monaten nach der Entbindung zusammenhängen, kann die für den Arbeitsschutz zuständige **oberste Landesbehörde** oder die von ihr bestimmte Stelle ausnahmsweise die Kündigung **für zulässig erklären**, § 17 Abs. 2 MuSchG.

Hierfür müssen aber über o. g. allgemeine und besondere Kündigungsvoraussetzungen ganz besondere Bedingungen für die Arbeitgeberkündigung vorliegen, z. B. ein besonders intensives Fehlverhalten von Ihnen bei der verhaltensbedingten Kündigung, eine besonders bedrohliche finanzielle Belastung für Ihren Arbeitgeber im Rahmen der krankheitsbedingten Kündigung bzw. eine Komplettstilllegung eines Betriebes bei der betriebsbedingten Kündigung.

Gegen vorgenannten Bescheid können Sie und Ihr Arbeitgeber Widerspruch und Anfechtungsklage erheben, was sich immer lohnt!

 Achtung: Die Zustimmung der Behörde muss zum Zeitpunkt des Kündigungsausspruchs durch den Arbeitgeber vorliegen. Sollte die Kündigung ohne die Zustimmung ausgesprochen werden, ist sie immer unwirksam!
Unabhängig davon ist Ihr Arbeitgeber verpflichtet den zulässigen Kündigungsgrund schriftlich in der Kündigung zu nennen, § 17 Abs. 2 MuSchG, ansonsten ist die Kündigung ebenfalls direkt unwirksam. Das gilt sowohl für eine Kündigung mit als auch ohne Beteiligung o. g. Behörde.

In der Praxis sind Kündigungen von Schwangeren extrem selten, weil das vor Gericht schlecht wirkt, die Schwangerschaft simpel bewiesen werden kann, die Fristen überschaubar sind und sich die gesetzlichen Folgen automatisch ergeben. Probleme können bei Ihrem fehlendem Beweis der Schwangerschaft/Entbindung auftreten, den Sie deshalb streng beachten müssen! Die Einschaltung der Behörde wird von sehr wenigen Arbeitgebern versucht, da die Anforderungen für eine Zustimmung und dann erfolgende Kündigung äußerst hoch sind. Entweder sind solche Arbeitgeber rechtlich nicht erfahren oder können bzw. wollen die überschaubare Zeit der Schwangerschaft und viermonatigen Schutzfrist nach der Entbindung nicht abwarten. Zwar wird ein Arbeitsausfall infolge Ihrer Schwangerschaft/Entbindung bei vielen Arbeitgebern immer noch als nachteilig empfunden und führt z. T. zu schlechter Stimmung. In den seltensten Fällen sprechen Arbeitgeber aber während o. g. Schutzfrist eine Kündigung aus. Oft wird danach gekündigt, auch mit Sorge Sie könnten eine Elternzeit nehmen oder erneut schwanger werden und ausfallen.

Bei Ihrer **Eigenkündigung** muss das alles nicht beachtet werden. Sie können aber während Ihrer Schwangerschaft und während der Schutzfrist nach der Entbindung gemäß § 3 Abs. 2 MuSchG (acht Wochen; bei Früh- und Mehrlingsgeburten 12 Wochen zzgl. der maximal sechs Wochen vor der Entbindung, die bei Frühgeburten und sonstigen Entbindungen nach § 3 Abs. 2 MuSchG nicht in Anspruch genommen wurden; beim Todesfall des Kindes auf Wunsch der Mutter nicht früher als zwei Wochen nach der Entbindung) ohne Einhaltung einer Frist zum Ende der Schutzfrist nach Ihrer Entbindung kündigen.

c) Die Elternzeit:
Ab dem Zeitpunkt von dem Sie Elternzeit verlangt haben, höchstens aber acht Wochen vor deren Beginn und während der Elternzeit darf Ihnen Ihr Arbeitgeber nicht kündigen, § 18 Abs. 1 BEEG.
Eine arbeitgeberseitige Kündigung ist ebenfalls unwirksam, wenn Sie während der Elternzeit bei demselben Arbeitgeber Teilzeit arbeiten oder – ohne Elternzeit in Anspruch zu nehmen – Teilzeitarbeit leisten und Anspruch auf Elterngeld haben, § 18 Abs. 2 BEEG.

In besonderen Fällen kann die für den Arbeitsschutz zuständige oberste Landesbehörde oder die von ihr bestimmte Stelle diese Kündigung ausnahmsweise für zulässig erklären, § 18 Abs. 1 BEEG.
Kündigungen in der Elternzeit kommen in der Praxis selten vor, weil sie kaum Aussicht auf Erfolg haben und auch nicht für einen sozialen Arbeitgeber sprechen.

Sprechen Sie eine **Eigenkündigung** aus können Sie nur zum Ende der Elternzeit unter Einhaltung einer Kündigungsfrist von drei Monaten kündigen, § 19 BEEG.

d) Der pflegende Arbeitnehmer:

Gemäß § 5 PflegeZG kann Ihnen Ihr Arbeitgeber von der Ankündigung bis zur Beendigung Ihrer kurzzeitigen Arbeitsverhinderung bzw. Pflegezeit nicht kündigen.
Auch hier kann die Kündigung in besonderen Fällen von der obersten Landesbehörde für Arbeitsschutz oder die von ihr bestimmten Stelle für zulässig erklärt werden. Gleiches gilt während der Inanspruchnahme der Familienpflegezeit und Nachpflegephase, § 9 FPfZG. Das ist aber eine absolute Ausnahme, da die Anforderungen extrem hoch sind und das Zustimmungsersetzungsverfahren lange dauert.
Deshalb kommen Kündigungen in der Pflegezeit in der Praxis kaum vor, weil sie wenig Potenzial haben.

e) Die Schwerbehinderung/Gleichstellung:

Speziell Arbeitnehmer sind behindert, wenn ihre körperliche Funktion, geistige Fähigkeit oder seelische Gesundheit mit hoher Wahrscheinlichkeit länger als sechs Monate von dem für das Lebensalter typischen Zustand abweicht und daher ihre Teilhabe am Leben in der Gesellschaft beeinträchtigt ist, § 2 Abs. 1 SGB IX.
Schwerbehindert sind Menschen, wenn bei ihnen ein Grad der Behinderung (GdB) von mindestens 50 % vorliegt und sie ihren Wohnsitz, ihren gewöhnlichen Aufenthalt oder ihre

Beschäftigung in Deutschland haben, § 2 Abs. 1 SGB IX. Dagegen sind Arbeitnehmer mit einem GdB zwischen 30 und 49 % einem Schwerbehinderten gleichgestellt (**Gleichgestellte**), § 2 Abs. 3 SGB IX.

Für die Schwerbehinderung im Sinne des Gesetzes muss nur die tatsächliche gesundheitliche Schwäche vorliegen. Sie muss grundsätzlich nicht medizinisch festgestellt und behördlich durch einen **Schwerbehindertenausweis** dokumentiert worden sein. Auf Ihren **Antrag** stellt das Versorgungsamt das jedoch fest, was Ihnen auf jeden Fall zum Nachweis gegenüber Ihrem Arbeitgeber und anderen Behörden in jedem Fall zu empfehlen ist, § 152 SGB IX. Die Gleichstellung erfolgt dagegen durch die Agentur für Arbeit Ihres Wohnsitzes, wenn Sie infolge ihrer Behinderung ohne die Gleichstellung keinen geeigneten Arbeitsplatz erlangen oder behalten können, § 151 SGB IX.

 Achtung: Für das Eingreifen des Sonderkündigungsschutzes ist dagegen entscheidend, dass Sie spätestens zum Zeitpunkt des Kündigungsausspruchs – also vor Zugang der Kündigung bei Ihnen – als Schwerbehinderter/Gleichgestellter durch den Ausweis **anerkannt** sind oder mindestens drei Wochen vor dem Zugang bei Ihnen den **Antrag auf Schwerbehinderung bzw. Gleichstellung gestellt** haben, § 173 SGB IX.

Vor jeder arbeitgeberseitigen Kündigung von Schwerbehinderten und Gleichgestellten ist immer die **Zustimmung des Integrationsamts** notwendig, ansonsten ist die Kündigung immer unwirksam (**Integrationsamtsverfahren**), § 168 SGB IX.
Für:

- **Eigenkündigungen**,
- Kündigungen bei weniger als sechs Monaten Beschäftigung (entspricht fast immer der Probezeit),
- Beendigungen durch Aufhebungsvertrag,

- Kündigungen von über 58 Jährigen, die eine Abfindung o. ä. aus einem Sozialplan haben,
- Kündigungen bei denen Knappschaftsausgleichsleistungen oder Anpassungsgeld im Bergbau bestehen,
- witterungsbedingte Kündigungen, bei denen die Wiedereinstellung bei besserer Witterung gewährleistet ist und
- Arbeitsverhältnisse karikativer, wiederherstellender, arbeitsbeschaffender oder gewählter Art

muss das nicht beachtet werden, § 173 SGB IX. In diesen Fällen erfolgt in der Praxis eine Information des Integrationsamts, bei dem die Behörde der Vollständigkeit halber unterschreibt, sich aber nicht intensiv für eine Fortsetzung Ihres Arbeitsverhältnisses einsetzt. Bei dem Normalfall der Arbeitgeberkündigung versucht das Integrationsamt dagegen meist durch finanzielle Zuschüsse, Vorschläge zur leidensgerechten Arbeit und/oder Stundenreduktion bzw. Versetzungen Ihr Arbeitsverhältnis in Ihrem Interesse aufrechtzuerhalten.

Sollte keine Kündigung erfolgen, Ihr Arbeitsverhältnis aber **wegen** einer teilweisen **Erwerbsminderung** (ggf. auf Zeit) oder einer **Berufsunfähigkeit** (ggf. auf Zeit) **beendet** werden, müssen auch alle Voraussetzungen der ordentlichen Kündigung beim Integrationsamtsverfahren eingehalten werden, § 175 SGB IX, d. h. die <u>Zustimmung des Integrationsamtes</u> zur Beendigung Ihres Arbeitsverhältnisses ist auch hier notwendig.

Bzgl. der diversen Fristen die Ihr Arbeitgeber beachten muss werden in der Praxis immer viele Fehler gemacht, die zur Unwirksamkeit der Kündigung führen. Deshalb sollten Sie diese immer genau überprüfen!
Bei einer **außerordentlich fristlosen** bzw. **außerordentlichen Kündigung mit sozialer Auslauffrist** muss die Zustimmung des Integrationsamtes <u>innerhalb von zwei Wo-</u>

chen durch Ihren Arbeitgeber beantragt werden, wobei die **Antragsfrist** beginnt, wenn Ihr Arbeitgeber von den maßgebenden Tatsachen für die Kündigung erfährt, § 174 SGB IX. Bei der **ordentlichen Kündigung** existiert keine Frist für die Antragstellung.

Wundern Sie sich nicht wie lange manche Integrationsämter für eine Entscheidung benötigen. Bei einer außerordentlich fristlosen und außerordentlichen Kündigung mit sozialer Auslauffrist muss das Integrationsamt zwar innerhalb von zwei Wochen entscheiden. Wird aber keine Entscheidung getroffen, gilt die Zustimmung als erteilt, § 171 SGB IX. Dagegen soll das Integrationsamt binnen eines Monats bei einer ordentlichen Kündigung entscheiden, § 171 IX, wobei das z. T. Monate dauern kann und arbeitgeberseitig durch häufiges kontaktieren und eine gerichtliche Untätigkeitsklage beschleunigt werden kann (**Entscheidungsfrist**). In der Praxis machen hiervon aber nur sehr wenige Arbeitgeber Gebrauch. Eine Zustimmungsfiktion wie bei der außerordentlichen Kündigung gibt es bei der ordentlichen Kündigung nicht.

Stimmt das Integrationsamt zu, kann die ordentliche Kündigung nur binnen eines Monats, § 171 SGB IX, die außerordentlich fristlose bzw. außerordentliche mit sozialer Auslauffrist nur unverzüglich, d. h. maximal drei Tage nach der Entscheidung des Integrationsamts ausgesprochen werden (**Ausspruchsfrist**). Die Kündigung muss Ihnen auch während dieser Fristen zugehen, ansonsten ist die Kündigung immer unwirksam! Sollte schon die Zustimmung durch das Integrationsamt nicht erfolgen, kann Ihnen ebenfalls nicht wirksam gekündigt werden!

Gibt es in Ihrem Betrieb einen **Betriebs-/Personalrat**, muss der zum Zeitpunkt des Ausspruchs der arbeitgeberseitigen Kündigung nicht nur durch Ihren Arbeitgeber angehört worden, sondern zusätzlich mindestens die Frist für dessen Reaktion abgelaufen sein (eine Woche maximal bei der ordentlichen und drei Tage bei der außerordentlich fristlosen bzw. außerordentlichen Kündigung mit sozialer Auslauffrist), wobei der Betriebs/Personalrat auf diese Fristen verzichten kann. Das muss aber Ihr Arbeitgeber **beweisen**. Sollte der Betriebs-/Personalrat nicht angehört und/oder die Fristen nicht beachtet worden sein, s. Betriebs-/Personalratsanhörung, ist die Kündigung ebenfalls unwirksam!

Ihre **Kündigungsfrist** darf im Übrigen nie kürzer sein als vier Wochen, § 169 SGB IX, auch wenn das anders vereinbart sein sollte. Die falsche Frist führt aber nicht zur Unwirksamkeit der Kündigung. Es wird dann in die jeweils richtige umgedeutet.

 Achtung: Das Integrationsamt überprüft ausschließlich, ob Ihnen gekündigt wird nur weil Sie schwerbehindert/gleichgestellt sind. Andere Gründe, Verstöße gegen das KSchG, eine fehlerhafte Betriebs-/Personalratsanhörung o. ä., werden durch das Integrationsamt nie geprüft. Das ist ausschließlich Aufgabe des Arbeitsgerichts (**Prüfungsumfang**). Das wissen in der Praxis auch Profis arbeitgeber- und arbeitnehmerseitig häufig nicht. Hierdurch können teilweise unerfahrene Arbeitgeber außergerichtlich geblufft werden, wodurch – zumindest – bis zum Erkennen des Irrtums eine Kündigung vermieden werden kann! Beachten Sie aber, dass das Integrationsamt bei Betriebseinschränkungen, -auflösungen und in der Insolvenz die **Zustimmung vereinfacht** erteilt, § 172 SGB IX.

Der **Ablauf des Integrationsamtsverfahrens** gestaltet sich wie folgt:

Neben o. g. **Antrag** Ihres Arbeitgebers findet üblicherweise ein **persönlicher Termin** von gut zwei Stunden vor der Entscheidung des Integrationsamts statt. Hieran nehmen Sie – zu empfehlen: Ihr Anwalt –, ein Vertreter des Integrationsamts und Ihr Arbeitgeber meist mit dessen Anwalt teil.

Im Termin wird der Grund für die Kündigung besprochen, außerdem möchte das Integrationsamt zwischen den Zeilen die Arbeitsatmosphäre und das Verhältnis zwischen Ihnen und Ihrem Arbeitgeber erfahren. Im Termin kommt gegen

Ende immer die Frage einer gütlichen Einigung, d. h. der Beendigung gegen Zahlung einer Abfindung die dann diskutiert werden kann auf, wenn gemeinsam keine andere Lösung anstatt der Beendigung Ihres Arbeitsverhältnisses gefunden werden kann. Kommt eine Einigung zustande, was vorher schon zwischen professionellen Anwälten versucht wurde, wird knapp festgestellt, dass Ihr Arbeitsverhältnis durch Aufhebungsvertrag/Vergleich endet und das Integrationsamtsverfahren beendet ist. Haben Sie sich dbzgl. schon vor dem Integrationsamtstermin über einen Vergleich geeinigt, kommt es üblicherweise zu keinem persönlichen Termin. Dann wird das notwendige Integrationsverfahren knapp förmlich durch den Antrag Ihres Arbeitgebers eingeleitet und gleichzeitig mitgeteilt, dass bereits eine Einigung vorliegt. Die Konditionen werden hierbei meist nicht mitgeteilt, um eine Einflussnahme des Integrationsamts zu vermeiden, die dbzgl. aber kaum erfolgen würde. Das Integrationsamt fragt dann bei Ihnen an, ob Sie dem Vergleich zustimmen, was Sie über Ihren Anwalt bejahen. In dem Fall stimmt das Integrationsamt ohne eine Prüfung in der Sache durch Feststellung förmlich zu, so dass das Arbeitsverhältnis durch Aufhebungsvertrag/Vergleich endet und das Integrationsamtsverfahren beendet ist. Da Ihr Arbeitgeber selbst Interesse an einer schnellen Klärung und Ihrem schnellen, rechtssicheren Ausscheiden hat, wird er den Antrag zügig stellen. Sie können keinen Antrag stellen, aber Ihren Arbeitgeber um Beschleunigung bitten.

In der Praxis wird von manchen Anwälten aber kein Aufhebungsvertrag außergerichtlich abgeschlossen, da Ihnen hierdurch eine Sperre beim Bezug von Arbeitslosengeld drohen könnte und Sie bei guter rechtlicher Beratung deshalb mindestens in derselben Höhe eine höhere Abfindung von Ihrem Arbeitgeber verlangen. Solche Anwälte bitten um eine Zustimmung des Integrationsamts, auch wenn eine Einigung gefunden wurde. Das Integrationsamt stimmt dann der Form halber der beabsichtigten Kündigung immer zu, verweist aber auch – so wie es die Anwälte machen – auf die Einigung. In dem Fall wartet Ihr Arbeitgeber die förmliche

Zustellung o. g. schriftlichen Feststellung bzgl. der Beendigung und Entscheidung des Integrationsamtsverfahens durch die Behörde ab, was ca. eine Woche dauert. Dann kündigt er Ihnen. Sie klagen dagegen binnen der dreiwöchigen Klagefrist, informieren das Gericht über den Aufhebungsvertrag/Vergleich und bitten um gerichtliche Protokollierung desselbigen im schriftlichen Verfahren, damit Sie keinen separaten Termin vor dem Arbeitsgericht wahrnehmen müssen. Das nimmt ca. eine weitere Woche in Anspruch. Dann ist Ihr einvernehmliches Ausscheiden erledigt und gerichtlich festgestellt, so dass Sie beim Bezug von Arbeitslosengeld keine Sperre erhalten oder Probleme im Fall Ihrer (Früh-)Verrentung haben.

<u>Kommt keine Einigung zustande</u>, muss eine Entscheidung des Integrationsamts erfolgen, d. h. entweder stimmt das Integrationsamt der Kündigung zu oder nicht. Zu den Fristen und der teilweisen Fiktion, s. o. Entscheidungsfrist. In beiden Fällen kann die jeweils unterliegende Partei gegen die Entscheidung des Integrationsamts vorgehen: 1. durch einen Widerspruch und – falls das nicht reicht – 2. durch eine Klage vor dem Verwaltungs-/Sozialgericht erster, zweiter und selten dritter Instanz, was Jahre dauert. Solange keine rechtskräftige, d. h. abschließende Zustimmung durch das Integrationsamt bzw. das Gericht vorliegt, kann Ihr Arbeitgeber Ihnen nicht kündigen. Liegt eine Zustimmung durch das Integrationsamt vor und erheben Sie Widerspruch und ggf. Klage, müssen Sie gleichzeitig gegen die ausgesprochene Kündigung binnen drei Wochen klagen. Der Rechtsstreit wird dann aber ausgesetzt, d. h. auf Pause gedrückt, da über die Zustimmung des Integrationsamts noch nicht rechtskräftig entschieden ist. *Liegt irgendwann die Zustimmung vor*, wird das Kündigungsverfahren vor Gericht wieder aufgenommen und fortgesetzt, notfalls über die erste, zweite und selten die dritte Instanz. *Liegt irgendwann die Zustimmung nicht vor*, wird das Kündigungsverfahren vor Gericht der Form halber kurz aufgenommen und mangels Zustimmung des Integrationsamts festgestellt, dass die Kündigung unwirksam war. Dann ist das Verfahren beendet. Hier-

in liegt Ihr Vorteil bei einer fehlenden Einigung: <u>Je</u> länger die Verfahren dauern, <u>desto</u> teurer wird es für Ihren Arbeitgeber und <u>desto</u> eher wird er einem Vergleich vor Gericht mit einer für Sie akzeptablen Abfindung zustimmen. Aus diesem Grund lohnt es sich für Sie intensiv zu kämpfen! Teilweise bieten Ihnen Arbeitgeber auch hier Prozessbeschäftigungsvereinbarungen an, s. Prozessbeschäftigungsvereinbarung.

f)   Die Betriebs-/Personalratsmitglieder & Sonstige:

Die arbeitgeberseitige Kündigung eines Mitglieds des Betriebs-/Personalrats, der Jugend- und Auszubildendenvertretung/Jugendvertretung, einer Bordvertretung oder eines Seebetriebs-/Personalrats kann **nur außerordentlich** fristlos oder außerordentlich mit sozialer Auslauffrist erfolgen, weil ein wichtiger Grund für die Kündigung notwendig ist. Ordentliche Kündigungen sind deshalb immer unwirksam! Selbst <u>nach</u> der Amtszeit o. g. Arbeitnehmer ist eine ordentliche Kündigung für ein Jahr (bei Mitgliedern der Bordvertretung sechs Monate) von der Beendigung der Amtszeit an ausgeschlossen, § 15 Abs. 1, 2 KSchG, <u>außer</u> die Beendigung der Mitgliedschaft beruht auf einer gerichtlichen Entscheidung.

Zusätzlich zum wichtigen Grund für die außerordentliche Kündigung muss die **Zustimmung des Betriebs-/Personalrats** nach § 103 BetrVG bzw. dem Vertretungsgesetz auf Bundes- bzw. Bundeslandebene und nicht nur eine normale Anhörung wie üblich nach § 102 BetrVG vorliegen oder – bei Fehlen – gerichtlich ersetzt worden sein. Wird die Kündigung vor der rechtskräftigen, d. h. abschließenden Entscheidung des Gerichts über das Zustimmungsersetzungsverfahren ausgesprochen, ist die Kündigung unwirksam!

Bei Mitgliedern des Wahlvorstands vom Zeitpunkt ihrer Bestellung und bei arbeitgeberseitigen Kündigungen von Wahlbewerbern vom Zeitpunkt der Aufstellung des Wahlvorschlags an bis zur Bekanntgabe des Wahlergebnisses kann nicht ordentlich gekündigt werden. Gleiches gilt für sechs

Monaten nach Bekanntgabe des Wahlergebnisses, <u>außer</u> der Wahlvorstand ist durch gerichtliche Entscheidung durch einen anderen Wahlvorstand ersetzt worden. Für die außerordentliche Kündigungsmöglichkeit gilt Vorgenanntes.

Die arbeitgeberseitige Kündigung eines Arbeitnehmers, der zur Betriebs-/Wahl- oder Bordversammlung einlädt oder die Bestellung eines Wahlvorstandes beantragt, ist von der Einladung bzw. Antragstellung bis zur Bekanntgabe des Wahlergebnisses nur außerordentlich möglich, § 15 Abs. 3a BetrVG. Außerdem besteht bis zur Wahl für die ersten drei in der Einladung bzw. Antragstellung aufgeführten Arbeitnehmer o. g. Sonderkündigungsschutz. Gleiches gilt für drei Monate, wenn keine Wahl zustande kommt von der Einladung bzw. Antragstellung, § 15 Abs. 3 KSchG.

In der Praxis sind derartige Kündigungen, die einen gesteigerten Aufwand für Ihren Arbeitgeber bedeuten, in ganz wenigen Fällen anzutreffen. Häufig findet gerade eine Betriebs-/Personalratswahl statt und Ihr Arbeitgeber versucht durch vorgenannte Kündigungen Druck auf Betroffene und die Wahl an sich auszuüben, was meist nicht erfolgreich ist.

Für eine **Eigenkündigung** durch Sie müssen o. g. Voraussetzungen nicht einhalten.

g) Die Auszubildenden:
Während der Probezeit, die mindestens einen, maximal aber vier Monate dauert, § 20 BBiG, kann das Ausbildungsverhältnis jederzeit ohne Einhalten einer Kündigungsfrist gekündigt werden.

Nach Ablauf der Probezeit, ist eine Kündigung durch Ihren Ausbilder/Arbeitgeber nur aus wichtigem Grund, d. h. außerordentlich fristlos möglich.

 Achtung: Bei der Kündigung eines Auszubildenden muss der **Kündigungsgrund schriftlich im Kündi-**

gungsschreiben genannt werden, ansonsten ist die Kündigung immer unwirksam, § 22 Abs. 3 BBiG.

Vor Ihrer Klage gegen Ihre Kündigung durch den Ausbilder/Arbeitgeber muss in manchen Bundesländern ein **Güteverfahren** vor der IHK bei nichthandwerklichen Gewerbeberufen bzw. der Handwerkskammer bei handwerklichen Berufen durchgeführt werden, § 111 Abs. 2 ArbGG. In diesem persönlichen Termin, der eine gute Stunde dauert, werden die Gründe für die Kündigung gemeinsam besprochen und nach einer Alternative für die Kündigung gesucht. An dem Termin nehmen Sie als Azubi, möglichst Ihr Anwalt, der Ausbilder/Arbeitgeber, ggf. mit dessen Anwalt, sowie ein Vertreter der IHK bzw. Handwerkskammer nebst zwei Beisitzern teil. Kommt keine Alternative – z. B. eine Versetzung in eine andere Abteilung oder einen anderen Betrieb desselben Unternehmens oder ein Ausscheiden gegen Abfindung – für Sie und Ihren Ausbilder/Arbeitgeber in Betracht, ergeht eine Entscheidung des Gremiums. Diese ist für die Zulässigkeit der Kündigung egal. Wichtig ist nur, dass der Termin vor Ihrer Klage durchgeführt wurde, da ansonsten das Gerichtsverfahren ausgesetzt, d. h. auf Pause gedrückt, wird bis der Termin vor der IHK bzw. HK nachgeholt wurde. Wird die Entscheidung des Gremiums nicht innerhalb einer Woche von Ihnen und Ihrem Ausbilder Arbeitgeber anerkannt, können Sie binnen zwei Wochen nach ergangener Entscheidung Klage beim Arbeitsgericht erheben.

Azubikündigungen kommen in der Praxis oft vor. Aufgrund der hohen Anforderungen einer ausbilder-/arbeitgeberseitigen Kündigung, werden sie aber meist in der Probezeit ausgesprochen.

Z. T. treten Ausbilder/Arbeitgeber auch an Azubis heran und versuchen Sie zu einer Eigenkündigung oder einer Beendigung auf Wunsch beider Parteien durch **Aufhebungsver-**

trag zu bewegen, was deutlich geringere Anforderungen an Ihren Ausbilder/Arbeitgeber stellt. Hierbei werden fast nie Abfindungen gezahlt.

Deutlich bessere Chancen auf eine maßvolle Abfindung und vor allem ein gutes, sauberes Zeugnis sind realistisch, wenn Sie gegen die ausbilder-/arbeitgeberseitige Kündigung vorgehen. Sie sollten im Falle eines **gerichtlichen Vergleich**s über die Abfindung und das Zeugnis zusätzlich ein gutes, sauberes Empfehlungsschreiben Ihres Ausbilders/Arbeitgebers und eine Stillschweigensklausel verlangen, so dass weder Sie noch Ihr Ausbilder/Arbeitgeber über Sie, Ihren Ausbilder/Arbeitgeber, Ihre Leistungen und die Gründe der beendeten Ausbildung sprechen dürfen, da ansonsten von der anderen Partei Schadensersatz verlangt werden kann. Hierdurch können Sie – gerade in ländlichen Gegenden – Klatsch und Tratsch einschränken, der Ihnen bei der Suche nach einem neuen Ausbildungsplatz extrem entgegenstehen kann!

Ihre **Eigenkündigung** als Auszubildender können Sie immer mit einer Kündigungsfrist von vier Wochen erklären, wenn Sie die Ausbildung aufgegeben oder eine andere Berufsausbildung wählen möchten, § 22 BBiG.

h) Die Auszubildenden mit Sonderfunktionen:

Auszubildende, die Mitglied der Jugend- und Auszubildendenvertretung, des Betriebs-/Personalrats, der Bordvertretung oder des Seebetriebsrats sind, können innerhalb von drei Monaten vor Beendigung der Ausbildung vom Ausbilder/Arbeitgeber schriftlich die **Weiterbeschäftigung auf unbeschäftigte Zeit** verlangen, § 78 a Abs. 2 BetrVG.

Ihr Arbeitgeber kann dagegen spätestens bis zum Ablauf von zwei Wochen nach Beendigung der Ausbildung gerichtlich feststellen lassen, dass nach der Ausbildung kein Arbeitsverhältnis begründet bzw. im Fall der Begründung, dieses aufgelöst wird, § 78 a BetrVG. Hierfür sind Gründe notwendig, die intensiverer Natur sind.

Solche Übernahmeverpflichtungen sind in der Praxis selten. Wenn vorgenannte Funktionen aber ausgeübt werden, kommt es in den meisten Fällen zum Streit.

Eine **Eigenkündigung** durch solche Auszubildende mit Sonderfunktionen kann ganz regulär mit einer Kündigungsfrist von vier Wochen erfolgen, wenn die Ausbildung aufgegeben oder eine andere Berufsausbildung gewählt werden soll, § 22 BBiG.

Nachdem die Ausbildung in ein Arbeitsverhältnis übergegangen ist, kann Ihre Eigenkündigung wie in jedem Arbeitsverhältnis immer erklärt werden.

i) Der Betriebs(teil)übergang:

§ 613 a BGB regelt den Betriebs(teil)übergang. Das bedeutet den Übergang des gesamten oder eines Teils des Betriebes auf einen anderen Inhaber, s. Betriebsübergang.

Eine Kündigung durch den Abgeber oder Erwerber des Betriebs(teils) **nur aufgrund des Betriebs(teil)übergangs** ist unwirksam, § 613 BGB. Da betriebs-, personen- und verhaltensbedingte Kündigungsgründe im Fall eines Betriebs(teil)übergangs ganz normal zulässig sind, müssen Sie deshalb beschreiben und **beweisen**, dass der Betriebs(teil)übergang der einzige Grund für die arbeitgeberseitige Kündigung war. Das ist in der Praxis realistischerweise nicht möglich.

Für **Eigenkündigung**en gelten keine Besonderheiten.

j) Die Betriebs(teil)stilllegung:

Im Fall einer **kompletten Betriebsstilllegung** ist eine ordentliche Kündigung der **in § 15 Abs. 1 – 3 KSchG genannten Personen** frühestens zur Stilllegung zulässig, § 15 Abs. 4 KSchG.

Ausnahmsweise kann früher gekündigt werden, wenn das zwingend betrieblich notwendig ist, also ein wichtiger Grund für eine außerordentliche Kündigung mit sozialer Auslauffrist oder eine außerordentlich fristlose Kündigung vorliegt.

Sollte ein in § 15 Abs. 1 – 3 KSchG beschäftigter Arbeitnehmer in einer Abteilung arbeiten, die stillgelegt wird (**Betriebsteilstilllegung**), muss er in eine andere Abteilung <u>übernommen</u> werden, § 15 Abs. 5 KSchG.

Ist das aus betrieblichen Gründen nicht möglich, kann Ihnen gekündigt werden, wenn es zwingend betrieblich notwendig ist, d. h. wieder ein wichtiger Grund für eine außerordentliche Kündigung mit sozialer Auslauffrist oder eine außerordentlich fristlose Kündigung gegeben ist.

In der Praxis ist eher die Betriebsteilstilllegung mit der Übernahmeverpflichtung entscheidend, die oft übersehen wird!

Für **Eigenkündigungen** gelten keine Besonderheiten.

k) Der exotische Sonderkündigungsschutz:

Selten, aber umso wichtiger steht Ihnen Sonderkündigungsschutz zu, wenn auf Ihren Betrieb ein **Tarifvertrag oder** eine **Betriebs-/Dienstvereinbarung** Anwendung findet, in dem Sonderkündigungsschutz vereinbart wurde.

Das ist häufig der Fall bei bestimmten **Altersgrenzen in Verbindung mit** einer **Mindestbetriebszugehörigkeit** oder **Beschäftigungssicherungsvereinbarungen**, bei denen diverse Arbeitnehmer entlassen werden dürfen, aber für die Verbleibenden ein Ausschluss der ordentlichen Kündigung, der dem Sonderkündigungsschutz gleichzusetzen ist, garantiert wurde.

Darüber hinaus steht Ihnen bei bestimmten Sonderaufgaben Sonderkündigungsschutz zu, nämlich bei:

- **Datenschutzbeauftragten**, Art. 37 EU-DSGVO, § 38 BDSG,
- **Immissionsschutzbeauftragten** § 58 BImSch,
- **Mitgliedern im Gemeinde-/Kreisrat**, etc.

8. Der Auflösungsantrag:
a) Der Auflösungsantrag bei der ordentlichen Kündigung:

Stellt das Gericht fest, dass:

- die arbeitgeberseitige **Kündigung unwirksam** und
- Ihnen die **Fortsetzung** des Arbeitsverhältnisses **nicht zumutbar** ist, löst das Gericht <u>auf Ihren Antrag</u> das Arbeitsverhältnis auf und verurteilt Ihren Arbeitgeber zur Zahlung einer Abfindung, § 9 KSchG.

Auch <u>Ihr Arbeitgeber</u> kann den Auflösungsantrag stellen. Hierfür müssen aber Gründe vorliegen, die eine den **Betriebszwecken dienliche weitere Zusammenarbeit zwischen Ihnen und Ihrem Arbeitgeber** nicht erwarten lassen. Mindestens Animositäten, Beleidigungen, Drohungen, etc. müssen hierfür vorliegen.

Achtung: Beachten Sie, das der Antrag durch beide <u>bis zum Schluss der letzten mündlichen Verhandlung</u> selbst in der zweiten Instanz (Berufung) gestellt werden kann. Hierfür muss über den Kündigungsgrund aber spätestens zum Zeitpunkt der letzten mündlichen Verhandlung ein **weiterer Grund** für die Auflösung nach Ausspruch der Kündigung gegeben sein, was häufig übersehen wird. Sollte kein weiterer Grund gegeben sein, stellt sich die Frage einer Auflösung/Beendigung des Arbeitsverhältnisses durch Vergleichsverhandlungen sehr oft während des Gerichtsverfahrens in erster, zweiter oder dritten Instanz. Insofern dient § 9 KSchG in der Praxis tendenziell dazu Vergleichsverhandlungen zu führen und Ihr Ausscheiden gegen eine Abfindung zu ermöglichen, wenn das Arbeitsverhältnis belastet ist.
Wichtig ist zusätzlich, dass für einen Auflösungsantrag gemäß § 9 Abs. 1 Satz 2 KSchG bei Angestellten in leitender Stellung gemäß § 14 Abs. 2 KSchG,

d. h. **Geschäftsführern, Betriebsführern und ähnliche leitenden Angestellte**n, soweit diese zur selbstständigen Einstellung oder Entlassung von Arbeitnehmern berechtigt sind, o. g. Grund <u>nicht</u> notwendig ist. Deshalb kann sich Ihr Arbeitgeber von Ihnen hier schneller trennen, auch wenn er dafür eine Abfindung zahlen muss.

Haben Sie gegen Ihre Kündigung ordnungsgemäß Kündigungsschutzklage erhoben und **nimmt Ihr Arbeitgeber** seine ausgesprochene **Kündigung im Gerichtsverfahren zurück** – was möglich ist –, weil er merkt, dass er nicht gewinnen wird oder die Kündigung nur ein(e) Test-/Bluff-/Drohkündigung sein sollte, können Sie trotzdem o. g. Auflösungsantrag nach § 9 KSchG stellen.

Hierfür muss aber über die Kündigung hinaus o. g. Grund vorliegen oder Sie sind leitender Angestellter, s. o. Der Grund lässt sich übrigens oft finden, speziell wenn Sie konkret beschreiben und **beweisen** können, dass die Kündigung tatsächlich ein(e) Test/Bluff/Drohung sein sollte; falls nicht, kann Ihr Ausscheiden aus dem Betrieb gegen eine Abfindung im Wege eines Vergleichs diskutiert werden, was im Ergebnis identisch ist.

Bei der Abfindungs-**Höhe** wird durch das Gericht ein Betrag von <u>12 Bruttomonatsverdienste</u>n festgesetzt. Sollten Sie älter als 55 Jahre sein und hat Ihr Arbeitsverhältnis mindestens 15 Jahre bestanden, können bis zu 15 Bruttomonatsverdienste festgesetzt werden, ansonsten bis zu 18 Bruttomonatsverdienste bei mindestens 20 Jahre bestehendem Arbeitsverhältnis, <u>außer</u> Sie haben zum Zeitpunkt der gerichtlich festgesetzten Auflösung die Regelaltersgrenze erreicht, § 10 KSchG.

Hierbei müssen Sie sich aber **entgangenen Zwischenverdienst** in der Höhe anrechnen lassen, was Sie durch anderweitige Arbeit bei einem anderen Arbeitgeber verdient haben bzw. hätten verdienen können oder an Arbeitslosengeld gezahlt wurde, § 11 KSchG. Haben Sie bereits ein neues Arbeitsverhältnis bei einem anderen Arbeitgeber, können

Sie innerhalb einer Woche nach der rechtskräftigen gerichtlichen Entscheidung gegenüber Ihrem alten Arbeitgeber erklären, dass Sie Ihr ursprüngliches Arbeitsverhältnis bei Ihm nicht fortsetzen, § 12 KSchG. Hierdurch erlischt Ihr ursprüngliches Arbeitsverhältnis, Zwischenverdienst nach § 11 KSchG wird Ihnen dann nur für die Zeit zwischen der Entlassung und dem Beginn des neuen Arbeitsverhältnisses gewährt.

Als **Beendigungsdatum** Ihres Arbeitsverhältnisses wird beim Auflösungsantrag gerichtlich immer das Ende der Kündigungsfrist festgesetzt.

b) Der Auflösungsantrag bei der außerordentlichen & sittenwidrigen Kündigung

Auch bei der außerordentlichen Kündigung, d. h. außerordentlich fristlosen und außerordentlichen Kündigung mit sozialer Auslauffrist, können Sie einen Antrag auf Auflösung des Arbeitsverhältnisses stellen.
Die Voraussetzungen und Rechtsfolgen sind identisch mit denen des Auflösungsantrages bei der ordentlichen Kündigung, wobei der Auflösungszeitpunkt der Zeitpunkt des Ausspruchs der außerordentlichen Kündigung ist.
Ein Auflösungsantrag bei der außerordentlichen fristlosen oder außerordentlichen Kündigung mit sozialer Auslauffrist ist durch Ihren Arbeitgeber nicht möglich.

Bei einer ordentlichen oder außerordentlichen Kündigung, die sittenwidrig ist, gelten ebenfalls dieselben Voraussetzungen und Rechtsfolgen, wie im Rahmen des Auflösungsantrags bei der ordentlichen Kündigung.
Sittenwidrige Kündigungen verlangen aber einen besonders schweren Verstoß, z. B. wegen Diskriminierung Ihres Geschlechts, Ihrer Behinderung, Ihres Alters, etc.

Auch durch diesen Auflösungsantrag soll bezweckt werden, dass Ihr Arbeitsverhältnis in jedem Fall gegen eine Abfin-

283

dung beendet werden kann, wenn besonders unangenehme Umstände vorliegen und eine Partei Vergleichsverhandlungen aus welchen Gründen auch immer nicht zustimmt!

Nur beachten, wenn ein Betriebs-/Personalrat existiert:

c) Der Auflösungsantrag zur Entfernung betriebsstörender Arbeitnehmer:
Haben Sie durch **gesetzwidriges Verhalten** oder **grobe Verstöße** gegen die in § 75 BetrVG enthaltenen Grundsätze über die normale und angemessene Behandlung von Betriebsangehörigen, speziell durch rassistisches oder fremdenfeindliches Verhalten, den Betriebsfrieden mehrfach und schwer gestört, kann der <u>Betriebs-/Personalrat</u> Ihres Arbeitgebers von diesem Ihre Entlassung oder Versetzung verlangen und das selbstständig vor dem Arbeitsgericht beantragen, wenn Ihr Arbeitgeber das nicht akzeptiert, § 104 BetrVG.

Gewinnt der Betriebs-/Personalrat vor Gericht und kommt Ihr Arbeitgeber Ihrer Entlassung oder Versetzung immer noch nicht nach, kann der Betriebs-/Personalrat die Verhängung von bis zu 250 € für jeden Tag Ihrer Nichtentlassung bzw. Nichtversetzung verhängen und so Druck auf Ihren Arbeitgeber ausüben. Verliert Ihr Betriebs-/Personalrat vor Gericht, bleiben Sie weiter auf Ihrer Stelle im Betrieb bis Ihr Betriebs-/Personalrat bei einem weiteren Verstoß theoretisch erneut tätig wird.

 Achtung: In der Praxis steht der Betriebs-/Personalrat grundsätzlich hinter jedem Arbeitnehmer, d. h. auch hinter Ihnen. Um die Schwelle des § 104 BetrVG zu erreichen muss deshalb nicht nur ein **mehrfaches und schwerwiegendes** Fehlverhalten von Ihnen vorliegen, sondern Sie müssen es sich auch zwischenmenschlich sehr mit Ihrem Betriebs-/Personalrat verscherzt haben. Da eine erzwungene Beendigung eines Arbeitsverhältnisses immer das schärfste Schwert darstellt, müssen vorher immer Gespräche über Ihr Verhalten zwischen Ihnen, ggf. Betroffenen, dem Betriebs-/Personalrat und Ihrem Arbeitgeber stattgefunden haben, ferner mindestens eine einschlägige Abmahnung innerhalb der letzten 12 Monate erklärt und – unabhängig von einer Abmahnung – ein vorübergehender oder dauerhafter Wechsel Ihres Arbeitsplatzes auf einen von Ihrer Vergütung, Ihrer Arbeit, Ihrer Arbeitszeit und sonstigen wesentlichen Arbeitskonditionen gleichwertigen Arbeitsplatz (Umsetzung, Versetzung). Der Auflösungsantrag nach § 104 BetrVG ist das schärfste Mittel, was nur bei **besonders intensiven Verstößen** gewählt werden kann, wenn der **Arbeitgeber untätig** bleibt, dem Schädiger nicht verhaltensbedingt gekündigt wird und ein Betriebs-/Personalrat in Ihrem Betrieb besteht.

§ 104 BetrVG kommt in der Praxis letztlich nie vor, weil Arbeitgeber aus eigenem Interesse Ruhe im Betrieb haben wollen und als ungeschriebene Nebenpflicht aus den Arbeitsverträgen Arbeitnehmer vor Beeinträchtigungen (durch andere Arbeitnehmer) schützen muss, §§ 611, 241, 280 BGB. Unabhängig davon kennen die wenigsten Betriebs-/Personalräte diese Vorschrift oder machen hiervon keinen Gebrauch, weil sie keine Farbe bekennen wollen.

Nur beachten, wenn ein Betriebs-/Personalrat bzw. Sprecherausschuss existiert:

9. Die Betriebs-/Personalrats-/Sprecherausschussanhörung:
Gibt es in Ihrem Betrieb einen Betriebs- (in der freien Wirtschaft) oder einen Personalrat (im öffentlichen Dienst), muss der gemäß § 102 BetrVG bzw. den Regelungen auf Bundes- bzw. Bundeslandebene **vor jeder Kündigung** angehört werden, d. h. vor einer ordentlichen, außerordentlich

fristlose und außerordentlichen (Probezeit-, Änderungs- und Beendigungs-)Kündigung mit sozialer Auslauffrist – unabhängig vom Kündigungsgrund.

Das betrifft nicht nur Arbeitnehmer, sondern auch Auszubildende. Bei einer Kündigung von leitenden Angestellten im Sinne von § 5 Abs. 3 BetrVG muss vorher eine Mitteilung an den Betriebs-/Personalrat erfolgen und der Sprecherausschuss muss angehört werden, § 31 SprAuG. Das Prozedere ist dem des § 102 BetrVG nahezu identisch.

Eine Kündigung ohne vorherige ordnungsgemäße Betriebs-/Personalrats- bzw. Sprecherausschussanhörung ist immer unwirksam!

Hierdurch soll eine innerbetriebliche Kontrolle Ihren Arbeitgeber daran hindern willkürlich zu kündigen, indem gewisse Standards an den Kündigungsgrund und das Kündigungsprozedere gestellt werden.

 Achtung: Vor, aber in jedem Fall bei bereits erfolgter Kündigung sollten Sie Ihren **Betriebs-/Personalrat** bzw. **Sprecherausschuss kontaktieren**, um möglichst Detail- und Hintergrundinformationen zu erfahren. Schließen Sie sich auch mit von Kündigungen betroffenen oder nicht betroffenen Kollegen zum Infoaustausch zusammen.

Hierdurch können Sie Ihre Chancen gegen die Kündigung vorzugehen meist deutlich steigern, weil Sie über die rechtlichen Fehler auch tatsächliche Defizite aus erster Hand erfahren können!

Beachten Sie, dass Ihr Arbeitgeber den Betriebs-/Personalrat/Sprecherausschuss **nicht nur schriftlich**, sondern auch mündlich anhören kann. Eine schriftliche Anhörung ist **aber üblich**, speziell weil Ihr Arbeitgeber die richtige und vollständige Anhörung vor Gericht beschreiben und **beweisen** muss, wenn Sie klagen.

 Achtung: Sie können im Ergebnis nicht verlangen, dass Ihr Arbeitgeber Ihnen die mündliche oder schriftliche **Anhörung mitteilt oder zur Verfügung stellt**. Spätestens im Gerichtsverfahren muss er aber die Anhörung beschreiben und **beweisen**, so dass Sie sie dann zur Kenntnis bekommen.

Teilweise werden Anhörungen durch Arbeitgeber **bewußt mündlich** durchgeführt. Das geschieht einerseits um Ihnen als Arbeitnehmer eine 1.000 %ig korrekte Anhörung zu präsentieren, die Sie kaum überprüfen können, da ein extrem ergebnisorientiert arbeitender Arbeitgeber-Anwalt diese nach Ausspruch der Kündigung für das Gerichtsverfahren beschreiben wird. Andererseits kann das geschehen, um eine ggf. sogar schriftlich durchgeführte aber fehlerbehaftete Anhörung nicht vorlegen zu müssen und Sie so zu **bluffen**. Letzteres können Sie häufig aufdecken, indem Sie sich nach Ausspruch der Kündigung an den Betriebs-/Personalrat bzw. Sprecherausschuss wenden und fragen, ob wirklich keine schriftliche Anhörung bei Ihm einging!

Das Problem einer mündlichen Anhörung im Gerichtsverfahren liegt nämlich darin, dass Sie – unabhängig von sonstigen Defiziten der Kündigung – kaum Fehler der Anhörung aufdecken können, um die Kündigung unwirksam zu machen. Deshalb müssen Sie bei einer angeblich nur mündlichen Anhörung auf **Indizien** bauen, die eine ausschließlich mündliche Anhörung unwahrscheinlich machen: Z. B. ist eine ausschließlich mündliche Anhörung bei großen, regelmäßig anwaltlich vertretenen Unternehmen extrem unüblich. Auch dass nur bei Ihnen eine mündliche Anhörung durchgeführt worden sein soll, bei Arbeitnehmern die vor, gleichzeitig oder nach Ihnen entlassen wurden, aber regulär eine schriftliche Anhörung durchgeführt wurde, ist ebenso sehr auffällig. Fragen Sie immer direkt bei Ihrem Betriebs-/Personalrat bzw. Sprecherausschuss nach, der ganz genau wissen muss, ob er schriftlich oder mündlich zu Ihrer Kündigung angehört wurde und wie das üblicherweise erfolgt. Da er der Vertreter der Arbeitnehmer im Betrieb ist, muss er Ihnen auch eine solidarisch richtige und rechtzeitige Antwort geben. Stellt Ihr Arbeitgeber im Prozess deshalb dar, der Betriebs-/Personalrat bzw. Sprecherausschuss sei 1a*** mündlich angehört worden, präsentieren Sie – soweit vorhanden – o. g. Indizien und versuchen den Arbeitgeber bzw. dessen Anwalt dazu zu bringen sich zu verquatschen und ins Schleudern zu kommen. Dann ist die Gegenseite vor Gericht äußerst unglaubwürdig, was Sie maximal ausnutzen können!

Da auch **gestaffelte Kündigungen** in einem Kündigungsschreiben:

- 1. außerordentlich fristlos und hilfsweise – für den Fall, dass die Voraussetzungen der außerordentlich fristlosen Kündigung nicht vorliegen sollten – 2. ordentlich oder
- 1. außerordentlich fristlos und hilfsweise – für den Fall, dass die Voraussetzungen der außerordentlich fristlosen Kündigung nicht vorliegen sollten – 2. außerordentlich mit sozialer Auslauffrist (da aufgrund des bestehenden Sonderkündigungsschutzes eine ordentliche Kündigung unzulässig wäre)

zulässig sind (Schrotflintenprinzip), muss Ihr Arbeitgeber zu beiden Kündigungen den Betriebs-/Personalrat bzw. Sprecherausschuss anhören. Wird er nur zu einer der beiden Kündigungen angehört, ist diejenige zu der er den Betriebs-/Personalrat bzw. Sprecherausschuss nicht anhörte immer unwirksam, wenn sie zur Anwendung kommt!
Auch eine **Umdeutung**, z. B. einer außerordentlich fristlosen in eine ordentliche Kündigung, ist unwirksam, wenn in Ihrem Betrieb ein Betriebs-/Personalrat bzw. Sprecherausschuss besteht, der nicht von Anfang an zu beiden Kündigungen ordnungsgemäß angehört wurde. Sollte dagegen in Ihrem Betrieb kein Betriebs-/Personalrat bzw. Sprecheraus-

schuss existieren, ist eine Umdeutung einer außerordentlich fristlosen in eine außerordentliche Kündigung mit sozialer Auslauffrist oder in eine ordentliche Kündigung zulässig, wenn sich Ihr Arbeitgeber hierauf im Gerichtsverfahren beruft.

Da bei einer Anhörung sehr, sehr viele Fehler begangen werden, lohnt es sich immer diese extrem genau zu überprüfen!

Fehler, die für die Entscheidung des Betriebs-/Personalrats bzw. Sprecherausschusses wesentlich sind, weil sie zu einer anderen Entscheidung führen können, führen immer zur Unwirksamkeit der Kündigung. Das betrifft speziell Ihre Daten, eine fehlende, falsche oder unvollständige Begründung sowie fehlende, falsche oder unvollständige Daten und Unterschriften der Anhörung seitens des Arbeitgebers.

Eine Anhörung gliedert sich üblicherweise wie folgt:

- Ihre **persönlichen Daten**:
  Ihre Person mit Name, Beschäftigungsort, Arbeitsplatz, Vergütung, Alter, Familienstand, Länge der Betriebszugehörigkeit, Unterhaltspflichten, Schwerbehinderung, Gleichstellung, Sonderkündigungsschutz,

- darüber hinaus einer Bezeichnung der **Art** der Kündigung, d. h. Beendigungs- oder Änderungskündigung, speziell ordentlich, außerordentlich fristlos oder außerordentlich mit sozialer Auslauffrist, (Konkretisierung bei Tat- und/oder Verdachtskündigung) sowie der **Kündigungsfrist** mit Beendigungsdatum,

- der **Begründung**, d. h. Angabe der Gründe, für die Kündigung,

- die **Daten sowie Unterschriften der Arbeitgebervertreter** (Personalleiter o. ä) und

- Platz für die Reaktionsmöglichkeiten Ihres Betriebs-/Personalrats bzw. Sprecherausschusses.

Bei Anhörungen zu den unterschiedlichen Kündigungsmodalitäten o. g. Gliederung müssen folgende Detailinhalte durch Ihren Arbeitgeber beschrieben werden:

- Bei einer **betriebsbedingten Kündigung**:
  - Ihre konkreten persönlichen Daten, insbesondere: Beschäftigungsort, Arbeitsplatz, Vergütung, Alter, Familienstand, Länge der Betriebszugehörigkeit, Unterhaltspflichten, Schwerbehinderung/Gleichstellung, Sonderkündigungsschutz,
  - konkrete Beschreibung des „Kapitänsentschlusses" bzgl. Ort, Datum und Gründe,
  - konkrete Beschreibung des dauerhaften Wegfalls Ihres individuellen Arbeitsplatzes,
  - konkrete Beschreibung der inner- und/oder außerbetrieblichen Gründe,
  - konkrete Beschreibung, dass kein alternativer Arbeitsplatz bei Ihren Qualifikationen, Fähigkeiten, etc. vorhanden ist und ein solcher auch nicht binnen Ihrer Individuellen Kündigungsfrist eingenommen werden kann,
  - konkrete Beschreibung, wer aus der Sozialauswahl ggf. vor Ihnen herausgenommen wurde, sodann konkrete Sozialauswahl bzgl. Ihrer Vergleichbarkeit mit anderen konkreten Arbeitnehmern hinsichtlich der jeweiligen Sozialauswahlkriterien mit oder ohne Punkteschema,
  - Bei Betriebsänderung mit Massenentlassung: Interessenausgleichs- (ggf. mit Namensliste) & Sozialplanabschluss zzgl. Massenentlassungsanzeige.
- Bei einer **personen-/krankheitsbedingten Kündigung**:

- ○ Ihre konkreten persönlichen Daten insbesondere: Arbeitsplatz, Vergütung, Alter, Länge der Betriebszugehörigkeit, Schwerbehinderung/Gleichstellung, Sonderkündigungsschutz,
- ○ konkrete Auflistung der Fehlzeiten pro Jahr und Grund (negative Gesundheitsprognose),
- ○ konkrete Beschreibung der betrieblichen Beeinträchtigungen (unzumutbare wirtschaftliche Belastungen in Euro/Störung des betrieblichen Ablaufs),
- ○ erfolglose Durchführung des BEM/kein alternativer Schonarbeitsplatz

- Bei einer **Kündigung wegen Leistungsminderung**:
  - ○ Ihre konkreten persönlichen Daten, insbesondere: Arbeitsplatz, Alter, Länge der Betriebszugehörigkeit, Schwerbehinderung/Gleichstellung, Sonderkündigungsschutz,
  - ○ konkrete Beschreibung im Detail mit Ort, Datum, etc., dass die Arbeitsleistung krankheitsbedingt dauerhaft 2/3 unter der Durchschnittsleistung liegt,
  - ○ möglichst konkrete Auflistung der Fehlzeiten pro Jahr und Grund (negative Gesundheitsprognose),
  - ○ möglichst konkrete Beschreibung der betrieblichen Beeinträchtigungen (unzumutbare wirtschaftliche Belastungen in Euro/Störung des betrieblichen Ablaufs),
  - ○ kein milderes Mittel (Schonarbeitsplatz).

- Bei einer **Kündigung wegen Sucht**:
  - ○ Ihre konkreten persönlichen Daten, insbesondere: Arbeitsplatz, Alter, Länge der Betriebszugehörigkeit, Schwerbehinderung/Gleichstellung, Sonderkündigungsschutz,

- ○ konkrete Beschreibung der Pflichtverletzung im Detail mit Ort, Datum, etc.
- ○ möglichst konkrete Auflistung der Fehlzeiten pro Jahr und Grund (negative Gesundheitsprognose),
- ○ möglichst konkrete Beschreibung der betrieblichen Beeinträchtigungen (unzumutbare wirtschaftliche Belastungen in Euro/Störung des betrieblichen Ablaufs),
- ○ erfolglose Durchführung/Abbruch der Entziehungskur (Suchtvereinbarung/ Alkoholikervergleich).

- Bei einer **verhaltensbedingten Kündigung**:
  - ○ Ihre konkreten persönlichen Daten, insbesondere: Beschäftigungsort, Arbeitsplatz, Vergütung, Sonderkündigungsschutz,
  - ○ konkrete Beschreibung der Pflichtverletzung im Detail mit Ort, Datum, etc.
  - ○ Abmahnungsthematik.

- Bei einer **leistungsbedingten Kündigung**:
  - ○ Ihre konkreten persönlichen Daten insbesondere: Beschäftigungsort, Arbeitsplatz, Vergütung, Alter, Länge der Betriebszugehörigkeit, Schwerbehinderung/Gleichstellung, Sonderkündigungsschutz,
  - ○ konkrete Beschreibung im Detail mit Ort, Datum, etc., dass die Arbeitsleistung verhaltensbedingt nicht ausgeschöpft wird,
  - ○ kein milderes Mittel (Abmahnung, Versetzung).

- Bei einer **Verdachtskündigung**:
  - ○ Ihre konkreten persönlichen Daten, insbesondere: Beschäftigungsort, Arbeitsplatz, Sonderkündigungsschutz,
  - ○ konkrete Beschreibung des dringenden Verdachts im Detail mit Ort, Datum, etc.,

    ○   konkrete Beschreibung der Anhörung des Arbeitnehmers und dessen Aussagen zum Vorwurf mit Datum.

    ○

Achtung: Bei einer **Änderungskündigung** muss neben dem Kündigungsentschluss auch das abändernde Angebot konkret und vollständig angegeben werden.

Über vorgenannte Inhalte muss Ihr Arbeitgeber auch Fristen einhalten, **Fristen Nr. 1**:
Bei einer Kündigung kann er seit seiner Kenntnis vom wesentlichen Teil des Kündigungsgrundes nicht unnötig und ohne Grund warten bis er die Anhörung dem Betriebs-/Personalrat bzw. Sprecherausschuss übergibt und Ihnen kündigt, weil es ansonsten nicht so dramatisch gewesen sein kann und er sein Kündigungsrecht verwirkt, also verloren hat. Hierbei kommt es darauf an, dass die zum Kündigungsausspruch von der Kompetenz und Befugnis richtigen Personen des Arbeitgebers Kenntnis haben.
Bei ordentlichen Kündigungen muss deshalb nach ca. mehreren Wochen seitdem der Arbeitgeber Kenntnis vom wesentlichen Teil des Kündigungsgrundes hat gekündigt werden. Bei einer verhaltensbedingten Kündigung ist ein Abwarten ohne Grund bis ca. zwei Wochen und bei personen-/krankheitsbedingten sowie betriebsbedingten Kündigungen von mehreren Wochen bis zu wenigen Monaten gerade noch zulässig. Hier sind aber immer die Umstände des konkreten Einzelfalls entscheidend.
Bei einer außerordentlich fristlosen und außerordentlichen Kündigung mit sozialer Auslauffrist ist Ihr Arbeitgeber dagegen verpflichtet die Kündigung binnen zwei Wochen nach seiner Kenntnis vom wesentlichen Teil des Kündigungsgrundes ausgesprochen zu haben, § 626 BGB. Versäumt der diese Frist, ist die außerordentliche Kündigung bereits deshalb unwirksam und es kann wegen desselben Kündigungssachverhalts maximal eine Umdeutung in eine

ordentliche Kündigung vorgenommen werden, s. o. Umdeutung.

Bei vorgenannten Fristen muss Ihr Arbeitgeber natürlich bis zum Ausspruch der Kündigung die Betriebs-/Personalrats- bzw. Sprecherausschussanhörung bereits gefertigt und von diesem spätestens innerhalb der gesetzlichen Fristen zurückerhalten haben, ansonsten ist die Kündigung ebenfalls unwirksam!

Für die Bearbeitung der Anhörungen durch den Betriebs-/Personalrat bzw. Sprecherausschuss gelten folgende Fristen, wenn er diese von Ihrem Arbeitgeber mündlich oder schriftlich erfährt/erhält §§ 102 BetrVG, 31 SprAuG, **Fristen Nr. 2**:

Hat Ihr **Betriebs-/Personalrat** bzw. **Sprecherausschuss** gegen die beabsichtigte ordentliche Kündigung **Bedenken**, muss er diese – nach Zugang der Anhörung – unter Angabe der Gründe Ihrem Arbeitgeber spätestens innerhalb einer Woche schriftlich mitteilen. Äußert er sich nicht, gilt seine Zustimmung zur ordentlichen Kündigung als erteilt. Hat der **Betriebs-/Personalrat** bzw. **Sprecherausschuss** gegen eine außerordentliche Kündigung **Bedenken**, muss er diese direkt, spätestens aber binnen drei Tagen – nach Zugang der Anhörung – schriftlich mitteilen. Vor seiner Stellungnahme soll (kein Muss) er Sie als betroffenen Arbeitnehmer anhören, soweit er das für erforderlich hält. Äußert er sich überhaupt nicht, gilt seine Zustimmung zur außerordentlichen Kündigung im Gegensatz zur ordentlichen Kündigung nicht als erteilt.

Erhält Ihr Arbeitgeber die Anhörung samt Reaktion oder fehlender Reaktion Ihres Betriebs-/Personalrats bzw. Sprecherausschusses auf die Anhörung nach Ablauf der Frist zurück, ist das **Anhörungsverfahren abgeschlossen** und er kann Ihnen kündigen. Die Kündigung ist aber nur wirksam, wenn sie binnen o. g. Fristen Nr. 1 rechtzeitig ausgesprochen wird und Ihnen zugeht.

Im Ergebnis ist deshalb die Art der Betriebs-/Personalrats- bzw. Sprecherausschussreaktion für die Wirksamkeit der

Kündigung egal. Entscheidend ist, dass die Inhalte und Fristen richtig sind, da die Kündigung ansonsten sehr schnell unwirksam ist. Nur bzgl. Ihres **Weiterbeschäftigungsanspruch**s für die Zeit von Ausspruch und Zugang der Kündigung bis zum rechtskräftigen Abschluss des Rechtsstreits ist die Reaktion des Betriebs-/Personalrats (nicht Sprecherausschuss) entscheidend: <u>Widerspricht er Ihrer beabsichtigten ordentlichen Kündigung innerhalb o. g. Fristen schriftlich mit den speziellen Gründen des § 102 Abs. 3 BetrVG und haben Sie gegen die Kündigung geklagt</u>, muss Ihr Arbeitgeber Sie juristisch über einen jahrelangen Rechtsstreit bis zu dessen rechtskräftigen Abschluss bei unveränderten Arbeitsbedingungen weiterbeschäftigen (**Weiterbeschäftigungsanspruch**), § 102 Abs. 5 BetrVG. Ausnahmsweise kann Ihr Arbeitgeber aber beantragen ihn hiervon wegen hoher Kosten, offensichtlich unzulässigem Widerspruch oder berechtigter Kündigung zu entbinden, § 102 Abs. 5 BetrVG. Ob er Sie tatsächlich im Betrieb weiterhin arbeiten lässt ist dabei gleichgültig, Sie haben jedenfalls den Vergütungsanspruch für die Zeit! In diesem Fall muss Ihr Arbeitgeber Ihnen mit der Kündigung eine Abschrift der Stellungnahme des Betriebs-/Personalrats zur Verfügung stellen. Kommt er dem nicht nach, ist das für die Wirksamkeit des Anhörungsverfahrens sowie der Kündigung aber egal.

 Achtung: Die Einhaltung der **Fristen** ist für Ihren Arbeitgeber **sehr wichtig und sehr fehleranfällig**.
Teilweise lassen sich Arbeitgeber keine Bestätigung durch Ihren Betriebs-/Personalrat bzw. Sprecherausschuss über den am ... um ...h erfolgten Zugang quittieren. Dann gilt der Zugang beim Betriebs-/Personalrat bzw. Sprecherausschuss im Zweifel als nicht erfolgt. Im Übrigen laufen keine Fristen, wenn Ihr Arbeitgeber den rechtzeitigen Zugang nicht durch eigenes glaubwürdiges Personal **beweisen** kann. Übergibt er Ihnen dann die Kündigung und der Betriebs-/Personalrat bzw. Sprecherausschuss hat nicht selbstständig binnen o. g. Fristen auf die inhalt-

lich korrekte Anhörung – bei der außerordentlichen Kündigung zusätzlich maximal binnen drei Tagen ab Zugang bei Ihm – reagiert, ist die Anhörung und später ausgesprochene Kündigung unwirksam.

Ihr Betriebs-/Personalrat bzw. Sprecherausschuss kann sich aber im Ergebnis nicht dazu verleiten lassen trickreich keinen Zugang zu bestätigen oder die Anhörung nicht zur Kenntnis zu nehmen, da in diesem Fall eine Verweigerung des Zugangs, d. h. **Zugangsvereitelung**, vorliegt. Das würde dazu führen, dass der Zugang dann als eingetreten gilt, wenn unter normalen Bedingungen damit gerechnet werden kann. Das sind die normalen Arbeits-/Bürozeiten im Betrieb Ihres Arbeitgebers, die auch für die Frage des Zugangs beim Betriebs-/Personalrat/Sprecherausschuss gelten. D. h. eine Übergabe oder ein Einwurf der Anhörung um 23 h bewirkt einen Zugang erst am nächsten Tag morgens.

Ein Verzicht Ihres Betriebs-/Personalrats bzw. **Sprecherausschusses auf die Fristen des §§ 102 BetrVG, 31 SprAuG ist zulässig**, um Ihrem Arbeitgeber noch die Einhaltung der Frist Nr. 1 – speziell bei der außerordentlichen Kündigung – zu ermöglichen. Deshalb kann er theoretisch eine Sekunde nachdem er die Anhörung bekam und inhaltlich zur Kenntnis nehmen konnte seine Reaktion erklären. Hierzu ist er aber nie verpflichtet. In der Praxis kommt ein solcher Verzicht nur in seltenen Einzelfällen und bei sehr arbeitgeberfreundlichen Betriebs-/Personalräten bzw. Sprecherausschüssen vor. Außerdem muss Ihr Arbeitgeber den Verzicht beschreiben und **beweisen**. Kann er das nicht und hat er vor Ablauf der Reaktionsfrist des Betriebs-/Personalrats bzw. Sprecherausschusses gekündigt, ist die Kündigung ebenfalls immer unwirksam!

Sind Sie **leitender Angestellter** im Sinne von § 5 Abs. 3, 4 BetrVG (nicht § 14 KSchG), d. h. zur selbstständigen Einstellung und Entlassung von Arbeitnehmern berechtigt, haben Prokura oder können sonstige bedeutende Entscheidungen für das Unternehmen im wesentlichen frei von Weisungen treffen oder unterfallen den vagen Indizien des Abs. 4 und sind damit nicht normaler Arbeitnehmer, muss Ihre beabsichtigte **Kündigung** dem **Betriebs-/Personalrat** nur rechtzeitig **mitgeteilt** werden; eine Anhörung nach o. g. Grundsätzen gemäß § 102 BetrVG ist nicht notwendig. Besteht dagegen ein Sprecherausschuss – eine Art Betriebs-/Personalrat speziell für leitende Angestellte nach § 5 Abs. 3 BetrVG –, muss der nach o. g. Grundsätzen gemäß § 31 Abs. 2 SprAuG zu Ihrer beabsichtigen Kündigung ordnungsgemäß **angehört** werden, ansonsten ist die Kündigung immer unwirksam!

Hierbei besteht aber die Besonderheit, dass dessen Einverständnis zur ordentlichen und außerordentlich fristlosen sowie außerordentlichen Kündigung mit sozialer Auslauffrist als erteilt gilt, wenn er die Fristen des § 31 SprAuG einfach ohne Reaktion ablaufen lässt. Im Ergebnis muss er Ihrer beabsichtigten Kündigung auch nicht zustimmen. Leitende sind deshalb in der Praxis weniger geschützt. Ihnen steht auch nie ein Weiterbeschäftigungsanspruch über das SprAuG zu.

 Achtung: Sie können im Ergebnis nicht verlangen, dass Ihr Arbeitgeber Ihnen die mündliche oder schriftliche **Anhörung mitteilt oder zur Verfügung stellt**. Spätestens im Gerichtsverfahren muss er aber die Anhörung beschreiben und **beweisen**, so dass Sie sie dann zur Kenntnis bekommen.

Sie sollten **auf jeden Fall** die ordnungsgemäße Betriebs-/Personalrats-/Sprecherausschuss-**Anhörung** vor Gericht **bestreiten**, da Ihr Arbeitgeber erst dann die Ordnungsgemäßheit selbiger beschreiben und bewiesen muss.

Ihr Arbeitgeber kann im Fall einer unwirksamen Anhörung zwar grundsätzlich **noch einmal kündigen**, er muss den Betriebs-/Personalrat/Sprecherausschuss dazu aber noch einmal komplett neu und ordnungsgemäß anhören. Da bei einer außerordentlich fristlosen und außerordentlichen Kündigung mit sozialer Auslauffrist die zwei-Wochenfrist nach § 626 BGB zu beachten ist, ist das nur bei der ordentlichen Kündigung allein aus zeitlichen Gründen möglich. Sie haben deshalb zumindest eine Verlängerung Ihres Arbeitsverhältnisses für eine weitere Kündigungsfrist erarbeitet und schaffen gute Voraussetzungen für einen Vergleich mit Abfindung, da es fast jedem Arbeitgeber an einem schnellen Ausscheiden von Arbeitnehmern gelegen ist.

Beachten Sie, dass Ihr Arbeitgeber **bei demselben Kündigungsgrund** nur dann **erneut kündigen** kann, **wenn die Kündigung nur aufgrund eines formellen Fehlers unwirksam ist.** Das gilt speziell im Fall einer fehlerhaften Anhörung. Ansonsten gilt der **Grundsatz: Ein Kündigungsgrund(-sachverhalt), eine Kündigung(-smöglichkeit)!**

Beispiel: Betriebs-/Personalrats/Sprecherausschussanhörung
An den Betriebs-/Personalrats/Sprecherausschussvorsitzenden des Arbeitgebers
Von … (Personalleiter/Geschäftsführer/etc.)

Sehr geehrte Damen und Herren,

wir beabsichtigten gegenüber:
- Name,
- Betriebsort, -abteilung,
- Alter,
- etc. (weitere Sozialdaten)

folgende (Änderungs-/Beendigungs-/Verdachts-)Kündigung:

- außerordentlich fristlos (, ggf.: hilfsweise ordentlich zum ...)
- außerordentlich mit sozialer Auslauffrist zum ... (, ggf.: hilfsweise ordentlich zum ...)
- ordentlich zum ...

aus folgenden Gründen auszusprechen:
...
Wir bitten um Ihre Zustimmung.
(Bei leitenden Angestellten gemäß § 5 Abs. 3 BetrVG ist nur eine Mitteilung notwendig.)
(Bei einer Änderungskündigung gilt diese Anhörung ebenfalls als Anhörung gemäß § 99 BetrVG/§ 31 SprAuG bei leitenden Angestellten gemäß § 5 Abs. 3 BetrVG.)

Mit freundlichen Grüßen

Ort, Datum   Unterschrift Arbeitgeber
Dem Betriebs-/Personalratsvorsitzenden am ... persönlich übergeben:

Ort, Datum
Unterschrift Betriebs-/Personalrats- bzw. Sprecherausschussvorsitzender
<u>oder:</u>
Am ... um ... h in den Posteingang des Betriebs-/Personalrats/Sprecherausschusses geworfen
Ggf.: Betriebs-/Personalrats-/Sprecherausschussvorsitzender verweigert den Zugang bzw. Zugang zu quittieren.

Ort, Datum   Unterschrift Arbeitgeber

 Beispiel: Reaktion des Betriebs-/Personalrats-/ Sprecherausschusses
An den Arbeitgeber

Von … (Betriebs-/Personalrats-/Sprecherausschuss-vorsitzender)

Sehr geehrte Damen und Herren,

wir
- nehmen die beabsichtigte Kündigung zur Kenntnis.
- stimmen der beabsichtigten Kündigung zu.
- stimmen der beabsichtigten Kündigung nicht zu.
- haben Bedenken.
- erheben im Fall der ordentlichen Kündigung Widerspruch gegen die beabsichtigte Kündigung.

Ggf.: Begründung:
- *bzgl. der Kündigung … .*
- *bzgl. des Widerspruches … .*

Mit freundlichen Grüßen

Ort, Datum
Unterschrift Betriebs-/Personalrats- bzw. Sprecher-ausschussvorsitzender

II. Der Aufhebungs-, Abwicklungsvertrag & gerichtliche Vergleich:

Im Gegensatz zur einseitigen Kündigung durch Sie oder Ihren Arbeitgeber kann ein Arbeitsverhältnis auch einver-nehmlich beendet werden.

Gründe hierfür sind z. B., dass:
- Sie eine andere Stelle bereits sicher haben, diese kurzfristig antreten möchten oder müssen und Ihr Arbeitgeber mit der vorzeitigen Beendigung einver-

standen ist, speziell weil er dann nicht bis zum Ende der Kündigungsfrist zahlen muss. In dem Fall wäre die Einhaltung der bei einer (ordentlichen) Kündigung notwendigen Kündigungsfrist nicht sinnvoll und eine (außerordentliche) Kündigung ist nicht möglich, weil ein wichtiger Grund hierfür nicht vorliegt.

- Auch wenn die Zusammenarbeit zwischen Ihnen und Ihrem Arbeitgeber nicht mehr möglich ist, weil das Vertrauen fehlt, Krankheit die Arbeit unmöglich macht, schikanöse Verhältnisse vorliegen o. ä. werden o. g. Vereinbarungen relevant.

Von einem **Aufhebungsvertrag** spricht man, wenn ein bestehender Arbeitsvertrag einvernehmlich – ggf. mit weiteren Inhalten – beendet wird.

Dem **Abwicklungsvertrag** geht eine Kündigung voraus, die das Arbeitsverhältnis beendet. Das wird im Abwicklungsvertrag vereinbart. Zusätzlich werden hier weitere Modalitäten der Beendigung geregelt, z. B. die Höhe einer vom Arbeitgeber an Sie zu zahlenden Abfindung, Umgang mit Urlaubsansprüchen, Rückgabe von Unterlagen, Inhalt des Zeugnisses, etc.

Bei einem Aufhebungsvertrag ist es deshalb für Ihren Arbeitgeber und Sie klar, dass eine Beendigung des Arbeitsverhältnisses im Interesse beider und unter bestimmten Konditionen erfolgt. Dagegen ist das bei einem Abwicklungsvertrag zunächst gerade streitig, deshalb wird auch vor dem Abschluss des Abwicklungsvertrages eine Arbeitgeberkündigung ausgesprochen. Da Sie als Arbeitnehmer hiergegen vorgehen sollten, werden Sie sich entweder direkt nach Ausspruch der Kündigung mit Ihrem Arbeitgeber über den Abschluss und Inhalt des Abwicklungsvertrages einigen oder eine Kündigungsschutzklage vor dem Arbeitsgericht einlegen. In letztgenanntem Fall wird entweder durch Urteil entschieden, ob die Kündigung gerechtfertigt war oder nicht oder – und so werden mehr als 75 % aller arbeitsgerichtlichen Klagen gegen Kündigungen erledigt – es wird ein Abwicklungsvertrag vor Gericht geschlossen. In diesem Fall ist es ein Abwicklungsvertrag im Gerichtstermin oder außerhalb des Gerichtstermins (**im schriftlichen Verfahren**). In beiden Fällen erfolgt das prozessual durch einen **gerichtlichen Vergleich**.

Eine einvernehmliche Beendigung durch einen Aufhebungs- oder Abwicklungsvertrag ist im Gegensatz zu einer Kündigung **flexibler** und für Ihren Arbeitgeber als auch Sie von Vorteil, da er beiden **Interessen mehr Rechnung trägt und Nachteile vermeidet.**
Sie können davon ausgehen, dass Sie bei einer Kündigung durch Ihren Arbeitgeber bis auf Kündigungen in der Probezeit und gut vorbereitete verhaltensbedingte Kündigungen **immer** eine **Abfindung** erhalten, auch wenn Sie hierauf keinen gesetzlichen Anspruch haben: Je höher die rechtlichen Anforderungen für Ihren Arbeitgeber sind die Kündigung wirksam zu erklären und je mehr Sie dem rechtlich und tatsächlich entgegensetzen können, desto intensiver kommt Ihr Arbeitgeber in Schwierigkeiten das Gerichtsverfahren zu gewinnen, so dass Ihre Chancen auf eine Abfindung steigen. In der Praxis ist es immer wieder zu beobachten, dass Arbeitgeber eher eine maßvolle Abfindung zahlen, dadurch aber Mühe, Zeit und Ungewissheit eines Gerichtsverfahrens sparen, speziell wenn Sie nicht ohne Not an Ihrer bisherigen Arbeitsstelle festhalten oder unnötige Emotionen und Unsachlichkeiten in das Verfahren einbringen. Arbeitgebern ist das – neben ihrem immer großen Bedürfnis das Unternehmen nach ihren Interessen und Bedürfnissen auszurichten – in 99 % aller Kündigungsschutzverfahren eine Abfindung wert. Das sollten Sie außergerichtlich und gerichtlich ausreizen!

1. Der Inhalt:
Folgende **wesentlichen Punkte** können in einen Aufhebungs-, Abwicklungsvertrag/gerichtlichen Vergleich aufgenommen werden:

- Es kann die Feststellung Eingang finden, aus welchem Grund und zu welchem Zeitpunkt Ihr Arbeitsverhältnis endet.

- Bei guter Vorbereitung ist es möglich die ermessensabhängige Verhängung einer **Sperre beim Arbeitslosengeldbezug** durch die Agentur für Arbeit zu **vermeiden.** Hierzu sollte – nach ständiger Praxis der Arbeitsgerichte, die durch die Arbeitsagenturen nicht kritisiert wird, – vereinbart werden, dass das Arbeitsverhältnis aus betriebsbedingten/betrieblichen Gründen beendet wird und, dass Sie als Arbeitnehmer kein Verschulden an der Beendigung trifft (Sollte Sie ein Verschulden treffen, wie z. B. bei einer verhaltensbedingten Kündigung, da Sie sich daneben benommen haben und Ihr Arbeitgeber gar nicht anders konnte, als Sie zu entlassen oder bei einer krankheitsbedingten Kündigung, weil hohe Fehlzeiten vorlagen, aber ein alternativer Arbeitsplatz von Ihnen übernommen werden könnte, wird regelmäßig eine Sperre verhängt, um Sie zu bestrafen.).

- Ebenfalls kann die Feststellung aufgenommen werden, dass Ihnen bis zu einem bestimmten Zeitpunkt, der meist Ihrer Kündigungsfrist entspricht, noch eine konkrete Bruttovergütung zusteht.

- Auch eine <u>unwiderrufliche</u> **Freistellung** unter Anrechnung auf Ihre Urlaubs- und Freizeitansprüche aus einem Arbeitszeitüberstundenkonto kann vereinbart werden, so dass Sie ab Beginn der Freistellung nicht mehr arbeiten müssen (Bei nur <u>widerruflicher</u> Freistellung kann Sie Ihr Arbeitgeber wieder aus der Freistellung herausholen und zu Arbeitsleistungen einsetzen, dann ist eine Anrechnung auf Ihre Urlaubs- und Freistellungsansprüche aber nicht wirksam möglich.).

- Auch eine Regelung zur **Abfindung**szahlung ist häufig anzutreffen, so dass Sie eine zusätzliche

Bruttozahlung von Ihrem Arbeitgeber als Ausgleich für die Beendigung Ihres Arbeitsverhältnisses erhalten, was bei einer Kündigung ohne prozessualen Vergleich nur in seltenen Sonderfällen prozessual möglich ist.

- Ein **Zeugnis**inhalt und/oder eine bestimmte Zeugnisnote – ggf. nach einem Entwurf von Ihnen – empfiehlt sich, was Ihnen einen separaten Rechtsstreit um ein sauberes und angemessenes Zeugnis erspart.

- Ferner macht eine **Stillschweigensvereinbarung** in bestimmten Fällen Sinn. Hierdurch verpflichten Sie und Ihr Arbeitgeber sich keine Aussagen gegenüber Nichtberechtigten (Behörden sind Berechtigte) über den Abschluss und Inhalt eines prozessualen Vergleichs zu treffen, damit nicht jeder x-Beliebige hiervon erfährt und das ggf. ausnutzt, was zu einem Dominoeffekt führen kann.

- Schließlich ist eine **Kompletterledigung** ratsam. Hierdurch wird eine Art Schlussstrich unter die Beendigung des Arbeitsverhältnisses und den Rechtsstreit gezogen, so dass mit Unterschrift/Abschluss des Vertrages/Vergleichs alles erledigt und beendet ist.

Darüber hinaus können weitere Punkte bei einer Beendigung eines Arbeitsverhältnisses – durch Aufhebungs- oder Abwicklungsvertrag/gerichtlichem Vergleich – geregelt werden, **wenn** sie **relevant** sind, z. B.:

- Weitere Arbeitgeberzahlungen zu einem konkreten Stichtag. Diese sind meist zum Abschluss des Vertrages/Übersendung des gerichtlichen Vergleichs an Sie fällig: Urlaubsgeld, Provisionen, Spesen, o. ä., ggf. mit Aufrechnung Ihrem Arbeitgeber zustehender Zahlungsforderungen gegenüber Ihnen, z. B. aus einem Umzugskosten-/Ausbildungs-/Fortbildungsvertrag,

- die Rückgabe des Firmenwagens,
- die Abrechnung eines Arbeitgeberdarlehens,
- die Erteilung eines Zwischenzeugnisses,
- die Herausgabe von Arbeitsunterlagen, -geräten, etc.

Ihre **Arbeitspapiere** (Lohnsteuerkarte, ggf. Versicherungsverträge, Urlaubsbescheinigung bzgl. Ihres Urlaubsanspruchs, Bescheinigung nach § 312 SGB III, Bescheinigung über die betriebliche Altersversorgung nach § 2 Abs. 6 BetrAVG) erhalten Sie bei Beendigung Ihres Arbeitsverhältnisses. Das garantiert Ihnen das Gesetz, so dass Sie dies notfalls einklagen können. Das ist in der Praxis aber extrem selten notwendig.

 Achtung: Nach Möglichkeit sollten Sie **im Aufhebungs-, Abwicklungsvertrag/gerichtlichen Vergleich so viel wie möglich** zu Ihren Gunsten **vereinbaren:** Sitzen Sie – wie immer bei diesen Vereinbarungen – intensiv an einer Einigung mit Ihrem Arbeitgeber und Anwälten zusammen und ist bereits über die wesentlichen Punkte eine Einigung erzielt worden, besteht für Ihren Arbeitgeber wenig Notwendigkeit o. g. weitere Punkte nicht – für Sie positiv – mitzuregeln. Selten verschließen sich professionell beratene Arbeitgeber diesen Themen, da auch die Gegenseite einen Erfolg erzielte, indem das Arbeitsverhältnis mit Ihnen endet. Hierdurch nutzen Sie eine günstige Gelegenheit, um für Sie auch weniger entscheidende Dinge, z. B. ein Zeugnis, das für Ihren Arbeitgeber nach Ihrem Ausscheiden nicht mehr so wichtig ist, zu erledigen ohne Zeit, Mühe und Kosten eines weiteren zusätzlichen Rechtsstreits in Anspruch nehmen zu müssen.
Beachten Sie abschließend, dass Ihnen **kein Zurückbehaltungsrecht** am Eigentum Ihres Arbeitgebers zusteht. Gleiches gilt ebenso für Ihren Arbeitgeber.

Beispiel: Aufhebungs- bzw. Abwicklungsvertrag/ gerichtlicher Vergleich

Zwischen dem Unternehmen ..., vertr. durch ..., der
Beklagten
und
dem Arbeitnehmer, Kläger(in) ...
wird folgendes vereinbart:

- *Nur beim Aufhebungsvertrag: Die Parteien sind darüber einig, das das zwischen Ihnen bestehende Arbeitsverhältnis auf Veranlassung des Arbeitgebers zur Vermeidung einer ansonsten unumgänglichen betriebsbedingten/-lichen Kündigung mit Ablauf des ... enden wird/geendet hat.*
  Soweit krankheitsbedingte Gründe vorliegen zusätzlich: Die Parteien sind sich einig, dass der Kläger die zu erbringende Tätigkeit krankheitsbedingt nicht mehr erbringen kann und ein alternativer Schonarbeitsplatz nicht gegeben ist. Ferner besteht Einigkeit, dass der Kläger kein Verschulden an der Kündigung trifft.

- *Nur beim Abwicklungsvertrag/gerichtlichen Vergleich: Die Parteien sind darüber einig, das das zwischen Ihnen bestehende Arbeitsverhältnis aufgrund ordentlicher, fristgerechter Kündigung durch die Beklagte vom ... aus betriebsbedingten/betrieblichen Gründen mit Ablauf des ... enden wird/geendet hat.*
  Soweit eine krankheitsbedingte Kündigung ausgesprochen wurde zusätzlich: Die Parteien sind sich einig, dass der Kläger die zu erbringende Tätigkeit krankheitsbedingt nicht mehr in der Lage und ein alternativer

Schonarbeitsplatz nicht gegeben ist. Ferner besteht Einigkeit, dass den Kläger kein Verschulden an der Kündigung trifft.

- *Üblich:* Das Arbeitsverhältnis wird bis zu seiner Beendigung ordnungsgemäß abgerechnet.

- *Üblich:* Der Kläger wird (weiterhin) von der Beklagen von der Erbringung der Arbeitsleistung unter Anrechnung auf etwaige noch offene Resturlaubsansprüche und Freizeitguthaben unwiderruflich freigestellt. *Bei Krankheit ist keine wirksame Freistellung möglich. In diesem Fall würde vereinbart:* Die Parteien sind sich einig, dass Urlaub und etwaige Freizeitguthaben in natura gewährt sind.

- *Üblich:* Die Beklagte zahlt gemäß §§ 9, 10 KSchG an den Kläger eine Abfindung in Höhe von ... € brutto. Sie ist bereits jetzt entstanden und vererblich. Sie wird mit Beendigung fällig.

- *Ggf.: Der Kläger ist berechtigt das Arbeitsverhältnis vorzeitig mit einer Ankündigungsfrist von ... Tagen durch schriftliche Anzeige bei der Beklagten zu beenden. Für jeden vollen Monat der vorzeitigen Beendigung des Arbeitsverhältnisses erhält der Kläger eine zusätzliche Abfindung in Höhe von ... € brutto. Sollte das Arbeitsverhältnis im Laufe eines Monats enden, wird der Betrag anteilig berechnet.*

- *Wenn vorhanden: Zwischen den Parteien besteht Einigkeit, dass dem Kläger aus dem Tarifvertrag ..., der Betriebsvereinbarung vom ..., der Zielvereinbarung folgende Ansprüche (nicht) zustehen: ... .*

- *Üblich:* Die Beklagte erteilt dem Kläger unmittelbar ein wohlwollendes qualifiziertes Zwischenzeugnis *(ggf.: nach dem Entwurf des Klägers mit der Note ...),* das sich auf Leistung und Führung erstreckt. Bei Beendigung erteilt die Beklagte dem Kläger *(ggf.: auf Basis des Zwischenzeugnisses)* ein Endzeugnis.

- *Ggf. Stillschweigensklausel: Die Parteien werden über den Vertrag/Vergleich an sich und den konkreten Inhalt des Vertrages/Vergleichs Stillschweigen wahren. Dies gilt nicht gegenüber berechtigten Auskünften gegen über Dritten, wie Behörden, etc.*

- *Ggf.: Der Kläger wird darauf hingewiesen, dass das Ausscheiden sozialversicherungsrechtliche Konsequenzen, wie z. B. eine Sperre bei dem Bezug von Arbeitslosengeld I haben kann.*

- *Üblich:* Der Kläger wird darauf aufmerksam gemacht, dass er zur Aufrechterhaltung ungekürzter Ansprüche auf Arbeitslosengeld I verpflichtet ist, sich unverzüglich bei der Arbeitsagentur arbeitssuchend zu melden sowie aktiv nach einer Beschäftigung zu suchen.

- *Üblich:* Mit der Erfüllung vorstehender Vereinbarung sind sämtliche gegenwärtigen und zukünftigen Ansprüche aus dem Arbeitsverhältnis und seiner Beendigung abgegolten und erledigt, seinen sie bekannt oder unbekannt.

- *Nur beim Abwicklungsvertrag und wenn Klage erhoben wurde: Hiermit ist der Rechtsstreit erledigt.*

- *Selten: Der Kläger verzichtet auf das Recht, das Fortbestehen des Arbeitsverhältnisses gerichtlich geltend zu machen. Eine bereits mit diesem Ziel erhobene Klage wird zurückgenommen.*

- *Ggf. Widerrufsvorbehalt: Dem Kläger und/oder der Beklagten bleibt der Widerruf dieses Vertrages/Vergleichs eingehend bei der anderen Partei/Gericht bis zum ... (Datum) vorbehalten.*

Ort, Datum
Unterschrift Arbeitgeber   Unterschrift Arbeitnehmer

Achtung: Auf einen Aufhebungs- und Abwicklungsvertrag findet die **AGB-Rechtsprechung** gemäß §§ 305ff BGB **keine Anwendung**. D. h. Sie sind bei Abschluss eines solchen Vertrages nicht so intensiv geschützt wie sonst im bestehenden Arbeitsverhältnis. Es können deshalb durch Ihre und die Zustimmung Ihres Arbeitgebers auch Vereinbarungen getroffen werden, die für Sie ungünstig sind. Gleiches gilt natürlich für Ihren Arbeitgeber. Auch aus diesem Grund sollten Sie einen Aufhebungs- oder Abwicklungsvertrag nie ohne anwaltliche Hilfe abschließen.

Hierfür spricht auch folgendes: Wenn Sie einen Aufhebungs- oder Abwicklungsvertrag (letzteres meist durch einen gerichtlichen Vergleich) schriftlich abgeschlossen haben, gilt dieser für beide Parteien **bindend**, d. h. Sie – aber auch Ihr Arbeitgeber – können sich hiervon grundsätzlich nicht lösen, die Verträge sind hart wie Beton. Deshalb müssen Sie und Ihr Anwalt vor dem Abschluss sehr genau prüfen, ob ein Vertrag/gerichtlicher Vergleich an sich und hinsichtlich der Konditionen zu diesem Zeitpunkt für Sie sinnvoll ist. Nur in extrem **seltenen Ausnahmefälle**n besteht die Möglichkeit sich durch eine **Anfechtung** hiervon zu lösen: Sie müssen dazu vorbringen durch arglistige Täuschung oder widerrechtliche Drohung zum Abschluss des Vertrages bzw. gerichtlichen Vergleichs gebracht worden zu sein. Bei einem Aufhebungsvertrag kann das der Fall sein, wenn Ihnen weniger als drei Tage Überlegungszeit gewährt wurden oder Ihnen gesetzlich zustehende Ansprüche nur bei Abschluss des Vertrages gewährt werden sollten. Bei einem gerichtlichen Vergleich kann u. a. eine massive Einschüchterung oder Täuschung durch Ihren Arbeitgeber, den Richter oder Ihren eigenen Anwalt zur Anfechtung berechtigen. Entscheidend ist aber immer, dass Sie die Voraussetzungen der Anfechtung **beweisen** müssen. Das ist sehr schwierig, speziell wenn Sie auf keine Zeugen, Unterlagen, etc. zurückgreifen können!

2. Die (Sozial-)Leistungen:
a) Das Arbeitslosengeld I:
Endet Ihr Arbeitsverhältnis können Sie Ansprüche auf Arbeitslosengeld I und ggf. Arbeitslosengeld II (Sozialhilfe) geltend machen. Ob Sie solche Ansprüche in Anspruch nehmen, entscheiden allein Sie.

 Achtung: Beziehen Sie Sozialleistungen wird das von vielen Personen als nicht normal angesehen. Da Sie im normalen Leben **auf** bestimmte **Grundleistungen**, wie Miete, Strom/Wasser/Heizung, Telefon, Versicherungen, etc. definitiv **angewiesen** sind, müssen Sie sicherstellen, dass Sie von Ihren Vertragspartnern trotz des verlorenen bzw. geringeren Einkommens als angemessener Kunde akzeptiert werden. Klar erfährt Ihr Energieversorger nicht, dass Sie arbeitslos oder Sozialhilfebezieher sind. Es interessiert ihn auch nicht, wenn Sie Ihre Rechnungen sauber zahlen; kündigt Ihnen aber Ihre Hausbank das **Girokonto**, weil Sie als Arbeitsloser bzw. Sozialhilfebezieher die Voraussetzungen des Kleingedruckten nicht mehr erfüllen – z. B. Mindesteingang pro Monat von 1.200 € netto (!) –, wird es unangenehm, wenn Sie Ihre Miete jeden Monat immer bar Ihrem Vermieter zahlen oder Ihre Versicherung, Ihr Telefonunternehmen, etc. Bareinzahlungen gar nicht akzeptiert und deshalb den Vertrag mit Ihnen kündigt! Deshalb sollten Sie während der Zeit, in der Sie noch angestellt sind, d. h. bevor Sie Arbeitslosengeld I oder II (Sozialhilfe) beantragen, in jedem Fall sicherstellen, dass Sie sicherheitshalber bei unterschiedlichen Banken jeweils ein Girokonto haben. Unterschätzen Sie die Situation nicht, aktuell sind nur Sparkassen verpflichtet Ihnen ein **Jedermannkonto** ohne Dispositionskredit zur Verfügung zu stellen. Aber auch hier fallen im Gegensatz zu Direktbanken üblicherweise Kontoführungsgebühren an, die Sie als Sozialbezieher ohne gewisse Ersparnisse auf lange Sicht durchaus ärgern können. Wenn Sie kein Girokonto haben sinkt nicht nur Ihr sozialer Geltungsanspruch, sondern Sie haben ohne nachweisbare Ersparnisse große Probleme Verträge des täglichen Bedarfs zu halten, geschweige denn neu abzuschließen. Schlimmstenfalls können Sie in Extremfällen unter unglücklichen Umständen obdachlos werden, wenn Ihnen nicht Verwandte, etc. helfen!

Arbeitslosengeld I können Sie nach § 137 SGB III von der Agentur für Arbeit Ihres Wohnsitzes verlangen, wenn Sie arbeitslos sind, sich bei der Arbeitsagentur gemeldet haben und eine Mindestzeit als Arbeitnehmer Geld verdient haben. Zuerst müssen Sie sich immer spätestens drei Monate vor der Beendigung Ihres Arbeitsverhältnisses bei der Arbeitsagentur **arbeitssuchend melden**. Das können Sie u. a. über deren Hotline telefonisch machen. Sollten Sie weniger als drei Monate vor dem Ende erfahren, dass Ihr Arbeitsverhältnis endet, müssen Sie sich immer binnen drei Tagen nachdem Sie das wissen arbeitssuchend melden.

Dann sind Sie verpflichtet sich spätestens am ersten Tag des von Ihnen gewünschten Arbeitslosengeldbezugs, also der tatsächlichen Arbeitslosigkeit, persönlich **arbeitslos** zu **melden**. Postalisch, per Fax, e-mail, SMS, telefonisch oder über einen Stellvertreter kann die Meldung nicht wirksam erfolgen. Andernfalls wird eine einwöchige Sperre beim Arbeitslosengeldbezug durch die Arbeitsagentur festgesetzt.

Arbeitslosengeld I erhalten Sie aber nur, wenn Sie in den letzten zwei Jahren mindestens ein Jahr in einem sozialversicherungspflichtigen Arbeitsverhältnis standen, § 142 SGB III. Die **Bezugsdauer** hängt von Ihrem vorherigen Arbeitsverhältnis ab: Je länger Sie direkt vorher sozialversicherungspflichtig beschäftigt waren, desto länger ist Ihr Arbeitslosengeld I-Anspruch. Die Länge variiert zwischen sechs und 24 Monaten, § 147 SGB III, wobei für ältere Arbeitnehmer mit einer sehr langen sozialversicherungspflichtigen Beschäftigung eine Übergangsregelung beachtet werden muss. Für Details kontaktieren Sie die Agentur für Arbeit Ihres Wohnsitzes.

Arbeitslosengeld I wird an Sie in **Höhe** von 60 % bzw. bei mindestens einem Kind (auch Ihres Lebenspartners) 67 % Ihres Nettoverdienstes der letzten 12 Monate gezahlt, §§ 149ff SGB III, und ist einkommenssteuerfrei. Haben Sie weitere Einkünfte, z. B. aus Kapitalvermögen oder Vermietung, wird das Arbeitslosengeld I zu diesem addiert und alles muss von Ihnen versteuert werden.

Während Sie Arbeitslosengeld I erhalten sind Sie normalerweise in der gesetzlichen Kranken-, Pflege- und Rentenversicherung **versichert**. Sollten Sie vor Ihrer Arbeitslosigkeit privat kranken- und pflegeversichert gewesen sein, können Sie während des Bezugs von Arbeitslosengeld I über die Agentur gesetzlich kranken- und pflegeversichert sein. Es steht Ihnen aber auch frei sich befreien lassen und über eine Private versichert zu bleiben, wenn Sie in den letzten fünf Jahren nur in einer privaten Krankenversicherung versichert waren, die den gesetzlichen Leistungen entspricht, was immer der Fall ist. Sollten Sie Ihre private Versicherung weiterführen, werden Ihnen die Kosten in Höhe der gesetzlichen Krankenversicherung erstattet und Sie müssen die Differenz zur Privaten selbst zahlen § 174 SGB III. Auch während Ihrer Arbeitslosigkeit haben Sie Anspruch auf **Krankengeld**. Dieses ist gleich hoch wie Ihr Arbeitslosengeld I, § 47 b SGB V. Ihr Krankengeldbezug vermindert Ihren Arbeitslosengeld I-Anspruch auch nicht, § 49 Abs. 1 SGB V.

Erhalten Sie für eine bestimmte Zeit andere Sozialleistungen als Arbeitslosengeld I, z. B. Kranken-, Verletzten-, Mutterschaftsgeld, Rente wegen voller Erwerbsminderung oder Altersrente, verschiebt sich Ihr Anspruch auf Arbeitslosengeld I um die Dauer o. g. Leistung nach hinten ohne aber reduziert zu werden, § 156 SGB III. Gleiches gilt, wenn Sie Anspruch auf **Vergütung** oder **Urlaubsabgeltung** haben, eine **Abfindung** erhalten, § 157 SGB III, oder an einem Streik beteiligt waren und deshalb arbeitslos geworden sind, § 160 SGB III, **(Ruhen ohne Verminderung)**.

Für Details wenden Sie sich an die Arbeitsagentur Ihres Wohnsitzes.

 Achtung: Ihr Arbeitslosengeld I-Anspruch ist **vier Jahre valide.** Haben Sie deshalb binnen der letzten vier Jahre aus welchem Grund auch immer seit Ihrer Arbeitsbeendigung kein Arbeitslosengeld I bezogen oder nur einen Teil aufgebraucht, erhalten Sie es bzw. den Rest noch.

b) Die Sperrzeit beim Bezug von Arbeitslosengeld I:

Sperrzeit bedeutet, dass Sie für den Zeitraum der Sperre gar kein Arbeitslosengeld erhalten. Ihr Arbeitslosengeldanspruch ruht also. Zusätzlich reduziert sich Ihr gesamter Anspruch auf Arbeitslosengeld um ¼, was meist übersehen wird! Unabhängig hiervon sind Sie aber über die Arbeitsagentur auch während der Sperre kranken- und pflegeversichert, §§ 19 Abs. 2, 5 Abs. 1 SGB V, es besteht aber kein Anspruch auf Krankengeld. Rentenversichert sind Sie dagegen während der Sperre nicht, § 3 Abs. 1 SGB VI.

Eine Sperrzeit wird von Ihrer Arbeitsagentur verhängt, wenn Sie sich als Arbeitnehmer versicherungswidrig im Sinne des SGB III verhalten ohne dafür einen wichtigen Grund zu haben. Ihr Verhalten hat also aus nicht billigenswerten Gründen dazu geführt, dass Ihr Arbeitsverhältnis beendet wurde. Da kein Grund für Sie bestand das Arbeitsverhältnis zu beenden werden Sie dafür bestraft, indem Ihnen für eine gewisse Zeit kein Arbeitslosengeld I gezahlt wird (Sperre oder Sperrzeit).

Die **Voraussetzungen** einer Sperre liegen vor, so dass sie von der Arbeitsagentur festgesetzt wird, wenn Sie Ihr Arbeitsverhältnis durch:

- Ihre Eigenkündigung,
- Ihre Zustimmung zu einem Aufhebungsvertrag bzw. in seltenen Fällen zu einem Abwicklungsvertrag/gerichtlichen Vergleich oder
- einen Grund, der Ihren Arbeitgeber zur verhaltensbedingten Kündigung berechtigt

selbstständig beenden und dadurch vorsätzlich oder mindestens grob fahrlässig die Arbeitslosigkeit herbeigeführt haben, § 159 Abs. 1 SGB III.

Hatten Sie einen wichtigen Grund, der Sie zur Beendigung des Arbeitsvertrages berechtigte, tritt keine Sperrzeit ein. Ein **wichtiger Grund** besteht grundsätzlich, **wenn**:

1. Ihr Arbeitgeber Ihnen eine rechtmäßige Kündigung ausgesprochen hätte oder hat und Sie zur Vermeidung der unumgänglichen Kündigung einen Aufhebungs- oder Abwicklungsvertrag/gerichtlichen Vergleich mit identischem Beendigungsdatum abgeschlossen haben, Ihr Arbeitsplatz deshalb ohnehin weggefallen wäre. Das gilt auch, wenn Sie auf einer Namensliste stehen und eine betriebsbedingte Kündigung anstelle des Aufhebungs- oder Abwicklungsvertrages/gerichtlichen Vergleichs erfolgte oder erfolgt wäre;

2. Sie leitender Angestellter gemäß § 14 Abs. 2 KSchG sind und Ihr Arbeitgeber Ihnen deshalb ver-

einfacht kündigen bzw. vereinfacht einen Auflösungsantrag stellen kann;

3. Ihre Weiterbeschäftigung infolge Mobbing oder nicht durch Ihren Arbeitgeber beseitigte Gesundheitsgefahren unzumutbar gewesen wäre;

4. Sie von einem unbefristeten Arbeitsvertrag in eine Befristung wechseln und danach arbeitslos werden, Sie aber durch die Befristung einen beruflichen Aufstieg, speziell mit besserer Bezahlung oder anderem Berufsfeld, erlangen;

5. Sie Ihr bisheriges Arbeitsverhältnis beenden, um zu Ihrem Ehe-/gleichgeschlechtlich geheirateten Lebenspartner zu ziehen bzw. um eine Heirat zu ermöglichen oder

6. erst der Umzug zum Partner die gemeinsame Betreuung und Erziehung Ihres Kindes ermöglicht.

Die Gründe 2 – 5 sollten Sie aber – wenn überhaupt – mit Vorsicht wählen und im Vorfeld die Agentur Ihres Wohnsitzes hierauf ansprechen.

Aufgrund der internen Durchführungsanweisung der Arbeitsagenturen, die Sie im Internet herunterladen können, führt ein Aufhebungsvertrag **auch** aufgrund des Entscheidungsspielraums der Agentur **nicht** zu einer Sperre, **wenn**:

- Die Kündigung durch Ihren Arbeitgeber mit Bestimmtheit in Aussicht gestellt wurde,
- die Arbeitgeberkündigung auf betriebliche Gründe gestützt würde,
- die Arbeitgeberkündigung frühestens zu demselben Zeitpunkt wie die im Aufhebungs- oder Abwicklungsvertrag/gerichtlichen Vergleich vereinbarte Vertragsbeendigung wirksam würde, also keine Verkürzung der ansonsten anwendbaren Kündigungsfrist vorliegt,
- Ihr Arbeitgeber die Kündigungsfrist eingehalten hat und kein wichtiger Grund vorliegt, d. h. nur eine ordentliche Kündigung und keine außerordentlich

315

fristlose oder außerordentliche mit sozialer Auslauffrist gegeben ist, sowie

- Sie eine Abfindung zwischen 0,25 – 0,5 Bruttomonatsverdiensten pro Beschäftigungsjahr erhalten; sollte Ihnen mehr oder weniger gezahlt werden, muss die Kündigung rechtmäßig gewesen sein.

Um möglichst sicher **eine Sperre zu vermeiden**, sollten Sie immer vor dem Abschluss eines Aufhebungsvertrages bzw. Abwicklungsvertrages/gerichtlichen Vergleichs Rücksprache mit einem Anwalt und zusätzlich der Arbeitsagentur Ihres Wohnsitzes Rücksprache halten, um etwaige Probleme im Vorfeld zu erkennen. Sollten o. g. Konstellationen gegeben und ein gerichtlicher Vergleich auf der Basis abgeschlossen worden sein, ist das Risiko einer Sperre deutlichst minimiert. Dennoch kann in Einzelfällen eine nachteilige Entscheidung nicht ausgeschlossen werden. Hier bleibt Ihnen aber die Möglichkeit binnen einer Woche gegen den Bescheid der Agentur für Arbeit schriftlich **Widerspruch** und gegen den Widerspruchsbescheid **Klage** zu erheben.

Die **Höhe** der Sperre beträgt bei:

- einer Arbeitsaufgabe (Eigenkündigung, Zustimmung zu einem Aufhebungsvertrag/in seltenen Fällen zu einem Abwicklungsvertrag/gerichtlichen Vergleich oder durch einen Grund, der Ihren Arbeitgeber zur verhaltensbedingten Kündigung berechtigt) ohne wichtigen Grund 12 Wochen, § 159 Abs. 1 Satz 2 Nr. 1 SGB III,
- zumutbarer Arbeitsablehnung durch Sie drei – 12 Wochen, § 159 Abs. 1 Satz 2 Nr. 2 SGB III,
- Ihren unzureichenden Eigenbemühungen/Bewerbungen zwei Wochen, § 159 Abs. 1 Satz 2 Nr. 3 SGB III,
- einer Ablehnung oder Abbruch einer beruflichen Eingliederungsmaßnahme drei – 12 Wochen, § 159 Abs. 1 Satz 2 Nr. 5 SGB III,

- Ihrer Nichtmeldung eine Woche, § 159 Abs. 1 Satz 2 Nr. 6 SGB III oder
- einer verspäteten Arbeitslosenmeldung eine Woche, § 159 Abs. 1 Satz 2 Nr. 7 SGB III,

wobei die Länge gemäß § 159 Abs. 3 und 4 SGB III variieren kann.

Der **Beginn** der Sperre setzt immer einen Tag nach Ihrem Fehlverhalten während der Zeit, in der Sie normalerweise Arbeitslosengeld I beziehen würden, ein, § 159 Abs. 2 SGB III.

c) Die Abfindung:

Ist eine Abfindung im Aufhebungs- bzw. Abwicklungsvertrag/gerichtlichen Vergleich bei der Beendigung Ihres Arbeitsverhältnisses vereinbart, wird diese üblicherweise als Bruttobetrag angegeben. Sollte eine **Nettoabfindung** vereinbart werden, was in der Praxis so gut wie nie vorkommt, haftet Ihr Arbeitgeber für die gesamten von Ihnen und Ihrem Arbeitgeber zu zahlenden Sozialversicherungsbeiträge und Steuern.

Bei einer **Bruttoabfindung** muss Ihr Arbeitgeber keine Sozialversicherungsbeiträge zahlen, wodurch Sie Ihm eine Abfindung schmackhaft machen können. Sie trifft dagegen die Lohn-/Einkommenssteuer bzgl. der Abfindung. Sozialversicherungsbeiträge müssen aber auch Sie nicht zahlen.

Die Abführung an die Steuer und Abrechnung gegenüber Ihnen erfolgt immer über Ihren Arbeitgeber.

Bei Ihrer Versteuerung gilt die **Fünftelregelung**, § 34 Abs. 1 EStG. Hiernach teilen Sie die gesamte Bruttoabfindung durch fünf und addieren das Ergebnis zu Ihrem sonstigen Bruttojahreseinkommen. Aus einer Einkommens- und Splittingsteuertabelle können Sie Ihre Steuerbelastung einmal mit und einmal ohne das Abfindungsfünftel in Euro ersehen. Solche Tabellen finden Sie z. B. im Internet. Die von Ihnen zu versteuernde Differenz dieser beiden Eurobeträge multiplizieren Sie mit fünf. Der sich dann ergebende Eurobetrag muss von Ihnen versteuert werden.

d) Die Anrechnung von Abfindung, Arbeitsentgelt & Urlaubsabgeltung auf das Arbeitslosengeld I:

Ist eine **Abfindung** im Aufhebungs- oder Abwicklungsvertrag/gerichtlichen Vergleich bei der Beendigung Ihres Arbeitsverhältnisses vereinbart worden, kann diese auf den sich ggf. anschließenden Bezug von Arbeitslosengeld I angerechnet werden, wenn Sie arbeitslos werden.

Sollte Ihre individuelle Kündigungsfrist bei der Beendigung durch eine Kündigung oder einvernehmlich durch einen Aufhebungsvertrag nicht eingehalten worden sein, ruht Ihr Anspruch auf Arbeitslosengeld I vom Ende Ihres Arbeitsverhältnisses bis zum Ablauf der sonst einzuhaltenden Kündigungsfrist. Ruhen heißt hier, dass der Beginn der Arbeitslosengeldzahlung sich nach hinten verschiebt; Ihr Gesamtanspruch von z. B. 360 Tagen vermindert sich dagegen nicht. Gemäß § 158 SGB III gilt z. T. eine bestimmte – für Sie immer die günstigste – Berechnungsmethode.

Nach o. g. Grundsätzen ruht ebenfalls Ihr Anspruch auf Arbeitslosengeld I bis zur Beendigung des Arbeitsverhältnisses, wenn Sie noch **Arbeitsentgelt und/oder Urlaubsabgeltung** erhalten.

e) Das Arbeitslosengeld II (Sozialhilfe):

Erhalten Sie aus welchen Gründen auch immer kein Arbeitslosengeld I, ist es sehr gering oder es läuft aus, erhalten Sie (zusätzlich) Arbeitslosengeld II (Sozialhilfe). Hierfür müssen Sie aber **grundsätzlich** vorher Ihr **Vermögen aufbrauchen**, wobei hiervon wichtige Ausnahmen bestehen, z. B. bei selbstbewohntem Eigentum (kleine Eigentumswohnung oder kleines Einfamilienhaus).

Ihr Anspruch auf Arbeitslosengeld II (Sozialhilfe) unterliegt keinen Fristen oder sonstigen Voraussetzungen, außer dass Sie nicht genug Geld haben, um davon leben zu können. D.

h. Sie können diese Leistung auch dann in Anspruch nehmen, wenn Sie das aus welchen Gründen auch immer vorher nicht getan haben.

Hinsichtlich der Details wenden Sie sich an die Arbeitsagentur Ihres Wohnsitzes.

Achtung: Beziehen Sie Sozialleistungen wird das von vielen Personen als nicht normal angesehen. Da Sie im normalen Leben **auf** bestimmte **Grundleistungen**, wie Miete, Strom/Wasser/Heizung, Telefon, Versicherungen, etc. definitiv **angewiesen** sind, müssen Sie sicherstellen, dass Sie von Ihren Vertragspartnern trotz des verlorenen bzw. geringeren Einkommens als angemessener Kunde akzeptiert werden. Klar erfährt Ihr Energieversorger nicht, dass Sie arbeitslos oder Sozialhilfebezieher sind. Es interessiert ihn auch nicht, wenn Sie Ihre Rechnungen sauber zahlen; kündigt Ihnen aber Ihre Hausbank das **Girokonto**, weil Sie als Arbeitsloser bzw. Sozialhilfebezieher die Voraussetzungen des Kleingedruckten nicht mehr erfüllen – z. B. Mindesteingang pro Monat von 1.200 € netto (!) –, wird es unangenehm, wenn Sie Ihre Miete jeden Monat immer bar Ihrem Vermieter zahlen oder Ihre Versicherung, Ihr Telefonunternehmen, etc. Bareinzahlungen gar nicht akzeptiert und deshalb den Vertrag mit Ihnen kündigt! Deshalb sollten Sie während der Zeit, in der Sie noch angestellt sind, d. h. bevor Sie Arbeitslosengeld I oder II (Sozialhilfe) beantragen, in jedem Fall sicherstellen, dass Sie sicherheitshalber bei unterschiedlichen Banken jeweils ein Girokonto haben. Unterschätzen Sie die Situation nicht, aktuell sind nur Sparkassen verpflichtet Ihnen ein **Jedermannkonto** ohne Dispositionskredit zur Verfügung zu stellen. Aber auch hier fallen im Gegensatz zu Direktbanken üblicherweise Kontoführungsgebühren an, die Sie als Sozialbezieher ohne gewisse Ersparnisse auf lange Sicht durchaus ärgern können. Wenn Sie kein Girokonto haben sinkt nicht nur Ihr sozialer Geltungsanspruch, sondern Sie haben ohne nachweisbare Ersparnisse große Probleme Verträge des täglichen Bedarfs zu halten, geschweige denn neu abzuschließen. Schlimmstenfalls können Sie in Extremfällen unter unglücklichen Umständen obdachlos werden, wenn Ihnen nicht Verwandte, etc. helfen!

III. Der Betriebsübergang:

§ 613a BGB regelt den Betriebsübergang, d. h. den Übergang des gesamten oder eines Teiles des Betriebs auf einen anderen Inhaber.

In diesem Fall treten für Sie folgende rechtliche **Konsequenzen** ein:

- Sämtliche Rechte und Pflichten aus Ihrem Arbeitsverhältnis zum Zeitpunkt des Übergangs gehen von Ihrem ursprünglichen Arbeitgeber (Abgeber) auf Ihren neuen Arbeitgeber (Erwerber) über, d. h. nur derjenige haftet dann. Die Haftung des Abgebers neben dem Erwerber besteht dagegen nur für Verpflichtungen, die vor dem Zeitpunkt des Übergangs entstanden sind und bis zu einem Jahr nach dem Zeitpunkt fällig werden. Liegt die Fälligkeit nach dem Zeitpunkt des Übergangs, haftet der Abgeber nur zeitlich anteilig.

- Darüber hinaus dürfen Tarifverträge (TV) und Betriebs-/Dienstvereinbarungen (BV) grundsätzlich nicht vor Ablauf eines Jahres nach dem Zeitpunkt des Übergangs zum Nachteil von Arbeitnehmern verändert werden, <u>außer</u> der Erwerber ist durch einen anderen, bei ihm geltenden TV und BV gebunden. Änderungen an TV oder BV sind auch vor Ablauf eines Jahres möglich, wenn der/die ursprüngliche TV oder BV nicht mehr gilt oder bei fehlender beiderseitiger Tarifgebundenheit im Geltungsbereich eines anderen TV, der zwischen dem Erwerber und Arbeitnehmern vereinbart wird.

- Ferner ist Ihre Kündigung durch den Abgeber oder Erwerber ausschließlich wegen des Übergangs unwirksam. Aus anderen Gründen, d. h. betriebs-, personen-/krankheits- und verhaltensbedingt, kann Ihnen bei gegebenem Grund gekündigt werden.

Betriebsübergänge werden in der Praxis oft übersehen. Z. B. liegt ein Betriebsübergang nicht nur vor, wenn ein Unternehmen von dem Inhaber Müller an den Inhaber Meier verkauft wird, sondern auch, wenn es von dem Verpächter Müller an den Pächter Meier verpachtet wird; gleiches gilt bei einer Unterverpachtung vom Pächter Müller an den Unterpächter Meier. Das betrifft nicht nur Pacht- und Mietverträge, sondern auch Franchiseverträge. Entscheidend ist hierbei auch nicht die Bezeichnung des Vertrages oder wie er von den Betroffenen beschrieben wird, sondern dass folgende **Voraussetzungen** für einen Betriebsübergang vorliegen müssen:

- Es muss durch Vertrag ein rechtsgeschäftlicher Übergang vereinbart werden, der grundsätzlich nicht durch Erbschaft oder spezielle Rechtsnachfolgen geschieht.
- Die wirtschaftliche Einheit muss identitätswahrend ganz (kompletter Betriebsübergang) oder z. T. (Betriebsteilübergang) übergehen und fortgeführt werden.

Unter einem **Betriebsteil** wird eine organisatorische Einheit innerhalb eines Betriebes verstanden, die selbstständig abtrennbar ist und innerhalb des betrieblichen Gesamtzwecks einen Teilzweck verfolgt.

Die wirtschaftliche Einheit wird nach Indizien bestimmt. Bei Betrieben mit vielen Betriebsmitteln, also Gegenständen, müssen die wesentlichen Gegenstände (Maschinen, etc.) als Kern der Wertschöpfung übergehen. Dagegen gehen in betriebsmittelarmen Betrieben, also Betrieben ohne Fertigungsmaschinen, in denen eher mit Wissen umgegangen wird, immaterielle Dinge (Patente, Lizenzen, know-how, etc.) mit Personal und/oder sonstigen Betriebsmitteln über.

- Es darf keine reine Funktionsnachfolge vorliegen, was der Fall ist, wenn nur eine bestimmte Tätigkeit beim Erwerber fortgeführt wird.
- Es darf auch keine Betriebs(teil)stilllegung oder längere Betriebsunterbrechung gegeben sein, die nicht vorübergehend ist, sondern von Kunden, etc. als Beendigung verstanden werden muss.

Bei einem Betriebs(teil)übergang ist der Abgeber oder Erwerber verpflichtet die vom Übergang betroffenen Arbeitnehmer vor dem Übergang in Textform zu unterrichten. Die **Unterrichtung** muss folgende Inhalte haben:

- Den Zeitpunkt bzw. geplanten Zeitpunkt des Übergangs,
- den Grund für den Übergang,
- die rechtlichen, wirtschaftlichen und sozialen Folgen des Übergangs für Sie als Arbeitnehmer und
- die hinsichtlich der Arbeitnehmer in Aussicht genommenen Maßnahmen.
- Ferner muss der Erwerber mit exakter Firmenbezeichnung und Adresse genannt werden.

Hierdurch soll sichergestellt werden, dass Sie die zukünftige Entwicklung Ihres Arbeitsverhältnisses beurteilen können.

Die ordnungsgemäße Unterrichtung führt dazu, dass die einmonatige **Widerspruch**sfrist beginnt, d. h. Sie haben einen Monat nach Zugang der Unterrichtung bei Ihnen Zeit, um dem Übergang Ihres Arbeitsverhältnisses zu widersprechen.

Ein Widerspruch gegen einen Betriebsteilübergang ist in der Praxis selten, da die meisten Arbeitnehmer einem Übergang positiv gegenüberstehen: Entweder es liegt ein Betriebsteilübergang vor und Ihr Arbeitsverhältnis geht auf den Erwerber über oder das ist nicht der Fall.

Ganz wichtig ist die letzte Situation. Sollte nämlich kein juristisch wirksamer Übergang vorliegen, ist der Widerspruch zwar begründet und es findet kein Übergang des Arbeitsverhältnisses (nur) des widersprechenden Arbeitnehmers statt, so dass das Arbeitsverhältnis mit dem Abgeber für den begründet widersprechenden Arbeitnehmer nie geendet hat und deshalb fortbesteht; da der Abgeber aber seinen Betrieb bzw. -teil auf den Erwerber übergeben hat, existiert der ursprüngliche Arbeitsplatz des begründet widersprechenden Arbeitnehmers nicht mehr, so dass das zwangsläufig zur betriebsbedingten Kündigung des begründet widersprechenden Arbeitnehmers führt. Folglich verliert der begründet widersprechende Arbeitnehmer seine ursprüngliche Stelle und hat – aufgrund seines Widerspruchs – zusätzlich keinen Job bei dem Erwerber.

Von daher ist ein Widerspruch grundsätzlich nicht sinnvoll. Das wird noch deutlich dadurch verstärkt, dass ein Widerspruch nicht widerrufen, unter Vorbehalt oder sonst aufgehoben werden kann, so dass Sie einen Widerruf auch nicht aus Bluff ohne vorläufige Nachteile erheben und wieder rückgängig machen können!

Eine Kündigungsschutzklage, die von Ihnen bei einem Betriebsteilübergang mit dem Ziel erhoben wird festzustellen, dass die Kündigung nur aus dem Grund des Betriebsteilübergangs ausgesprochen wurde – nur das ist bei § 613 a BGB untersagt, so dass betriebs-, personen- und verhaltensbedingte Kündigungen ganz normal zulässig sind, s. o. – muss innerhalb von drei Wochen nach Zugang der Kündigung bei Ihnen gegen den kündigenden Arbeitgeber erhoben werden. Das ist bei der Kündigung durch den Abgeber der Abgeber und bei der Kündigung durch den Erwerber der Erwerber.

Betriebsübergänge sind in der Praxis juristisch komplex, so dass Sie immer anwaltliche Hilfe in Anspruch nehmen sollten.

IV. Die Insolvenz des Arbeitgebers:

Hat Ihr Arbeitgeber nicht mehr genug finanzielle Mittel, entwickelt sich daraus manchmal eine Pleite.

In der Praxis ist der wichtigste Fall die Zahlungsunfähigkeit, § 17 Abs. 2 InsO, d. h. wenn Ihr Arbeitgeber nicht in der Lage ist seine fälligen Zahlungspflichten zu erfüllen. Weniger wichtig ist die Überschuldung, § 19 Abs. 2 InsO, d. h. wenn das Vermögen Ihres Arbeitgebers nicht mehr die vorhandenen Schulden deckt.

Vom Prozedere wird zuerst bis auf Sonderfälle durch Ihren Arbeitgeber oder dessen Gläubiger, d. h. denen er Geld schuldet, ein Antrag auf Eröffnung des Insolvenzverfahrens gestellt. Dann wird üblicherweise ein vorläufiger Insolvenzverwalter durch das Insolvenzgericht bestimmt. Der hat selten ein allgemeines Verfügungsverbot (**starker vorläufiger Verwalter**), das ihn dazu ermächtigt über das Vermögen Ihres Arbeitgebers zu bestimmen, § 22 Abs. 1 InsO. Meist wird ein **schwacher vorläufiger Verwalter** eingesetzt, der keine allgemeine Verfügungsgewalt über die Insolvenzmasse, sondern nur einzelne vom Gericht bestimmte Befugnisse hat. Üblicherweise wird angeordnet, dass Verfügungen des Arbeitgebers nur mit Zustimmung des Insolvenzverwalters wirksam sind. Er kann Sie somit <u>nicht freistellen</u>, d. h. anordnen, dass Sie nicht arbeiten, Ihnen <u>Arbeitsanweisungen erteilen</u> oder Ihnen <u>kündigen</u>. All diese Rechte verbleiben bei Ihrem Arbeitgeber.

Im Fall der Insolvenz sollten Sie – falls das nicht Ihr Betriebs-/Personalrat oder Insolvenzverwalter übernimmt – eine Kopie des Insolvenzgerichtsbeschlusses beim Gericht anfordern. Nur hierdurch erfahren Sie welche Maßnahmen das Gericht zum Schutz der Arbeitnehmer angeordnet hat und welche Befugnisse dem Insolvenzverwalter zustehen.

Vergütungsforderungen von Ihnen vor der Insolvenzeröffnung, die sich an das vorläufige Insolvenzverfahren anschließt, sind Insolvenzforderungen. Sie müssen <u>explizit beim Insolvenzverwalter</u> von Ihnen <u>angemeldet</u> werden. Besteht Ihre Forderung, stellt der Insolvenzverwalter das zur Insolvenztabelle fest, so dass die Forderung bezahlt werden muss. Da Ihr Arbeitgeber aber das notwendige Geld zur Zahlung aller Schulden nicht hat, wird das noch verbleibende Vermögen ins Verhältnis zu sämtlichen Schulden gesetzt, so dass sich eine (Verteilungs-)Quote ergibt. Z. B. beträgt die Quote 5 %, wenn 1 Million Schulden aufgelaufen sind, aber nur 50T€ als Vermögensmasse zur Verfügung stehen. Alle Personen und Unternehmen, bei denen Ihr Arbeitgeber Schulden hat, erhalten in Höhe dieser Quote ihre Zahlungsforderung. In der Praxis ist eine Quote von ca. 5 % üblich.

 Achtung: Für Arbeitnehmer-Vergütungsforderungen als zahlt die Arbeitsagentur drei Monate **Insolvenzgeld** bis zur Eröffnung des Insolvenzverfahrens, der Abweisung des Insolvenzverfahrens mangels Masse oder dauerhaften Abtauchens des insolventen Arbeitgebers. Danach können Sie nur noch Arbeitslosengeld I von der Agentur für Arbeit fordern.

Die **Höhe** des Insolvenzgeldes ist genauso hoch wie Ihr Nettoentgelt soweit Sie die Beitragsbemessungsgrenze der Arbeitslosen- und Rentenversicherung nicht überschreiten, ansonsten maximal bis zur Grenze von ca. 5.500 € im Westen und 4.650 € brutto im Osten (Die Beträge verändern sich immer etwas.). Das Arbeitslosengeld I beträgt dagegen nur <u>60 bzw.</u> erhöht <u>67 % Ihres Nettos</u> in den vergangenen 12 Monaten, s. Arbeitslosengeld I.

Insolvenzgeld können Sie auch in Anspruch nehmen, wenn Sie aufgrund der Wartezeit noch **kein**en **Anspruch auf Arbeitslosengeld I** haben.

Durch das Insolvenzgeld wird Ihre Grundvergütung nebst variablen Vergütungsbestandteilen abgedeckt.

Einmalzahlungen wie Weihnachtsgeld, jährliche Zahlungen aus Zielvereinbarungen, etc. werden dagegen nur anteilig während der Zeit des Insolvenzgeldbezuges gezahlt. Ansprüche, die Sie wegen der Beendigung Ihres Arbeitsverhältnisses erhalten, z. B. Abfindungen, oder die Ihnen für die Zeit nach der Beendigung zustehen, z. B. Urlaubsabgeltung, umfasst das Insolvenzgeld nicht, genauso wenig wie Zahlungen, die kein Arbeitsentgelt sind, wie Spesen. Beachten Sie, dass Sie das Insolvenzgeld **innerhalb von zwei Monaten** nach dem Insolvenzereignis bis zur Eröffnung des Insolvenzverfahrens, Abweisung des Insolvenzverfahrens mangels Masse oder dauerhaftes Abtauchen Ihres insolventen Arbeitgebers, **beantragen** müssen, § 324 Abs. 3 InsO. Sollten Sie die Frist unverschuldet versäumen, müssen Sie den Antrag binnen zwei Monaten nach Wegfall des Hindernisses stellen. Auch vorab können Sie unter den Voraussetzungen des § 168 SGB III einen **Vorschuss** fordern. Haben Sie den Antrag auf Insolvenzgeld gestellt, verlieren Sie logischerweise automatisch Ihren Vergütungsanspruch für diese Zeit, § 169 SGB III.

Ihre Entgeltforderungen nach der Insolvenzeröffnung sind als nachinsolvenzliche Vergütungsforderungen Masseverbindlichkeiten, die privilegiert vor sonstigen Masseverbindlichkeiten in vollem Umfang vorab aus der Masse erfüllt werden müssen. Sie können somit vom Insolvenzverwalter die volle Summe fordern und notfalls einklagen.
Nur bei **Massearmut**, also wenn die vorhandene Masse nichtmals zur Erfüllung der Masse ausreicht, gehen Sie leer aus, <u>außer</u> der Insolvenzverwalter hat nach Anzeige der Masseunzulänglichkeit Ihre Arbeitsleistung weiter in Anspruch genommen oder den frühestmöglichen Termin zur Kündigung versäumt, § 209 Abs. 2 InsO. Sie müssen deshalb entscheiden, ob Sie bei unpünktlicher Zahlung durch den Insolvenzverwalter sofort aufhören zu arbeiten, was

davon abhängig ist, ob die Aktivitäten des Unternehmens tatsächlich eingestellt oder fortgeführt werden.

Ihr Arbeitsverhältnis können Sie und der Insolvenzverwalter jederzeit kündigen.
Bei der **Kündigung durch** den **Insolvenzverwalter** müssen zwar sämtliche Kündigungsvoraussetzungen – speziell die des KSchG und BetrVG – vorliegen, sie sind aber **erleichtert**:

- Die Kündigungsfrist für Sie und den Insolvenzverwalter ist auf maximal drei Monate zum Monatsende begrenzt, § 113 InsO.
- Ein arbeits- oder tarifvertraglich vereinbarter Ausschluss der ordentlichen Kündigung muss nicht beachtet werden, § 113 InsO.
- **Nur bei bestehendem Betriebs-/Personalrat beachten:**
  - Ist eine Betriebsänderung geplant und ein Interessenausgleich nicht innerhalb von drei Wochen nach Verhandlungsbeginn oder schriftlicher Aufforderung zur Aufnahme von Verhandlungen zustande gekommen, obwohl der Insolvenzverwalter den Betriebs-/Personalrat rechtzeitig und umfassend unterrichtet hat, kann der Insolvenzverwalter die gerichtliche Zustimmung zur Betriebsänderung beantragen, § 122 InsO.
  - Bis zu 2 ½ Monatsverdienste pro Arbeitnehmer sind maximal aus einem Sozialplan, der nach Eröffnung des Insolvenzverfahrens aufgestellt wird, als Ausgleich bzw. Milderung für die wirtschaftlichen Nachteile infolge des Sozialplans zulässig. Sollte kein Insolvenzplan zustande kommen, darf für die Berichtigung von derartigen Sozialplanforderungen nicht mehr als 2/3 der Masse verwendet werden, die ohne einen Sozialplan für die Verteilung an die In-

solvenzgläubiger zur Verfügung steht. Übersteigt der Gesamtbetrag sämtlicher Sozialplanforderungen diese Höhe, werden die einzelnen Forderungen anteilig gekürzt. Ferner soll der Insolvenzverwalter mit Zustimmung des Insolvenzgerichts Abschlagszahlungen auf die Sozialplanforderungen leisten, soweit ausreichende Barmittel vorhanden sind. Die Zwangsvollstreckung in die Masse ist aber unzulässig, § 123 InsO.

o Ein Sozialplan, der in den letzten drei Monaten vor dem Antrag auf Eröffnung des Insolvenzverfahrens vereinbart wurde, kann sowohl vom Insolvenzverwalter, als auch bei existierendem Betriebs-/Personalrat von diesem **widerrufen** werden. Beim Widerruf können Sie als Arbeitnehmer, dem Forderungen aus dem Sozialplan zustehen, bei der Aufstellung eines Sozialplans im Insolvenzverfahren berücksichtigt werden. Ferner können Zahlungen, die Sie als Arbeitnehmer vor dem Insolvenzverfahren auf Ihre Forderung aus dem widerrufenen Sozialplan erhalten haben nicht wegen des Widerrufs zurückgefordert werden. Bei der Aufstellung eines neuen Sozialplans wird das aber an einen von der Entlassung betroffenen Arbeitnehmer bei der Berechnung des Gesamtbetrags der Sozialplanforderungen bis zur Höhe von 2 ½ Monatsverdiensten abgesetzt, § 124 InsO.

o Sollte eine Betriebsänderung ggf. mit Massenentlassung geplant sein, können der Insolvenzverwalter und – soweit vorhanden – Betriebs-/Personalrat einen Interessenausgleich mit Namensliste vereinbaren, § 125 InsO.

o Besteht kein Betriebs-/Personalrat oder kommt binnen drei Monaten nach Verhandlungsbeginn oder schriftlicher Aufforderung zur Aufnahme von Verhandlungen kein Interessenausgleich zustande, obwohl der Insolvenzverwalter den Betriebs-/Personalrat rechtzeitig und umfassend unterrichtete, kann der Insolvenzverwalter beim Arbeitsgericht feststellen lassen, dass die Kündigung von einzelnen Arbeitnehmern nach § 1 KSchG sozial gerechtfertigt ist, § 126 InsO. Wird dies rechtskräftig entschieden, ist die Entscheidung für ein Kündigungsschutzverfahren, das Sie als betroffener Arbeitnehmer gegen die Kündigung anstrengen, bindend, außer es ändert sich die Sachlage wesentlich, § 127 InsO.

○ Sollte eine Betriebsänderung ggf. mit Massenentlassung erst nach einem Verkauf des Betriebs durchgeführt werden, kann trotzdem nach §§ 125 – 127 InsO verfahren werden, § 128 InsO.

V. Die Verrentung:

Ihr Arbeitsverhältnis endet üblicherweise durch Ihre Verrentung. Rente können Sie in Anspruch nehmen, wenn Sie mindestens fünf Jahre als Arbeitnehmer gearbeitet und in die Deutsche Rentenversicherung Bund eingezahlt haben. Zusätzlich müssen Sie die **Regelaltersgrenze** von aktuell 67 Jahren vollendet haben, § 35 SGB VI. Beachten Sie die stufenweise Anhebung der Regelaltersgrenze von früher 65 auf 67 Jahre für Arbeitnehmer, die ab dem 31.12.1946 geboren sind.

Früher können Sie Ihre Rente antreten, wenn Sie eine **vorgezogene Altersrente** in Anspruch nehmen, was grundsätzlich ab dem 63. Lebensjahr + x Monate zulässig ist. Hierbei müssen Sie aber finanzielle Einbußen bei der Rentenhöhe in Kauf nehmen, außer Sie haben 45 Jahre durchgängig gearbeitet.

Im Fall einer **Erwerbsunfähigkeit** bzw. **verminderter Erwerbsfähigkeit** wegen Krankheit oder Behinderung und bei **Arbeitslosigkeit** sowie **Altersteilzeit** können Sie teilweise ab 61 Jahren + x Monaten in Rente gehen. Diese Rentenhöhen bewegen sich jedoch auf geringem Niveau. Für Details wenden Sie sich an die Deutsche Rentenversicherung Bund.

VI. Der Todesfall des Arbeitgebers & Arbeitnehmers:

Bei **inhabergeführten Arbeitgeberbetrieben** endet Ihr Arbeitsverhältnis mit dem **Versterben des** alleinigen **Inhabers** als direktem Vertragspartner rechtlich und tatsächlich sofort. Bestand Ihr Arbeitgeberbetrieb nicht nur aus dem verstorbenen Arbeitgeber, sondern **weiteren Personen**, ändert sich an Ihrem Arbeitsverhältnis nichts, es kann genauso fortgesetzt oder verändert bzw. beendet werden, wie ohne den Todesfall.

Sowohl bei dem alleininhabergeführten Arbeitgeber als auch bei Unternehmen mit mehreren Personen auf Arbeitgeberseite können die Erben des Verstorbenen – soweit vorhanden und bereit – das Arbeitsverhältnis mit Ihnen fortsetzen, verändern bzw. beenden, wenn der Betrieb fortgeführt wird. Natürlich können auch Sie eine Eigenkündigung aussprechen.

Ihr Arbeitsverhältnis endet dagegen durch **Ihren Tod** sowie den Tod Ihres Arbeitgebers nicht automatisch.

Sollten Sie ableben, ist Ihr Arbeitsverhältnis rein tatsächlich mit Ihrem Tode beendet. Rechtlich stehen Ihren Erben diverse Ansprüche gegenüber Ihrem Arbeitgeber zu, z. B. Herausgabe Ihrer persönlichen Gegenstände aus dem Spind/Büro, Übersendung von Bescheinigungen gegenüber Behörden (Abmeldung bei der Krankenversicherung, Mitteilungen gegenüber der Deutschen Rentenversicherung Bund, etc.) sowie Zahlung von Sterbegeld gemäß des Arbeits- oder Tarifvertrages.

5. Teil: Die Folgen der Beendigung
I. Das Zeugnis:

Endet Ihr Arbeitsverhältnis – egal aus welchem Grund – haben Sie Anspruch auf ein Arbeitszeugnis, § 109 GewO. Dieses Recht steht Ihnen immer zu, es sei denn Sie haben erst vor kurzem – ca. ½ Jahr – Ihr letztes Zeugnis erhalten und es sind keine Änderungen eingetreten. Auch wenn Sie Volontär, Praktikant oder freier Mitarbeiter sind, steht Ihnen der Anspruch zu, § 16, 26 BBiG, 630 BGB.

Bei Zeugnissen wird das **einfache** und das **qualifizierte Zeugnis** sowie ein End- und Zwischenzeugnis unterschieden. Das einfache enthält primär Aussagen über die Art und Dauer Ihrer Arbeit. Das qualifizierte ist deutlich länger und ansprechender. Es beschreibt kurz das Unternehmen Ihres Arbeitgebers sowie die Art und Dauer Ihres Einsatzes Ihre Arbeitsauffassung, Leistung und Ihr Verhalten gegenüber Kunden, Kollegen und Ihrem Arbeitgeber. In der Praxis ist das einfache Zeugnis nur bei sehr kurzen Einsätzen (ein Quartal) und/oder ungelernten Tätigkeiten verbreitet. Üblich ist ansonsten immer ein qualifiziertes.

Ein **Zwischenzeugnis** können Sie verlangen, wenn sich Ihre oder die Verhältnisse des Unternehmens verändern, z. B. wenn Sie sich innerbetrieblich bewerben, eine Auszeit nehmen, ein Wechsel Ihres Vorgesetzten erfolgt oder ein Betriebsübergang naht. Sollten Sie sich bei einem anderen Arbeitgeber bewerben wollen, haben Sie zwar einen Zeugnisanspruch, verdeutlichen dadurch aber Ihrem Arbeitgeber, dass Sie wechselwillig sind, wenn o. g. Gründe nicht vorliegen. Das ist in der Praxis nicht unbedingt von Vorteil. Ein **Endzeugnis** steht Ihnen bei der Beendigung des Arbeitsverhältnisses zu. Damit Sie sich bereits vorher bewerben können, muss das Ende absehbar sein, was immer mit Ausspruch der Kündigung oder der Befristung der Fall ist.

Arbeitsunterbrechungen durch Krankheit, Elternzeit, etc. dürfen hierin nicht angegeben werden, es sei denn, diese waren sehr lang und das Arbeitsverhältnis sehr kurz. Der Grund des Ausscheidens findet nur auf Ihren Wunsch Erwähnung im Zeugnis.

Beachten Sie, dass Ihr Zeugnis immer ein <u>Original mit Originalunterschrift</u> mindestens Ihres Vorgesetzten, wenn nicht sogar Arbeitgebers, sein muss und keine Mängel wie (Recht-)Schreibfehler, optische Auffälligkeiten (Knicke) haben darf. Ansonsten muss Ihr Arbeitgeber Ihnen ein neues Zeugnis zur Verfügung stellen. Das Zeugnis trägt immer das <u>Datum Ihres Ausscheidens</u>.

Im Übrigen gelten die **Grundsätze der Zeugniswahrheit und der wohlwollenden Zeugnisbewertung,** wobei Ihrem Arbeitgeber aber ein Beurteilungsspielraum zusteht, der bei Zeugniskorrekturstreitigkeiten durch das Gericht nur eingeschränkt auf **grobe Fehler und beleidigenden Inhalt** überprüft werden kann. In der Praxis hat sich aber eine freundliche Zeugnishandhabung entwickelt. Sie haben deshalb gute Chancen Ihr Zeugnis mit einer **Zeugnisberichtigungsklage** zu verbessern. Hierfür müssen Sie aber beschreiben und **beweisen,** dass Sie entsprechend gut waren, ansonsten steht Ihnen keine bessere Beurteilung als eine durchschnittliche zu, wenn Ihr Arbeitgeber nichts unterdurchschnittliches beweisen kann. In der Praxis erhalten Sie aber bei einer Zeugnisberichtigungsklage mindestens von der Formulierung und dem Gesamteindruck her ein besseres Zeugnis.

Dagegen haben Sie keinen Anspruch auf eine für ein mindestens vernünftiges Zeugnis übliche **Schlussformulierung** dass Ihr Arbeitgeber Ihnen dankt und alles Gute wünscht. Deshalb ist das der einzige wesentliche Trumpf Ihres Arbeitgebers Ihr Zeugnis zu verschlechtern. Aber auch hier wird vor Gericht eine Lösung gefunden mit dem beide Parteien leben können. Im Gegensatz zu anderen gerichtlichen Streitigkeiten lohnt bei Zeugnissen immer ein Vergleich. Primär sollten Sie jedoch versuchen ein für Sie attraktives Zeugnis außergerichtlich über Ihren Anwalt oder im Rahmen eines Aufhebungsvertrages zu vereinbaren.

Der **Zeugnisanspruch geht** Ihnen auch **nicht verloren,** gleichgültig ob durch Verjährung oder Ausschlussfristen, <u>außer</u> Sie verzichten hierauf. Lassen Sie sich deshalb nicht bluffen: Erst wenn Sie knapp ein Jahr kein Zeugnis aus Unachtsamkeit oder Schlamperei anmahnen, kann nach der

Rechtsprechung über einen Verlust des Zeugnisrechts diskutiert werden (Verwirkung).

Schadensersatz können Sie gegen Ihren ursprünglichen Arbeitgeber wegen eines zu spät oder zu schlecht erteilten Zeugnisses realistischerweise nicht durchsetzen. Auch Ihr neuer Arbeitgeber kann mangels konkreten Schadens keinen Schadensersatz von Ihrem ursprünglichen Arbeitgeber erfolgreich geltendmachen, wenn letzterer Ihnen ein gutes Gefälligkeitszeugnis trotz tatsächlich schlechter Leistung erteilte.

Hinsichtlich Ihrer Arbeitsleistungen sind folgende **Zeugnisformulierungen** üblich:

„Frau/Herr … hat die …-Aufgaben

- stets zu unserer vollsten Zufriedenheit erledigt = sehr gut,
- stets zu unserer vollen Zufriedenheit erledigt = gut,
- zu unserer Zufriedenheit erledigt = gerade noch befriedigend,
- insgesamt zu unserer Zufriedenheit erledigt = mangelhaft,
- hat sich bemüht und war fleißig sowie interessiert = ungenügend."

 Achtung: Beachten Sie, dass die Leistungsnote zum Rest des Zeugnisses passen muss. Es muss vermieden werden, dass Ihre Arbeitsauffassung, Ihr Verhalten gegenüber Kollegen, Kunden und Vorgesetzten sowie Ihre Arbeitsleistung von der jeweiligen Beschreibung und Beurteilung differieren. Außerdem sollte Ihr Zeugnis in der Praxis weder extrem gut noch außerordentlich schlecht sein; ein gutes Zeugnis ist immer gut – hinter einem sehr guten Zeugnis vermuten Arbeitgeber häufig ein Wegloben eines dämlichen oder unliebsamen Arbeitnehmers, so dass Ihnen ein Arbeitsplatzwechsel tragischerweise sehr schwer fallen kann!

II. Die Zeit zur Stellensuche:

Ist Ihr Arbeitsverhältnis durch eine **Kündigung** von Ihrer Seite oder durch Ihren Arbeitgeber beendet worden, können Sie von Ihrem Arbeitgeber <u>sieben bezahlte Arbeitstage</u> Freistellung von der Arbeit verlangen, um sich eine neue Stelle zu suchen bzw. Vorstellungstermine während der Arbeitszeit Ihres noch bestehenden Arbeitsverhältnisses wahrzunehmen, § 629 BGB. Das gilt auch bei beendendem Arbeitsverhältnis durch **Auslaufen der Befristung**.

Die Freistellung muss durch Ihren Noch-Arbeitgeber gewährt werden, wenn Sie ihm den konkreten Tag der Freistellung so <u>rechtzeitig vorher mitteilen</u>, dass er für Ersatzpersonal bzw. anderweitige Organisation sorgen kann; in der Praxis sind sieben Tage vorher ausreichend. Den Namen des Arbeitgebers, bei dem Sie den Vorstellungstermin wahrnehmen, und die konkrete Position bzgl. derer Sie sich beworben haben müssen Sie Ihrem Noch-Arbeitgeber nicht nennen.

III. Das nachvertragliche Wettbewerbsverbot mit Vertragsstrafe:

Das nachvertragliche Wettbewerbsverbot mit Vertragsstrafe wird in Arbeitsverträgen vereinbart, wenn Ihr Arbeitgeber Bedenken hat, dass Sie nach Ihrem Ausscheiden mit Ihm in Wettbewerb treten.

Aus diesem Grund kann er mit Ihnen zwar eine **zweijährige Untersagung des Wettbewerbs** ab Ihrem Ausscheiden vereinbaren. Im Gegenzug dazu erhalten Sie aber eine finanzielle Kompensation in Höhe von ½ **Ihres letzten Einkommens**, § 74 HGB. Hierbei müssen Sie sich aber <u>anderweitiges Einkommen</u> – auch Sozialhilfe (!) – auf die Entschädigung <u>anrechnen lassen</u>, wenn der neue Verdienst inklusive der gezahlten Entschädigung 110 % Ihrer letzten Vergütung übersteigt. Mussten Sie Ihren Wohnsitz im Hinblick auf das Wettbewerbsverbot verändern, werden 125 % Ihrer letzten Vergütung zugrunde gelegt. Bzgl. Ihrer anderweitigen Einnahmen kann Ihr vorhergehender Arbeitgeber von Ihnen Auskünfte und Nachweise verlangen und einklagen. Notfalls kann eine eidesstattliche Versicherung von Ihnen verlangt werden.

Probleme bereitet in der Praxis immer die Berechnung der Entschädigung. Bei einem festen Einkommen ergeben sich keine Differenzen, es ist dann immer die letzte Vergütung entscheidend. Dagegen muss bei variablen Vergütungen auf die letzten drei Jahre abgestellt werden, ansonsten ist die Vereinbarung nur **unverbindlich**, so dass Sie wahlweise das Wettbewerbsverbot einhalten und die geringere Entschädigung erlangen <u>oder</u> – in der Praxis häufiger – sich von dem Verbot lossagen und gar keine Entschädigung erhalten. Die gleiche Rechtsfolge tritt ein, wenn sich Ihr Arbeitgeber vorbehält ein Wettbewerbsverbot zu vereinbaren oder hiervon Abstand zu nehmen. Gleiches gilt, wenn kein anerkennenswertes Bedürfnis Ihres Arbeitgebers besteht Sie vom Wettbewerb abzuhalten oder Sie die Bindung in Ihrer Arbeitsausübung sehr einschränkt.

Sollten mehr als zwei Jahre **Bindungsfrist** ab Ihrem Ausscheiden **überschritten** werden, gelten die ersten zwei Jahre als <u>verbindlich</u>, d. h. Verbot gegen Entschädigung, und die folgende Zeit ist das Wettbewerbsverbot <u>unverbindlich</u>, s. o.

Sollte das Wettbewerbsverbot wirksam vereinbart worden sein, haben beide Parteien ein **Lösungsrecht** hiervon:

- Wenn die jeweils andere Partei berechtigterweise fristlos kündigt, gilt das Wettbewerbsverbot nicht mehr. Außerdem kann Ihr Arbeitgeber bei dessen berechtigter fristloser Kündigung von Ihnen <u>Schadensersatz</u> in Höhe des Wegfalls des Wettbewerbsverbots geltend machen, auch wenn der Schaden für Ihn schwierig zu berechnen ist, § 628 BGB.

- Kündigt Ihnen der Arbeitgeber betriebsbedingt oder wird auf Veranlassung Ihres Arbeitgebers ein Aufhebungsvertrag abgeschlossen, können Sie sich innerhalb eines Monats nach dem Zugang der Kündigung bei Ihnen vom Wettbewerbsverbot lösen; Ihr Arbeitgeber kann das nur vermeiden, wenn er von vornherein in seiner Kündigung die Entschädigung von den gesetzlichen 50 auf 100 % der Gesamtvergütung erhöht. Erhalten Sie von Anfang an 100 %, steht Ihnen das Recht nicht zu.

- Ansonsten kann nur Ihr Arbeitgeber auf das Wettbewerbsverbot während des laufenden Arbeitsverhältnisses verzichten. Da die Entschädigung aber erst ein Jahr nach dem arbeitgeberseitigen Verzicht wirksam wird, steht Ihnen selbst beim wirksamen Arbeitgeberverzicht die Entschädigung (anteilig) zu, wenn noch nicht (ganz) ein Jahr vergangen ist.

In der Praxis ist das nachvertragliche Wettbewerbsverbot mittlerweile kaum relevant. Zwar werden oft derartige Klauseln vereinbart, häufig sind sie wegen nicht eingehaltener Schriftform, falscher Berechnung oder zu enger Bindung unwirksam. Auch wollen die meisten Arbeitgeber zum Zeitpunkt Ihres Ausscheidens hiervon wieder Abstand nehmen und bemerken erst dann, wie teuer der Spaß wird. Größtenteils ändert sich das Branchenwissen auch derart schnell, dass ein Wettbewerbsverbot für Ihren Arbeitgeber nutzlos ist.

IV. Die (Sozial-)Leistungen:
1. Das Arbeitslosengeld I:
Endet Ihr Arbeitsverhältnis können Sie Ansprüche auf Arbeitslosengeld I und ggf. Arbeitslosengeld II (Sozialhilfe) geltend machen. Ob Sie solche Ansprüche in Anspruch nehmen, entscheiden allein Sie.

 Achtung: Beziehen Sie Sozialleistungen wird das von vielen Personen als nicht normal angesehen. Da Sie im normalen Leben **auf** bestimmte **Grundleistungen**, wie Miete, Strom/Wasser/Heizung, Telefon,

Versicherungen, etc. definitiv **angewiesen** sind, müssen Sie sicherstellen, dass Sie von Ihren Vertragspartnern trotz des verlorenen bzw. geringeren Einkommens als angemessener Kunde akzeptiert werden. Klar erfährt Ihr Energieversorger nicht, dass Sie arbeitslos oder Sozialhilfebezieher sind. Es interessiert ihn auch nicht, wenn Sie Ihre Rechnungen sauber zahlen; kündigt Ihnen aber Ihre Hausbank das **Girokonto**, weil Sie als Arbeitsloser bzw. Sozialhilfebezieher die Voraussetzungen des Kleingedruckten nicht mehr erfüllen – z. B. Mindesteingang pro Monat von 1.200 € netto (!) –, wird es unangenehm, wenn Sie Ihre Miete jeden Monat immer bar Ihrem Vermieter zahlen oder Ihre Versicherung, Ihr Telefonunternehmen, etc. Bareinzahlungen gar nicht akzeptiert und deshalb den Vertrag mit Ihnen kündigt! Deshalb sollten Sie während der Zeit, in der Sie noch angestellt sind, d. h. bevor Sie Arbeitslosengeld I oder II (Sozialhilfe) beantragen, in jedem Fall sicherstellen, dass Sie sicherheitshalber bei unterschiedlichen Banken jeweils ein Girokonto haben. Unterschätzen Sie die Situation nicht, aktuell sind nur Sparkassen verpflichtet Ihnen ein **Jedermannkonto** ohne Dispositionskredit zur Verfügung zu stellen. Aber auch hier fallen im Gegensatz zu Direktbanken üblicherweise Kontoführungsgebühren an, die Sie als Sozialbezieher ohne gewisse Ersparnisse auf lange Sicht durchaus ärgern können. Wenn Sie kein Girokonto haben sinkt nicht nur Ihr sozialer Geltungsanspruch, sondern Sie haben ohne nachweisbare Ersparnisse große Probleme Verträge des täglichen Bedarfs zu halten, geschweige denn neu abzuschließen. Schlimmstenfalls können Sie in Extremfällen unter unglücklichen Umständen obdachlos werden, wenn Ihnen nicht Verwandte, etc. helfen!

Arbeitslosengeld I können Sie nach § 137 SGB III von der Agentur für Arbeit Ihres Wohnsitzes verlangen, wenn Sie arbeitslos sind, sich bei der Arbeitsagentur gemeldet haben und eine Mindestzeit als Arbeitnehmer Geld verdient haben. Zuerst müssen Sie sich immer spätestens drei Monate vor der Beendigung Ihres Arbeitsverhältnisses bei der Arbeitsagentur **arbeitssuchend melden.** Das können Sie u. a. über deren Hotline telefonisch machen. Sollten Sie weniger als drei Monate vor dem Ende erfahren, dass Ihr Arbeitsverhältnis endet, müssen Sie sich immer binnen drei Tagen nachdem Sie das wissen arbeitssuchend melden.

Dann sind Sie verpflichtet sich spätestens am ersten Tag des von Ihnen gewünschten Arbeitslosengeldbezugs, also der tatsächlichen Arbeitslosigkeit, persönlich **arbeitslos** zu **melden.** Postalisch, per Fax, e-mail, SMS, telefonisch oder über einen Stellvertreter kann die Meldung nicht wirksam erfolgen. Andernfalls wird eine einwöchige Sperre beim Arbeitslosengeldbezug durch die Arbeitsagentur festgesetzt.

Arbeitslosengeld I erhalten Sie aber nur, wenn Sie in den letzten zwei Jahren mindestens ein Jahr in einem sozialversicherungspflichtigen Arbeitsverhältnis standen, § 142 SGB III. Die **Bezugsdauer** hängt von Ihrem vorherigen Arbeitsverhältnis ab: <u>Je</u> länger Sie direkt vorher sozialversicherungspflichtig beschäftigt waren, <u>desto</u> länger ist Ihr Arbeitslosengeld I-Anspruch. Die Länge variiert zwischen sechs und 24 Monaten, § 147 SGB III, wobei für ältere Arbeitnehmer mit einer sehr langen sozialversicherungspflichtigen Beschäftigung eine Übergangsregelung beachtet werden muss. Für Details kontaktieren Sie die Agentur für Arbeit Ihres Wohnsitzes.

Arbeitslosengeld I wird an Sie in **Höhe** von <u>60 % bzw.</u> bei mindestens einem Kind (auch Ihres Lebenspartners) <u>67 % Ihres Nettoverdienstes</u> der letzten 12 Monate gezahlt, §§ 149ff SGB III, und ist einkommensteuerfrei. Haben Sie weitere Einkünfte, z. B. aus Kapitalvermögen oder Vermietung, wird das Arbeitslosengeld I zu diesem addiert und alles muss von Ihnen versteuert werden.

Während Sie Arbeitslosengeld I erhalten sind Sie normalerweise in der gesetzlichen Kranken-, Pflege- und Rentenversicherung **versichert.** Sollten Sie vor Ihrer Arbeitslosigkeit privat kranken- und pflegeversichert gewesen sein, können Sie während des Bezugs von Arbeitslosengeld I über die Agentur gesetzlich kranken- und pflegeversichert sein. Es steht Ihnen aber auch frei sich befreien lassen und über eine Private versichert zu bleiben, wenn Sie in den letzten fünf Jahren nur in einer privaten Krankenversicherung versichert waren, die den gesetzlichen Leistungen entspricht, was immer der Fall ist. Sollten Sie Ihre private Versicherung weiterführen, werden Ihnen die Kosten in Höhe der gesetzlichen Krankenversicherung erstattet und Sie müssen die Differenz zur Privaten selbst zahlen § 174 SGB III. Auch während Ihrer Arbeitslosigkeit haben Sie Anspruch auf **Krankengeld**. Dieses ist gleich hoch wie Ihr Arbeitslosengeld I, § 47 b SGB V. Ihr Krankengeldbezug vermindert Ihren Arbeitslosengeld I-Anspruch auch nicht, § 49 Abs. 1 SGB V.

Erhalten Sie für eine bestimmte Zeit andere Sozialleistungen als Arbeitslosengeld I, z. B. Kranken-, Verletzten-, Mutterschaftsgeld, Rente wegen voller Erwerbsminderung oder Altersrente, verschiebt sich Ihr Anspruch auf Arbeitslosengeld I um die Dauer o. g. Leistung nach hinten ohne aber reduziert zu werden, § 156 SGB III. Gleiches gilt, wenn Sie Anspruch auf **Vergütung** oder **Urlaubsabgeltung** haben, eine **Abfindung** erhalten, § 157 SGB III, oder an einem Streik beteiligt waren und deshalb arbeitslos geworden sind, § 160 SGB III, **(Ruhen ohne Verminderung)**.

Für Details wenden Sie sich an die Arbeitsagentur Ihres Wohnsitzes.

 Achtung: Ihr Arbeitslosengeld I-Anspruch ist **vier Jahre valide**. Haben Sie deshalb binnen der letzten vier Jahre aus welchem Grund auch immer seit Ihrer Arbeitsbeendigung kein Arbeitslosengeld I bezogen oder nur einen Teil aufgebraucht, erhalten Sie es bzw. den Rest noch.

2. Die Sperrzeit beim Bezug von Arbeitslosengeld I:

Sperrzeit bedeutet, dass Sie für den Zeitraum der Sperre gar kein Arbeitslosengeld erhalten. Ihr Arbeitslosengeldanspruch ruht also. Zusätzlich reduziert sich Ihr gesamter Anspruch auf Arbeitslosengeld um ¼, was meist übersehen wird! Unabhängig hiervon sind Sie aber über die Arbeitsagentur auch während der Sperre kranken- und pflegeversichert, §§ 19 Abs. 2, 5 Abs. 1 SGB V, es besteht aber kein Anspruch auf Krankengeld. Rentenversichert sind Sie dagegen während der Sperre nicht, § 3 Abs. 1 SGB VI.

Eine Sperrzeit wird von Ihrer Arbeitsagentur verhängt, wenn Sie sich als Arbeitnehmer versicherungswidrig im Sinne des SGB III verhalten ohne dafür einen wichtigen Grund zu haben. Ihr Verhalten hat also aus nicht billigenswerten Gründen dazu geführt, dass Ihr Arbeitsverhältnis beendet wurde. Da kein Grund für Sie bestand das Arbeitsverhältnis zu beenden werden Sie dafür bestraft, indem Ihnen für eine gewisse Zeit kein Arbeitslosengeld I gezahlt wird (Sperre oder Sperrzeit).

Die **Voraussetzungen** einer Sperre liegen vor, so dass sie von der Arbeitsagentur festgesetzt wird, wenn Sie Ihr Arbeitsverhältnis durch:

- Ihre Eigenkündigung,
- Ihre Zustimmung zu einem Aufhebungsvertrag bzw. in seltenen Fällen zu einem Abwicklungsvertrag/gerichtlichen Vergleich oder
- einen Grund, der Ihren Arbeitgeber zur verhaltensbedingten Kündigung berechtigt

selbstständig beenden und dadurch vorsätzlich oder mindestens grob fahrlässig die Arbeitslosigkeit herbeigeführt haben, § 159 Abs. 1 SGB III.

Hatten Sie einen wichtigen Grund, der Sie zur Beendigung des Arbeitsvertrages berechtigte, tritt keine Sperrzeit ein. Ein **wichtiger Grund** besteht grundsätzlich, **wenn**:

1. Ihr Arbeitgeber Ihnen eine rechtmäßige Kündigung ausgesprochen hätte oder hat und Sie zur Vermeidung der unumgänglichen Kündigung einen Aufhe-

bungs- oder Abwicklungsvertrag/gerichtlichen Vergleich mit identischem Beendigungsdatum abgeschlossen haben, Ihr Arbeitsplatz deshalb ohnehin weggefallen wäre. Das gilt auch, wenn Sie auf einer Namensliste stehen und eine betriebsbedingte Kündigung anstelle des Aufhebungs- oder Abwicklungsvertrages/gerichtlichen Vergleichs erfolgte oder erfolgt wäre;

2. Sie leitender Angestellter gemäß § 14 Abs. 2 KSchG sind und Ihr Arbeitgeber Ihnen deshalb vereinfacht kündigen bzw. vereinfacht einen Auflösungsantrag stellen kann;

3. Ihre Weiterbeschäftigung infolge Mobbing oder nicht durch Ihren Arbeitgeber beseitigte Gesundheitsgefahren unzumutbar gewesen wäre;

4. Sie von einem unbefristeten Arbeitsvertrag in eine Befristung wechseln und danach arbeitslos werden, Sie aber durch die Befristung einen beruflichen Aufstieg, speziell mit besserer Bezahlung oder anderem Berufsfeld, erlangen;

5. Sie Ihr bisheriges Arbeitsverhältnis beenden, um zu Ihrem Ehe-/gleichgeschlechtlich geheirateten Lebenspartner zu ziehen bzw. um eine Heirat zu ermöglichen oder

6. erst der Umzug zum Partner die gemeinsame Betreuung und Erziehung Ihres Kindes ermöglicht.

Die Gründe 2 – 5 sollten Sie aber – wenn überhaupt – mit Vorsicht wählen und im Vorfeld die Agentur Ihres Wohnsitzes hierauf ansprechen.

Aufgrund der internen Durchführungsanweisung der Arbeitsagenturen, die Sie im Internet herunterladen können, führt ein Aufhebungsvertrag **auch** aufgrund des Entscheidungsspielraums der Agentur **nicht** zu einer Sperre, **wenn**:

- Die Kündigung durch Ihren Arbeitgeber mit Bestimmtheit in Aussicht gestellt wurde,

- die Arbeitgeberkündigung auf betriebliche Gründe gestützt würde,
- die Arbeitgeberkündigung frühestens zu demselben Zeitpunkt wie die im Aufhebungs- oder Abwicklungsvertrag/gerichtlichen Vergleich vereinbarte Vertragsbeendigung wirksam würde, also keine Verkürzung der ansonsten anwendbaren Kündigungsfrist vorliegt,
- Ihr Arbeitgeber die Kündigungsfrist eingehalten hat und kein wichtiger Grund vorliegt, d. h. nur eine ordentliche Kündigung und keine außerordentlich fristlose oder außerordentliche mit sozialer Auslauffrist gegeben ist, sowie
- Sie eine Abfindung zwischen 0,25 – 0,5 Bruttomonatsverdiensten pro Beschäftigungsjahr erhalten; sollte Ihnen mehr oder weniger gezahlt werden, muss die Kündigung rechtmäßig gewesen sein.

Um möglichst sicher **eine Sperre zu vermeiden**, sollten Sie immer vor dem Abschluss eines Aufhebungsvertrages bzw. Abwicklungsvertrages/gerichtlichen Vergleichs Rücksprache mit einem Anwalt und zusätzlich der Arbeitsagentur Ihres Wohnsitzes Rücksprache halten, um etwaige Probleme im Vorfeld zu erkennen. Sollten o. g. Konstellationen gegeben und ein gerichtlicher Vergleich auf der Basis abgeschlossen worden sein, ist das Risiko einer Sperre deutlichst minimiert. Dennoch kann in Einzelfällen eine nachteilige Entscheidung nicht ausgeschlossen werden. Hier bleibt Ihnen aber die Möglichkeit binnen einer Woche gegen den Bescheid der Agentur für Arbeit schriftlich **Widerspruch** und gegen den Widerspruchsbescheid **Klage** zu erheben.
Die **Höhe** der Sperre beträgt bei:

- einer Arbeitsaufgabe (Eigenkündigung, Zustimmung zu einem Aufhebungsvertrag/in seltenen Fällen zu einem Abwicklungsvertrag/gerichtlichen Vergleich oder durch einen Grund, der Ihren Arbeitgeber zur verhaltensbedingten Kündigung berechtigt) ohne wichtigen Grund 12 Wochen, § 159 Abs. 1 Satz 2 Nr. 1 SGB III,

- zumutbarer Arbeitsablehnung durch Sie drei – 12 Wochen, § 159 Abs. 1 Satz 2 Nr. 2 SGB III,
- Ihren unzureichenden Eigenbemühungen/Bewerbungen zwei Wochen, § 159 Abs. 1 Satz 2 Nr. 3 SGB III,
- einer Ablehnung oder Abbruch einer beruflichen Eingliederungsmaßnahme drei – 12 Wochen, § 159 Abs. 1 Satz 2 Nr. 5 SGB III,
- Ihrer Nichtmeldung eine Woche, § 159 Abs. 1 Satz 2 Nr. 6 SGB III oder
- einer verspäteten Arbeitslosenmeldung eine Woche, § 159 Abs. 1 Satz 2 Nr. 7 SGB III,

wobei die Länge gemäß § 159 Abs. 3 und 4 SGB III variieren kann.

Der **Beginn** der Sperre setzt immer einen Tag nach Ihrem Fehlverhalten während der Zeit, in der Sie normalerweise Arbeitslosengeld I beziehen würden, ein, § 159 Abs. 2 SGB III.

3. Die Abfindung:

Ist eine Abfindung im Aufhebungs- oder Abwicklungsvertrag/gerichtlichen Vergleich bei der Beendigung Ihres Arbeitsverhältnisses vereinbart, wird diese üblicherweise als Bruttobetrag angegeben. Sollte eine **Nettoabfindung** vereinbart werden, was in der Praxis so gut wie nie vorkommt, haftet Ihr Arbeitgeber für die gesamten von Ihnen und Ihrem Arbeitgeber zu zahlenden Sozialversicherungsbeiträge und Steuern.

Bei einer **Bruttoabfindung** muss Ihr Arbeitgeber keine Sozialversicherungsbeiträge zahlen, wodurch Sie Ihm eine Abfindung schmackhaft machen können. Sie trifft dagegen die Lohn-/Einkommenssteuer bzgl. der Abfindung. Sozialversicherungsbeiträge müssen aber auch Sie nicht zahlen.

Die Abführung an die Steuer und Abrechnung gegenüber Ihnen erfolgt immer über Ihren Arbeitgeber.

Bei Ihrer Versteuerung gilt die **Fünftelregelung**, § 34 Abs. 1 EStG. Hiernach teilen Sie die gesamte Bruttoabfindung durch fünf und addieren das Ergebnis zu Ihrem sonstigen Bruttojahreseinkommen. Aus einer Einkommens- und Splittingsteuertabelle können Sie Ihre Steuerbelastung einmal mit und einmal ohne das Abfindungsfünftel in Euro ersehen. Solche Tabellen finden Sie z. B. im Internet. Die von Ihnen zu versteuernde Differenz dieser beiden Eurobeträge multiplizieren Sie mit fünf. Der sich dann ergebende Eurobetrag muss von Ihnen versteuert werden.

4. Die Anrechnung von Abfindung, Arbeitsentgelt & Urlaubsabgeltung auf das Arbeitslosengeld I:

Ist eine **Abfindung** im Aufhebungs- oder Abwicklungsvertrag/gerichtlichen Vergleich bei der Beendigung Ihres Arbeitsverhältnisses vereinbart worden, kann diese auf den sich ggf. anschließenden Bezug von Arbeitslosengeld I angerechnet werden, wenn Sie arbeitslos werden.

Sollte Ihre individuelle Kündigungsfrist bei der Beendigung durch eine Kündigung oder einvernehmlich durch einen Aufhebungsvertrag nicht eingehalten worden sein, ruht Ihr Anspruch auf Arbeitslosengeld I vom Ende Ihres Arbeitsverhältnisses bis zum Ablauf der sonst einzuhaltenden Kündigungsfrist. Ruhen heißt hier, dass der Beginn der Arbeitslosengeldzahlung sich nach hinten verschiebt; Ihr Gesamtanspruch von z. B. 360 Tagen vermindert sich dagegen nicht. Gemäß § 158 SGB III gilt z. T. eine bestimmte – für Sie immer die günstigste – Berechnungsmethode.

Nach o. g. Grundsätzen ruht ebenfalls Ihr Anspruch auf Arbeitslosengeld I bis zur Beendigung des Arbeitsverhältnisses, wenn Sie noch **Arbeitsentgelt und/oder Urlaubsabgeltung** erhalten.

5. Das Arbeitslosengeld II (Sozialhilfe):

Erhalten Sie aus welchen Gründen auch immer kein Arbeitslosengeld I, ist es sehr gering oder es läuft aus, erhalten Sie (zusätzlich) Arbeitslosengeld II (Sozialhilfe). Hierfür müssen Sie aber **grundsätzlich** vorher Ihr **Vermögen aufbrauchen**, wobei hiervon wichtige Ausnahmen bestehen, z. B. bei selbstbewohntem Eigentum (kleine Eigentumswohnung oder kleines Einfamilienhaus).

Ihr Anspruch auf Arbeitslosengeld II (Sozialhilfe) unterliegt keinen Fristen oder sonstigen Voraussetzungen, außer dass Sie nicht genug Geld haben, um davon leben zu können. D. h. Sie können diese Leistung auch dann in Anspruch nehmen, wenn Sie das aus welchen Gründen auch immer vorher nicht getan haben.

Hinsichtlich der Details wenden Sie sich an die Arbeitsagentur Ihres Wohnsitzes.

6. Teil: Der Umgang mit dem Gericht, Rechtsbeistand & den Behörden

I. Das Gericht :

Gerichte sind heute viel serviceorientierter und freundlicher als früher, trotzdem werden Fehler gemacht.

Die **sachliche Zuständigkeit** der Arbeitsgerichte bestimmt sich nach § 2 Arbeitsgerichtsgesetz (ArbGG). Für Sie wesentlich ist die Zuständigkeit bei Kündigungen, Befristungen und Ansprüchen aus dem Arbeitsverhältnis, z. B. bei Zahlungsklagen.

Das Arbeitsgericht (ArbG) ist die erste **Instanz**, die zweite Instanz (Berufung) findet vor dem Landesarbeitsgericht (LAG) und die dritte und letzte Instanz (Revision) vor dem Bundesarbeitsgericht (BAG) statt.

Jedes gerichtliche Verfahren beginnt vor dem Arbeitsgericht. Nur hier können Sie sich auch als Nichtjurist ohne professionellen Rechtsbeistand selbst vertreten, wenn Sie volljährig sind, § 11 ArbGG. Die **örtliche Zuständigkeit** richtet sich nach dem Sitz Ihres Arbeitgebers. Die **Verhandlungen** sind

öffentlich, d. h. nicht nur Ihnen wohl gesonnene Personen können aus Interesse oder zur Weitergabe von Informationen hinten im Gerichtssaal mithören. Zu den Gerichtsterminen wird üblicherweise das **persönliche Erscheinen** von Ihnen und das Ihres Arbeitgebers durch das Gericht angeordnet. Hierdurch wird bezweckt, dass die Details des Falles durch die Betroffenen direkt in Erfahrung gebracht werden können; zusätzlich soll ein persönlicher Eindruck der Parteien durch das Gericht gewonnen werden. Für die Arbeitgeberseite wird – notfalls in Untervollmacht – die sachnächste Person, meist der Personalverantwortliche, anstelle des geladenen Chefs, erscheinen. Von dem persönlichen Erscheinen kann das Gericht absehen, wenn es zur Entscheidung des Streits nicht notwendig ist, z. B. weil sich eine Nichtzahlung ohne fehlenden Grund aus den Akten ergibt oder eine intensive Verhinderung einer Partei, speziell durch Krankheit, vorliegt. Bei Krankheit sollten Sie dem Gericht ein Attest zur Verfügung stellen, da das persönliche Erscheinen auch in Ihrem Interesse wirklich wichtig ist: Sie können sich mehr einbringen, Ihren Anwalt auf Dinge im Termin hinweisen, die Gegenseite und das Gericht beobachten und erhalten so mindestens eine vorläufige Einschätzung der gerichtlichen Entscheidung. Sollten Sie an einem Gerichtstermin verhindert sein, können Sie auch ein-, zweimal eine **Verlegung** beantragen die begründet und ggf. nachgewiesen werden muss, z. B. bei Krankheit und Urlaub. Es lohnt sich aber immer ein Gerichtsverfahren möglichst schnell stattfinden und deshalb auch möglichst früh enden zu lassen.

Der erste Gerichtstermin in der ersten Instanz (**Gütetermin**) findet nach Eingang Ihrer schriftlichen Klage innerhalb von ca. zwei – sechs Wochen bei einer Klage gegen eine Kündigung (**Kündigungsschutzstreitigkeit**), bei sonstigen (Zahlungs-)Klagen nach ca. vier – acht Wochen je nach Arbeitsbelastung des Gerichts statt. Hier sitzt nur ein Berufsrichter. Wundern Sie sich nicht, wenn auf Ihre Klageschrift keine Erwiderung durch die Gegenseite vor dem ersten Gerichtstermin erfolgt; das ist üblich. Das Verfahren wird aufgerufen, dann folgt meist eine knappe Einführung des Richters in den

Sachverhalt. Danach kann zuerst die Beklagtenseite zu Ihrer Klageschrift und ggf. der Einschätzung des Richters ihre Ansichten in tatsächlicher und rechtlicher Hinsicht darstellen, danach sind Sie als Klägerseite am Zug. Es entwickelt sich hieraus eine Art Diskussion, die sich entweder frei entwickelt oder z. T. vom Richter geführt wird. Diese endet grundsätzlich mit einer vorläufigen Einschätzung des Richters, die dieser als Kompromiss (**Vergleich**) zur Beendigung des Rechtsstreits beiden Parteien vorschlägt. Hierbei machen beide Parteien Zugeständnisse, weil bei jeder Partei nicht alles 1.000 %ig stimmt oder bewiesen werden kann. In ¾ aller Gütetermine wird ein Vergleich geschlossen, der protokolliert und Ihnen vom Diktiergerät vorgespielt wird. Zur Wirksamkeit müssen Sie bzw. Ihr Anwalt dem Vergleich noch mündlich zustimmen.

Sollte kein Vergleich im Gütetermin abgeschlossen werden, ist das nicht nachteilig. Es lohnt sich durchaus für manche Forderungen zu kämpfen, auch wenn das Gericht, die Gegenseite oder andere das – ggf. aus Eigennutz – anders sehen. In dem Fall werden die Klageanträge gestellt, Ihre Forderung stellen Sie also förmlich und Ihr Arbeitgeber lehnt das förmlich durch den Klageabweisungsantrag ab. Zusätzlich wird ein zweiter Gerichtstermin der ersten Instanz bestimmt (**Kammertermin**). Beide Parteien können zur Klageforderung schriftlich binnen einer Frist von üblicherweise vier – sechs Wochen Stellung nehmen. Eine Verlängerung der Frist ist für beide Parteien ein-, zweimal bis ca. insgesamt vier Wochen möglich. Reichen Sie den Schriftsatz nach Ablauf Ihrer Frist ein, kann Ihr Vortrag nach dem Ermessen des Gerichts in tatsächlicher Hinsicht ausgeschlossen werden. In rechtlicher Hinsicht kann nie **Verspätung** vorliegen, da Paragraphen immer angewendet werden müssen. Die Verspätung des Schriftsatzes können Sie auch nicht mehr korrigieren, indem Sie im nächsten Kammertermin dasselbe wiederholen. Deshalb sind Schriftsätze sehr wichtig! Im Schriftsatz ist grundsätzlich immer der Sachverhalt mit Beweisen und die rechtliche Würdigung enthalten.

Haben Sie die Klageschrift schriftlich eingereicht, die Gegenseite nach dem Gütetermin den gegnerischen und danach Sie Ihren, kommt es durchaus zu weiteren – nicht durch das Gericht aufgegebenen – Schriftsätzen, um den vorhergehenden gegnerischen Vortrag noch schnell vor dem Termin zu Fall zu bringen oder besonderes Engagement zu zeigen. Das ist nicht unbedingt notwendig, weil Sie bei neuem Vortrag der Gegenseite auf Ihren Antrag eine weitere schriftsätzliche Möglichkeit hierauf erhalten, wie auch die Gegenseite auf Ihren Vortrag (**Schriftsatznachlass**). Auf der anderen Seite droht die Verspätung, so dass Sie mit dem verspäteten Vortrag ausgeschlossen sein können. Zwar kann das in der zweiten Instanz nachgeholt werden, aber bis dahin haben Sie eine Instanz und viel Zeit und Geld vermeidbar verloren. Deshalb lohnt sich immer noch ein zackiger Schriftsatz zuviel!

Ca. drei – sieben Monate (!) nach dem Gütetermin findet der Kammertermin statt. Hier führt der Vorsitzende die Verhandlung, es nehmen aber zwei Laienrichter – ein Arbeitgeber und ein Arbeitnehmer – an der erneut öffentlichen Verhandlung teil. Der Vorsitzende führt erneut in den Sach- und Streitstand ein, die Parteien können abermals Ihre Auffassungen darstellen und es kommt wieder zu einer Diskussion. Z. T. wurde für den Kammertermin eine Beweisaufnahme angeordnet, so dass die in den Beweisantritten der Schriftsätze benannten Zeugen befragt werden, eine Ortsbegehung vorgenommen oder ein zuvor eingeholtes Gutachten präsentiert wird. Erstaunlicherweise werden Beweisaufnahmen in jeglicher Form aber nur in weniger als 90 % aller Fälle, bei denen sich das aufdrängt, durchgeführt! Im Kammertermin wird immer erneut die Frage eines Vergleichs angesprochen, der auch im Kammertermin in ¾ aller Fälle abgeschlossen wird. Sollte die Streitigkeit in sehr seltenen Fällen nicht komplett geklärt werden können, weil noch eine Beweisaufnahme notwendig wird, Termindruck im ersten Kammertermin besteht o. ä. wird ein zweiter, fast nie ein dritter, Kammertermin angeordnet. Hierzu können gerichtlich weitere Schriftsatzfristen für beide Parteien bestimmt werden.

Nach dem (letzten) Kammertermin ergeht – falls kein Vergleich geschlossen sein sollte – ein **Urteil**. Dieses wird üblicherweise nach dem Kammertermin in einem Verkündungstermin unbürokratisch verkündet oder schriftlich den Parteien übersandt. Für den ca. zwei Wochen nach dem (letzten) Kammertermin folgenden Verkündungstermin muss niemand erscheinen. Das Urteil wird Ihnen nach der Abfassung der Urteilsgründe ca. ein – vier Monate später schriftlich durch die Post zugestellt.

Sowohl im Gerichtstermin als auch außerhalb – dann durch Schreiben (**Schriftsätze**) an das Gericht – kann auf die Klageforderung von beiden Seiten reagiert werden, speziell durch Rücknahme oder Verzicht der Klage immer durch den Kläger, Anerkenntnis (AU) durch den Beklagten oder Versäumnisurteil (VU).

Die **Klagerücknahme** und erst recht der **Klageverzicht** wird nur sehr selten erklärt, da Sie als Kläger dadurch auf die weitere Durchführung des Verfahrens komplett verzichten. Das sollte nur dann geschehen, wenn Sie wirklich gar keine Chancen vor Gericht haben. Da Sie die Streitigkeit vor einem Gerichtsverfahren von einem Anwalt prüfen lassen sollten, wird das zuvor besprochen, so dass sich die Frage einer Rücknahme oder eines Verzichts in der Praxis kaum stellt. Wenn Sie keinen Anwalt haben, sollten Sie die Klage dennoch nicht zurücknehmen, weil Sie ansonsten Ihr Klagerecht verlieren, d. h. wegen der konkreten Streitigkeit, wegen derer Sie klagen, z. B. Kündigung vom … zum … oder Zahlung des Oktobergehalts 2017 von … €, können Sie nie wieder erneut klagen! Lassen Sie sich auch nicht dadurch ködern, dass die Klagerücknahme bis zur Stellung der Klageanträge kurz vor Ende des Gütetermins in der ersten Instanz noch ohne Gerichtskosten kostenlos ist – da Sie die Kosten für Ihren Anwalt immer zahlen müssen und eine Klagerücknahme oder ein Verzicht einschneidende Folgen hat!

Beachten Sie, dass auch eine teilweise Klagerücknahme und ein teilweiser Klageverzicht erklärt werden kann.

Das **Anerkenntnis** der Klageforderung durch den Beklagten ist mehr oder weniger das Gegenteil der Klagerücknahme. Es ist ebenfalls selten, da die Beklagtenseite über die Klageforderung wahrscheinlich genauso wie Sie nachgedacht und sich vorher juristisch hat beraten lassen. Auch ein Teil-Anerkenntnis ist möglich. Das (Teil-)Anerkenntnis erfolgt durch das (Teil-)Anerkenntnis-Urteil.

Schließlich kann ein **Versäumnisurteil** ergehen. Das ist grundsätzlich nur zugunsten der Klägerseite der Fall, wenn auf Beklagtenseite niemand erscheint oder verhandelt bzw. keine Klageanträge im Gerichtstermin stellt. Üblicherweise wird dann aber das Verfahren ausgesetzt, d. h. pausiert. Gegen ein Versäumnisurteil kann die Partei, die säumig war innerhalb von einer Woche bei einem Urteil des Arbeitsgerichts Berufung einlegen. Beim Versäumnisurteil ohne mündliche Verhandlung ist eine sofortige Beschwerde zum Landesarbeitsgericht zulässig. Beim Aussetzen wird das Verfahren unbürokratisch zu einem späteren Termin wieder aufgerufen.

Auch eine **Aufrechnung** der Klageforderung durch die Gegenseite ist möglich, wenn zwei Zahlungsforderungen sich gegenüberstehen. Prozessual wird das durch eine **Widerklage der Gegenseite** durchgeführt. Beides ist üblicherweise nur in der ersten Instanz der Fall.

Unabhängig von einer **Unterbrechung des laufenden Gerichtsverfahrens** zur internen Besprechung oder auch mit der Gegenseite wie das Verfahren weiter betrieben wird oder welche Vergleichsinhalte vereinbart werden sollen, kann eine Unterbrechung des laufenden Gerichtsverfahrens prozessual durch eine **gemeinsame Ruhendstellung des Verfahrens** beider Parteien erfolgen. Das ist gerade im Hinblick auf Vergleichsgespräche, die noch intensiviert werden müssen, in der Praxis oft verbreitet. Im Falle der Einigung beider Parteien wird dann der Vergleich meist **im schriftlichen Verfahren** durch das Gericht oder in einem separaten Termin abgeschlossen. Für den Abschluss im schriftlichen

Verfahren übersendet jede Partei den Vergleich ans Gericht und das protokolliert diesen dann amtlich. Hierdurch muss kein separater Termin mit Zeit und Mühe bestimmt und wahrgenommen werden.

Selten wird eine **Aussetzung des Gerichtsverfahrens** bis zu einem bestimmten Ereignis durch das Gericht beschlossen. Wenn das so sein sollte, dann geschieht dies im Gütetermin und nur in folgenden Fällen: Nach § 149 ZPO kommt es zu einer vorläufigen Aussetzung des arbeitsgerichtlichen **Kündigungsschutzverfahren**s, wenn die zur Kündigung führende **Straftat** von Ihnen als Arbeitnehmer erst noch durch den Abschluss des Ermittlungs- und ggf. Strafverfahrens abgewartet werden soll. Die Aussetzung ist aber unzulässig, wenn die Kündigung schon aus anderen Gründen, z. B. formellen, unwirksam ist. Eine Aussetzung ist auch im Fall des § 148 ZPO bei einer **Kündigungsschutzklage eines Schwerbehinderten** wegen eines parallel schwebenden und noch nicht rechtskräftig abgeschlossenen Widerspruchs-/Gerichtsverfahrens vor dem Verwaltungsgericht bzgl. der Zustimmung des Integrationsamts zur Kündigung möglich. Aber auch in diesem Fall ist die Aussetzung nur zulässig, wenn die Verwaltungsentscheidungen überhaupt für die Kündigung relevant sind, was gerade nicht der Fall ist, wenn primär formelle Fehler vorliegen!

Erstinstanzliche **Urteile** sind immer **vorläufig vollstreckbar**, § 62 ArbGG. D. h. das was im Urteilsspruch steht, muss von beiden Parteien befolgt werden, auch wenn ggf. die zweite oder dritte Instanz noch nicht darüber entschieden hat. Der Urteilsspruch jeder Instanz kann im Fall der Weigerung durch die Gegenseite auch zwangsweise mittels Zwangsvollstreckung erzwungen werden. Ferner können Sie gemäß § 61 Abs. 2 ArbGG von Ihrem unterliegenden Gegner Schadensersatz verlangen, wenn dieser seinen Pflichten aus dem Urteil nicht innerhalb einer bestimmten Frist nachkommt. Sollte in einer weiteren Instanz ein anderes Ergebnis durch Urteil, Vergleich, Klagerücknahme, Anerkenntnis, etc. erzielt werden, wird das erstinstanzliche Urteil natürlich abgeändert und eine Zwangsvollstreckung bzw. Schadensersatzpflicht ist dann nicht mehr möglich.

Die vorläufige Vollstreckbarkeit kann nur dann durch den Verlierer des Rechtsstreits vermieden werden, wenn er glaubhaft macht, dass er ansonsten einen nicht zu ersetzenden Nachteil durch die vorläufige Vollstreckbarkeit erleidet. Die Voraussetzungen sind hier sehr hoch, so dass das in der Praxis kaum eine Rolle spielt.

Ansonsten kann die vorläufige Vollstreckbarkeit gemäß §§ 767, 769 ZPO bis zur Entscheidung über eine Vollstreckungsgegenklage zeitweise verhindert werden, wenn nach Erlass des Urteils neue Tatsachen eingetreten sind, die der Klageforderung wirksam entgegengesetzt werden können. Auch das ist selten in der Praxis.

Nach der ersten Instanz schließt sich die **Berufung** als zweite Instanz an, wenn das im erstinstanzlichen Urteil wegen grundsätzlicher Bedeutung, Abweichung von höherrangigen Urteilen zugelassen wurde – sehr selten – oder der Streitigkeit ein Betrag von mehr als 600 € brutto zugrunde liegt, § 64 ArbGG. Eine Berufung ist aber immer **möglich** bei Kündigungsschutzklagen und Klagen gegen ein Versäumnisurteil. In der Berufung müssen Sie sich durch einen **Rechtsbeistand**, d. h. Anwalt oder Rechtssekretär der Gewerkschaft, vertreten lassen.

Die Berufung muss von dem in erster Instanz Verlierenden innerhalb von einem Monat ab postalischer Zustellung des Urteils samt Urteilsgründen schriftlich eingelegt und zwei Monate nach der Zustellung bei Ihnen schriftlich begründet werden. Üblicherweise kann eine einmonatige Verlängerung der Begründungsfrist auf Antrag durch das Gericht gewährt werden. Danach gilt das auch für den gewinnenden Gegner. Im Arbeitsrecht ist es im Gegensatz zum sonstigen Zivilrecht eine Besonderheit, dass **keine Präklusion** Anwendung findet, § 67 ArbGG. D. h. neue und speziell in der ersten Instanz verspätet vorgebrachte Tatsachen können Sie noch in der zweiten Instanz vortragen – rechtliche Ausführungen ohnehin. Auch eine Besonderheit ist, dass wegen eines Verfahrensfehlers das Landesarbeitsgericht nie an das Arbeitsgericht zurückverweisen kann.

Der schriftsätzliche Vortrag für die Berufung ist zwar <u>juristisch intensiver</u>; da die Streitigkeit aber bereits erstinstanzlich erörtert wurde wiederholen sich die Fragen meist, so dass nicht sehr viel Neues ausgetauscht wird. Deshalb kommt es nach Ablauf der Begründungsfristen weniger zu weiteren Schriftsätzen als in der ersten Instanz. Auch ein Schriftsatznachlass ist nicht mehr derart verbreitet und notwendig.

Die **Verhandlung** beginnt wieder mit einer Zusammenfassung der Streitigkeit durch den Vorsitzenden Richter, der durch zwei Laienrichter aus der Arbeitgeber- und Arbeitnehmersphäre im Gerichtstermin begleitet wird. Hierauf folgt wieder eine geregelte Diskussion. Es wird abermals die Frage eines **Vergleich**sschlusses erörtert, ggf. ein Vergleich abgeschlossen und ansonsten nach Stellung der Anträge ein Urteil gesprochen. Dieses wird Ihnen nach ca. ein – vier Wochen schriftlich per Post zugestellt. Mit der Berufung sind 90 % aller arbeitsgerichtlichen Streitigkeiten rechtskräftig beendet, so dass keine weitere rechtliche Überprüfung mehr möglich ist.

Nur sehr wenige Streitigkeiten werden in der **Revision** überprüft. Die Revision findet vor dem Bundesarbeitsgericht gegen Urteile der Landesarbeitsgerichte statt, wenn diese die Revision zugelassen haben, § 72 ArbGG. Eine Zulassung erfolgt immer, wenn eine entscheidungserhebliche Rechtsfrage grundsätzliche Bedeutung hat oder das landesarbeitsgerichtliche Urteil von der Rechtsprechung höherer Gerichte oder eines anderen Richters des Landesarbeitsgerichts abweicht. Auch bei groben Verfahrensfehlern, die fast nie vorkommen, ist eine Revision zulässig. In der Revision müssen Sie sich durch einen Anwalt oder Rechtssekretär der Gewerkschaft vertreten lassen. Der Ablauf ist identisch wie in der zweiten Instanz.

Durch eine **Nichtzulassungsbeschwerde** kann ein Urteil zweiter Instanz binnen eines Monats nach der Zustellung des landesarbeitsgerichtlichen Urteils vor das Bundesarbeitsgericht zur Annahme gebracht werden. Die Begründung muss innerhalb von zwei Monaten nach der Zustellung des Urteils mit einmonatiger Verlängerungsmöglichkeit erfolgen. Bei einer nur 2 %igen Zulassungschance allein für die Annahme der Nichtzulassungsbeschwerde ist die Revision in der Sache noch unwahrscheinlicher. Bei der Nichtzulassungsbeschwerde müssen Sie sich durch einen Anwalt oder Rechtssekretär der Gewerkschaft vertreten lassen.

Sollte die Nichtzulassungsbeschwerde trotzdem zulässig sein, ist damit die Revision eingelegt. Sie muss aber noch in der Sache begründet werden. Ist das geschehen, wird die Revision durchgeführt. Mit Verwerfung der Nichtzulassungsbeschwerde, spätestens aber mit postalischer Zustellung des Revisionsverfahrens an Sie und Ihren Gegner, ist die Revision als auch jegliche rechtliche Überprüfung beendet. Das Gerichtsverfahren ist dann – bis auf die theoretische Möglichkeit einer Verfassungsbeschwerde und exotische Verfahren – rechtskräftig, d. h. abgeschlossen.

Die **Sprungrevision** gegen Urteile des erstinstanzlichen Arbeitsgerichts direkt zum Bundesarbeitsgericht hat für Sie als Arbeitnehmer kaum praktische Bedeutung, da hier nur die Auslegung und Anwendung von Tarifverträgen sowie Streitigkeiten zwischen Tarifvertragsparteien verhandelt werden, § 76 ArbGG.

Ebenfalls praktisch bedeutungslos ist die **Verletzung rechtlichen Gehörs**, § 78 ArbGG.

Generell zu beachten ist, dass gegen **Beschlüsse im laufenden Verfahren** jede Partei binnen zwei Wochen Beschwerde einlegen kann.

In besonders eiligen Fällen wird einstweiliger Rechtsschutz durch eine **einstweilige Verfügung** oder **Arrest** in das Vermögen des Gegners angewendet.

Ein **Schiedsverfahren** ist für Arbeitnehmerverfahren anstelle der sonst zuständigen Gerichte grundsätzlich nur für Künstler und Seeleute vorgesehen, § 101 ArbGG.

1. Die Tipps & Tricks vor Gericht:

Jeder Fall, jede Partei, jedes Gericht und jeder Richter ist anders. Sie können trotzdem davon ausgehen, dass bestimmte Verhaltensweisen förderlich sind und andere gar nicht gut aufgenommen werden:

Zögern Sie nicht eine **Klage vor Gericht** zu erheben, das Recht steht jedem zu und jeder kann eine Überprüfung verlangen. Zuvor sollten Sie aber immer einen Anwalt oder Ihre Gewerkschaft in der Sache kontaktieren, um nicht rechtlich unvorbereitet im Gerichtssaal zu sitzen und sich ggf. über die Rechtseinschätzung dort zu wundern. Auch sollten Sie einen Rechtsstreit gegen Ihren Arbeitgeber **zunächst außergerichtlich** wie erwachsene Leute versuchen zu vermeiden, z. B. durch Einschaltung eines Abteilungsleiters, des Chefs, Stimmungsmachern in der Kollegenschaft oder – soweit vorhanden – Ihren Betriebs-/Personalrat. Desweiteren kann Ihr Anwalt bzw. Rechtssekretär der Gewerkschaft vor einem Gerichtsverfahren Kontakt mit Ihrem Arbeitgeber aufnehmen und so eine Lösung erarbeiteten. Das ist manchmal schneller, kostengünstiger und vor allem gesichtswahrender für alle Beteiligten.

Gehen Sie davon aus, dass Sie bei einer Kündigung durch Ihren Arbeitgeber bis auf Kündigungen in der Probezeit und gut vorbereitete verhaltensbedingte Kündigungen **immer eine Abfindung** erhalten, auch wenn Sie hierauf keinen gesetzlichen Anspruch haben: <u>Je</u> höher die rechtlichen Anforderungen für Ihren Arbeitgeber sind die Kündigung wirksam zu erklären und <u>je</u> mehr Sie dem rechtlich und tatsächlich entgegensetzen können, <u>desto</u> intensiver kommt Ihr Arbeitgeber in Schwierigkeiten das Gerichtsverfahren zu gewinnen, so dass Ihre Chancen auf eine Abfindung steigen. In der Praxis ist es immer wieder zu beobachten, dass Arbeitgeber deutlich lieber eine Abfindung zahlen, dadurch aber Mühe, Zeit und Ungewissheit eines Gerichtsverfahrens sparen, speziell wenn Sie nicht ohne Not an Ihrer bisherigen Arbeitsstelle festhalten oder unnötige Emotionen und Unsachlichkeiten ins Verfahren einbringen. Arbeitgebern ist das – neben ihrem immer großen Bedürfnis das Unternehmen nach ihren Interessen und Bedürfnissen auszurichten – in 99 % aller Kündigungsschutzverfahren eine Abfindung wert! Das sollten Sie außergerichtlich und gerichtlich ausreizen. Beachten Sie die **gerichtlich bekannte Faustformel**: Länge der Betriebszugehörigkeit (mehr als sechs Monate werden auf ein Jahr aufgerundet, ansonsten wird abgerundet) * letzte Bruttovergütung pro Monat/zwei = Ihre Bruttoabfindung bei einer arbeitgeberseitigen Kündigung, wenn ausgeglichene Erfolgschancen bestehen, d. h. 50:50 Gewinnchancen. Ist die Kündigung offensichtlich rechtlich unzulässig oder will Ihr Arbeitgeber Sie aus welchen Gründen auch immer schnell und ohne weiteres Aufsehen als die ausgesprochene Kündigung loswerden, steigen Ihre Chancen mehr als die Faustformel zu erhalten auf bis zu ein Bruttomonatseinkommen pro Betriebszugehörigkeitsjahr. Ist die Kündigung dagegen offensichtlich zulässig (außer bei einer Probezeitkündigung und einer sehr gut vorbereiteten verhaltensbedingten Kündigung ist das fast nie der Fall), haben Sie sehr geringe Gewinnchancen, so dass Ihre Chance auf eine Abfindung egal in welcher Höhe deutlich sinken!

Arbeitsgerichtsprozesse sind **öffentlich**, d. h. jeder kann hieran teilnehmen. Nicht nur Ihnen und Ihrem Arbeitgeber komplett fremde, sondern auch Ihnen wohl- oder übelgesonnene Personen. Deshalb sollten Sie hierauf im Zweifelsfall vorbereitet sein. Fühlen Sie sich – auch wenn Ihr Rechtsbeistand immer dabei ist – im Gericht und -verfahren aus welchen Gründen nicht wohl, nehmen Sie Ihre Familie, Freunde oder sogar offizielle oder inoffizielle Leibwächter mit. So gewinnen Sie mehr Kraft und wirken auch stärker.
Sollte in Ihrem Betrieb eine bestimmte Stimmung herrschen, können Sie – soweit vorhanden – auch Ihren Betriebs-/Personalrat kontaktieren, so dass er Sie entweder zusätzlich begleitet oder auf Personen einwirkt, die nicht erscheinen sollen. Nach einem Gerichtsverfahren kommt es nämlich immer zu Tratschereien von inkompetenten und mißgünstigen Leuten. Diese sollen nicht Sie, sondern – wenn überhaupt – Ihren Arbeitgeber betreffen. Seien Sie auch vorbereitet,

dass Ihr Arbeitgeber ggf. Personen mitbringt, die Sie verunsichern oder Ihr Verhalten zu weiteren Zwecken beobachten können!

Stellen Sie möglichst keine Anträge auf **Verlegung des Gerichtstermins**. Manchmal sind Sie, Ihr Rechtsbeistand, die Gegenseite oder das Gericht verhindert, aber jede Verlegung kostet Sie Zeit: Ein späterer Termin wird mindestens einen Monat später stattfinden! Auch lohnt sich eine Verschleppung des Verfahrens für keinen der Parteien, sondern staut nur negative Emotionen und Stress auf. Außerdem haben Sie als Laie immer weniger den Blick für das Wesentliche und Ihre Zukunft. Je länger ein Gerichtsverfahren insgesamt dauert, desto mehr sind beide Parteien bereit nachzugeben. Außerdem fühlen sich beide Parteien mit fortschreitender Prozessdauer nicht mehr zugehörig, so dass eine Trennung bei einer Kündigung automatisch eintritt, unabhängig davon, dass Sie den Kontakt zu Kollegen und ggf. dem know-how im Betrieb verlieren. Unterschätzen Sie die **Verfahrensdauer** nicht:

- Kündigungsstreitigkeiten dauern bei einem Vergleich ca. 0 – drei Monate,
- erstinstanzliche Urteile ca. drei – 12 Monate,
- bis zum zweitinstanzlichen Urteil vergehen insgesamt ca. sechs – 24 Monate und
- bis zum drittinstanzlichen Urteil ca. 14 – 36 Monate.

Andere Verfahren als Kündigungsschutzstreitigkeiten, z. B. Zahlungsverfahren, Klagen gegen eine Abmahnung, auf Teilzeit o. ä. können etwas länger dauern, da Kündigungsschutzstreitigkeiten beschleunigt bearbeitet werden. Dafür haben Sie aber nicht den höheren Druck wie bei einer Kündigungsschutzstreitigkeit.

Das **persönliche Erscheinen** von Ihnen und dem Arbeitgebervertreter ist nur von Vorteil, auch wenn das ggf. unangenehm ist.

Ihre **Kleidung** sollte normal gepflegt, aber nicht zu hochwertig oder zu unterwertig, schon gar nicht sexy sein. Alles hinterlässt einen negativen Eindruck und nur Ihr Rechtsstreit soll durch das Gericht gewürdigt werden.

Seien Sie **pünktlich**, auch wenn Gerichte selten pünktlich sind. Sie sollten sich mindestens 15 Minuten **vor** dem Gerichtstermin vor dem **Gerichtssaal** mit Ihrem Rechtsbeistand und Ihnen ggf. genehmen Personen, die Sie als öffentliche Zuhörer im Gerichtssaal dabeihaben möchten, **treffen**. Hierdurch laufen Sie sich warm, kommen mit der Atmosphäre des Gerichts und Gegners besser klar. Außerdem konzentrieren Sie sich mehr auf die Sache und sind wacher. Auch das ist bis auf sehr überschaubare Verfahren und gerichtlich erfahrene Personen fast immer sehr wichtig! Manche Rechtsbeistände sind oft abgehetzt und kommen auf die letzte Minute mit dem Handy am Ohr und Laptop unterm Arm. Sehr unprofessionell, auch die Verhandlung und Ihr Verhältnis wird in den meisten Fällen darunter leiden; legen Sie hierauf im Vorgespräch mit Ihrem Rechtsbeistand großen Wert und achten Sie darauf, ob er hierauf wirklich eingeht. Bei dem Aufruf des Verfahrens stehen alle Beteiligen und ggf. anwesende Zuhörer auf und setzen sich erst, wenn der Richter sich setzt bzw. Sie dazu auffordert.

Während des Gerichtstermins halten Sie sich grundsätzlich zurück und lassen Ihren Rechtsbeistand **sprechen**, weil dieser erfahrener ist und auf die wirklich für den Streit wichtigen Dinge den Schwerpunkt setzt. Ergänzen Sie nur Dinge, die durch Ihren Anwalt falsch geschildert oder vergessen wurden, da er die Atmosphäre und die Ergänzungsbedürftigkeit besser einschätzen kann. Außerdem kann er die Ergänzung rechtlich besser rüberbringen. Während des Gerichtsverfahrens werden Sie deshalb kaum aktiv, es sei denn Sie sind wirklich gerichtserfahren. Ein guter Rechtsbeistand kann Ihren Vortrag am besten präsentieren, für Sie Positives herausstellen, sich dumm stellen, den Gegner kommen lassen, z. T. bewußt provozieren, dem Gegner Dinge in den Mund legen, die Sache bewußt beschleunigen oder zäh ziehen, auf abgelaufene Fristen der Gegenseite hinweisen, sticheln, bluffen und vor allem auf falsches oder fragwürdiges Verhalten Ihres Gegners hinweisen. Sollten dennoch Differenzen zwischen Ihnen und Ihrem Rechtsbeistand entstehen, halten Sie sich im Termin zurück, wenn keine Entscheidung oder ein Vergleich ansteht. Ansonsten unterbrechen Sie die Verhandlung sachlich und klären die rechtliche Situation mit Ihrem Rechtsbeistand. Ansonsten führen Sie den Termin zu Ende und besprechen die Situation später. Stimmt die Chemie zwischen ihnen beiden noch, liegt eine gleichberechtigte Akzeptanz vor, spricht er so, dass Sie verstehen, was er ausdrückt? Bedenken Sie, dass ein Wechsel des Rechtsbeistands Zeit und Geld kostet, außerdem bleibt leider häufig ein negativer Eindruck bei dem Gegner und dem Gericht. Außerdem brauchen Sie einen neuen Rechtsbeistand und bei diesen gilt ein Mandant, der den Rechtsbeistand wechselt als schwieriger, so dass Sie hierdurch nicht unbedingt etwas erreichen können. Deshalb: Klare Worte, klare Anspruchshaltung von Ihnen, Sie zahlen ja auch. Ist die Zusammenarbeit dann ok, bleiben Sie bei diesem, ansonsten noch einmal klare Worte. Falls dann keine Besserung eintritt, wechseln Sie den Rechtsbeistand!

Der **Umgang** während des Gerichtsverfahrens ist grundsätzlich ruhig und sachlich, teilweise sogar sehr kollegial und nett. Es kann aber auch lauter und wilder werden. Dann greift aber entweder Ihr Anwalt oder zumindest der Richter ein. Vereinzelt sind Richter nicht laut, aber strenger, was meist nicht gegen Sie gerichtet ist, sondern nur für die notwendige Ordnung oder Klarheit sorgen soll. Verhalten Sie sich deshalb auch vernünftig, unterbrechen Sie Richter nie, auch wenn Richter oft andere unterbrechen. Seien Sie gegenüber allen Beteiligten, d. h. dem Arbeitgeber, dessen Rechtsbeistand, Ihrem Rechtsbeistand, aber auch dem Richter **ruhig aber konsequent.** Lächeln, freundlich sein oder entschuldigen sollten Sie sich nicht, das wird nicht beachtet und ggf. als Schwäche ausgelegt. Wenn Sie etwas akustisch nicht verstehen, fragen Sie immer nach, egal wann. Fachliche Fragen sollten Sie während des Verfahrens aufschreiben und später Ihren Rechtsbeistand danach fragen. Seien Sie immer wach, der Gütetermin dauert zwischen 10 und 45 Minuten. Unterbrechen Sie den Termin lieber einmal zuviel, wenn Ihr Rechtsbeistand das auch so sieht, lassen Sie sich Zeit, und versuchen Sie selbstbewußt zu sein. Es geht im Gerichtsverfahren für Sie als Laien wahrscheinlich sehr, sehr schnell und es werden wahrscheinlich auch offene Fragen entstehen. Schreiben Sie sich diese auf und besprechen Sie das mit Ihrem Rechtsbeistand. Kritisieren Sie keinen Beteiligten, schon gar nicht das Gericht oder die schlimme Justiz.

Ein **Befangenheitsantrag** nach § 42 ZPO ist nur das äußerstes Mittel. In der Praxis ist er meist ein stumpfes Schwert und sollte ohnehin nur maximal zweimal eingesetzt werden. Ist ein Richter deshalb außerhalb der Sache unparteiisch oder beleidigend, lassen Sie ihn professionell ablaufen; ist es dann gut, können Sie das gerade noch akzeptieren, ansonsten muss sich Ihr Rechtsbeistand einschalten und der Richter muss danach einlenken. Fängt er immer wieder an oder nimmt sein Negativverhalten einseitig gegenüber Ihnen zu, sollte Ihr Rechtsbeistand einen Befangenheitsantrag in den Raum stellen. Sie halten sich hierbei zurück. Versuchen Sie den Gerichtstermin zu Ende zu bringen, auch für die Gegenseite ist die Situation eher unangenehm und rechtlich nicht von Vorteil. Erst nach dem Ende oder in einer bewußten Sitzungsunterbrechung, die richterlich nur bei diversen vorherigen oder völlig unberechtigten Unterbrechungen nicht genehmigt werden kann, sollten Sie einen förmlichen Befangenheitsantrag stellen. Die meisten Befangenheitsanträge müssen nur angedroht werden, um zu wirken. Sollte ein Befangenheitsantrag tatsächlich einmal begründet sein, sind die direkten Richterkollegen desselben Arbeitsgerichts für Ihren Fall zuständig. Das Verfahren wird dann zu demselben Prozessfortschritt fortgesetzt: Es ist deshalb nicht viel gewonnen oder? Sie können übrigens nicht die gesamte Kammer im Kammertermin, d. h. Richter und beide Laienrichter, als befangen ablehnen. Gegen einen Befangenheitsbeschluss, egal mit welchem Ergebnis, können Sie nicht mehr vorgehen.

Erschöpfen Sie mit Ihrer Klage alles, auch wenn Sie nicht förmlich gegen bestimmte Verhaltensweisen Ihres Arbeitgebers vorgegangen sind, z. B. eine Abmahnung, unterlassene Urlaubszurückweisung, permanente Überstundennotwendigkeit, soweit Zeit im Gerichtstermin besteht. Sprechen Sie das durchaus durch Ihren Rechtsbeistand an, um Ihren Gegner vor Gericht zu charakterisieren. Teilweise kann ein Erstaunen und ein strenger Hinweis des Gerichts dem zukünftig abhelfen. Nicht immer bietet sich allerdings die Situation im Termin an, nicht immer kommt ein strenger Hinweis des Gerichts und nicht immer reagiert Ihr Arbeitgeber angemessen.

Verhandeln kann man vor Gericht **nur mit Druck**(-mitteln), da die wenigsten Menschen freiwillig nachgeben. Seien Sie deshalb gerüstet und bereiten Sie das Gerichtsverfahren sowie den -termin vor. Können Sie alles chronologisch beschreiben und beweisen, gibt es Schwächen bei Ihrem Arbeitgeber, worauf legt er Wert und worauf gerade nicht?

Können Sie und Ihr Rechtsbeistand zu einer streitigen Frage aktuell nichts Positives vorbringen, so dass Sie den Rechtsstreit verlieren würden, **flüchten** manche Rechtsbeistände **in** die **Säumnis**. D. h. Sie lassen die jetzige erste Instanz ungenutzt, so dass ein Versäumnisurteil zu Ihren Ungunsten ergeht und vertrauen darauf, dass Sie in der Berufungsinstanz hierauf eine passende Antwort finden und dann gewinnen. Das ist aber nur möglich, wenn noch keine förmlichen Klageanträge im Gerichtsverfahren gestellt wurden, was üblicherweise nach der Diskussion erfolgt. Die Flucht in die Säumnis ist im Arbeitsrecht wegen der fehlenden Präklusion von verspätetem Vortrag in der zweiten Instanz möglich. Der Nachteil liegt in einem deutlichen Zeitverlust bis zur Berufung. Außerdem ist auch durch Ihren Vortrag in der Berufung nicht gewährleistet, dass Sie deshalb gewinnen. Aus diesem Grund ist derartiges Vorgehen

nicht besonders vorteilhaft. Anstatt dessen sollten Sie außergerichtlich oder durch einen Vergleich vor der ersten Instanz versuchen das Beste herauszuholen, um zügig zu einem Ende des Rechtsstreits kommen. Die Flucht in die
Säumnis lohnt sich nur bei fehlender Gesprächsbereitschaft
der Gegenseite, verhärteten Fronten und vor allem deutlich
besseren Chancen für Sie in der Berufung, wenn Sie Ihre
Antwort gefunden haben und beweisen können.

Vor Gerichten werden extrem viele **Vergleiche** geschlossen.
Der Vergleich dient als Ersatz für ein Urteil und stellt einen
Kompromiss für beide Parteien dar, da häufig nicht nur eine
Partei zu 1.000 % Recht hat, dies beweisen kann und die
andere Partei völlig im Unrecht ist. Außerdem werden Vergleiche gerne von Gerichten genutzt, um ein Verfahren zu
beenden, weil Richter dann kein Urteil schreiben müssen,
sondern nur den Vergleich kurz protokollieren. Zu den Inhalten und den sachlich-fachlichen Fragestellungen eines Vergleichs, s. Aufhebungs- und Abwicklungsvertrag & gerichtliche Vergleich.
Der **Vorteil eines Vergleichs** liegt darin, dass hierdurch der
Rechtsstreit sehr schnell abgeschlossen ist und Sie so
Ihr Recht zügig und mit weniger Mühe und Zeitaufwand
durchsetzen können. Bis zu einem Urteil vergeht viel Zeit
und Mühe, die sich nicht immer lohnt, schon allein deshalb,
weil nicht nur im Güte-, sondern auch im Kammertermin erster Instanz, wie ebenso in der Berufung, als auch in der Revision immer wieder durch das Gericht versucht wird einen
Vergleich zu schließen. Um die Konditionen des Vergleichs
zu Ihren Gunsten zu beeinflussen müssen Sie deshalb weiteren für Sie positiven Vortrag beschreiben und beweisen.
Ist das nicht möglich, stellt sich die Frage, weshalb Sie trotzdem davon ausgehen, dass Ihre Chancen zu gewinnen steigen. Andernfalls können Sie auch gleich einen Vergleich
schließen. Außerdem müssen Sie die Gegenseite nach dem
Vergleich nicht mehr in streitiger Atmosphäre sehen und
können auch emotional einen Schlussstrich unter die Angelegenheit ziehen. Die **Nachteile eines Vergleichs** liegen

darin, dass ein Vergleich zu schnell abgeschlossen werden kann. Gemeint ist damit ein **unüberlegt**er Abschluss, bei dem Sie sich nicht darüber bewußt sind, dass Sie im Fall eines Vergleichsschlusses ausschließlich nur das erhalten, was im Vergleich protokolliert wurde, nie mehr! **Sie verzichten** deshalb **auf einen Teil** Ihrer Forderungen, erkaufen sich dadurch aber ein schnelles Ende und Ruhe. Das müssen Sie anläßlich Ihres ersten Beratungstermins mit Ihrem Rechtsbeistand im Vorfeld und während eines Gerichtstermins, den Sie zur Feinabstimmung der Vergleichskonditionen unterbrechen sollten, immer abwägen: Können und wollen Sie auf Ihre Forderungen teilweise verzichten – wenn ja, wieviel sind Sie bereit nachzugeben? Das ist ganz wichtig! Hierauf sollten Sie auch schon im Vorfeld eines Rechtsstreits achten: Kann der Rechtsstreit außergerichtlich durch eine Vereinbarung/einen Kompromiss vermieden werden, mit dem Sie finanziell und gesichtswahrend leben können. Unabhängig davon ist ein **Vergleich 1/3 teurer als ein Urteil**, jedenfalls wenn Sie nicht durch die Gewerkschaft, sondern durch einen Anwalt vertreten werden, Sie nicht in einer Rechtsschutzversicherung sind, Ihr Anwalt nach der gesetzlichen Rechtsanwaltsgebührenordnung (RVG) abrechnet und keine **Gebührenvereinbarung** mit Ihnen abschließt: Bei der Abrechnung nach RVG kann der Rechtsstreit so lange dauern wie er will. Solange er in derselben Instanz bleibt, bleibt es gleich teuer; bei einem Vergleichsschluss wird es aber noch etwas teurer. Dagegen ist es bei der Gebührenabrechnung zwar wie im Taxi, je länger es dauert, desto teurer wird es, aber Sie zahlen nur nach Zeiteinheiten und nicht nach prozessualen Handlungen. Abweichendes muss in einer Gebührenvereinbarung schriftlich geregelt sein. Mittlerweile können Sie die Kosten für einen Rechtsstreit nur noch von der Steuer absetzen, wenn dieser für Sie existenziell notwendig war. Das ist bei einer Kündigungsschutzklage aber immer der Fall, weil Sie ohne Arbeit viel weniger Geld zum Leben haben!
Es ist deshalb immer eine **fortwährende Abschätzung notwendig**, inwiefern und zu welchen Konditionen ein Ver-

gleichsabschluss lohnenswert ist. Wie immer: **Nicht drängen lassen**, auch nicht zu einem Vergleichsabschluss, weder vom Gericht noch vom Gegner oder von Ihrem eigenen Rechtsbeistand. Jeder von denen hat Interesse am Abschluss eines Vergleichs: Das Gericht/der Richter, weil er dann Ihren Fall schnell weglegen kann und kein Urteil schreiben muss; Ihr Arbeitgeber ggf. auch, weil er den Rechtsstreit nicht nur beenden kann, sondern nicht Ihrer vollständigen Forderung nachkommen muss; dessen Anwalt erhält von Ihrem Arbeitgeber im Fall eines Vergleichs und Abrechnung nach RVG mehr Geld, ebenso Ihr Anwalt von Ihnen; außerdem können alle viel Zeit und Mühe sparen und schnell Ihre Rechnungen schreiben. Überlegen Sie sich deshalb im Vorfeld genau Ihre Vergleichsneigung! Übrigens: Ein **Vergleich kann in jedem Verfahrensstadium eines Gerichtsverfahrens geschlossen werden**. Ihnen läuft deshalb die Zeit nicht davon, **außer** Ihre Gewinnchancen verändern sich. Das ist aber eher selten und geschieht üblicherweise durch übersehene formelle Fehler, z. B. Fristen, ähnliche Gerichtsverfahren, die durch höhere Gerichte (BAG, LAG), an denen sich die unteren Gerichte (ArbG, LAG) orientieren, entschieden wurden oder fehlende Beweise bzw. Beweise, die unvorhergesehen unbrauchbar sind.

2. Wie gewinne ich ein Gerichtsverfahren?

Lassen Sie sich nicht durch die Medien täuschen, ein Gerichtsverfahren gewinnen Sie **nicht durch Außergewöhnlichkeiten**, wie lautes, schnelles Sprechen, besondere Nettigkeiten gegenüber dem Richter, tolle Kleidung, besonders kämpferisches Verhalten, gute Argumente ohne Bezug zum Gesetz o. ä. Sollte keine deutliche Antipathie bei einem noch unerfahrenen Richter vorliegen, gewinnen Sie mit **guter Vorbereitung** in tatsächlicher und rechtlicher Hinsicht:

Sie kennen die rechtlichen Rahmenbedingungen durch dieses Buch. Sie wissen also, was in welchen Situationen vorliegen muss, um zu gewinnen oder zu verlieren. Um das gerichtlich überzeugend vorzutragen und beweisen zu können, schreiben Sie die Voraussetzungen auf, die vorliegen müssen, um Recht zu erhalten. Versuchen Sie auf einen Gewinn im Vorfeld hinzuarbeiten, indem Sie die **Voraussetzungen erarbeiten**, z. B. Fristen einhalten, Fehlzeiten bei einer drohenden krankheitsbedingten Kündigung minimieren, einen Antrag auf Schwerbehinderteneigenschaft stellen, freie gleichwertige Stellen im Betrieb ausfindig machen, um einen Alternativarbeitsplatz bei einer drohenden betriebsbedingten Kündigung konkret beschreiben zu können, etc. Hier gibt es extrem viel Potential, was fast nie ausgeschöpft wird! Sicher ist das in der Praxis nicht immer möglich, hierdurch optimieren Sie aber Ihre Chancen deutlichst und vermeiden vermeidbare Fehler. Wenn Sie dann noch einen erfahrenen Rechtsbeistand haben und Vertrauen zwischen Ihnen besteht, stehen Ihre Chancen sehr gut, besser geht es nicht!

3. Wie erkenne ich, dass ich wirklich gute Chancen habe zu gewinnen?

Zwar ist nicht sofort zu Beginn des Gerichtsverfahrens eindeutig, dass Sie oder Ihr Arbeitgeber gewinnen (obsiegen) werden, eine deutliche Tendenz, die Ihr erfahrener Rechtsbeistand verstehen wird, ist nach dem ersten (Güte-)Termin aber üblicherweise klar.

Diese Tendenz ändert sich nur selten, nämlich durch übersehene formelle Fehler, z. B. Fristen, ähnliche Gerichtsverfahren, die durch höhere Gerichte (BAG, LAG), an denen sich die unteren Gerichte (ArbG, LAG) orientieren, entschieden wurden oder fehlende Beweise bzw. Beweise, die unvorhergesehen unbrauchbar sind. Aber in 90 % aller Verfahren erfolgt ohnehin keine Beweisaufnahme.

Eine erste nicht nur aus der Hüfte geschossene Tendenz des Richters ist daher ein wichtiger Anhaltspunkt. Auch durch einen Richterwechsel oder die nächste Instanz ändert sich die Tendenz bzw. eine Entscheidung meist nur durch Vorgenanntes.

II. Der eigene Rechtsbeistand:
1. Die Notwendigkeit & Grenzen:

Seien Sie nicht der Meinung Sie können einen Arbeitsrechtsstreit selbst und ohne Rechtsbeistand führen, weil Sie kompetent genug sind oder nicht ausreichend Geld haben, um sich einen zu leisten.

Das ist grundfalsch und es kann nur eingehend davor **gewarnt werden einen außergerichtlichen und/oder gerichtlichen Rechtsstreit ohne Rechtsbeistand zu führen**, da juristische Laien nicht ausreichend beurteilen können, ob sie im Recht sind:

- Ihnen sind die **prozessualen Fallstricke** eines Rechtsstreites, wie Fristen, bestreiten, Beweislastverteilung, verspäteter und unvollständiger Vortrag, Konsequenzen, Alternativen, Ausbleiben vor Gericht und Rechtsmittel, etc. nicht oder nicht ausreichend bekannt.

- Im Übrigen können Sie auf den **Erfahrungsschatz eines Rechtsbeistandes** vertrauen, denn z. T. verbirgt sich hinter einem aus heiterem Himmel um eine Kleinigkeit initiierten Streit etwas ganz anderes, was ohne Erfahrung und ohne rechtlichen Hintergrund vermeidbar falsch eingeschätzt und unklug behandelt wird.

Zögern Sie nicht eine Klage vor Gericht zu erheben. Das Recht steht jedem zu und jeder kann es überprüfen lassen. Zuvor sollten Sie aber immer einen Anwalt oder Ihre Gewerkschaft in der Sache kontaktieren, um nicht rechtlich unvorbereitet im Gerichtssaal zu sitzen und sich ggf. über die Rechtseinschätzung dort zu wundern. Auch sollten Sie einen Rechtsstreit gegen Ihren Arbeitgeber zunächst außergerichtlich wie erwachsene Leute versuchen zu vermeiden, z. B. durch Einschaltung eines Abteilungsleiters, des Chefs, Stimmungsmachern in der Kollegenschaft oder – soweit vorhanden – Ihren Betriebs-/Personalrat. Desweiteren kann Ihr Anwalt bzw. Rechtssekretär der Gewerkschaft vor einem

Gerichtsverfahren Kontakt mit Ihrem Arbeitgeber aufnehmen und so eine Lösung erarbeiten. Das funktioniert häufig schneller, ohne viel Mühen, Kosten und ist gesichtswahrender für alle Beteiligten.

2. Die Anwälte, Rechtsschutzversicherung & Gewerkschaften:

In Zeiten der Vollversorgung durch Rechtsschutzversicherungen und Gewerkschaftszugehörigkeit treffen Sie keine (hohen) Kosten und Sie sind in sicheren Händen.

Die jährlichen Beitragskosten und Bedingungen einer Rechtsschutzversicherung lassen sich bei den jeweiligen Versicherungen erfragen. Wie immer gilt: Was nichts kostet ist auch nichts, aber die teuerste ist nicht immer die beste Versicherung, vergleichen lohnt sich. Außer des jährlichen **Mitgliedsbeitrag**s fallen bis auf Ihre Selbstbeteiligung bei Versicherungen weder bei einem Gewinn oder Verlust eines Rechtsstreits weitere Kosten an.

 Achtung: Auch wenn es nervt: Lesen Sie sich vor Vertragsschluss die Bedingungen und das Kleingedruckte, speziell bzgl. Ihrer **Selbstbeteiligung, Mitversicherung für Familienangehörige, Boni, Rückstufungen und Fristen ab Vertragsbeginn bis zu deren Ablauf Sie die Versicherung noch nicht in Anspruch nehmen dürfen**, genau durch! Im Zweifelsfall sprechen Sie dies mit Ihrer Versicherung ab und lassen Sie sich das schriftlich geben. Das gilt grundsätzlich nicht für Ihre Gewerkschaftszugehörigkeit, erkundigen Sie sich aber vorher! Nicht nur vor dem Streit, sondern auch für einen bestimmten Zeitraum zuvor müssen Sie Mitglied sein, bevor Sie die Leistungen in Anspruch nehmen können. Da Sie die Unterstützung durch die Gewerkschaft oder einen Anwalt über eine Rechtsschutzversicherung nicht **nur für einen Streit vor Gericht, sondern auch vorher außergerichtlich** in Anspruch nehmen können, muss der individuelle Rechtsfall immer <u>nach</u> der Mitgliedschaft in der Versicherung bzw. Gewerkschaft stattfinden.

a) Die Vollmacht:

Voraussetzung für die Mandatierung, also die Übernahme der Streitigkeit durch Ihren Rechtsbeistand – Anwalt oder Gewerkschaftssekretär der Gewerkschaft – ist, dass Sie diesen aufsuchen, beschreiben worum es geht und mit Ihrer Unterschrift schriftlich bevollmächtigen die Streitigkeit außergerichtlich und/oder gerichtlich für Sie zu übernehmen.

Mit der Vollmacht legitimiert sich Ihr Rechtsbeistand außergerichtlich gegenüber Ihrem Arbeitgeber bzw. dem Gericht, wenn es zu einem Gerichtsverfahren kommt.

 Beispiel: Vollmacht für einen Anwalt
Zustellungen werden nur an den/die Bevollmächtigte(n) erbeten!

Vollmacht
wird hiermit in Sachen x ./. y
wegen …

eine Vollmacht erteilt:
1. zur Prozessführung (u.a. nach §§ 81 ZPO) einschließlich der Befugnis zur Erhebung und Zurücknahme von Widerklagen;
2. zur Antragstellung in Scheidungs- und Scheidungsfolgesachen, zum Abschluss von Vereinbarungen über Scheidungsfolgen sowie zur Stellung von Anträgen auf Erteilung von Renten- und Versorgungsauskünften;
3. zur Vertretung und Verteidigung in Straf- und Bußgeldsachen (§§ 302, 374 StPO) einschließlich der Vorverfahren sowie (für den Fall der Abwesenheit) zur Vertretung

nach § 41 Abs. 2 StPO und mit ausdrücklicher Ermächtigung auch nach §§ 233 Abs. 1, 234 StPO, zur Stellung von Straf- und anderen nach der StPO zulässigen Anträgen und von Anträgen nach dem Gesetz über die Entschädigung für Strafverfolgungsmaßnahmen, insbesondere auch für das Betragsverfahren;

4. zur Vertretung in sonstigen Verfahren und bei außergerichtlichen Verhandlungen aller Art, insbesondere in Unfallsachen zur Geltendmachung von Ansprüchen gegen Schädiger, Fahrzeughalter und deren Versicherer;

5. zur Begründung und Aufhebung von Vertragsverhältnissen und zur Abgabe und Entgegennahme von einseitigen Willenserklärungen z. B. Kündigungen in Zusammenhang mit er oben unter „wegen ..." genannten Angelegenheit.

Die Vollmacht gilt für alle Instanzen und erstreckt sich auch auf Neben- und Folgeverfahren aller Art, z. B. Arrest und einstweilige Verfügung, Kostenfestsetzungs-, Zwangsvollstreckungs-, Interventions-, Zwangsversteigerungs-, Zwangsverwaltungs-, und Hinterlegungs- sowie Insolvenzverfahren. Sie umfasst insbesondere die Befugnis Zustellungen zu bewirken und entgegenzunehmen, die Vollmacht ganz oder z. T. auf andere zu übertragen (Untervollmacht), Rechtsmittel einzulegen, zurückzunehmen oder auf sie zu verzichten, den Rechtsstreit oder außergerichtliche Verhandlungen durch Vergleich oder Anerkenntnis zu erledigen, Geld, Wertsachen und Urkunden, insbesondere auch den Streitgegenstand und die von dem Gegner, von der Justizkasse oder von sonstigen Stellen zu erstattende Beiträge entgegenzunehmen sowie Akteneinsicht zu nehmen.

Der Mandant wurde darüber belehrt, dass der beauftragte Rechtsanwalt im Rahmen der Vergütungsabrechnung den Gegenstandswert im Sinne des Rechtsanwaltsvergütungsgesetzes (RVG) / die anliegend separat zu unterzeichnende Gebührenvereinbarung zugrunde legt.

Hinweis gemäß § 12 a ArbGG: Im Urteilsverfahren des ersten Rechtszuges besteht kein Anspruch der obsiegenden Partei auf Entschädigung wegen Zeitversäumnis und auf Erstattung der Kosten für die Zuziehung eines Prozessbevollmächtigten oder Beistandes.

Ort, Datum   Unterschrift des Mandanten

b) Die Deckungszusage:
Haben Sie eine Rechtsschutzversicherung und möchten Sie einen Anwalt als Rechtsbeistand in Anspruch nehmen, benötigt dieser Ihre Unterschrift zusätzlich zur Vollmacht für die Deckungszusage Ihrer Versicherung. Deckungszusage bedeutet, dass Ihre **Versicherung die Kosten des Rechtsstreits** bis auf Ihre Selbstbeteiligung **übernimmt.**
Ihr Anwalt teilt hierfür Ihrer Rechtsschutzversicherung knapp schriftlich mit, weshalb Sie seine Hilfe in Anspruch nehmen und, dass der Rechtsstreit weder mutwillig, noch offensichtlich erfolglos ist.
Erteilt die Versicherung wie stets die Zusage, trägt Ihre Rechtsschutzversicherung bis auf Ihre Selbstbeteiligung die Kosten des Streits und Ihr Anwalt wird weiter tätig. Sollte Ihre Versicherung die Zusage ablehnen, was äußerst selten ist, müssen Sie überlegen, ob Sie Ihren Anwalt selbst bezahlen oder dessen Unterstützung nicht in Anspruch nehmen und den Rechtsstreit alleine führen oder auf den Streit verzichten. In dem Fall bringt auch ein Wechsel des Anwalts nichts, da sich jeder Anwalt so verhalten muss.

Die **Ablehnung** der Deckungszusage durch die Versicherung kann daraus resultieren, dass Sie entweder keinen Versicherungsschutz für Arbeitsrecht abgeschlossen haben, der Rechtsstreit durch Sie provoziert oder Sie in der jüngeren Vergangenheit bei dieser oder anderen Versicherungen zu viele Leistungen in Anspruch genommen haben.

 Beispiel: Deckungszusage
Sehr geehrte Damen und Herren,

im meiner Funktion als Rechtsanwalt vertrete Ihren Versicherungsnehmer, Herrn/Frau ... wohnhaft ... .
Streitgegenstand des vorliegenden Verfahrens ist die Kündigung des Arbeitsverhältnisses vom ... .
Nach Angabe des Versicherungsnehmers ist die Kündigung ungerechtfertigt, so dass der durch Ihren Versicherungsnehmer vorgetragene Sachverhalt die Kündigung nicht rechtfertigt.
Deshalb haben wir mit beigefügtem Schreiben den Arbeitgeber zur Rücknahme der Kündigung aufgefordert und bitten für Ihren Versicherungsnehmer um Ihre Deckungszusage, um die außergerichtliche und gerichtliche Interessenwahrnehmung für Ihren Kunden zu übernehmen.
Ferner bitten wir um Überweisung der anliegenden vorläufigen Gebühren.

Mit freundlichen Grüßen

Ort, Datum   Unterschrift Rechtsanwalt

3. Die Beratungshilfe für außergerichtliche Beratung:
Haben Sie:
- nur wenig Geld,
- keine Rechtsschutzversicherung, jedenfalls keine für Arbeitsrecht, und
- sind Sie kein Gewerkschaftsmitglied,

371

können Sie Beratungshilfe (BH) **für** eine **außergerichtliche Beratung durch einen Rechtsanwalt** in Anspruch nehmen, wenn Sie keine anderen Möglichkeiten haben und Ihre Beratung nicht mutwillig ist.

Suchen Sie einen Rechtsanwalt auf und weisen Sie ihn auf Ihre finanzielle Situation hin. Er wird dann selbst die Möglichkeit der BH erwähnen. Falls nicht, nennen Sie BH als Stichwort. Ihnen werden dann durch den Anwalt bzw. das Gericht o. g. BH-Unterlagen zur Verfügung gestellt.

Zur Bewilligung ist ein **Antrag** erforderlich, der mündlich oder schriftlich gestellt werden kann. Sie können diesen bei dem Arbeitsgericht stellen oder direkt einen Anwalt Ihrer Wahl mit der Bitte um Beratungshilfe aufsuchen. Hierbei müssen Sie angeben, was für **Einkommen, Vermögen, Unterhaltspflichten**, etc. Sie haben. Der Anwalt leitet Ihren Antrag auf Bewilligung der Beratungshilfe an das Arbeitsgericht weiter. Für einen schriftlichen Antrag muss ein Formular ausgefüllt werden, das beim Arbeitsgericht ausliegt und im Internet heruntergeladen werden kann, auch Anwälte haben diese Formulare.

Liegen die Voraussetzungen für die Gewährung von Beratungshilfe vor, stellt Ihnen das Arbeitsgericht, wenn es nicht selbst die Beratung übernimmt, einen Berechtigungsschein für einen **Anwalt Ihrer Wahl** aus. Wird die Beratungshilfe durch einen Anwalt gewährt, müssen Sie symbolische **10 €** zahlen. Die Kosten der BH trägt das Bundesland Ihres Wohnsitzes.

Sollten Sie die anwaltliche Beratung vor der Bewilligung von Beratungshilfe in Anspruch nehmen, müssen Sie Ihrem Anwalt die gesetzlichen Gebühren nach dem Rechtsanwaltsgebührengesetz (RVG) aus eigener Tasche zahlen, wenn Ihr **Antrag** später durch das Amtsgericht **abgelehnt** wird. Bei Bewilligung der BH trägt das Bundesland die Kosten.

Gegen einen Beschluss des Gerichts, durch den Ihr Antrag zurückgewiesen wird, können Sie den Rechtsbehelf der Erinnerung schriftlich beim Arbeitsgericht einlegen. Hierfür müssen Sie zwar keine Frist einhalten, in Ihrem eigenen Interesse sollen Sie aber sofort handeln.

 Achtung: Bei bewußt falschen oder unvollständigen Angaben können Sie sich wegen Betrugs strafbar machen.

Scheuen Sie keine Beratung allein aus Kostengründen, BH ist für Sie sehr nützlich.

4. Die Prozesskostenhilfe für gerichtliche Streitigkeiten:

Scheuen Sie die Kosten eines Gerichtsverfahrens **für Anwälte und Gericht**, weil Sie:

- wenig Geld haben,
- keine Rechtsschutzversicherung, jedenfalls keine für Arbeitsrecht, vorliegt
- und auch nicht Mitglied in der Gewerkschaft sind,

können Sie Prozesskostenhilfe (PKH) in Anspruch nehmen. Ihnen steht PKH zu, **wenn** Sie:

- einen Gerichtsprozess oder ein förmliches Verfahren führen müssen und die dafür erforderlichen Kosten nicht oder nur teilweise aufbringen können **und**
- nach Einschätzung des Gerichts nicht nur geringe Aussichten auf Erfolg haben **und**
- nicht von dem Rechtsstreit absehen würden, wenn Sie die Kosten selbst tragen müssten **und**
- keine sonstigen Stellen oder Ihre Verwandten aufgrund der gesetzlichen Unterhaltpflicht und finanzieller Leistungsfähigkeit das übernehmen müssen, was z. B. bei Ehepartnern, gleichgeschlechtlicher Lebenspartner einer eingetragenen Lebenspartnerschaft, Eltern(-teile) für unverheiratete Kinder so-

wie volljährigen Kindern mit Vermögen für Eltern und Geschwister der Fall ist.

Die zweite Voraussetzung stellt nur eine juristische Grobeinschätzung zu Beginn eines Rechtsstreits dar. Die wenigsten Streitigkeiten sind von Anfang an erfolglos, geschweige denn mutwillig, trotzdem sollte hiermit kein Schindluder getrieben werden.

PKH heißt aber nicht, dass Ihnen alles erlassen wird. Je nachdem wieviel Geld Sie haben, kann entschieden werden, dass Sie **keine oder nur Teilzahlungen** leisten müssen. Aus Ihrem laufenden Einkommen müssen Sie – wenn überhaupt – maximal 48 Monatsraten zahlen. Haben Sie Vermögen über ca. 3.000 €, erhalten Sie nur eingeschränkt PKH.

PHK müssen Sie beantragen. In dem **Antrag** müssen Sie das Streitverhältnis ausführlich und vollständig beschreiben. Außerdem muss sich hieraus die hinreichende Aussicht auf Erfolg ergeben. Auch Beweismittel müssen Sie angeben. Hierbei unterstützt Sie ggf. das Arbeitsgericht oder ein Anwalt, speziell wenn Sie vorher BH in Anspruch nehmen.
Dem Antrag müssen Sie zusätzlich eine **Erklärung über Ihre persönlichen und wirtschaftlichen Verhältnisse** (Familienverhältnisse, Beruf, Vermögen, Einkommen und Lasten) sowie entsprechende **Nachweise in Kopie** beifügen.
Fehlende Unterlagen und Nachweise müssen Sie nachreichen. In extremen Ausnahmefällen, wenn Ihre Angaben zweifelhaft sind, kann die Bewilligung von einer eidesstattlichen Versicherung durch Sie abhängig gemacht werden.

 Achtung: Beachten Sie, dass eine falsche eidesstattliche Versicherung und falsche oder unvollständige Angaben strafbar sind und zum rückwirkenden Entzug der PKH führen. Dann müssen Sie die Kosten selbst zahlen.

Außerdem kann eine **wesentliche Veränderung Ihrer finanziellen Verhältnisse** berücksichtigt werden: Eine wesentliche Verbesserung Ihrer finanziellen Verhältnisse kann auch nachträglich bis zum Ablauf von vier Jahren seit der rechtskräftigen Entscheidung oder der sonstigen Beendigung des Verfahrens aufgehoben werden, so dass Sie die Kosten selbst tragen müssen. Verschlechtern sich Ihre Verhältnisse, ist auch eine Verringerung von festgesetzten Raten möglich.

Sie sind deshalb während des Gerichtsverfahrens und innerhalb eines Zeitraums von vier Jahren seit rechtskräftiger Entscheidung oder sonstigen Beendigung des Verfahrens **verpflichtet dem Arbeitsgericht** jede wesentliche Verbesserung Ihrer wirtschaftlichen Verhältnisse oder eine Änderung Ihrer Anschrift unaufgefordert und sofort **mitzuteilen.** Bei laufenden Einkünften müssen Sie einen Mehrerhalt von 100 € brutto pro Monat mitteilen. Reduzieren sich Ihre geltend gemachten Abzüge, z. B. für Wohnkosten, Unterhalt, Zahlungsverpflichtungen, etc. oder fallen diese ganz weg, sind Sie verpflichtet das von sich aus sofort mitzuteilen, wenn die Entlastung nicht nur einmalig 100 € brutto im Monat übersteigt. Eine wesentliche Verbesserung der wirtschaftlichen Verhältnisse kann auch dadurch eintreten, dass Sie durch das Gerichtsverfahren eine Zahlung erhalten. Wird Ihnen z. B. bei einem Kündigungsschutzprozess eine **Abfindung** gezahlt, wird diese **auf die PKH angerechnet.** Auch das müssen Sie dem Gericht sofort mitteilen, da ansonsten die PKH-Bewilligung nachträglich aufgehoben werden kann und Sie die Kosten selbst zahlen müssen.

Sollte das gerichtliche Verfahren noch bevorstehen, suchen Sie einen Rechtsanwalt auf und weisen Sie ihn auf Ihre finanzielle Situation hin. Er wird dann selbst die Möglichkeit der PKH erwähnen. Wenn nicht, nennen Sie das Stichwort

PKH. Ihnen werden dann durch den Anwalt bzw. das Gericht o. g. PKH-Unterlagen zur Verfügung gestellt.

PKH kann übrigens **nur** für Zeiten **nach Vorlage des** vollständigen **Antrags** inklusive aller Nachweise bewilligt werden. Sollte ein gerichtliches **Verfahren bereits begonnen** haben, werden Sie über die Möglichkeit der PKH im förmlichen Schreiben durch das Gericht, in dem Ihnen der Gerichtstermin mitgeteilt wird und – sollten Sie als juristischer Laie ohne Rechtsbeistand im Gerichtstermin erscheinen – zu Beginn des (Güte-)Gerichtstermins durch den Richter belehrt. Ihnen werden dann postalisch auf Ihren Antrag die Unterlagen zur Verfügung gestellt. Diese müssen Sie zeitnah und mit den geforderten Nachweisen dem Gericht nachreichen. Von daher haben Sie keinen Nachteil.

 Achtung: Wird Ihr PKH-Antrag aus o. g. Gründen – und deshalb für Sie voraussehbar – abgelehnt, müssen Sie für eine vorherige anwaltliche Tätigkeit **zahlen**, wenn Sie keine BH erhielten bzw. Ihr Anwalt im Rahmen der PKH-Bewilligung tätig wurde. Das Gleiche gilt für bereits entstandene und noch entstehende Gerichtskosten.

Nehmen Sie keinen Abstand von einem Rechtsstreit allein aus Kostengründen, auch PKH ist für Sie sehr sinnvoll.

5. Die Tipps & Tricks zum Umgang mit Ihrem Rechtsbeistand:

Ganz entscheidend ist, dass Sie für Ihren Rechtsbeistand möglichst gute Voraussetzungen schaffen, um Ihr Recht optimal durchzusetzen. Oben wurde bereits beschrieben, wie Sie grundsätzlich einen Rechtsstreit gewinnen, das ist ganz wichtig. Die Vorbereitung ist im juristischen Bereich das Entscheidende! Sie sollten deshalb Ihren Rechtsbeistand immer **so früh wie möglich kontaktieren**.

Seien Sie immer **ehrlich gegenüber Ihrem Rechtsbeistand**. Nichts ist schlimmer als ein Mandant, der seinen

Rechtsbeistand anlügt oder nicht alles sagt, was er weiß. Das gilt auch für Unterlagen, die vorgelegt werden müssen. Ansonsten kann sich Ihr Rechtsbeistand nicht auf gegnerisches Störfeuer vorbereiten, dass ihn überraschend treffen wird. Hierauf kann dann nicht so schnell, taktisch sinnvoll und durchdacht reagiert werden, als wenn das von Anfang an bekannt gewesen wäre. Außerdem ist es Ihrem Rechtsbeistand dann nicht möglich eine vollständige Beratung zu Beginn eines Rechtsstreits zu gewährleisten, bei der er alle Vorgehensweisen, Chancen und Risiken, Konsequenzen und Alternativen aufzeigen kann. Unabhängig davon leidet das Vertrauen zwischen Ihnen. Denken Sie an die o. g. lange Dauer von Gerichtsverfahren und einen problematischen Wechsel eines Rechtsbeistandes!

Versuchen Sie sich nicht juristisch oder außerjuristisch mit Ihrem Beistand zu messen oder rechthaberisch zu sein. Identifizieren Sie sich auch nicht zu stark, vermeiden Sie Emotionen und wahren Sie eine **sachliche Distanz**. Deshalb sind Freunde und Verwandte meist nicht geeignet als Rechtsbeistand.

Sie müssen die **Zeit zur Beratung** intensiv **nutzen**, seien Sie immer vorbereitet und konzentriert, bringen Sie Beweise (Verträge, schriftliche Korrespondenz, etc.) mit, ansonsten ist das verschenkte Zeit und Ihr verschenktes Geld. Seien Sie sich auch bewußt, dass Ihr Rechtsbeistand Ihnen nicht unbeschränkt zur Verfügung steht!

Bei unterschiedlicher Meinung in der Sache oder Problemen in der Zusammenarbeit sollten Sie das möglichst **sofort konkret** ansprechen. Ist Ihre **Kritik** sachlich und nachvollziehbar, führt das in den meisten Fällen zu gesteigertem Engagement und Sie werden ernster genommen, speziell bei angestellten Anwälten und Gewerkschaftssekretären, die jeweils einen Vorgesetzten haben. Es gibt aber auch Anwälte, die sich von Laien nichts sagen lassen wollen, s. Was ist ein guter Rechtsbeistand? Je öfter und rigider Sie allerdings kritisieren – ob berechtigt oder nicht –, desto mehr wird die Atmosphäre und Ihr Fall darunter leiden. Sie sollten deshalb mit Bedacht vorgehen, da ein Anwaltswechsel nicht nur Zeit und Mühe kostet, sondern unter Rechtsbeiständen Unwohlsein verursacht, da der neue Rechtsberater Sie noch nicht einschätzen kann, ob Sie durch den vorhergehenden Berater wirklich schlecht beraten wurden oder Sie ein Querulant sind. Dennoch: Sind Sie berechtigterweise objektiv unzufrieden mit Ihrem Anwalt oder hat dieser Fehler begangen, die zu Nachteilen für Sie in finanzieller oder sonstiger Hinsicht führen oder geführt haben, können Sie die jeweilige Rechtsanwaltskammer des Gerichtsbezirks, in dem Ihr Anwalt seine Kanzlei hat, zwecks **Beschwerde oder** für eine **vermittelnden Lösung** des Problems kontaktieren. Die jeweiligen Adressen erhalten Sie sehr einfach im Internet. Darüber hinaus könnten Sie – wie bei anderen Vertragsverhältnissen – das Mandat, d. h. den Beratungsvertrag, durch schriftliche Kündigung samt schriftlicher Zurücknahme Ihrer ursprünglich erteilten Vollmacht sofort beenden und notfalls vor Gericht wegen Falschberatung klagen.

6. Was ist ein guter eigener Rechtsbeistand?

Ein guter Rechtsbeistand zeichnet sich speziell dadurch aus, dass er **juristisch**, aber auch forensisch (**vor Gericht**) und im Umgang **mit Verhandlungen erfahren** ist. Hierfür muss er weder Fachanwalt für Arbeitsrecht oder besonders alt sein. Fachanwälte haben zwar bewiesen, dass Sie einige Fälle im Arbeitsrecht bearbeitet, einen Theoriekurs belegt haben und sich pro Jahr fortbilden. Wie erfolgreich diese Fälle betreut und wie konsequent er sich für die Mandanten einsetzt, geht hieraus aber nicht hervor. Viele Anwälte scheuen einen Fachanwaltstitel, weil sie Bedenken haben, dass nur noch Mandanten mit Streitigkeiten dieser Fachrichtung zu ihnen kommen. Deshalb: Auch ohne Fachanwalt kann ein absoluter Profi vor Ihnen sitzen; im Zweifel sind diese sogar engagierter.

Darüber hinaus sollte er **allgemeine Lebenserfahrung** haben und **menschlich** sein. Hierdurch ist eher gewährleistet, dass er sich für Sie, Ihren Fall und mit Ihren Sorgen wirklich auseinandersetzt, sich also angemessen Zeit für Sie nimmt!

Außerdem sollte Ihr **Verhältnis nicht deutlich ungleichberechtigt** sein. D. h. Arroganz, Statussymbole, etc. schaden. Verstehen Sie was er sagt oder spricht er Fachchinesisch, das Sie nicht verstehen und vor allem nicht beurteilen können? Geht er auf Ihre Fragen und individuellen Bedürfnisse ein, auch wenn Sie aus nachvollziehbaren Gründen besonders soft oder kämpferisch gegenüber Ihrem Arbeitgeber vorgehen wollen? Präsentiert er Ihnen für und wider (Chancen und Risiken) unterschiedlicher Vorgehensweisen mit den Konsequenzen und Alternativen? Es gibt im Juristischen nie nur einen Weg, meistens auch nicht den Königsweg! Steht er Ihnen maßvoll zeitlich für Beratungstermine und ggf. telefonisch, zum Vorwärmen vor und nach dem Gerichtstermin für eine Besprechung zur Verfügung und hat er einen üblichen Umgang auf Augenhöhe?

Außerdem sollte der Rechtsbeistand bei einer gerichtlichen Auseinandersetzung das **Gericht und** möglichst den zuständigen **Richter kennen**. Zwar kann in den wenigsten Fällen über den kurzen Dienstweg ein Vorteil herausgeschlagen werden, aber es ist gut die Einstellung und die Schwerpunkte des zuständigen Richters im Vorfeld zu kennen.

7. Wie finde ich einen guten Rechtsbeistand?

Einen o. g. guten Rechtsbeistand zu finden ist nicht ganz einfach. Generell gilt folgendes:

Bei **Gewerkschaftssekretäre**n haben Sie die Gewähr, dass sie laufend viele Fälle bearbeiten und deshalb fachlich mindestens ganz vernünftig sind. Die anderen Komponenten können Sie nur beurteilen, wenn Sie die Person kennengelernt haben oder zumindest Freunde hier gute Erfahrungen gemacht haben. Außerdem werden die Fälle nach dem zeitlichen Eingang verteilt, d. h. es ist eher Zufall, welcher Gewerkschaftssekretär für Sie zuständig ist. Bei Gewerkschaftssekretären besteht aber gerade weil sie viele Fälle bearbeiten das Risiko, dass sie sich nicht genügend Zeit für Sie nehmen (können).

Bei Anwälten sollten Sie wissen, dass **größere Kanzleien** (5 Anwälte und mehr) wirklich teuer sind, 300 € pro Stunde und mehr zzgl. Mehrwertsteuer sind oft normal, wenn nach Stundensätzen abgerechnet wird. Nicht in jedem Fall steht deren fachliche und persönliche Leistung zum Preis im Verhältnis, auch wenn das Auftreten speziell und ein Fachanwaltstitel meist vorhanden ist. Hier besteht oft Zeitdruck, so dass Rückfragen und das zwischen den Zeilen teilweise zu kurz kommen kann. **Kleinere Kanzleien und Einzelanwälte** widmen sich Ihrem Anliegen mehr, gehen im Zweifel intensiver auf Sie ein und sind preislich billiger, ab 100 € pro Stunde zzgl. Mehrwertsteuer, wenn nach Stundensätzen abgerechnet wird. Auch hier gibt es viele Fachanwälte; wenn kein Fachanwaltstitel gegeben sein sollte, heißt das nicht, dass der Anwalt nur mittelmäßig ist. Hier gibt es zahlreiche Profis und gerade solche Kanzleien kämpfen professionell, mehr als andere und nehmen Sie auf Augenhöhe wahr, was nicht nur im Umgang, sondern auch in der Sache große Vorteile hat.

Außerdem sollten Sie in die **gelben Seiten** gucken, auch wenn hierin sehr viele Anwälte stehen. Zwar können Sie nicht alle im Vorgespräch ausprobieren, aber versuchen Sie ein **erstes Telefonat** zu führen. Ist der Anwalt nie erreichbar, ruft nicht zurück, unfreundlich, spricht fachchinesisch, ist fachlich für Sie als Laie (!) nicht ganz im Bilde oder ohne Interesse an Ihnen und Ihrem Fall, lohnt auch nicht der gute Ruf oder eine tolle Empfehlung Ihres Freundes-/Bekanntenkreises.

Kaufen Sie ein Auto ohne Probefahrt, probieren Sie Schuhe nie vorher aus? Testen Sie mindestens einen Anwalt, möglichst zwei, die o. g. Kriterien erfüllen. Mehr können Sie nicht machen und Sie werden damit mindestens gute Erfahrungen machen – ansonsten können Sie sehr auf die Nase fallen!

III. Die Tipps & Tricks zum Umgang mit dem gegnerischen Rechtsbeistand:

Der gegnerische Rechtsbeistand hat für Sie wenig Relevanz, wenn Sie einen eigenen Beistand haben, was dringend anzuraten ist.

Die schriftliche und mündliche Kommunikation zwischen Ihnen und Ihrem Arbeitgeber erfolgt ausnahmslos über Ihren Rechtsbeistand. Es ist dem gegnerischen Rechtsbeistand standesrechtlich untersagt diesen zu umgehen und Sie direkt zu kontaktieren. Hierdurch soll eine Überrumpelung von Ihnen als juristischem Laien verhindert werden, was in der Praxis wichtig ist. Sollte sich Ihr Arbeitgeber oder dessen Beistand deshalb bei Ihnen melden, **verweisen Sie auf Ihren Beistand** und äußern Sie sich nicht in der Sache, da Sie ggf. ausgehorcht oder Ihre Verfassung ausgetestet werden soll, um die weitere gegnerische Vorgehensweise zu planen!

Wie auch sonst gilt, dass klappern zum Handwerk gehört. Lassen Sie sich deshalb nicht durch Statussymbole, lautes, schnelles Sprechen und viele Fremdwörter blenden. Sie wissen durch dieses Buch, wie Sie Ihren Rechtsstreit gewinnen.

IV. Die Kosten des Rechtsstreits:

1. Allgemein:

Im Arbeitsrecht ist es eine Besonderheit, dass Sie im Urteilsverfahren **keinen Kostenerstattungsanspruch gegen die unterliegende Partei in der ersten Instanz** haben, § 12 a ArbGG. In der ersten und zweiten Instanz ist das anders: Die Kosten des eigenen und des gegnerischen Rechtsbeistands (bei der Vertretung durch einen Anwalt und ohne Rechtsschutzversicherung) trägt der Verlierer, ebenso die Gerichtskosten. In anderen Rechtsgebieten als dem Arbeitsrecht muss Ihnen der Verlierer die entstandenen Kosten erstatten, weil er Sie ungerechtfertigt zum Rechtsstreit gezwungen hat und Sie gezwungen waren gerichtlich Ihre Rechte durchzusetzen.

Sollten Sie deshalb weder Mitglied in einer Rechtsschutzversicherung oder der Gewerkschaft und nicht bedürftig genug sein, um Beratungs- oder Prozesskostenhilfe in Anspruch nehmen zu können, müssen Sie mindestens die Kosten des eigenen Rechtsanwalts selbst zahlen.

Mittlerweile können Sie die Anwalts- und Gerichtskosten auch nur noch bei Existenzgefährdungen **von der Steuer absetzen**. Das ist bei Kündigungsschutzstreitigkeiten und Befristungsklagen der Fall, da Sie ansonsten ohne Einkommen sind.

Grundsätzlich können Sie sich als **Faustregel** merken, dass die Maximalkosten für den eigenen, den gegnerischen Anwalt und die Gerichtskosten 10 % des Streitwertes einer separaten Instanz betragen. Mit steigendem Streitwert sinken die Gebühren immer weiter unter 10 % des Streitwerts.

2. Die Kosten für einen Anwalt:

Die außergerichtlichen und gerichtlichen Kosten eines Anwalts berechnen sich entweder nach einem festen Satz, der zu Beginn der ersten Beratung zwischen Ihnen und Ihrem Anwalt in einer schriftlichen **Gebührenvereinbarung** unabhängig von der Vollmacht vereinbart wird. Üblicherweise rechnet Ihr Anwalt dann nach Zeitaufwand ab, wobei die Stundensätze je nach Ballungsraum, Kanzleigröße und Schwere des Falls ca. zwischen 100 – 1.000 € zzgl. Mehrwertsteuer pro Stunde schwanken.

 Achtung: Hierbei müssen Sie **nicht nur** die reine **juristische Tätigkeit**, sondern auch Reisezeit neben Schreibauslagen, Fahrtkosten, etc. vergüten. Teilweise sind zusätzliche Kosten fällig, wenn spezielle Verfahrenssituationen auftreten, z. B. ein Vergleich, eine Beweisaufnahme, o. ä. All das steht aber schriftlich in der Gebührenvereinbarung, die Sie aufmerksam durchlesen müssen.

Unabhängig davon werden selten **Pauschalvergütungen** vereinbart, d. h. für jede Instanz ein Betrag von ... € zzgl. Mehrwertsteuer.

Alternativ dazu – eher üblich – werden die Anwaltskosten auf Basis des **Rechtsanwaltsvergütungsgesetzes** (RVG) durch den eigenen und auch den gegnerischen Anwalt erhoben.
Kennzeichnend hierbei ist, dass sich die Kosten der Anwälte anhand des Streitwertes bemessen. Der Streitwert ist der Gegenstandswert, der dem Streit zugrunde gelegt wird. Verlangen Sie vom Gegner die Zahlung von Geld, entspricht die Geldsumme weitestgehend dem Streitwert, verlangen Sie keine Zahlung, sondern z. B. dass Ihre Kündigung zurückgenommen wird und das Arbeitsverhältnis fortgesetzt wird, gibt die Rechtsprechung bestimmte Werte für die **Berechnung des Streitwertes** vor: Für das gerichtliche Verfahren werden bei:

- Einer Kündigung drei Bruttomonatseinkommen,
- der Befristung Ihres Arbeitsvertrages ein Brutto,
- der Abmahnung ein Brutto,
- der Korrektur oder Erteilung eines Zeugnisses ein Brutto zugrunde gelegt.
- Sollte neben der Feststellung, dass Ihr Arbeitsverhältnis nicht durch die Kündigung beendet worden ist, ebenfalls Klage auf Weiterbeschäftigung erhoben worden sein, fällt ein weiteres Bruttomonatseinkommen an.

Die Summe der unterschiedlichen Überprüfungen ergibt den Streitwert in Euro. Aus der Streitwerttabelle als Anlage zum RVG ergibt sich die Gebühr des Anwalts. Diese wird bei einem Rechtsstreit vor Gericht mit dem Faktor 1,3 (**Verfahrensgebühr**) und dem Faktor 1,2 (**Terminsgebühr**) in der ersten Instanz multipliziert. Ergeht ein Urteil in der ersten Instanz, können noch Fahrtkosten und Auswärtspauschalen, Kopierkosten, Post- und Telefonpauschale sowie 19 %

Mehrwertsteuer hinzugerechnet werden. Das Ergebnis ergibt dann den Betrag, den Sie an den Anwalt zahlen müssen.
Sollte anstelle eines Urteils ein gerichtlicher Vergleich geschlossen werden, können Anwälte zusätzlich eine **Vergleichsgebühr** von 1,0 * o. g. Streitwert verlangen, so dass das zu vorgenanntem Ergebnis hinzuaddiert werden muss.

Bei einem außergerichtlichen Streit wird die anwaltliche Tätigkeit billiger, wenn nach dem RVG abgerechnet wird. Meist erfolgt die außergerichtliche Anwaltstätigkeit deshalb nach einer Gebührenvereinbarung und die gerichtliche Arbeit nach dem RVG.
Ihr Anwalt kann für seine außergerichtliche und gerichtliche Tätigkeit von Ihnen auch einen **Vorschuss** verlangen. Das kommt aber nur vereinzelt vor, speziell wenn der Rechtsstreit nicht durch Ihre Rechtsschutzversicherung übernommen wird.

3. Die Kosten für einen Gewerkschaftssekretär:
Kosten für die außergerichtliche oder gerichtliche Tätigkeit eines Gewerkschaftssekretärs entstehen Ihnen nicht. Voraussetzung ist dafür aber, dass Sie Mitglied in der Gewerkschaft sind. Hierfür müssen Sie Arbeitnehmer, d. h. kein Geschäftsführer, Vorstand, etc. sein.

V. Die Behörden:
1. Das Integrationsamt:
Das Integrationsamt (IA), früher Hauptfürsorgestelle, ist für Sie zuständig, wenn Sie über eine (Schwer-)Behinderung oder entsprechende Gleichstellung verfügen.
In der Praxis ist für Sie das IA am wichtigsten, wenn Ihnen als Schwerbehindertem oder Gleichgestelltem gekündigt werden soll. In dem Fall muss Ihr Arbeitgeber vor Ausspruch der Kündigung die Zustimmung des IA erhalten haben, s.

Sonderkündigungsschutz: Schwerbehinderte & Gleichgestellte, §§ 85ff SGB IX.

Unabhängig davon überprüft das IA die <u>Beschäftigungspflicht</u> von Schwerbehinderten und Gleichgestellten bei privaten und öffentlichen Arbeitgebern ab einer bestimmten Größe: Bei mehr als 20 Arbeitnehmern müssen 5 % Schwerbehinderte/Gleichgestellte, bei bis 40 Arbeitnehmern, ein Schwerbehinderter/Gleichgestellter, bei bis 60 Arbeitnehmern zwei Schwerbehinderte/Gleichgestellte beschäftigt werden. Sollte das nicht der Fall sein, wird gegenüber Ihrem Arbeitgeber eine <u>Ausgleichszahlung</u> festgesetzt, § 71ff, 77 SGB IX.

Darüber hinaus ist das IA neben der Agentur für Arbeit dafür zuständig Schwerbehinderten und Gleichgestellten geeignete <u>Arbeitsplätze vorzuschlagen</u>.

Ferner begleitet das IA eine bevorzugte Berücksichtigung von Schwerbehinderten und Gleichgestellten bei innerbetrieblicher Bildung (<u>Fortbildungen</u>, etc.), der <u>behindertengerechten Einrichtung</u> des Betriebes an sich und speziell Ihres Arbeitsplatzes sowie der <u>Einrichtung von Teilzeitarbeitsplätzen</u>, § 81 SGB IX.

2. Die Agentur für Arbeit:

Die Agentur für Arbeit (AA), Arbeitsagentur oder früher Arbeitsamt, ist für alle Fragen zur Arbeitslosigkeit (<u>Arbeitslosengeld I</u>, Sperre, Fristen, Anrechnung), <u>Vermittlung</u> von Arbeitsplätzen, finanziellen <u>Zuschüsse</u>n für Fortbildungen oder eine Selbstständigkeit, <u>Kurzarbeit</u>, Wintergeld, finanzielle Förderung von Transfermaßnahmen und <u>Insolvenzgeld</u> zuständig, §§ 3ff SGB III.

3. Die Deutsche Rentenversicherung Bund:

Die Deutschen Rentenversicherung (Dt. RV), früher Bundesanstalt für Angestellte (BfA), können Sie speziell bei Fragen zu Ihrer <u>(Früh-)Verrentung</u> und <u>Erwerbsunfähigkeitsrente</u> kontaktieren.

4. Die Krankenversicherung:

Ihre Krankenversicherung (KV) ist u. a. zuständig, wenn Sie auffällig viele krankheitsbedingte Fehlzeiten im Betrieb haben und Ihr Arbeitgeber eine <u>Überprüfung durch</u> einen <u>Arbeitsmediziner</u> beantragt. Daneben kommen Sie in Kontakt bei <u>Rehabilitations- und Wiedereingliederungsmaßnahmen</u> bei Gesundheitsproblemen.

5. Die Berufsgenossenschaft & der Zoll:

Mit der Berufsgenossenschaft (BG), dem Zoll und sonstigen Ordnungs-/Verwaltungsbehörden werden Sie fast nie zu tun haben.

Die **BG** ist speziell für den <u>Arbeitsschutz</u> sowie <u>Arbeitsunfälle</u> mit Gesundheitsschäden und Todesfällen zuständig.

Der **Zoll** überprüft neben sonstigen Ordnungs-/Verwaltungsbehörden die Einhaltung von Arbeits- und Arbeitsschutzvorschriften, speziell die <u>Einhaltung der Arbeitszeit</u> sowie die <u>Bekämpfung der Schwarzarbeit</u> und <u>Kontrolle der Arbeitspapiere</u>.

6. Die Tipps & Tricks zum Umgang mit Behörden:

Auch bei Behörden herrscht mittlerweile ein sachlicher Umgang mit Servicebereitschaft.

Besondere Tipps & Tricks sind hier nicht zu berücksichtigen, außer dass jede schriftlich verbindliche Entscheidung durch Sie außergerichtlich durch einen Rechtsbeistand auf Richtigkeit und Vollständigkeit **überprüft werden** sollte. Hier geschehen Fehler und fleißiges Kämpfen lohnt sich meist, auch wenn außergerichtliche und gerichtliche Verwaltungsverfahren lange dauern.

 Achtung: Vor Abschluss eines Aufhebungsvertrages und gerichtlichen **Vergleich**s, speziell wenn Sie über Sonderkündigungsschutz verfügen, sollten Sie bzw. Ihr Anwalt die zuständige Arbeitsagentur kontaktieren, um negative Entscheidungen bzgl.

Sperrzeit, Anrechnungen von Abfindungen, die Höhe des Arbeitslosengelds I, Kurzarbeiter- und Insolvenzgeld sowie Transfermaßnahmen zu vermeiden. Gleiches gilt bei Ihrer **(Früh-)Verrentung** bzgl. der Arbeitsagentur und der Deutschen Rentenversicherung Bund.

Schriftliche **Bestätigungen** Ihrer Anfragen werden übrigens nur erteilt, wenn ein konkretes Verfahren vorliegt.

7. Teil: Der Notfallplan:
I. Gekündigt – Was jetzt?
1. Kontaktieren Sie den Rechtsbeistand Ihres Vertrauens und legen Sie die für Sie beste Vorgehensweise fest, z. B.:
   a. Außergerichtliche Einigung (ggf. Aufhebungsvertrag),
   b. Klage mit streitiger Entscheidung oder
   c. Klage mit Vergleich (ggf. und Abfindung/Abwicklungsvertrag).
2. Wann Ist Ihnen die Kündigung zugegangen? Beachten Sie die dreiwöchige Klagefrist! Falls ein Fristablauf vorliegt stellen Sie einen Antrag auf nachträgliche Zulassung!
3. Ist die Kündigung schon aus formellen Gründen unwirksam?
   a. Ist Ihnen die Kündigung schriftlich mit Originalunterschrift zugegangen, d. h. nicht mündlich, per e-mail, SMS oder eingescannter Unterschrift? Ist es nur eine Schlenker-Unterschrift?
   b. Hat der Kapitän des Schiffes unterschrieben? Wenn nicht: Personalleiter, nicht Sachbearbeiter!
   c. Ist das Kündigungsschreiben richtig datiert und ein richtig berechnetes Kündigungsdatum

nach Ablauf der Kündigungsfrist in der Kündigung enthalten?

d. Wurde bei Azubis und Mutterschaftlerinnen der Kündigungsgrund schriftlich in dem Kündigungsschreiben angegeben?

4. Was für eine Kündigung wurde ausgesprochen:
   a. Änderungs- oder Beendigungskündigung?
   b. Ordentlich, außerordentlich fristlos oder außerordentlich mit sozialer Auslauffrist?
   c. Liegen deren Voraussetzungen vor, wichtiger Grund, Zwei-Wochen-Frist, etc.?

5. Wie intensiv muss Ihre Kündigung überprüft werden?
   a. Ist Ihre Probezeit abgelaufen?
   b. Hat Ihr Betrieb mehr als fünf bzw. mehr als 10 Arbeitnehmer im Durchschnitt? Achtung: Besondere Zählung!

6. Welche Art Kündigung liegt vor:
   a. Betriebs-,
   b. personen/krankheits- oder
   c. verhaltensbedingte Kündigung?
   d. Liegen deren Voraussetzungen vor?

7. Sind Sie in der Privatwirtschaft oder der öffentlichen Verwaltung beschäftigt, sind Sie leitender Angestellter? Wenn ja:
   a. Besteht ein Betriebs-/Personalrat bzw. Sprecherausschuss?
   b. Wenn ja: Wurde dieser richtig, vollständig und fristgemäß angehört?
   c. Wie reagierte dieser inhaltlich und wann?

8. Steht Ihnen Sonderkündigungsschutz zu?

9. Ist die Kündigung sittenwidrig oder diskriminierend?

10. Können und wollen Sie einen Auflösungsantrag stellen, kann das Ihr Arbeitgeber?

11. Können und müssen Sie Ihre Arbeit anbieten?

12. Können und wollen Sie einen Weiterbeschäftigungsantrag stellen?

13. Wann läuft Ihre Kündigungsfrist aus? Können und wollen Sie eine Prozessbeschäftigungsvereinbarung eingehen?

14. Sind unabhängig von der Kündigung sonstige Angelegenheiten zu regeln?

   a. Kontaktierung der:

      ▪ Arbeitsagentur zur Vermeidung einer Sperre beim Bezug von Arbeitslosengeld:
         • arbeitssuchend & arbeitslos melden,
         • nach Förderungen (Schulungen & finanziellen Leistungen Arbeitslosengeld I & II) erkundigen!

      ▪ Rentenversicherung wegen Regelalters-, Früh-, Erwerbsunfähigkeits-, ggf. Erwerbsminderungsrente!

      ▪ Krankenversicherung ggf. wegen Rehabilitations- & Kurmöglichkeiten!

   b. Ist die Übernahme in eine Transfer- & Qualifizierungsgesellschaft mit entsprechender Förderung durch Ihren Arbeitgeber sowie die Arbeitsagentur gesichert?

   c. Müssen Sie (Ausschluss-)Fristen berücksichtigen, speziell bei Vergütungszahlungen:

      ▪ bis zum Ablauf der Kündigungsfrist,
      ▪ von variablen Vergütungen,
      ▪ Spesen.

   d. Sind Ansprüche Ihres Arbeitgebers gegenüber Ihnen zu erwarten?

   e. Sind Probleme bei der Zeugniserteilung zu erwarten? Fertigen Sie einen Entwurf!

   f. Müssen Sie einen Firmenwagen zurückgeben?

   g. Besteht ein nachvertragliches Wettbewerbsverbot?

   h. Haben Sie Arbeitnehmererfindungen gemacht? Wenn ja: Müssen diese ausgeglichen werden?

i. Haben Sie Unterlagen, Gegenstände, die an Ihren Arbeitgeber herausgegeben werden müssen?

j. Stehen Ihnen Unterlagen/Gegenstände/Arbeitspapiere zu, die an Sie herausgegeben werden müssen?

II. Erheben Sie Klage!

Wurde Ihnen schriftlich gekündigt sollten Sie in jedem Fall dagegen klagen, um für den Bestand Ihres Arbeitsverhältnisses zu kämpfen bzw. eine Abfindung zu erlangen.

Ihr Ziel ist primär die Feststellung, dass Ihr Arbeitsverhältnis durch die Kündigung vom ... zum ... nicht beendet (**Kündigungsschutzklage**) wurde und unverändert fortbesteht. Darüber hinaus können Sie Ihre Weiterbeschäftigung bis zum rechtskräftigen Abschluss des Gerichtsverfahrens beantragen. Mit weiteren Klageanträgen können Sie ein Zwischenzeugnis o. ä. verlangen.

Hierfür müssen Sie gemäß § 4 KSchG drei Wochen nach Ausspruch und Zugang der Kündigung bei Ihnen Klage erheben, d. h. die Klage muss dann spätestens bei dem Arbeitsgericht eingegangen sein (**Klagefrist**) – sollten Sie nicht klagen, gilt die Kündigung immer als wirksam, auch wenn sie fehlerhaft war!

Waren Sie nach Ausspruch und Zugang der Kündigung bei Ihnen trotz aller Sorgfalt außerstande die Klage rechtzeitig zu erheben, müssen Sie spätestens innerhalb von zwei Wochen nach Behebung des Hindernisses einen **Antrag auf nachträgliche Klagezulassung** stellen und die Klage einreichen. Nach sechs Monaten vom Ende der versäumten Klagefrist an können Sie den Antrag nicht mehr stellen. In dem Antrag müssen Sie die Tatsachen, die die nachträgliche Zulassung begründen durch Beweise mittels eidesstattlicher Versicherung glaubhaft machen, § 5 KSchG.

Ihre Klage muss bei dem Arbeitsgericht erhoben werden, das für das geographische Gebiet **zuständig** ist, in dem der Betrieb Ihres Arbeitgebers liegt.

Beispiel: Klage
Absender

An das Arbeitsgericht …   Ort, Datum

In dem Rechtsstreit … gegen …
Aktenzeichen: …
zeige ich, Rechtsanwalt …, mit anliegender Vollmacht an, dass ich den Kläger vertrete.
Namens und im Auftrag des Klägers erhebe ich

<u>Klage</u>

und beantrage:

1. Festzustellen, dass das zwischen den Parteien bestehende Arbeitsverhältnis nicht aufgrund der **außerordentlich fristlosen/außer-
ordentlichen Kündigung mit sozialer Aus-
lauffrist/ordentlichen** Kündigung durch die
Beklagte vom … (*ggf.:* zum …) beendet wird,
sondern zu unveränderten Bedingungen fortbesteht,

2. *Ggf.:* festzustellen, dass das zwischen den
Parteien bestehende Arbeitsverhältnis nicht
aufgrund der **hilfsweise außerordentlichen
Kündigung mit sozialer Auslauffrist/or-
dentlichen** Kündigung durch die Beklagte
vom … zum … beendet wird, sondern zu unveränderten Bedingungen fortbesteht,

3. *Ggf.:* festzustellen, dass das zwischen den
Parteien bestehende Arbeitsverhältnis nicht
aufgrund der **höchsthilfsweise ordentlichen**
Kündigung durch die Beklagte vom … zum …
beendet wird, sondern zu unveränderten
Bedingungen fortbesteht,

4. festzustellen, dass das Arbeitsverhältnis auch nicht durch andere Beendigungstatbestände endet, sondern auf unbestimmte Zeit fortbesteht,

5. den Kläger bis zum rechtskräftigen Abschluss des Kündigungsschutzverfahrens zu unveränderten Bedingungen als ... weiterzubeschäftigen,

6. dem Kläger unverzüglich ein wohlwollend qualifiziertes Zwischenzeugnis zu erteilen, das sich auf Führung und Leistung erstreckt,

7. *Ggf.:* dem Kläger unter Beiordnung des Unterzeichners **Prozesskostenhilfe** (PKH) ohne Ratenzahlung zu bewilligen.

8. Hilfsweise:
Dem Kläger eine Entschädigung von täglich mindestens ... € brutto zu zahlen, soweit die Beklagte ihrer Pflicht zur Weiterbeschäftigung eine Woche nach Zustellung der Entscheidung nicht nachkommt .

Begründung:
Der ... Jahre alte Kläger ist ... (Familienstand) und hat folgende Unterhaltspflichten ... .
Er ist seit dem ... bei der Beklagten als ... bei einem monatlichen Bruttoeinkommen von ... € zzgl. Sondervergütung von ... € brutto beschäftigt, vgl. Arbeitsvertrag vom ... .
Der Kläger wurde gemäß Bescheid vom ... als Schwerbehinderter/Gleichgestellter mit einem Grad der Behinderung von ... % anerkannt.

Gegenüber dem Kläger wurde am ...

- eine **außerordentlich fristlose/außerordentliche Kündigung mit sozialer Auslauffrist/ordentliche** Kündigung zum ...,
- **hilfsweise eine außerordentliche Kündigung mit sozialer Auslauffrist/ordentliche** Kündigung zum ...,
- **höchsthilfsweise eine ordentliche** Kündigung zum ... ausgesprochen.

Das KSchG ist aufgrund des Eintritts des Klägers am ... und der Betriebsgröße von mehr als 10 Arbeitnehmern anwendbar.

Die Kündigung ist sozial ungerechtfertigt und daher unwirksam, da kein Kündigungsgrund existent ist.
Es sind weder betriebs-, personen-/krankheits- oder verhaltensbedingte Gründe ersichtlich, die die Kündigung rechtfertigen.
Vorsorglich wird für den Fall einer betriebsbedingten Kündigung die Durchführung der ordnungsgemäßen Sozialauswahl bestritten. Die Beklagte wird aufgefordert u. a. hierzu vorzutragen.

Ferner wird die ordnungsgemäße Betriebs-/Personalrats- bzw. Sprecherausschussanhörung bestritten. Auch hierzu muss die Beklagte substantiellen Vortrag leisten.

Der Kläger macht bereits jetzt sämtliche Ansprüche auf rückständiges und zukünftiges Arbeitsentgelt, Urlaubsgeld sowie Urlaubsabgeltung und Provisionen, Tantiemen sowie Gratifikationen, etc., gleich welcher Art und welchem Bezug, geltend.

Der Klageantrag zu 4. ist eine selbstständige allgemeine Feststellungsklage.

Der klagenden Partei sind zwar derzeit keine anderen möglichen Beendigungstatbestände außer den mit den Klageanträgen zu 1., 2. und 3. angegriffenen Kündigungen bekannt. Es besteht aber die Gefahr, dass die beklagte Partei im Verlauf des Verfahrens weitere Kündigungen ausspricht. Es wird deshalb die Feststellung begehrt, dass das Arbeitsverhältnis auch durch solche weitere Kündigungen nicht beendet wird. Der Kläger muss vor mißbräuchlichen weiteren Kündigungen geschützt werden. Die Beklagte wird aufgefordert zu erklären, ob sie sich für die Dauer des Rechtsstreits über die oben angegriffenen Kündigungen auf weitere Beendigungstatbestände berufen will.

Hinsichtlich des Antrags zu 6. ist zu beachten, dass der Kläger nur dann seiner Schadensminderungspflicht nachkommen kann, wenn er sich anderweitig adäquat bewerben kann; das ist nur mit einem qualifiziert wohlwollenden Zeugnis möglich, so dass dieses unverzüglich zu erteilen ist.

Bei PKH: Die Klage ist weder mutwillig noch offensichtlich aussichtslos, so dass PKH zu bewilligen ist. Die Erklärung über die persönlichen und wirtschaftlichen Verhältnisse wird nachgereicht.
Vorsorglich wird bereits die Beiordnung gemäß § 11 a ArbGG beantragt.

Der Klageantrag zu 8. folgt aus dem Anspruch gemäß § 61 Abs. 2 ArbGG.
Beglaubigte und einfache Abschrift anbei.

Unterschrift Rechtsanwalt

Verteidigen Sie Ihr Recht und denken Sie daran, dass diejenigen, die Ihnen gekündigt haben oder Ihr Recht nehmen wollen, definitiv irgendwann ähnliche Probleme haben!
Speziell Geschäftsführer, Vorstände, Führungskräfte, Personal- und Abteilungsleiter müssen Unternehmen mittlerweile sehr schnell ohne betriebsbedingte Gründe verlassen!

Alles Gute und viel Erfolg
wünscht Ihnen
Ihr

Jost Scholl

Jost Scholl

So nicht!

Der Bewerbungs-
Ratgeber
- Vom Profi für die Praxis -

Mit Tipps, Beispielen & Mustern auch zu Zeugnissen

stellt Ihnen die wesentlichen schwierigen Situationen vor und während eines Bewerbungsverfahrens leicht verständlich, komprimiert und in prägnanter Form dar.

Der Ratgeber enthält viele Beispiele, immer wieder vorkommende Situationen und Fragen speziell zu:

- Situationsanalyse – Welcher Arbeitgeber und welche Stelle ist für Sie richtig?
- Wie finden Sie eine neue Arbeitsstelle?
- Selbstinitiative und professionelle Unterstützung
- Wie bekommen Sie die Stelle und kein anderer?
- Unterschiedliche Formen der Bewerbung
- Was muss alles in Bewerbungsunterlagen enthalten sein?
- Bewerbungsgespräch
- Problematische Fragen, Lebensläufe, Situationen
- Schadensersatzansprüche

"Ohne die Tipps aus der Praxis hätte ich viele Situationen nicht so gut gemeistert." Vera N., kaufmännische Leiterin

"Jetzt weiß ich worauf es ankommt und bin viel besser in der Selbstdarstellung Darstellen und was meine Rechte sind." Karsten U. Schreiner

Ein wichtiger Ratgeber für alle, die nichts zu verschenken haben und effektiv-professionell handeln wollen, damit Sie Ihrem potenziell neuen Arbeitgeber deutlich selbstbewußter gegenübertreten können, einen guten Eindruck machen und die gewünschte Stelle erhalten.

Der Autor ist langjährig als Jurist u. a. auf Bundesebene sowie im operativen Bereich für das Arbeitsrecht tätig.